为了人与书的相遇

韦伯作品集

Die Soziologie der Religion
Religion und Welt

Max Weber

宗教社会学　宗教与世界

〔德〕马克斯·韦伯 著　　康乐 简惠美 译

上海三联书店

本书由远流出版公司授权，限在中国大陆地区发行

图书在版编目（CIP）数据

宗教社会学　宗教与世界 /（德）马克斯·韦伯著；
康乐，简惠美译 . -- 上海：上海三联书店，2021.2（2022.12 重印）

ISBN 978-7-5426-7054-0

Ⅰ.①宗… Ⅱ.①马… ②康… ③简… Ⅲ.①宗教社
会学—研究 Ⅳ.① B920

中国版本图书馆 CIP 数据核字 (2020) 第 094663 号

宗教社会学　宗教与世界
(德) 马克斯·韦伯 著

责任编辑 / 宋寅悦
特约编辑 / 吴晓斌
装帧设计 / 任　潇
内文制作 / 陈基胜
监　　制 / 姚　军
责任校对 / 张大伟

出版发行 / 上海三联书店
　　　　　（200030）上海市漕溪北路331号A座6楼
邮购电话 / 021-22895540
印　　刷 / 山东韵杰文化科技有限公司

版　　次 / 2021 年 2 月第 1 版
印　　次 / 2022 年 12 月第 2 次印刷
开　　本 / 880mm×1230mm　1/32
字　　数 / 402千字
印　　张 / 16.75
书　　号 / ISBN 978-7-5426-7054-0/B·682
定　　价 / 80.00元

如发现印装质量问题，影响阅读，请与印刷厂联系：0533-8510898

总序一

余英时

这一套"韦伯作品集"是由北京理想国公司从台湾远流出版公司出版的"新桥译丛"中精选出来的十余种韦伯论著组成，即包括了韦伯"世界诸宗教的经济伦理观"以及"制度论与社会学"两大系列的全部著述，囊括了这位学术大师一生的思想与研究精髓。我细审本丛书的书目和编译计划，发现其中有三点特色，值得介绍给读者：

第一，选目的周详。韦伯的"世界诸宗教的经济伦理观"系列，即《宗教社会学论集》，包括了《新教伦理与资本主义精神》、《中国的宗教》、《印度的宗教》和《宗教社会学 宗教与世界》等。其"制度论与社会学"系列不仅包括《社会学的基本概念 经济行动与社会团体》，"经济与社会"的《经济与历史 支配的类型》、《支配社会学》、《法律社会学 非正当性的支配》，也包括《学术与政治》等。

第二，编译的慎重。各书的编译都有一篇详尽的导言，说明这部书的价值和它在本行中的历史脉络，在必要的地方，译者并加上注释，使读者可以不必依靠任何参考工具即能完整地了解全书的意义。

第三,译者的出色当行。每一部专门著作都是由本行中受有严格训练的学人翻译的。所以译者对原著的基本理解没有偏差的危险,对专业名词的翻译也能够斟酌尽善。尤其值得称道的是,译者全是中青年的学人。这一事实充分显示了中国在吸收西方学术方面的新希望。

中国需要有系统地、全面地、深入地了解西方的人文科学和社会科学,这个道理已无须再有所申说了。了解之道必自信、达、雅的翻译着手,这也早已是不证自明的真理了。民国以来,先后曾有不少次的大规模的译书计划,如商务印书馆的编译研究所、国立编译馆和中华教育文化基金会等都曾作过重要的贡献。但是由于战乱之故,往往不能照预定计划进行。今天中国涌现了一批新的出版者,他们有眼光、有魄力,并且持之以恒地译介社会科学领域中的世界经典作品。此一可喜的景象是近数十年来所少见的。近年海峡两岸互相借鉴,沟通学术资源,共同致力于文化事业的建设和开拓,其功绩必将传之久远。是为序。

2007 年 4 月 16 日于美国华盛顿

总序二

苏国勋

作为社会学古典理论三大奠基人之一的韦伯，其名声为中文读者所知晓远比马克思和涂尔干要晚。马克思的名字随着俄国十月革命（1917 年）的炮声即已传到中国，二十世纪五十年代以后由于意识形态的原因，马克思与恩格斯的著作并列以全集的形式由官方的中央编译局翻译出版，作为国家的信仰体系，其影响可谓家喻户晓。涂尔干的著作最早是由当年留学法国的许德珩先生（《社会学方法论》，1929 年）和王了一（王力）先生（《社会分工论》，1935 年）译介，首先在商务印书馆出版，这两部著作的引入不仅使涂尔干在社会学界闻名遐迩，而且也使他所大力倡导的功能主义在学术界深深植根，并成为当时社会学研究中占主导地位的理论和方法论。与此相比，德国人韦伯思想的传入则要晚了许多。由于中国社会学直接舶来于英美的实证主义传统，在早期，孔德、斯宾塞的化约论—社会有机体论和涂尔干的整体论—功能论几乎脍炙人口，相比之下，韦伯侧重从主观意图、个人行动去探讨对社会的理解、诠释的进路则少为人知。加之，韦伯的思想是辗转从英文传播开来的，尽管他与涂尔干同属一代人，但在国际上成名要比涂尔干晚了许多。恐怕这就是中文早期社会学著述中鲜有提及韦伯名字的原因。

　　出于意识形态方面的原因，大陆学界从二十世纪五十年代初开始取消社会学这门学科的研究和教学，又长期与国际主流学术界隔绝，直到改革开放后，1987年由于晓、陈维纲等人合译的《新教伦理与资本主义精神》由北京三联书店出版问世，内地学者才真正从学术上接触韦伯的中文著作。尽管此前台湾早在二十世纪六十年代就已出版了该书的张汉裕先生节译本以及由钱永祥先生编译的《学术与政治：韦伯选集（Ⅰ）》（1985年，远流出版公司），但囿于当时两岸信息闭塞的情况，这样的图书很难直接到达学者手中。此外还应指出，大陆在此之前也曾零星出版过韦伯的一些著作译本，譬如，姚曾廙译的《世界经济通史》（1981年）、黄晓京等人节译的《新教伦理与资本主义精神》（1986年），但前者由于是以经济类图书刊发的，显然其社会学意义在一定程度上会受到遮蔽，后者是一个删除了重要内容的节译本，难以从中窥视韦伯思想全貌，无疑也会减损其学术价值。

　　大陆学术界在二十世纪八十年代中后期引介韦伯思想固然和当时社会学刚刚复出这一契机有关，除此之外还有其重要的现实社会背景和深刻的学术原因。众所周知，二十世纪八十年代中后期是大陆社会改革开放方兴未艾的年代，经济改革由农村向城市逐步深入，社会生产力得到了较快的发展。但是社会转型必然会伴随有阵痛和风险，改革旧有体制涉及众多方面的既得利益，需要人们按照市场经济模式转变思维方式和行为方式，重新安排和调整人际关系。加之，由于中国南北方和东西部自然条件和开发程度存在很大差异，在改革过程中也可能出现新的不平等，还有随着分配差距的拉大社会分层化开始显露，以及公务人员贪污腐化不正之风蔓延开来为虐日烈，这些都会导致社会问题丛生，致使社会矛盾渐趋激烈。如果处理不当，最终会引起严重的社会失范。苏联和东欧一些民族国家在经济转轨中的失败和最终政权解体就是前车之鉴。这些都表明中国的改革开放政策带来的社会经济发展遇到了新的瓶颈，面对这些新问题学术界必须做出自己的回答。

撇开其他因素不论，单从民族国家长远发展上考量，当时中国思想界可以从韦伯论述十九世纪末德意志民族国家的著作中受到许多启迪。当时德国容克地主专制，主张走农业资本主义道路，成为德国工业发展的严重障碍；而德国中产阶级是经济上升的力量，但是领导和治理国家又缺乏政治上的成熟。韦伯基于审慎的观察和思考做出了自己的选择：出于对德意志民族国家的使命感和对历史的责任感，他自称在国家利益上是"经济的民族主义者"，而在国家政治生活中自我期许"以政治为志业"。联想到韦伯有时将自己认同于古代希伯来先知耶利米，并把他视为政治上的民众领袖，亦即政治鼓动家，他在街市上面对民众或批判内外政策，或揭露特权阶层的荒淫腐化，只是出于将神意传达给民众的使命感，而非由于对政治本身的倾心。然而韦伯又清醒地认识到，现时代是一个理智化、理性化和"脱魅"的时代，已没有任何宗教先知立足的余地，作为一个以政治为志业的人，只能依照责任伦理去行动。这意味着一个人要忠实于自己，按照自己既定的价值立场去决定自己的行动取向，本着对后果负责的态度果敢地行动，以履行"天职"的责任心去应承日常生活的当下要求。或许，韦伯这一特立独行的见解以及他对作为一种理性的劳动组织之现代资本主义的论述，与大陆当时的经济改革形势有某种契合，对国人的思考有某些启发，因而使人们将目光转向这位早已作古的德国社会思想家。

　　此外，二战结束以来，国际学术界以及周边国家兴起的"韦伯热"也对国内学术界关注韦伯起到触发作用。韦伯的出名首先在美国，这与后来创立了结构功能学派的帕森斯有关。帕氏早年留学德国攻读社会学，1927 年他以韦伯和桑巴特论述中的资本主义精神为研究课题获得博士学位，返美后旋即将《新教伦理与资本主义精神》译成英文于 1930 年出版，并在其成名作《社会行动的结构》中系统地论述了韦伯在广泛领域中对社会学做出的理论贡献，从此以后韦伯在英文世界声名鹊起并在国际学界闻名。五十年代以后韦伯著作大量被译成英文出版，研究、诠释韦伯的二手著述也如雨后春笋般涌现。六十年代联邦德国兴起的"韦伯复兴"运动，其起因是二战后以美国为楷模发展起来的德国经验主义社会学，与战后陆续从美国返回的法兰克福学派代表人物所倡导的批判理论发生了严重抵牾，从而导致了一场长达十年之久关于实证主义方法论的争论。由于参加论战的两派领军人物都是当今学界泰斗，加之其中的几个主要论题——社会科学的逻辑问题（卡尔·波普尔与阿多诺对垒）、社会学的"价值中立"问题（帕森斯对马尔库塞）、晚期资本主义问题（达伦道夫和硕依西对阿多诺）——直接或间接都源于对韦伯思想的理解，对这些重大问题展开深入的研讨和辩论，其意义和影响远远超出了社会学一门学科的范围，对当代整个社会科学界都有重要的参考借鉴价值。作为这场论战的结果，一方面加快了韦伯思想的传播，促使韦伯思想研究热潮的升温，另一方面也对美国社会学界长期以来以帕森斯为代表的对韦伯思想的经验主义解读——"帕森斯化的韦伯"——做了正本清源、去伪存真式的梳理。譬如，在帕森斯式的解读中，韦伯丰富而深刻的社会多元发展模式之比较的历史社会学思想，被歪曲地比附成线性发展观之现代化理论的例证或图示。因此在论战中从方法论上揭示韦伯思想的丰富内涵，还韦伯思想的本来面目，亦即"去帕森斯化"，这正是"韦伯复兴"的题中应有之意。

随着东亚"四小龙"的经济腾飞，研究韦伯的热潮开始东渐。二战后特别是六十年代以后，传统上受儒家文化影响的韩国、台湾、香港、新加坡成为当时世界上经济发展最快的四个地区，如何解释这一现象成为国际学术界共同关注的课题。美国的汉学家曾就"儒家传统与现代化"的关系于六十年代先后在日本和韩国召开了两次国际学术研讨会。八十年代初在香港也举行了"中国文化与现代化"的国际学术会议，其中的中心议题就是探讨儒家伦理与东亚经济起飞的关系。许多学者都试图用韦伯的宗教观念影响经济行为思想去解释东亚经济崛起和现代化问题：有将"宗教伦理"视为"文化价值"者；也有人将"儒家文化"作为"新教伦理"的替代物，在解释东亚现代化时把儒家传统对"四小龙"的关系比附为基督教对欧美、佛教对东南亚的关系；还有人将韦伯论述的肇源于西欧启蒙运动的理性资本主义精神推展至西方以外，譬如日本，等等。所有这一切，无论赞成者抑或反对者，都使亚洲地区围绕东亚经济腾飞形势而展开的文化讨论，与对韦伯思想的研讨发生了密切关系，客观上推动了韦伯著作的翻译出版和思想传播，促使东亚地区韦伯研究热潮的出现。

作为欧洲文明之子，韦伯是一名百科全书式的学者，其思想可谓博大精深，同时其中也充满了许多歧义和矛盾，许多相互抵悟着的观点都可在他那里找到根源，因而时常引起不同诠释者的争论。历来对韦伯思想的理解大致可分为两派，即文化论和制度论。前者主张思想、观念、精神因素对人的行动具有决定作用，故而韦伯冠名为"世界诸宗教的经济伦理"这一卷帙浩繁的系列宗教研究（包括基督新教、儒教、印度教、犹太教等）是其著作主线；后者则强调制约人的行动背后的制度原因才是决定的因素，为此它视《经济与社会》这部鸿篇巨制为其主要著作。这种把一个完整的韦伯解析为两个相互对立部分的看法，从韦伯思想脉络的局部上说似乎都言之成理、持之有据，但整体看来都有以偏概全的偏颇。须知，韦伯既不是通常意义上的观念论者或文化决定论者，更不是独断意义上的唯物论者，因为这里的宗教观念是通过经济的伦理对人的行动起作用，并非纯粹观念在作用于人；而制度因素既包含经济制度、也包含法律制度、政治制度，还包含宗教制度、文化制度，并非只是经济、物质、利益方面的制度。换言之，一般理解的观念—利益之间那种非此即彼、对决、排他性关系，在韦伯的方法论看来纯属社会科学的"理念型"，只有在理论思维的抽象中它们才会以纯粹的形式存在，在现实生活中它们从来就是一种"你中有我，我中有你"的彼此包容的、即所谓的"镶嵌"关系。应该运用韦伯研究社会的方法来研究韦伯本人的思想，放大开来，应该用这种方法看待社会生活中的一切事物，惟有如此，才能持相互关系的立场，以"有容乃大"的胸怀解决现实中许多看似无解的死结问题。

　　欣闻台湾远流出版事业有限公司与大陆出版机构合作，在内地携手出版"新桥译丛"中有关韦伯著作选译的简体字版，这对于两岸出版业界和学术界的交流与沟通，无疑将会起到重要推动作用。祝愿这一合作不断发展壮大并结出丰硕的果实！

在中文学术界，台湾远流公司出版的"新桥译丛"有着很好的口碑，其译作的品质精良是远近驰名的，其中韦伯著作选译更是为许多大陆学人所称道。究其原委，一则是书品优秀，这包括书目及其版本的选择颇具专业学术眼力，另外新桥的译文具有上乘水准，是由经过专业训练的学者基于研究之上的迻译，而非外行人逐字逐句地生吞活剥。仅以两岸都有中文译本的《中国的宗教：儒教与道教》一书而论，远流本初版于1989年，六年后再出修订版，书中不仅更正了初版本的一些讹误，而且将译文的底本由初版的英译本改以德文原著为准，并将英、日文译本添加的译注和中文译本的译注连同德文本作者的原注一并收入，分别一一标示清楚。此外，远流版译本还在正文前收录了对韦伯素有研究的康乐先生专为该书撰写的"导言"，另将美国匹兹堡大学著名华裔教授杨庆堃先生1964年为该书的英译本出版时所写的长篇"导论"译附于后，这就为一般读者和研究者提供了极大方便，使这个译本的学术价值为现有的其他几个中译本所望尘莫及。再则，"新桥译丛"的编辑出版已逾二十余载，可谓运作持之以恒，成果美不胜收，仅韦伯著作选译出版累计已达十几种之多，形成规模效应，蔚为大观。不消说，这确乎需要有一个比较稳定的编译者团队专心致志、锲而不舍地坚持长期劳作才能做到，作为一套民间出版的译著丛书，在今日台湾这种日益发达的工商社会，实属难能可贵。现在，两岸出版业界的有识之士又携手合作，将这套译著引介到大陆出版，这对于提高这套丛书的使用价值、扩大其学术影响、推动中文世界社会科学和人文科学的发展、提升学术研究水平，功莫大焉。

近年来，随着两岸经贸往来规模的不断扩大，两地学术界和出版界的交流也在逐步深入，相应地，两地学者的著述分别在两岸出版的现象已屡见不鲜，这对于合理地使用有限的学术资源，互通有无，取长补短，共同提升中文学界的研究素质，可谓事半功倍。进而，倘若超越狭隘功利角度去看问题，将文本视为沟通思想、商谈意义的中介，从而取得某种学术共识，成为共同打造一个文化中国的契机，则善莫大焉。

诗云："瞻彼淇澳，绿竹猗猗。有斐君子，如切如磋，如琢如磨。"惟愿两岸学人随着对世界文化了解的日益加深，中文学界的创造性大发展当为期不远矣。是为序。

2003 年 12 月 3 日 于北京

目　录

宗教社会学

宗教与世界

宗教社会学

康　乐　简惠美　译

第一章
宗教的起源

一 基于宗教或巫术动机的共同体行动之原初的此世性

在本书的一开头就想定义出何谓"宗教",是不可能的。要下定义(如果可能的话),也要等到这番研究结尾时才行。宗教的"本质"甚至不是我们的关注所在,因为某一特殊的共同体行动(Gemeinschaftshandeln)类型的条件与效应才是我们此一研究的旨趣。

宗教行为的外在表现是如此的分歧多端,为了能够了解此种行为,也只有透过主观的经验、理念与个体所关注的目的这个观点才有办法达到——换言之,从宗教行动本身的"意义"(Sinn)这个视角来了解。

由宗教的或巫术的因素所引发的行动之最基本的形式,是以**此世**为取向的。"使你可以得福……并使你的日子在地上得以长久"(《申命记》4:40),这话表达了何以要履行宗教或巫术所要求的行动的原因。甚至在腓尼基的滨海城市中所举行的活人献祭礼——虽然这在城居民族里并不寻常——也没有一丁点彼世的取向。进一步来说，宗教或巫术动机下的行为，相对而言，是理性的，从其最原初的表现看来特别是如此。它所遵循的是经验法则——虽然未必是根据手段与目标考量下的行动。钻木即能取火，依此，巫师的"巫术"行为也可向上天召来雨水。由钻木所造成的火花，和由祈雨师的作法所召来的雨水一样，都是一种"巫术般的"效应。因此，宗教或"巫术"的行为或思考必然不可与日常生活里有目的的行动范畴划分开来，这特别是因为：即使是宗教与巫术的行为，其目的也主要都是属于经济性的。

只有我们以我们现代对自然之观照的立场来判断，得以客观地分辨出这类行为里的因果推断何者为"正"，何者为"误"，而将那谬误的因果推断归类为"非理性的"，相应于此的行径则为"魔术"（Zauberei）。然而一个采取巫术行径的人所用的是相当不同的一种区别方式，他分辨出的是现象中何者较为超凡、何者较为寻常。例如，并不是每块石头都可以是个神物——一种巫术力量的来源。也不是每个人都能够具有出神入化的能力——根据原始的经验，这种能力被视为足以在气象、医疗、占卜与感应等事上产生某种灵通的前提条件。这类**非凡**异能基本上（虽然并不是绝对）即被冠之以"mana"、"orenda"与伊朗语"maga"（我们的"magic"一词即源于此）等这类特殊的称呼。我们以下则以"卡理斯玛"（Charisma）一词来指称这种超凡异能[1]。

卡理斯玛可分两种类型。若就其极致之境而言，卡理斯玛是一客体或人本身单只因自然的禀赋所固有的资质。此种基源性

---

1 "卡理斯玛"一词用来表示某种人格特质；某些人因具有这个特质而被认为是超凡的，禀赋着超自然以及超人的，或至少是特殊的力量或品质，而为普通人所缺乏。参照《经济与历史 支配的类型》，页352。——中注

的卡理斯玛是无法靠任何手段获得的。然而另一种卡理斯玛却可以透过某些不寻常的手段在人或物身上人为地产生出来。即使如此，卡理斯玛的力量还是被认为只能从某些人或物身上伸展出来，这些人或物本身已涵藏着卡理斯玛的胚胎，只不过仍然潜卧，有待于诸如"禁欲"或其他手法来加以"唤醒"。因此，甚至在宗教演化的最早阶段时，就已出现了一切宗教恩宠论的胚芽：从恩宠注入论（gratia infusa）到最严格的因善行而得救的教义（Werkgerechtigkeit）[1]。原初宗教现象里的这种强烈的自然主义取向（最近被称为"前泛灵论的"），迄今在民间宗教里仍然根深蒂固。今天，任何宗教会议的决议，诸如划分对上帝的"崇敬"与对圣像的"礼拜"，并认定后者只不过是一种虔诚的手段，这些都无法制止一个南欧的农民在预期的事不灵验时，向圣像吐口水——因为习惯上该礼敬的事都做到时，其他就是圣者要负的责任了。

二 精灵信仰

在我们所检视的最原初的宗教行为里，通常已经有了某种抽象化的形式——只不过尚属单纯。已具体的观念是：在具有卡理

---

1 恩宠注入论原本来自对神的恩宠的实体想法，例如吸入圣灵等。这想法到了奥古斯丁时，则转变成是罪的宽恕的预备阶段，等待恩宠注入的基督教徒的生活会被充足完全。此后成为天主教的确固观念。

　　因善行而得救的观念则显示于所谓人会因善行而被称义的律法主义与伦理主义中，与天主教之"恩宠注入论"的立场完全相对立，因后者排斥贝拉基（Pelagius）的自由意志论，而彻底地立基于预定论，主张神之恩宠对于被选者的完全支配，人类的爱的作为即由此而来。

　　基督新教教会一般都排斥对神之恩宠的实体的想法，因其将恩宠理解为神人关系中的机能作用，而不采取恩宠注入论说法。——日注

斯玛资质的自然物、人工物、动物及人的"背后"隐藏着某种"存在者"，是它要为前者的行动负责。此即**精灵信仰**（Geisterglaube）。起初，"精灵"并非灵魂、邪魔，亦非神，而是某种物质的、却又不得而见，非人格的、却又有其意欲的不可捉摸的东西。它进入到一个具体实物里，并将其特殊的影响力加在后者身上。它也可能离逸而去，而使后者成为无用的道具，从而使巫师的卡理斯玛丧失殆尽。另一方面，精灵也会消失得无影无踪，或者再进入到其他人或物里。

以任何特殊的经济条件来作为精灵信仰之形成发展的前提条件，都是无法加以验证的。然而就像所有的抽象化一样，精灵信仰在下面这种社会里最被强力促成：有某些人拥有巫术性的卡理斯玛资质，并且也只有那些具备特殊资格的人方有如此的禀赋。确实，就是在这种情况下，为世上最古老的"职业"（Beruf）——职业巫术师，奠下了根基。根对于一般人——巫术观点下的"凡人"——巫师是个持续地拥有卡理斯玛资质的人。更甚者，他变成一个独占某种"经营"（Betrieb）——足以高超地表现或传达卡理斯玛灵力的一种特殊的主观状态，亦即"忘我"（Ekstase）——的人。对凡人而言，忘我只不过是一种偶发状态的体验。相对于理性的巫术施行，忘我的社会形态——狂迷（Orgie）——乃宗教共同体关系原初的素朴形态。然而，对于巫师——导致狂迷不可或缺的人——之持续经营而言，狂迷不过是一种偶发的行为。

在日常生活的例行约束下，凡人只能偶尔体验到忘我——只是陶醉。为了能忘我，他使用各种酒精饮料、烟草或类似的麻醉品，特别是音乐等等原先都是有助于达到狂迷目的的东西。至于应用忘我的方式，除了基于经济利害而理性地影响精灵的问题之外，另有一个重要的，但在历史上则为次要的问题，亦即巫师的技巧——再自然也不过的是，几乎不论何处，巫师的技巧都发展成为秘教。在体验到狂迷状态的基础上，以及受到巫师之职业的实际活动影响而达到的种种类似情境中，引发了"灵魂"的观念：灵魂是处在自然物体之中、之后或之旁的一个独立存在，甚至是存在于人身上而当人睡梦、失神、忘我或死亡时即离逸而去的某种东西。

有关灵魂与诸事物——不论是有灵魂潜藏在其背后，或是与灵魂以种种方式相连接——之间的各式各样的可能关系，我们实不宜于此处详推细论。这些精灵或灵魂可能会"逗留"在具体的对象或事物之内或其旁（多少是持续性及排他的）。反过来说，它们也可能会"占有"某种类型的事物或对象，对这些事物或对象的行为及效力具有决定性的支配力量。这种（及类似）的观念可适切地称为泛灵论（Animismus）。认为精灵可以暂时将自身"化入"事物（动物、植物或人体），这是更进一步的抽象化，仅能逐渐演化出来。到达最高阶段的抽象化时，精灵则可能被认为是遵循其自身律则的隐形存在，仅能借由具体的对象而"象征化"，虽然这种阶段的抽象化是很少能持续维持的。在自然主义与抽象化两个极端之间，有许多过渡及混合的阶段。不管怎样，就算在比较单纯的抽象化的初步阶段，基本上仍呈现出此一观念：认为"超感官的"力量会介入干预人类的命运，其方式正如一个人能影响有关其自身的外在命运。

三 "超感官的"力量的起源

在这些早期的阶段，不管是"神"是"魔"都尚未人格化，亦非永存不朽，有时连特别的名称都还没有。一个神或许会被认为是一种支配某一具体事件之过程的力量——乌杰尼尔（Hermann Usener）[1] 称之为"瞬间之神"（Augenblicksgötter）——除非同样事件再度发生，否则不会有人记得的。此外，来自一个已逝的伟大英雄的力量也会被视为神，至于人格化或非人格化，大概都是后起的现象。同样地，我们发现神尚没有其个别的名称，只以其所支配的事相来称呼。稍后，当此一称呼的意义已无法弄清楚时，原先用来指称某一事项的名词即可能转化为某个神祇的固定名字。相反的，伟大的始祖或先知原有的名字也会被用来称呼某种神力，此一过程亦可因神话而有反向的运用：取得将纯粹神性的名称转化为某一神格化英雄之个人名字的正当性。赋予"神性"的概念是否已具有不巧性，以及是否因此永远只能经由巫术或象征性的手法来沟通，取决于许多不同的情境。其间最关键的是，巫师或世俗掌权者是否以及以什么态度（巫术的行为或个人的喜好），在其个人经验的基础上来接受此一神祇。

此处我们也许可以简单提示此一过程的结果：一方面是"灵魂"观念的出现，另一方面则是"神祇"、"鬼怪"的观念，也就是"超自然"力量的出现。如何安排它们与人的关系即构成**"宗教"行为**的领域。最初，"灵魂"既非人格性，亦非非人格性的存在，通常被认为——以自然主义的观点——是某一种在死后即会消逝的东西，例如呼吸或者心脏（灵魂之居所）的搏动，因此，若吃了敌人的心即可获得其勇气。更重要的是，灵魂往往根本不是个单

---

1 乌杰尼尔（1834—1905），德国古典学者，波昂大学教授。在其范围极广的古代研究中，特别以对伊壁鸠鲁及古希腊宗教的研究而知名。主要著作为 *Epicurea*（1887）、*Griechische Götternamen*（1896）。——日注

一体。因此，在人们睡觉时离体而出的灵魂是不同于当他陷入"忘我"状态——心跳急遽、气息微弱——时离体的灵魂，也不同于潜藏于他的影子中的灵魂。同样地，死后的灵魂——依恋于其尸体，或徘徊于其旁（只要尸体还有一部分留下的话）——也不同。死者的灵魂在生前遗居持续作祟，怀着妒忌与愤怒之情注视着其继承者享用其生前所有之物。另外一种灵魂则会托梦于子孙或出现于其幻觉中，提出警告或忠告；也有灵魂会进入动物或其他人——特别是新生婴儿——体内，依情况带来祝福或灾难。视"灵魂"为一相对于"肉体"的独立存在的观念，绝非普遍皆然，即使是各救赎宗教（Erlösungsreligionen）亦并不皆如此。实际上，某些救赎宗教——例如佛教——就特别反对此一观念。

四　自然主义与象征主义

在上述整个发展过程中，最主要的特点并非这些超自然力量之人格性、非人格性或超人格性的问题，毋宁说是新的经验现在在生活中扮演了一个角色。在此之前，只有真正存在或发生过的事物才会在生活中起作用；现在，某种经验——属于不同秩序，仅只**意味**某些事物的——也开始扮演角色。以此，巫术即从一种直接操作的力量转化为一种**象征的行为**。

原先对尸体的直接畏惧（动物也有这种畏惧）——埋葬的姿势及过程经常取决于此种直接畏惧（例如屈肢葬、火葬等）——逐渐成为次要的，取而代之的观念是，必须使亡灵无害于生人。灵魂的观念出现之后，尸体必须要移到他处或封在墓穴中（提供给它一个尚可容忍的场所），以免它妒忌生者享用其所有物；如果生者想平静地过活，那么就必须用其他方式来保证亡灵的幸福。在各种有关处理死者的巫术施为中，具有最重要经济影响的观念是，死者个人所有必须伴随其尸体进入坟墓。此一观念逐渐淡化为，要求死者之物至少在一段短期间内不得使用，此外经常也要求生者在此期间不要享用其所有物，以免引起死者之妒忌。中国人的服丧规定仍充分地保留了此一观念，结果是不论在经济或政治上皆带来不合理的现象。例如规定官员在服丧期间不得执行其职务，因为其官职——职禄——也是一项财产，因此必须回避。

　　灵魂、鬼怪及神祇之领域的发展，反过来亦影响到巫术的意涵。由于这些存在无法以任何具体的意识来掌握或认知，它们具有一种背后世界之存在（hinterweltliches Dasein）的性质，通常只能透过象征（Symbolen）及意义（Bedeutungen）的媒介才能接近，因此显示出来的只是影子（有时则是完全不真实的）。由于认为在真实的事物背后尚有其他独特的、灵异的现象，真实的事物只不过是这些现象的征候（或更确实地说——象征），因此必须努力去影响在具体事物中展现其自身的灵异力量。做法则是透过向一个精灵或灵魂致意的行动，因此也就是透过“意味”（Bedeuten）着某事的手段——象征。此后，自然主义大概就被象征行为的浪潮所淹没。自然主义之所以被取代，乃基于，象征主义的专家可以施展压力以支持其信仰与思想的确立，因此，也就是奠基于这些专家设法从其共同体所获取的权力之上。此外，自然主义之被取代，亦基于巫术本身之意义（配合经济的固有特性），以及巫师成功地创建出来的组织。

　　象征性行为的蔓延及其取代原初的自然主义，尚有深远的影响。如果死者只能透过象征性的行为才能接近，如果神祇只透过象征来展现自己，那么，尸体也许会满足于象征性行为，而非真实的事物。结果是，祭祀的面包以及代表死者之妻与仆人的人偶取代了真正的牺牲。有意思的是，最早的纸币是用来付给死者而非生人的。类似的取代亦出现在人与神及鬼的关系上。逐渐地，事物超越其实际（或可能）内在固有的效用而"意义化"，人类也企图借由有显著象征意味的行为以达成现实具体的效用。

每一种从自然主义观点而言得到成功证明的纯粹巫术行径，当然会以一种持之以恒的形式一再重复。结果自然是，此一原则延伸至整个象征意义性的领域。因为即使是最轻微的背离已证明为有效的手法，都可能导致整个仪式无效。以此，人类行为的整个领域皆被纳入巫术性象征主义的罗网中。因此，即使在已经理性化的诸宗教，有关纯粹教义观点的最激烈冲突，比起象征形式的创新而言，可能还比较容易被容忍，因为象征形式的创新会危及施为的巫术效果，甚至——这是附加在象征主义上的新观念——会引起神祇或祖先亡灵的愤怒。迟至17世纪，到底该用两根合并的木头还是三根来做十字架的问题，仍为导致俄国教会分裂的基本原因。同样的，一直到现在，由于害怕将二十四个圣日自年历上取消会严重地激怒这些圣徒，妨碍了俄国之采用格列高利（Gregory）历法[1]。美洲印第安巫师在主持宗教舞蹈仪式时，唱错曲子的人会立即被处死，以驱走恶灵或避免神之愤怒。

造型艺术作品之宗教的定型化，亦即最早风格化的形式，是

---

1 教皇格列高利十三世以恺撒大帝所制定的罗马历法为骨子加以改良，而于1582年以教皇诏书的方式颁布新历法。英国于1752年最先采用此历，其后逐渐为世界所通用，成为现今唯一世界共通的历法。——日注

实际上日耳曼各新教国家1699年即采用此历。——编注

直接受巫术观念的制约，同时也间接取决于此一事实：这些作品是为了它们巫术性意义而专业地制作出来的。专业性的作品自然会倾向基于既成的模范来创造艺术对象，而非以自然对象为根据的再制。宗教因素对艺术最全面性的影响可见之于埃及，当传统宗教的价值为阿孟霍特普四世（Amenhotep IV，亦即伊肯纳顿[1]）的一神教运动所动摇时，立即导致自然主义的发展。其他宗教影响艺术风格化的例子可见之于字母象征的巫术应用；作为拟类治疗法、除魔、被邪或巫术性强制的象征形式之模仿与舞蹈的发展；认可的音阶，或至少是主调（与半音阶形成对比的印度的 râga[2]）的定型化。此种宗教性影响的其他例子尚可见诸，奠基于被邪或象征意义的拟类治疗法广泛地取代了较早期实证式的医疗法，早期的医疗法虽也有相当的发展，然而从象征主义，以及泛灵论的精灵附体的观点而言，只不过能治疗表面的症状而已。从泛灵论象征主义的基本假设点看来，它的治疗法似乎也可被视为合理；不过，这些治疗法（拟类治疗法、被邪等）与实证治疗法的关系，正如同占星术（也是从象征主义的根基上发展出来的）与实证性的历法计算的关系一样。

所有这些相关现象对文化的实质发展，具有无可估计的重要

1　埃及第十八王朝国王（约于公元前 1370—前 1352 年在位），以试图作一神教的宗教改革而闻名。由于憎恨阿蒙神祭司的专横，并为了压制其势力，而崇奉太阳神阿吞（Aton）信仰。他不但将原名阿蒙若菲斯（Amenophis，满足于阿蒙神的意思）改为伊肯纳顿（Ikhnaton，为阿吞神所喜），并将首都由底比斯迁往北方两百公里的阿吞城（Aket/Aton，阿吞的光荣之地）。不过，这个宗教改革并未成功，在他死后，阿蒙神信仰又恢复势力。阿蒙神的祭司团在打倒伊肯纳顿的子孙后，事实上即自由处置王位。——日注

2　râga 为印度音乐中有别于所谓音阶（grâma）的基本音列形式。一个 râga 由连续五个或六个音符组成，而据以交织成旋律。在最古老阶段已有为数六个基本的 râga，并以此相应于一天的时间而运用。——日注

性，只是我们无法在此细论。宗教观对生活态度（Lebensführung），以及因此而对经济行为最初与最基本的影响是普遍性地**定型化**。对于多少是受到超自然力量所护持的任何施为加以变更的话，就有可能会影响到精灵与神祇的利益。以此，在每一个创新者所须面对的、固有的不确定性与抗拒外，宗教又加上其强力的限制。神圣的事物是独一不可变的。

从前泛灵论的自然主义转化至象征主义，其间的细节当然是变化多端的。当原始人撕出他杀死的敌人的心脏，扭下他的生殖器，或者是倒出其脑髓，然后将其头盖骨悬在家中或将之作为最贵重的结婚聘礼，吃下死去敌人的部分尸体或者吃下最快速、最有力量的动物时，他真正相信——以一种自然主义的意涵——他能够拥有这些东西所具有的各种力量。战舞最初只是在面临战斗前的一种混合了愤怒与不安的产物，而直接导致英雄式的忘我；就此而言，它也是自然主义，而非象征式的。不过，只要战舞（多少就像我们所说的"感应的"巫术作用）模仿式地预告胜利，并且因此努力利用巫术施为来保证胜利；只要动物与人是以固定的仪式来杀戮；只要部落的精灵与神祇被召唤来参加祭宴；只要共同食用被神圣化的动物的人认为他们彼此间具有一种特别密切的血缘关系（因为这个动物的"灵魂"已进入他们）；那么，向"象征主义"的转化即已迫在眼前。

"神话论的思考"（mythologisches Denken）此一名词曾用来称呼作为发展成熟的象征观念领域之基础的思考模式，其特征亦已有相当详细的诠释。不过，我们无法在此全面处理这些问题，我们只想讨论此种思考方式中一个较一般性的主要层面：类比的重要意义，特别是其最有效的形式——比喻。类比不但对宗教呈现

的形式，而且对法律思考——甚至在法律纯粹实证形式之判例的
处理——都有其持久的影响力（实际上可说是支配性的）。类比的
思维源自经象征主义所合理化的巫术，此种巫术的结构是完全类
比式的，以后才逐渐为根据理性包摄作用所形成的三段论法的概
念结构所取代。

五　神祇的世界与功能神

同样的，"神祇"最初亦非以"人类的形象"存在。要晓得，
一直要到纯粹自然主义神观（例如吠陀经典所呈现的 [1]，火就是神，
或至少是具体的火神之躯体）被压制，代之而起的神观是，一个
神永远只是他自己，支配所有的火，产生或控制它们，或至少是
化身在每一堆火中时，神祇才具有永劫不灭的形式，这也是他们
的本质。这种抽象的神观只有经过继续不断地献给某一个固定的
神——透过这个神与某一持续存在的人群的联系（对此一人群而
言，他是具有特殊重要意义的不灭之神）——的"祭典"，才能真
正维系下来。有关此一过程，我们目前得再进一步思考。一旦这
种形式的神之存在得到确保，那些以专业态度关切这些问题的人，
即可能努力从事于使这些观念体系化的知性活动。

"诸神"在祭典进行时被偶然地聚合在一起，往往呈现出

1　《吠陀》为印度最古之圣典，且为哲学宗教之根源。所谓"吠陀"者，"智识"之意也。
　　婆罗门谓此乃古圣人（Risi）受神之启示（Sruti）而诵出，悉为神智圣智之发现，故有
　　此名。吠陀共有四种，即《梨俱吠陀》（*Rigveda*）、《耶柔吠陀》（*Yajurveda*）、《娑摩吠
　　陀》（*Sāmaveda*）、《阿闼婆吠陀》（*Atharvaveda*）。各书编成时代相去甚远，大约自公元
　　前 1500 年（《梨俱吠陀》）至前 500 年之间。——中注

一种无秩序的杂凑，这种情形之存在绝不仅限于社会阶级尚未高度分化的时期。因此，即使是吠陀经典中的神祇，也尚未构成一个有秩序的团体。然而，一方面由于关注于宗教实践的体系思维，另一方面由于伴随着其渐增的、典型的对某神之业绩（Leistungen）的要求而来的、生活全面的合理化，到达一定阶段——到达此一阶段的细节依个别情况而有极大歧异——通常即有往万神殿（Pantheon）演化的趋势。万神殿的出现是伴随着诸神的特定化与个殊化，以及不断地划归（同时也区分）他们各自的"权限"。不过，神之逐渐的、经由人神同性同形的观念而人格化的过程，与其权限逐渐固定化的过程既非同一发展过程，亦非平行的发展，通常倒都是反过来的。准此，罗马神祇的权限，比起希腊神祇而言，要远为固定与明确。然而，后者之为真正的"人格性"（神人同形同性化及可塑性的存在）则要远超过纯粹的罗马宗教。

就社会学而言，此一发展的最重要基础可见之于如下事实：有关超自然现象的一般性质，纯正的罗马观点倾向维持一种民族的、农民宗教与家产领主宗教（Patrimonialherrenreligion）的模式。另一方面，希腊的宗教则倾向反映**交流频繁**的地区骑士文化的一般性结构，例如荷马时代的文化及其英雄神。罗马虽然承袭了部分希腊的观念，也受到间接的影响，却无法变更其民族宗教。许多希腊的观念在罗马只留有一种审美的意义，罗马的传统之主要特征仍然是毫无变动地保存于其祭典中。与希腊之道相反的，罗马人始终拒绝狂迷忘我或神秘类型的宗教（其理由稍后再述）。而显然的，巫术力量之分歧化发展的能力，是远不如已被接受为具有人格之"神"的"权限"来得有弹性。罗马的宗教仍然是 religio——不管就语源学而言此字是来自 religare（再结合），或者来自 relegere（再思索）；它意味着与验证有效的祭典形式的一种联结，以及对所有类型的、遍布各处的神祇（numina）的一种"顾虑"。

　　除了由于上述因素所导致的、向形式主义发展的趋势外，纯正的罗马宗教还具有另一种与希腊文化相对立的重要特征，亦即，认为非人格性与切事的理性之间具有一种内在的亲和性的观念。罗马人的整个日常生活及其所有活动，皆笼罩（根据一种神圣律则的决疑论[1]）于其"宗教"（religio）之下，此种决疑论纯粹地、量的吸引了其注意力，正如犹太人与印度人的注意力为其宗教惯习的律则所支配，或者如中国人之为道教的神圣律则所制约一样。罗马僧侣的神册（indigitamenta）中列有无以数计的、个殊化与特定化的神祇，每一个行动（实际上可说是每一行动的所有具体因素）皆在特定的"神"（numina）的影响之下。因此，当罗马人要从事一项重大事务时，首先要做的就是恳求及崇奉——除了 dii certi（**确定之神**），这些神已由传统赋予固定的职责与影响力——种种身份不明的神（incerti），这些神的权限尚未确定，实际上，连他们的性别、能力甚至存在都还有可疑之处。大概有一打的"确定之神"可能是跟农事有关的。虽然罗马人认为希腊人的忘我（Ekstasis，拉丁文则是"迷信"[superstitio]）是一种精神错乱（abalienatio mentis），且违反社会秩序；然而，罗马"宗教"的决疑论（伊特

1　决疑论（Kasuistik）即是将道德的或宗教的律法和义务运用于相应各式各样前后关系与场合所呈现的个别事例，以作成价值判断，并且据此种种判断的集成来形成律法与义务的整体。此种观念见于犹太教、罗马的宗教、波斯教以及伊斯兰教。基督新教教会则认为此种决疑论的思考是律法主义的，因而有明显的排斥倾向。——日注

拉士坎人也一样，他们甚至更沉迷[1]）对希腊人而言，则是一种奴隶性的敬畏神祇（unfreie Deisidämonie）。罗马人关心的是如何使神祇满意，这种态度导致他们将所有的个别行动以一种概念性的分析方式分解成不同的构成要素，每一个要素皆在一个特定的神的权限下，而且亦享有其特殊的保护。

　　虽然类似的现象亦可见之于印度及其他地方，列于罗马神册上的神祇（numina）——这些神祇是基于一种纯粹概念性的分析，因此也就是一种思维的**抽象化**过程而出现及正式列名的（indigitieren）——远超过其他任何地方，对罗马人而言，祭典的奉行是完全集中在此一序列上的。从这种抽象化（这一点，与犹太人及亚洲人祭典对其各自文化的影响而言，恰好提供一个对比）所导出的罗马人生活方式的主要特征是，不断地锻炼一种实践的、**合理的**、神圣律则的决疑论，发展出一种神圣的预防法学，并且（就某种程度而言）倾向将这些事务当作法律辩护的问题来处理。准此，神圣律则孕育出理性的法学思想。罗马文化中这种基本的宗教性格仍可见之于李维的史书中[2]。相对于犹太人传统处理问题的态度，罗马人强调的重点永远是，从神圣律则及国家法律的观点来证明任何发生的制度改革的"正确性"。在罗马人的思维中，只有法律的格式——而非原罪、处罚、忏悔与救赎——才是中心问题。

　　现在我们先检讨神观（Gottesvorstellungen）的问题，此问题

1　伊特拉士坎人原是古意大利的先住民中最强大的人种，对罗马初期的政治与宗教皆大有影响。其起源虽在东方，但于公元前 9 世纪左右即越经小亚细亚西行，继而扩展其势力于意大利。——日注

2　李维（Titus Livius，前 59—17），罗马史学家。费时四十余年，写成巨著《罗马建国史》142 卷（现存 35 卷），记录了罗马从建国之初到公元前 9 年的历史。其漂亮的文采实属黄金时代的拉丁文学中的第一把交椅。——日注

与神之拟人化及其权限之固定化的过程有关（这两个过程有时并行发展，有时则恰好相反），虽然开始时总是已存在着众多的神祇，这些过程却带有促使崇拜与神观合理化的倾向。

就我们的目的而言，检视各种各类的神与魔并没有太大意义，尽然（或者也可说是当然）这些神魔，就像语言的词汇一样，的确也直接形塑于各个民族的经济状况及其历史命运。究竟某神是如何成为超越其他诸神之上的主神的，由于时间阻隔，我们已无法了解此一历史发展的过程。也许是因为某些对经济有重要性的自然物，例如星辰；或者是因为某些神魔具有控制、影响、引发或妨害有机过程的能力：死亡、生产、火灾、干旱、暴风雨及歉收。在某些事务上具有显著的经济重要性，即可能使某一特定的神祇在万神殿中据有一优越地位，就像在天上据有优越地位的神一样，他之所以拥有此一地位，可能是由于被认为掌理光与热，不过在牧人之间，他更常被认为是掌理生殖者。

因此，下界诸神之崇拜（例如大地之母），通常被认为对农事有相对的重要性，倒也是相当自然的。不过，这种平行关系并非永远都这么直接。我们也不能就此认为天上的神祇（超越此世的、英雄之天堂的典型），不论在哪儿都是贵族的神祇，而与农民的大地之神形成对比。我们更不能认为"大地之母"之为一女神的发展过程，是与母权的氏族制度之发展并行的。只是，控制着收成的下界诸神，比起其他诸神而言，一般更具有地区性与大众性的色彩。不管怎么说，地上诸神之所以比不上居住在云端与山上的、人格化的天神，往往是骑士文化发展的结果；此外，也有允许地上之神上升而与天上诸神并列的倾向。在以农业文化为主的地区，下界诸神经常具有两种功能：他们控制收成，因此能够施予财富；他们同时也是死者的主宰，因为死者是安息于地下的。这一点说明了为何这两种最重要的实际利害问题——此世之财富与彼世之命运——经常是要依赖他们，正如谷神祭典（Eleusinischen Mysterien）所显示的[1]。另一方面，天上诸神则为天体运行的支配者。由于天体之运行显然是受到固定律则的规范，此现象有利于下述之发展：天体的支配者成为所有已经（或应该）有固定律则之事物——特别是司法判决与道德——的支配者。

六　祖先崇拜与家父长祭司制

不管是典型的构成要素与行为的类型之日增的客观意义，还是与它们有关的主观反省，两者皆导致神祇之**工具性**的分殊化。这也可能是一种相当抽象的方式，就像"鼓舞之神"（Antreibens）的例子，还有印度许多类似的神祇。它也可能根据行为的特定方向，而有质的分殊化：祈祷、渔捞、耕作。此种相当抽象形式的神之构成的古典范例，可见之于古印度万神殿的最高概念——梵天（Brahma），祈祷者之主[2]。正如婆罗门僧侣垄断了有效之祈祷——能对神施行有效之巫术性强制——的权力，随之也有一个神垄断了此种权力的分配，因之控制所有宗教行为中最重要的事务；其

1　谷神祭典为雅典西北方的 Eleusis 市为了祭五谷之神 Demeter 而举行的神秘仪式。祭典只限信奉者参加，秘密进行，其内容并不是很清楚，大约是朗诵、舞蹈、祭献，信徒借此获得未来幸福的许诺。——日注

2　Brahma（梵天）乃 Brahman（梵）的男性主格形。"梵"是婆罗门思想的最高原理，是看不见的、无属性的、无限定的实在；梵天则为其人格神化，是创造和维持宇宙的神。梵天与毗湿奴、湿婆，三身一体，是婆罗门教的最高神，但梵天仍以主神之尊居于中心位置。——日注

结果则是他变成了至高之神，哪怕不是唯一的。罗马的门神（Janus），由于是一个行动之正确"开端"之神，因此可以裁决一切事务，从而取得具有相对普遍重要意义的一个地位。

没有一种共同体行动，也没有一种个人的行为，是可以没有其对应的特定神祇的。的确，如果结合体关系（Vergesellschaftung）要得到永久的保障，就必须有这样的一个神。当一个团体（Verband）或者是一个结合体关系并非个别掌权者个人权势的基础，而只是一个真正的"团体"时，它就需要有自己的一个神。

首先，家族及氏族团体需要有自己的一个神，而且自然会求之于祖先的精灵——不管是实在的还是虚构的。稍后又加上灶与灶火的神与精灵。祭典是由家长或氏族（gens）长来主持，此一团体对其祭典重视的程度颇有分歧，而且得视此·家族的结构及实际重要性而定。家族内的祖先崇拜有高度发展者，通常与此一家族内家父长制结构的发展齐头并进，因为只有在一个家父长制结构下，家对男性而言，才具有中心意义。不过，正如以色列的例子所显示的，两者之间并非只是一种简单的关系，因为其他团体——特别是宗教性或政治性——的神（由于这些团体祭司的权力），可能会有效地压制甚至完全摧毁了家族祭典，以及家父长祭司制。

不过，在家族祭典与家父长祭司制的权力与重要性尚未遭到破坏的地方，它们自然形成一种极端强固的人际结合关系，对家族及氏族有巨大的影响力，将成员牢固地团结为一个坚强凝聚的团体。这种凝聚力对家族内部的经济关系也有重大的影响。它有效地决定及固定家族内所有的法律关系，妻子与继承者的正当地位，儿子与父亲、兄弟之间的关系。从家族及氏族团体的观点而言，通奸之所以该受宗教性的谴责，是它也许会带来一种情况，亦即一个陌生人——无血缘关系者——可能会向氏族团体的祖先献祭，而激起他们对子孙的怒气。因为一个完全基于个人联系的共同体的神祇与精灵会拒斥一个缺乏正当资格的人所奉上的牺牲。不管见之于何处，之所以要严格遵守男系的原则，无疑是与上述因素密切相关的，正如所有有关家长祭司权之正当化的问题一样。

类似的宗教动机也影响到长子的继承权（不管是唯一继承，还是有优先继承权），虽然其间也牵涉军事与经济的因素。再者，主要也就是由于这种宗教的基础，亚洲（中国与日本）以及西方罗马的家族与氏族，才能在经济条件变动的情况下，始终维持其家父长制的结构。

七　政治团体的神与地方神

不管哪儿，只要存在这种家族与氏族团体的宗教性链接，便只有两种更具包容性的结合体关系——特别是政治性的——才可能出现。其中之一是由实在的（或者虚拟的）氏族团体所形成的宗教性目的的联盟（Konföderation）。另外一种则是以一种弱化的家父长制结构进行王室家政对"子民"（Untertanen）家政之家产制的支配。不管何处，只要王室家政的家产制支配有所发展，此一最有力量之家族的祖先、神祇、守护神或人格神就会在子民家中与其家神同受供奉，从而使得支配者的地位得到宗教性的认可。这是远东（如中国）的例子，在那里，身为最高祭司长的皇帝独占了有关最高自然神灵的祭典。罗马元首（Prinzeps）之身为"守护神"（genius）的宗教角色——由于大众普遍地将皇帝包括在一般性的宗教祭典中——也是为同样目的而设计的。

　　当发展的方向趋向一个宗教性的联盟时，即会出现一个政治团体的特别神（Sondergott），就如耶和华的例子。他是部族联盟的神——根据传统说法，这是犹太人与米甸人（Midianites）[1]之间的结盟——并为此联盟带来宿命性的结果。以色列人在誓约下接受了耶和华，同时也接受了政治的部族联盟以及遵守神圣秩序的社会关系；因此，耶和华与以色列人之间是一种"圣约"（berith）[2]，一种由耶和华所赐予，而为以色列人顺服接受的契约关系。以此，在人的这一方即出现许多仪礼的、圣律的及伦理的义务，而在神的那方也给予相当明确的承诺。人只要处在全能之神所赐予的、被视为适切的范围内，即可要求神保证他们不受侵害。这就是以色列宗教里独特的**约束性**之性格的最初根源，类似的特征固然亦可见于他处，但绝无如此之强烈。

　　另一方面，一个普遍性的现象是，政治集团的形成即意味着（其中的各团体）服属于一个团体神（Verbandsgott）。古地中海一带的"聚落"（Synoikismos）[3]永远是在一个"城邦"（polis）神祇护佑下的、重组的（就算不一定是新创）祭祀共同体。"城邦"当

1　米甸人，《旧约》有时亦称为以实玛利人（Ishmaelites），是与以色列人有密切关系的游牧民族，住在阿拉伯沙漠西北地区。根据《旧约》所载，他们与以色列人接触的时期大约是从公元前13至前11世纪。亚伯拉罕（以色列人始祖）的第二个妻子基土拉（Keturah）即为米甸人，摩西娶米甸祭司叶忒罗（Jethro）三女西坡拉（Zipporah）为妻，并接受许多米甸人的宗教习俗，包括米甸人的神耶和华以及割礼。米甸人与以色列人的关系在士师时代十分恶劣，双方连年争战，基甸（Gideon，士师之一）即因击败米甸人而崛起。——中注
2　berith在希伯来语中是许诺、提携的意思，用以指耶和华与以色列人民之间所缔结的"契约"。——日注
3　一般名词化的译法是"聚居"、"集居"。韦伯对此字的说明为："几个种族在王的命令或自由的协议下，聚居在具有防备设施的城寨内或近边。"（《城市类型学》第三章第七节）总之，

然是政治性的"地方神"（Lokalgott）此一重要现象的古典担纲者，虽然绝非唯一的一个。相反的，每个持续性的政治团体皆有其专司神（Spezialgott），负责保证此一团体政治行动的成功。在成熟发展的情况下，此一神祇是彻底排外的，原则上他只接受其团体成员的献祭与祈求，或者至少他被认为应当如此。然而，由于人们对这一点实在无法肯定，因此，可以有效影响神祇的方法通常是严格禁止泄露的。对某一团体而言，陌生人不但是政治意味的，同时也是宗教意味的。即使当另一个团体的神祇拥有与自己团体同样的名字与属性，他仍然被认为有所不同。因此，维爱人（Veii）[1] 的天神朱诺（Juno）并非罗马人的那一个，正如对拿坡里人（Neapolitan）而言，每个教堂里的圣母玛利亚都有所不同；他可能会崇拜这个而责怪或唾弃另一个——只要她敢帮助他的敌手的话。一个团体可能会设法诱使敌方的神祇背叛，应允（例如说）欢迎他到自己领土来接受崇拜，只要他肯背弃他们的敌对团体（所谓"呼神"[evocaie Deos]）。这种祈求某一敌对部族的神祇背叛其原有团体以协助另一方的办法，罗马将领卡米卢斯在围攻维爱时就用过[2]。某一团体的神祇有可能被另一团体偷去（或用其他方式得到），不过这也不见得就一定会给后者带来好处，以色列人的约

（接上页注）其典型为希腊的"聚落"，可以借此说明"城邦"（polis）的成立。例如雅典，即是由阿提卡（Attica）半岛上的希腊人组成名为"Synoikismos"的政治结合，原来独立的许多共同体便将其当作一个政治、经济、宗教的中心，而形成雅典这个城市。——日注

1　维爱是 Etruria（意大利中北部的古代名称）的城市，位居罗马北方 9 公里的丘陵上。Etruria 文化的中心地之一。与罗马长期争战，后来在罗马将军卡米卢斯 10 年的包围后，终于在公元前 396 年被占领。——日注

2　卡米卢斯（Marcus Furius Camillus，殁于公元前 365 年），罗马将军，在攻下维爱城（前406—前396）后，因政争而被罗马放逐。后来在加利亚人（Gallia，或称高卢人）占领罗马时（前387），再度被召回故地任独裁官，以拯救祖国。——日注

柜就给其非利士（Philistine）征服者带来瘟疫[1]。

　　一般而言，政治与军事的征服也意味着较强之神对被征服部落较弱之神的胜利。当然，政治团体的每一个神也并不就都是地方神——固定居住在此团体的行政中心。罗马家族的守护神随着此家族的移动而改变其管辖区；根据以色列人所叙述的在荒野中流浪的情况，耶和华与他们同行且引导他们前进。然而，与此记载相矛盾的是，耶和华也被认为——这也是他的关键性特质——是个"来自远方"的神，是个居住在西奈地区的民族的神，只有当其子民战事不利时，才会在暴风雨中率领"万军"（Zebaoth）驰援。认为这种独特的"远隔作用"的性质——这是由于以色列人接受一个外来神而产生的——乃耶和华之演进为一个普遍的、全能的上帝之观念的关键，这一说法似乎无误。因为一般而言，一旦一个神祇被视为地方神，或者说他有时要求其信奉者采行排他性的"单神崇拜"（Monolatrie）[2]，并不能导致一神信仰（Monotheismus），反而会助长宗教的地方主义。因此，地方神的发展便特别助长了政治的地方主义。

　　这点对城邦而言亦为真确，城邦对其他共同体的排斥就如同

1　非利士人是于公元前 13 世纪末侵入现今以色列西部、地中海沿岸一处长 70 公里、宽 30 公里的地方而定居下来的一个非闪米的民族。此一民族虽小，但拥有高度文化和以铁为后盾的强大军力，一时之间压倒了以色列人。不过，以色列在扫罗王的振兴下，将非利士人逼退到海岸地带，后来他们在亚述、波斯、马其顿人的攻打下衰亡。非利士人夺去以色列人的约柜因而遭祸的事，见《旧约·撒母耳记上》第四章第十一节至第五章第十二节的描述。此外，巴勒斯坦（Palestina）就是从 Philistine 这个字讹转而来的。——日注

2　所谓"单神崇拜"，是指某一社会集团（部族、民族、城市等）虽承认其他神的存在，而只与特定的一个神有关系，并且永远以此神的崇拜为集团内的唯一一种。就其承认他神的存在这点而言，虽与一神教相异，但其对他神的极度不宽容与排他性，实为其特性。单神崇拜从古代以色列宗教在向明确的一神教转移以前的阶段中可以看到。——日注

教会之互相排斥，而且它也截然反对一个统一的、包含各种团体的祭司制度之形成。与我们的"国家"（Staat）——一个被视为强制性的、领土的"机构"（Anstalt）——显著不同的是，由于此种地方主义的影响，城邦本质上仍保持着属于城市神之祭祀伙伴性质的一种**个人关系**的团体。城邦内部又进一步分化组织成部族神、氏族神、家族神的个人关系的祭祀团体，每一层次的个别祭典都是互相排斥的。再者，城邦内部也排斥那些不属于任何一个氏族团体及家族的特定祭典的人。因此，在雅典，没有"祠堂"（Zeus herkaios）[1]的人即无法出任官职，就像在罗马一个不属于任何有"族长"（Patres）统辖之团体的人一样。特殊的平民官吏（"保民官"[tribunus plebis][2]）只受到人间誓言的保证（"不可侵犯"[sacro sanctus]）；他无法拥有"宗教命令权"（auspicium）[3]，因此也没有正当的"命令权"（imperium），有的只是一种"职权"（podestas）。

　　当某一特定团体的地域被认为对神而言是特别神圣时，团体神与地区地理性的联系即发展到最密切的阶段。巴勒斯坦与耶和华的关系即逐渐如此，如果按照传统中描述的要求（虽然住得很遥远，却想要参与且荣耀他的祭祀团体），要带一车巴勒斯坦的泥土献给他。

1　herkos 是"围着墙角"的意思，衍生成 Zeus herkaios 为守护家庭的"家神"。参加祭祀家神的氏族祭典，不但是属于某一氏族（家）者的义务，也是其身份的证明。——日注
2　保民官是罗马共和时代为维护平民的权利（生命权与财产权）而设立的官职。自公元前457年起，每年选出10个人，他们的身体在平民宣誓的保证下为神圣不可侵犯的。不过，保民官并非执政官，他不过是具有拒绝或干涉元老院之决议与执政官之行政的权利而已，必要的时候也有召集民众聚会的权能。——日注
3　auspicium 原意是根据鸟占（auspex）以祈求神启的权利，易言之，即占卜权威或神启征求权的意思。此一权利唯执政官拥有，并据此以行使行政的最高命令权。此处，根据前后行文关联，译为"宗教命令权"。——日注

　　真正的地方神之兴起，不只与永久性的聚落有关，而且也与某些其他条件——显示出地方团体之具有重要政治性意义——有关。一般而言，在城市的基础上，地方神及其祭祀团体才能达到最高度的发展；不过这个城市必须是一个独立于王廷与统治者个人之外、具有法人权利的分离的政治团体。这样一种发展成熟的地方神自然是不可能见之于印度、远东或伊朗，在北欧也只有某种程度——以部落神（Stammesgott）的形式——的发展。另一方面，在自主性的城市范围外，这种发展倒可见之于埃及，这还是早在动物崇拜的宗教阶段，而且是地方行政区划的缘故。从城邦出发，地方神祇蔓延至联邦（例如以色列人与埃托利亚人等）[1]，也采取同样的模式。从观念史的角度而言，团体作为祭典的地方性担纲者此一观念，可说是个中介性的链接：介于纯粹的家产制观念的政治共同体行动与工具性的目的团体（Zweckverband）的观念以及机构（Anstalt）的观念——如近代"地域团体"（Gebietsk-örperschaft）的观念——之间。

　　不仅是政治性团体，职业的结合体关系亦有其专司神或圣徒。这个现象在吠陀经典的万神殿中仍完全付之阙如，反映出其特定阶段的经济发展。另一方面，古埃及的书记之神则说明了官僚化的进展[2]，正如出现在世界各处的属于商人以及工匠的各式各样的

1　埃托利亚人（Aitoler）为公元前 4 世纪到前 2 世纪左右居住在马其顿西南部的民族。亚历山大大帝死后，这个地方的人组成了埃托利亚同盟，于公元前 290 年占领德尔斐，在公元前 220 年左右支配了除阿提卡以外的希腊中部。第二次布匿（Punic）战争之际，罗马与埃托利亚结为同盟，以牵制马其顿。——日注

2　书记之神（Schreibergott），应是指埃及古王国时期，以何露斯（Horus）为主神所组成的万神殿中，担任万神殿的书记一职的透特神（Thōth）。透特神原为上埃及 Hermopolis 的地方神。在埃及，当政治达成统一而建立王朝时，王家出身地的地方神即成为万神殿的主神，而其他的地方神则成为万神殿中担任各种要角的特殊神，这是常有的现象。——日注

专司神与圣徒，同样反映出日增的职业分化。一直到 19 世纪，中国的军队仍坚持其战神的圣化，意味着军人被视为诸种职业中的一个"职业"（Beruf）。这点恰好与古地中海沿岸地区及米底人（Media）[1] 对战神的观念形成对比，在那儿，战神一直都是伟大的"民族神"（Nationalgott）。

八　一神信仰与日常性宗教

正如神祇的形成随着自然与社会的条件而变化，同样的，一个神是否能在万神殿中取得优势地位，甚至成为唯一的神，其机会也是变化多端的。只有犹太教与伊斯兰教才能算是根本的、严格的"一神教"。在印度教与基督教，有关唯一或最高之神的形式的问题，被神学之障所掩盖住了，易言之，重要且唯一之宗教关注是指经由神之化身为人而得救赎，这就妨碍了它们之为严格的一神教。通往一神信仰之道路，尽管有各种程度的一贯性，却也有其逆转。不过，无论何处——即使宗教改革时期亦然——精灵及魔鬼从未永远被根绝；毋宁说，它们只是无条件地臣服于唯一神之下，至少理论上是如此。

关键的问题是（而且也仍将是）：谁被视为对个人**日常生活**中之利害关系有较强的影响力？是理论上的"最高"神祇，还是地位"较低"的精灵及魔鬼？如果是精灵，那么不管外观上合理化之宗教的、公式化的神观念如何，日常生活的宗教是取决于精灵的。

1　米底人为雅利安人种，在民族、语言学上与波斯人相近，是古代东方的一个民族。公元前 2000 年左右住在下乌尔米亚。公元前 1000 年左右则于亚述之东建国，居住在波斯高原西北部。他们与新巴比伦王国结盟，灭了亚述，进占波斯，一时之间统领伊朗大部分的领土，不过，公元前 549 年与波斯人一战而败，遂灭亡。——日注

在一个政治地方神发展之处，此神祇往往会理所当然地取得优势地位。当许多拥有已确定之地方神的定居共同体，以征服方式扩展其政治团体的领域时，通常的结果是，新近合并的共同体各式各样的神会结合为一个宗教的统合。在此统合体中，神祇的实证与功能的专业化——不管是原先的专业，还是由有关某神影响力之特殊范围的新经验所决定——以一种分工形式再次出现，只是明确度各有不同。

最重要的政治及宗教中心的地方神（亦即这些中心的统治者与祭司的神），例如巴比伦的马尔杜克神（Marduk）或底比斯（Thebes）的阿蒙神（Amon）[1]，就此登上最高神祇的宝座，只有在此中心区被摧毁或转移的情况下，这些神祇才会消失，就像亚述帝国沦亡后的亚述神[2]。如果一个政治团体只是在某一特定神祇的监护下，则其保护仍嫌不足，一定要等到构成此团体之个别集团的神祇被吸收、"结合"与容纳为"合祀"的情况下，才能保证政治之统一。这个办法常见于西洋上古时期，在帝俄时期亦如法炮制：

1　马尔杜克神是巴比伦王汉穆拉比的王都巴比伦城的守护神。马尔杜克在闪语中是"光辉的（宇宙的）山之子"的意思。在巴比伦成为政治、文化中心之后，马尔杜克神即成为其他各神之上的主神，并吸取众神的性格而具备了许多权能。在天地创造神话中，他杀死了黑暗与混沌之神而成为万神之主，造作出新的世界秩序。

　　阿蒙为古埃及的国家神之一，原为"隐身者"之意。他原来不过是底比斯的地方神（市神），等到起于底比斯的第十二王朝统一了埃及之后，阿蒙神崇拜即扩展到全埃及，而占有国家之最高神的地位。其后此神与太阳神（Ra）融合，而被称为Amon-Ra。到了十八王朝时，阿蒙神在阿蒙若菲斯四世（伊肯纳顿）的宗教改革下被阿吞神所取代，不过并未成功（参见12页注1）。——日注

2　Assur，亚述人的民族神，其首都Assur城的守护神。当公元前8世纪末及前7世纪时，亚述帝国统一且支配西亚地区，Assur成为亚述万神殿中的主神，被称为众神之王，取代了巴比伦的马尔杜克神并继承其位。不过，到了公元前7世纪末时，新巴比伦王国瓦解了亚述帝国，Assur神也就消失了。——日注

各地区教堂中重要的圣徒遗物皆被集中到首都。

　　万神殿之构成，以及此神或彼神之所以能取得优势地位，各种原则的可能组合几乎是无穷尽的。实际上，神祇的权限也是极具弹性的，就如家产制政权下的官吏权限一样。再者，诸神权限之分化也会受到破坏，或者是由于宗教习惯性地依附某一特别灵验的神，或者是由于对某一特定的、恰好被召唤来的神的礼貌。此神即会被认为具有普遍性的功能；各式各样的功能也会因此被委派给他，尽管原先这些功能是分派给其他神祇的。这就是缪勒（Max Müller）称为"单一神教"（Henotheismus）的，若只是将其视为一个发展到一神教的特殊阶段则殊为不确[1]。在某一特定神祇取得优势地位的过程中，纯粹理性的因素经常扮演一个重要的角色。不管哪儿，只要呈现出频繁的、固守某些法规的一致性行为（经常出现在定型化与固定化的宗教祭典中），而又为理性化的宗教性思维所接受，那么，那些在其行动中显示出最大规则性的神祇——天与星辰之神——即有可能取得优势地位。

　　然而，在日常性的宗教（Alltagsreligiosität）里，这些神仅扮演一个相对而言不太重要的角色，尽管他们——由于对宇宙自然

1　缪勒（1823—1900），德国东方学家、语言学家，后归化英国。他不但对印欧比较语言学有很大贡献，而且确立了比较宗教学的科学方法论，可说是宗教学的创建者。除了《宗教学概论》（1873）、《宗教的起源与生成》（1879）等著作外，他还完成了《东方圣典》全五十一卷（1875）的编辑与刊行这项事业。

　　所谓"单一神教"，是指在多神教的世界当中，**一时的**崇拜某一特定的神为主神，并且将所有可能的机能都归于这个神祇身上，且认其为唯一至上的神。单一神教虽不能说是在本质上不同于否认他神之存在的一神教，但与明确地确立多神之相互的机能与组织的多神教也不相同；并且，就其**一时的**一神崇拜这点而言，也与单神崇拜——在众神之中永远只崇拜某一神——有所区别（因此，缪勒也称单一神教为交替神教，此种现象在古代印度的吠陀宗教中能够见到）。——日注

现象有主要影响力——在形而上学的玄思中被视为非常重要的，有时甚至被视为创世者。之所以如此，是这些自然现象在其过程中极少有激烈变化，因此在日常生活的宗教实践里，并没有实际必要去诉诸巫师与祭司的手段以调伏这些力量。某一特定的神祇可能因符合某一急切的宗教需求，而在整个民族的宗教里具有举足轻重的地位（例如埃及的俄赛里斯神[1]，在此亦可说是一种救赎性质的宗教需求），然而他在万神殿中可能仍无法取得优势地位。普遍性神祇之优势地位是得力于"理性"之要求。所有具有一贯性的万神殿之形成，多少是遵循着系统—理性的原则，因为它通常会受职业祭司合理主义的影响，或者是世俗人追求合理秩序的影响。总而言之，就是上述的存在于（由神圣秩序所规范的）天体运行之合理规则性，与地上的不可违背之神圣社会秩序之间的相似性，促使普遍性的神祇成为这两种现象的守护者。不管是合理的经济，还是共同体内神圣秩序之支配（Herrschaft）的确保与规范，都有赖于这些神祇；而祭司则是这些神圣秩序的主要角色及代表。因此，印度诸神如星辰之神伐楼那（Varuna）、密特拉（Mithra，神圣秩序的守护者）与暴风雨之神因陀罗（Indra，无敌的武士及屠龙者）之间的竞争[2]，实际上即反映了祭司阶级——为了达成确固

1　俄赛里斯（Osiris），古埃及教授农耕的文化神，也是冥界的支配者。有关俄赛里斯的神话是，他被塞特杀害，妹妹兼妻子伊希斯（Isis）和其子合力使其复生，而于地下之国中担任死者的审判。是以俄赛里斯被当作监督死后裁判与生命的神，而广受信仰。在希腊化时代与罗马时代，是流行于地中海沿岸的密仪宗教。——日注

2　伐楼那为吠陀神界之司法神，极受敬畏。此神原本具有极大的能力，在自然界支持天、空、地，司四时昼夜之运行；在人间则总裁祭事，维持道德。代表古代印度民族最高的道德理想，亦即普遍的道德律，遵奉者有赏，背叛者则受罚。不过，随时代变化，其地位渐次低落，先为夜神，再而为水神（《阿闼婆吠陀》），《摩诃婆罗多》史诗中即以水神的身份出现。

之规范与生活之支配——与势力强大的军事贵族之间的斗争。相对于超世俗的诸神之力量，这个军事贵族阶级信仰的乃是一个渴求功名的英雄神（Heldengott），以及宿命与冒险之无秩序的非理性。这一冲突在其他许多地方亦有重要意义。

祭司阶级对系统化的神圣秩序的弘布（例如印度、伊朗及巴比伦），以及规范臣属关系的理性化制度（可见之于如中国及巴比伦那样的官僚化国家）皆有助于天或星辰之神在万神殿中登上高位。巴比伦宗教信仰的第一义即为星辰（特别是行星，亦即"运星"）之支配，因为此种支配关系到每周的各天乃至个人在彼世的命运。这个理论发展到最后就归结成了占星术的宿命论。不过这种发展，究其实乃出自较晚期的祭司传统，且尚未见之于独立自主国家的民族宗教。支配万神殿的神不一定非是个"普遍的"超民族的世界神（Weltgott），虽然由于他对万神殿的支配，通常意味着他是往此一途径迈进。

随着关于神的思维的深度化，人们逐渐感受到神之存在及其性质必须清楚地确定，而且必须在此意义下取得其"普遍性"。希腊的哲学家将所有不管在哪里发现的神，都解释为等同于——因此可视为同一个——他们适切地组织起来的万神殿中的神祇。这种往普遍化发展的倾向，伴随着某一主神对万神殿日增的支配力量，换言之，亦即此神祇愈来愈有"一神信仰"的性格。中国之

（接上页注）密特拉，为吠陀神界的日神，其伟力与智慧最初亦接近伐楼那，有规律之主（Ritasua gopa）之称。

因陀罗，吠陀神界中最受重视之神，其地位接近印度民族神。《梨俱吠陀》赞歌中，超过四分之一皆赞颂此神；为屠龙（乌里特郡，Vritra）的勇士，喝苏摩神酒，举金刚杵，天地为之震动。此神之神格颇复杂；雷霆之神、战神等，大抵皆偏向勇武一面，而较缺乏道德（伦理）的层面。——中注

形成一个世界帝国，印度婆罗门阶级之渗透到各个政治构成体的祭司身份之延伸，以及波斯与罗马之世界帝国的发展，皆有利于普遍主义与一神信仰的兴起，虽然并不一定以同样方式，其成就亦大有不同。

九 普遍主义与一神信仰

世界帝国之形成（或者类似的人、人间与社会的平齐化调整过程），绝非达成上述之发展唯一的或者不可或缺的动力。在耶和华的崇拜里（宗教史上最重要的事件），至少已首度触及普遍主义的一神信仰——易言之，"单神崇拜"（Monolatrie）；这是一个具体历史事件——部族盟约共同体之形成——的结果。在此例子中，普遍主义乃民族间政治关系的产物，与耶和华崇拜有关，且履行他所颁下之伦理义务的先知，则是其实用主义的诠释者。他们传道的结果，使得攸关以色列人生死存亡问题的其他民族的行动，也被以色列人认为是耶和华的旨意。就在这一点上，我们可以清楚看出希伯来先知之预言性思维那突出而特殊的**历史**性格，恰与印度及巴比伦祭司的自然性玄思的性格形成强烈的对比。同样显著的是由于耶和华的约定而来的无可逃避的义务；亦即，交织于诸民族之命运中的希伯来民族之命运，（就与耶和华的约定而言）是如此的恐怖与奇特，仅能从"耶和华之作为"，以及一种"世界史"的模式来掌握。以此，部族盟约共同体的古老战神，变成了耶路撒冷城市的地方神，并被赋予超越性、神圣而全能且不可预测性之预言性与普遍主义的面相。

在埃及，伊肯纳顿（Ikhnaton）所发动的转换为太阳崇拜的一神信仰——因此也就是普遍主义的——是出自完全不同的情境。其中一个因素仍然是，它是来自祭司阶级的广泛的合理主义以及（多半是）一般信徒的合理主义，而他们的合理主义实具有一种纯粹自然主义的性格，恰与以色列的预言形成强烈对比。另一个因素是来自作为一个官僚化统一国家之元首的君主的实际目的：希望能透过排除祭司所崇拜的各式各类的神祇来打击这些祭司的势力，并且借着使君主成为最高太阳神祭司的机会，重新恢复神圣化的法老的古老权力。此外，基督教及伊斯兰教的普遍性一神信仰应该视为犹太教的衍生物，至于祆教的相对的一神信仰多半是（至少部分地）受到近东的影响，而非来自伊朗本地。所有这些一神信仰基本上是受到"伦理型"预言的特殊性质的影响，而非"模范型"的预言——这两种类型的区分稍后再谈[1]。所有其他相对的一神信仰与普遍主义的发展，则来自祭司与俗众的哲学性玄思。只有当这些信仰与救赎的需求相结合时，才有实际的宗教的重要性（有关此点稍后再谈）。

十　强制神、巫术与崇拜神

几乎任何地方皆有往某种形式首尾一贯之一神信仰发展的契机，然而除了犹太教、伊斯兰教与基督新教外，实际的障碍阻挠了日常性宗教的这种发展。不同的文化中，一个首尾一贯的一神信仰发展之所以失败，自有其个别的因素，不过，祭司——他们盘踞于某一崇拜的核心，并且规范着有关此特定神祇的祭典——

---

[1] 见第四章第五节。——中注

所拥有的巨大的物质与精神的利益通常构成最主要的障碍。一神信仰发展之另一障碍是俗众的宗教需求，他们需要一个容易接近、具体而又熟悉的宗教对象，可以与具体的生活状况发生关联，或者与一群特定的人发生关联并排除其他人，这样一个宗教对象无疑容易受到**巫术**的影响。由已证实有效的巫术施为所担保的，无疑远较崇拜一个神更为可靠（特别是如果这个神又是全能的——因此也不受巫术施为的影响）。对"超自然"力量的概念演进到具体化为神祇，即使是单独一个超越性的神，也绝不会就自然而然地铲除掉古老的巫术观念，即使在基督教也一样。不过，这样的概念确实在人与超自然的力量之间（可能）塑造出下述一种双重的关系。

当一种力量被类推式地比附为像人一样且具有灵魂，就如自然主义式的精灵之"力"，即有可能**强制**其为人们服务。无论是谁，只要拥有必要的卡理斯玛以施展适要的手段，甚至可以比神更强，因为他可驱使神依其意志行事。在这些个案中，宗教行为并非"崇拜神"（Gottesdienst）——毋宁说是"强制神"（Gotteszwang）；召唤神的方式并非祈求，而是利用巫术性的咒语。这是民间宗教里根深蒂固的基础，特别是在印度。实际上，此种巫术性强制遍布各处，即使是天主教的教士仍旧多少会诉诸这种巫术力量，以显现弥撒的奇迹并施展赦罪的权力[1]。大致说来，此即宗教祭典中狂欢与模仿等要素的重要起源（虽然并非全部），特别是歌唱、舞蹈、

---

1 在天主教教会中被称作"系释权"，这是从《马太福音》中的话而来："我要把天国的钥匙给你，凡你在地上所捆绑的，在天上也要捆绑，凡你在地上所释放的，在天上也要释放。"（第16章第19节）一般而言，耶稣所指的是教会的全能的意思，在特殊意义上，则指教士对于信徒之罪罚的赦免权力。——日注

戏剧以及固定形态的祈祷文。

神之拟人化的过程也可以采取下一形式：赋予他类似一个强大地上君主的行为模式，因此可以利用祈求、献礼、服务、贡献、阿谀及贿赂等方式以取得其自由裁量的恩宠。此外，由于皈依者自己的信心及符合君主意志的良好行为，也可以取得君主的恩宠。以此，神即被模拟为地上的君主：一个有力量的存在者，其权力只有程度上的不同——至少刚开始时是如此。当神演化为这种形态时，"崇拜神"即被视为有其必要性。

"崇拜神"的两个特殊要素——祈愿与献祭——无疑有其巫术根源。就祈愿而言，咒文与祈愿之间的区分即不清楚；祈愿之技术性的合理经营，例如利用祈祷轮与类似的发明、将祈祷文悬于空中或贴于神像或圣徒像上，或者是专心地数念珠（所有这些实际上都源自印度之理性化的强制神），不管在哪儿都更接近巫术，而非乞求。尽管如此，在尚未分化的宗教里，也仍存在着真正之"祈愿"的个人祈祷，不过在大多数情况下，这些祈祷者是采取切实的、理性的态度，以展示自己的、符合神之利益的业绩，然后再要求适当的回报。

最早出现的献祭，是一种巫术的手段，而且部分原因就是为了直接强制神。因为神也需要巫术祭司的神酒（Somasaft）[1]，这种神酒有助于祭司进入忘我境界并施行其法术。献祭之所以被认为可以强制神，乃源自雅利安人的古老观念。献祭甚至被认为可以

1　Soma 是吠陀宗教在供牺祭典时献给神的神酒，从某种特殊的植物上取得的汁液，有使人兴奋的作用。供牺的祭司饮之而忘我，而 Soma 本身遂被视为有神性的东西，其后则视同为月之神。古代波斯人的祭典中也饮用同样的饮料，恐怕是基于古代雅利安人共通的观念吧。——日注

借此与神达成协议，而此协定对双方皆有约束力：这点尤其是以色列人的重要观念。献祭还具有另一作用，经由巫术的方式，它可以将神的愤怒转移到其他对象上：伕羊（Sündenbock）或者更重要的人祭。

不过，献祭的另一动机则更为重要，可能也更为古老：由于在献祭者与神之间产生出一种兄弟式的共同体关系，牺牲（特别是动物）被当作一种"圣餐"，一种共食的仪式。这意味着一个甚至更古老的观念——即认为裂食一头强壮（稍后则为神圣）的动物可以吸收其力量——的重要转化。某些类似的较古老的巫术意义（当然还有其他各种可能性），即使在纯正的"祭典的"观念已发挥其相当影响力之后，可能仍赋予献祭的行为决定性的特征。实际上，此种巫术的意义甚至可能再度支配了祭典的意义。印度梵书里的献祭仪式，特别是在《阿闼婆吠陀》（*Atharvaveda*）所呈现的，几乎都是纯巫术性的，这点恰与古老的北欧人的献祭形成对比。另一方面，也有许多从巫术分离出来，例如当献祭被解释为贡纳时。农作物的初穗要献给神，免得他不让人们享用留下的收成；献祭也常被解释为自我的惩罚或赎罪，以解消神之降"责"于献祭者。我们要清楚，此时尚未有任何"罪恶的意识"，献祭是出于一种冷静的、计算的交易心情，例如在印度的情况。

随着逐渐承认某一神祇之力量及其为人格化之天主的性格，非巫术的动机逐渐取得优势。神变成伟大的主，他可以随意拒绝，然而人却无法用巫术手段来强制他，只能带着祈求的心情与礼物来接近他。不过就算这些动机在纯"巫术"之外增加了一些新东西，其出发点仍然是像巫术动机一样的清醒与理性。普遍而根本的主题仍在"施与受"(Du ut des)[1]。此性格根深蒂固存在于不论何时、不论任何民族的日常与大众的宗教行为之中，不论其宗教为何。一般而言，所有"祈愿"的内容——即使是在最出世取向的宗教里——都不外乎要求避免"此世"之外在灾厄，以及祈求"此世"之外在利益。

如果一个宗教的各个方向皆指向超越此世的灾厄与利益之外，这是一种特殊发展过程的结果——一种独特的、双面性的发展过程。一方面，有关神观及人与神可能之关系的**思考**，有日益扩展的理性体系化；另一方面，随之而来的是一种特殊的、从原初的**实际**与精打细算的理性主义的倒退。随着此一原初理性主义的衰微，特殊宗教行为的"意义"愈来愈少是追求日常经济活动的纯粹外在利益；以此，宗教行为的目标持续地"非理性化"，一直到最后彼世的、非经济性的目标在宗教行为中突显出来。然而，为了上述的"经济以外"之目标的发展，前提之一就是要有特殊的、人格性的神存在。

以祈愿、献祭与崇拜等形式呈现出来的、人与超自然力量的关系，或许可称之为"祭典"(kultus)与"宗教"，以与巫术性强制的"巫术"有所区分。同样的，受到宗教性崇拜与祈求的那些存在，也许可称之为"神祇"，以与可用巫术强制及驯服的"鬼怪"有所区别。不过，实际上可能找不到任何例子可以完全适用于此种区分，因为行之于世界各地的、我们刚才称之为"宗教性的"祭典，其实还带有无数巫术的要素。

---

1 原本是根据罗马法的一个定式，但在许多宗教里，却是在带有献牲供牺的意味时被实际运用的语句。——日注

上面所述之区分的历史发展，往往以一种非常简单的方式出现：当某一世俗或祭司权威为了扶植一个新宗教而压制原有的祭典时，原有祭典所崇拜的神祇即以"鬼怪"的身份继续存在。

第二章

巫师—祭司

神祇与鬼怪（宗教、祭典与巫术）之分化的社会学层面则为"祭司阶级"与"巫师"的区分。在现实世界里，两者的区分是相当含混的，就像几乎所有的社会学现象一样。即使是这些类型的概念性区分，也并不见得就可以那么清楚地界定。遵循着"祭典"与"巫术"的区分，我们可能会将那些以崇拜的方式来影响神的职业人员称为"祭司"，以区别于用巫术性手段来强制"鬼怪"的巫师；不过，在许多伟大的宗教——包括基督教——里，祭司的概念仍带有巫术的本质。

"祭司"一名也用来称呼那些负责一个规则化、有组织且持续性的、关注影响神的"经营"（Betrieb）的人员，而有别于巫师的个人化的、且随机式的作为。虽然此一区分之中仍有过渡的流动阶段，不过就一"纯粹"类型而言，祭司阶级类型还是很明确的，而且可以说由于某些固定的祭典中心及附随的一些实际的祭典用具的存在，得以突显其特征。

或者我们也可认为，祭司阶级这一概念的决定性要素乃在于：这些执事者——且不管他们的职位是世袭的还是个别的任命——

是积极参与某种类型的社会团体，他们为这些团体所任用，或者
是团体的器官，为团体成员的利益服务，而有别于自由职业的巫师。
不过，即使是这种区分——虽然概念上是够清楚了——实际上还
不是那么确定的。巫师常常也是一个有组织的行会的成员，有时
还是一个世袭性种姓的成员，此种姓在某个特定共同体中独占了
巫术的行使。反过来说，即使天主教的教士都不一定据有正式"任
命的"职位，例如在古罗马，他有时只是个贫困的托钵僧，靠执
行弥撒的收入取得糊口之资。

　　另外一个独特的祭司的资格——根据所声明的——是他们具
有特殊的知识、固定的教说（Lehre）以及职业的资质，这使得他
们与巫师或"先知"有所不同，巫师与先知是靠着从奇迹与启示
所展现出来的个人天赋（卡理斯玛）以发挥其影响力的。然而这
点同样也不是单纯及截然的区别，巫师有时可以是非常有学识的，
而祭司则倒不一定都学养丰富。毋宁说，祭司与巫师之间的区别
必须就其各自知识本质的不同来进行（质的）确立。实际上，稍
后我们必须（在我们讨论"支配的类型"时）分辨祭司的理性训
练及纪律与卡理斯玛型巫师的不同训练过程。巫师的训练过程有
一部分是应用非理性的手段来"唤醒"，其目的则在"再生"，另
一部分则是纯粹经验技术性的训练。不过就此例子而言，两个不
同的类型还是有其重叠之处。

　　有人认为"教说"是祭司阶级的基本特征之一。我们似乎可
以假定教说之成为一个突出的标志，是由于理性之宗教思想体系
的发展，以及（这点对此处讨论极端要紧）基于首尾一贯且稳固
之教说——其意图则在"启示"——的系统性、特殊的宗教"伦理"
之发展。相关例子可见之于伊斯兰教，圣典宗教（Buchreligionen）

与素朴的异教即以此区分。不过上面有关祭司阶级的描述以及"教说"本质的假设,无疑会将日本的神道祭司与其他类似的执事者(例如腓尼基强大的祭司政治)排除于祭司制的概念之外。接受这样的一种假定有其影响,那就是将祭司阶级之决定性特征视为一种功能,我们得承认此功能的重要性,然而它并非放诸四海而皆准。

　　就我们的目的而言,为了妥当地处理这个现象之分歧与混杂的层面,比较正确的做法是将祭司阶级之特征的判准设定为:**一个由特别选拔出来的人所构成的团体**,其成员从事**定期的祭典经营**,持续地受到一定的规范、地点及时间的约束。祭司阶级一定与祭典共存,虽然有些祭典可以没有职业祭司阶级,例如在中国,其官员与家父长完全负起官方神祇与祖先祭拜之祭典的工作。另一方面,在典型的纯粹的"巫师"团体,亦可发现有修炼期与教说,例如印第安人哈梅兹族(Hametze)的兄弟团,世界其他各地亦有类似现象。这些巫师可能拥有相当的权力,他们的祭礼(基本上是巫术性的)也可能在其族人的生活中扮演核心角色,然而他们缺乏持续的祭典经营,因此无法称之为"祭司"。

　　当一个祭典没有祭司,正如一个巫师没有祭典,通常即不会出现形而上学观念之合理化与独特的宗教伦理。两者的成熟发展有赖于一个独立的、专业训练的祭司阶级,持续地专注于祭典以及实际有关心灵指导的问题。由于缺少一个独立的祭司阶级,在中国古典思想中,伦理的发展即非常有异于出自一个形而上学观念已合理化的"宗教"的伦理;原始佛教的伦理亦如此,它既无祭典,亦无祭司阶级。

　　再者(我们稍后会详论),如果祭司阶级无法得到独立的身份或权力(例如西洋上古时期),则宗教生活之合理化发展要么不完

全，要么完全付之阙如。如果一个原始巫师及圣赞者的身份团体
已经将其巫术合理化，却无法发展出一个真正的祭司职位制度（例
如印度婆罗门的情况），其祭司阶级即导向一个独特的方向。不管
怎么说，并非所有的祭司制都发展出原则上与巫术相对立的新生
事物：合理的形而上学与宗教伦理。一般而言，这种发展倒都是
由于祭司阶级之外的一两种力量联合的运作；亦即，**先知**，形而
上学观念或宗教伦理之启示的担纲者；以及**俗众**，非祭司身份的
祭典信徒。

在我们进一步检讨祭司阶级以外的这些力量是如何影响宗教，
而使其得以超越（世界各地皆较类似的）巫术之阶段以前，得先
讨论某些典型的宗教发展的趋势。这些发展趋势是由于附着于一
个祭典的祭司阶级之既得利益所导致的。

第三章

神概念、宗教伦理、禁忌

　　到底该以强制还是祈求的方式来影响某一特定的神祇或鬼怪，是个最根本的问题，而其解答则取决于何者有效。正如巫师必须**证实**其卡理斯玛，神也必须持续**证实**其力量。用来影响神的手法如果被确认为永远无效，那么，要不就是这个神祇是无能为力的，要不就是用来影响他的正确手段还不很清楚，这个神也不得不被放弃。在中国，直到今日为止，只要一些显著的成功就足以使一个神祇享有威望及权势（"神"、"灵"），从而获得大批信徒。只要这些神祇能证明自己的神力，皇帝身为其臣民与上天打交道之代表，即会颁赐封号及其他荣誉予他们。同样的，只要有几次明显的不灵验，也就足以使其庙宇彻底荒废。相反的，由于历史的偶然因素，使得以赛亚的坚定信念——只要犹太人的君王能坚持对神的信念，神就不会让耶路撒冷落入亚述军队手中——得以实现[1]，

1　以赛亚为公元前 8 到前 7 世纪间犹太国的先知。他在乌西雅王崩殂那年（前 739，或为前 747）受神召唤，成为以后活跃数十年的预言者。亚述王辛那赫里布来攻击犹太国时（前 701），以赛亚预言圣城不会被攻陷，而使犹太王希西家和人民奋起；他并以外敌的入侵乃因人民之不信仰神所致，故要求纯正的信仰。《旧约·以赛亚书》

这个神祇及其先知的地位也就此屹立不移。

　　不管是对前泛灵信仰时期的崇拜物、还是具有巫术禀赋者之卡理斯玛而言，类似的事例早已有之。巫术无效时，巫术师可能得赔上自己的性命。另一方面，祭司则享有较有利的地位，他可以设法避开失败的责任，而将其转嫁到神祇身上。尽管如此，祭司的威望也会随着神祇威望之低落而陷入危机。不过，祭司也可以找到其他方法——例如将责任归之于神之信徒的行为，而非神本身——来解释失败的缘由，从此种解释甚至可能导出"崇拜神"而有别于"强制神"的观念。为何神不聆听其信徒祈求的问题，也可以解释为他们不够崇拜神，他们没有满足神对牲血及神酒的要求，或者是（最后）他们忽略了此神而去崇拜其他的神。在某些情况下，即使是新的、更多的崇拜都还是无效，而且敌方的神仍然更有力量时，此一神祇的声望即告接近尾声。在此情况下，即可能有改崇拜更强之神的现象，虽然仍有方法——即鼓吹神的威望非但没有降低，反而在上升中——来解释原有神祇的不稳定的行为。在某些情况下，祭司甚至可以成功地设计出这种方法。最明显的例子就是耶和华的祭司，耶和华与其人民的联结，在以色列人日益陷入悲惨情境时，反而变得更强固，其缘由稍后再述。不过，在此现象发生前，要有一连串新的、神的属性之发展。

　　在拟人化的过程中认为神与魔有超越人类的、本质上的优越

（接上页注）由三部分所构成。第一部分（第1—39章）为以赛亚之预言与活动的记录。第二部分（第40—55章），所谓"第二以赛亚"，则出于巴比伦俘囚期末期的一位无名先知之手，其思想与信仰之深刻是《旧约》全书中的一个顶点。第三部分则是后来才附加上去的。韦伯此处所引用的部分，虽非原文，但可参见《以赛亚书》36章第15节及38章第4节。——日注

性，最初也只是相对的。神与魔的激情，及其追求享乐的欲望也被认为是无止境的，就像强人一样。他们既非全智，亦非全能（显然只有一个神能具有这些属性），更不一定是不灭的（巴比伦及日耳曼民族的神即非不灭的）。当然，他们往往有能力借着保留给自己的魔法食物及饮料来维持其多姿多彩的存在，就像人类可能会借着巫医调制的魔水以延长生命一样。人类所设定的，在拟人化的神与魔之间唯一的本质的不同，仅在于其力量究竟是对人有益抑或有害。对人类有益的力量通常自然会被视为善的、高高在上的"神"，而接受崇拜；至于对人类有害的力量则被认为是低下的"鬼怪"，往往被赋予不可思议的狡猾与无穷劣根性的本质，他们不但不值得崇拜，而且还得用巫术来驱除。

不过此种差异并非永远皆依此特定基准出现，更非一直都倾向于将有害力量的控制者降格为鬼怪。神祇所受到的祭典崇拜的方式并非取决于这些神祇的善意，甚至亦非他们在宇宙的重要性；实际上，某些非常伟大且善意的天神往往是没有祭典的，并非他们距离人类过于"疏远"，而是因为他们的影响力似乎是均等的，而且由于他们极端的规则性，他们的行为显得特别确固，因此不需要任何特殊的干预。另一方面，明确具有邪恶本质的力量，例如印度瘟疫之神楼陀罗（Rudra）[1]，并不一定就比"善"神势弱，实际上他们常被赋予极为巨大的威力。

1　即湿婆神（Siva）之前身。韦伯此处称其为"瘟疫之神"，古印度亦有人称之为"荒神"（Ugradeva）。不过其性格并非纯然为恶，有时亦被尊为治人畜之病的神（"治疗者"），Siva 之名亦有吉祥、恩惠之意。——中注

一　伦理之神，立法之神

除了在善与恶之势力间重要的本质区分外（在某些个案中有其相当重要性），在万神殿之内也可能发展出具有显著**伦理**性格的神祇来——就目前讨论而言，这一点特别要紧。绝非只有一神信仰的神祇才可能具有伦理的本质。实际上，在一个万神殿形成的各个阶段中，这种可能性皆存在；然而，只有发展到一神信仰的阶段时，才有其影响深远的结果。特殊功能化的**立法**之神，以及控制**神谕**之神，当然经常是被归属于伦理之神的。

"神占"术最初源自基于精灵信仰的巫术，而这些精灵又是按照某些规则——正如有生命的存在物——来活动的。一旦知道这些精灵如何活动，人类即可基于过去的经验来判断它们的行为（根据有助于推测它们之意向的征兆或预兆）。要在哪儿筑屋、造坟及修路？何时从事经济及政治的活动？这取决于根据过去之经验而认定为适合的地点与时机。不管何处，只要有一个社会阶层——例如中国的所谓道士——是依靠神占术来维持其生计，其术法（风水）就会具有根深蒂固的力量。当此现象发生时，所有经济合理化的企图都会遭致精灵的阻挠。因此，没有任何铁路或工厂的兴建能够避免与它们冲突。资本主义也只有发展到力量最强大时，才足以排除这种抗拒。一直到日俄战争时（1905），日本军队似乎都还有好几次因为占卜者宣称兆头不好，而错失良机。另一方面，斯巴达王保萨尼阿斯（Pausanias）则"巧妙地"在普拉蒂亚（Plataea）一役中操纵预兆（不管是吉是凶），以配合战略的要求[1]。不管何时，

---

[1] 保萨尼阿斯在第三次波希战争时，担任希腊联军的指挥，于阿提卡西北方的普拉蒂亚打　败波斯军队（前479）。其后，进军博斯普鲁斯，占领拜占庭城（前478）。因成功而骄心肆起的他，接受波斯的援助而欲登上希腊的王位，后来在被斯巴达召回，悒悒而终。——日注

凡政治暴力垄断了法律运行之处（例如在氏族械斗的场合，将纯然非官方的任意裁量转变成强制判决；在犯有宗教性或政治性罪过的场合，将受害者团体原先所采取的古老的私刑裁判转变成有秩序的处置），这些几乎都是传达真理之神的启示（**神之判决**）。不管何处，只要占卜者成功地垄断了准备及解释神谕（或神之判决）的权力，他们往往能据有永远的支配地位。

　　与现实生活的情况相当吻合的是，**法律秩序**的守护者并不非得是最强大的神：例如印度的伐楼那（Varuna），埃及的玛亚特（Maat）就不是最强的神，希腊的列克斯（Lykos）、黛可（Dike）、忒弥斯（Themis），甚至阿波罗（Apollo）也都不是[1]。赋予这些神祇特性的是他们的伦理资格，恰好相应于神谕（或神之判决）理当永远揭示"真理"这一观念。"伦理"神之所以成为道德与法律秩序的守护者，并非由于他是个神祇，因为拟人化的神祇最初与"伦理"并无特别关系（实际上比人类要淡得多）；毋宁说，一个神祇的伦理特质之所以显著，是他将此特性的**行为**类型置于其监护下。

　　渐增的伦理要求由人加之于神，与下述四种发展并行：第一，在扩大且和平化的政治团体内，随着支配权力的增大，对于有秩序之立法的品质要求亦日增；第二，有关一个不灭的、有秩序之宇宙的理性掌握的范围日广（其原因当于与经济活动有关的气象学角度觅之）；第三，因袭的规则对日新的人际关系的规范日增，

1　伐楼那是印度吠陀经典中严厉的司法神。玛亚特则为正义与真理之神，负责审判俄赛里斯灵魂的死者审判神之一。

　　列克斯之名多处均可见到，此处应是指阿提卡王 Pantheon 之子。有名的预言者，阿波罗崇拜的创始者。

　　黛可，显示"正义"的拟人神，为职司自然季节与人间社会秩序的三女神之一。

　　忒弥斯，显现确固不变之秩序的拟人神，为宙斯神的第二个妻子。

　　阿波罗为宙斯之子，司音乐、医术、预言的神，有时亦为光明之神而被视同为太阳神。在希腊人眼中，阿波罗特别是一切知性与文化的代表者，也是法律、道德、哲学的保护者。——日注

而且人与人之间彼此交往时，对这些规则之遵守的依赖性亦日增；第四，诺言之可靠与否在社会与经济上的重要性日增，不管是朋友、封臣、官员、交易伙伴、债务者，还是任何其他人的。一言以蔽之，这些发展中最根本的是，个人与一个"义务世界"之伦理性结合的重要性日增，因此才有可能去估量某人会如何举止。

二　超神的、非人格性的力量，神所创造的秩序

就算是那些人类要求其保护的神祇，自此也被认为要不就得服从某些道德秩序，要不——就像英明的君主——就是这样一个秩序的创造者，一个他们赋予其神意之特殊内涵的秩序。在前一情况下，诸神背后出现一个超世俗、非人格化的力量，由内控制了诸神并评断其行为的价值。这样一个超神性的力量自然是变化多端的。最初它化身为"命运"（Schicksal）。希腊人的"命运"（Moira）[1]是个非理性的、（而且究其实）伦理上中立的、有关任何个人命运之最基本方面的宿命。这种注定的宿命在某个限度内，可以是有弹性的，然而过分地干预，就算对最有力量的神祇而言，也可能非常危险（超越宿命 [hypermoron] [2]）。这点为许多祈愿之无效提供了一个解释。这种宿命观与武士阶级的一般心态极为契合，因为他们特别无法接受一种关照于伦理层面，却又是正直聪明且善意的"神意"（Vorsehung）之理性主义的信仰。此处我们又再度

1　Moira 原来是"分派"的意思。由于人被分派的最切身之事为寿命,故而与"死"附上关系。其后 Moira 被拟人化为命运女神，赫西奥德（Hesiod）则分之为分派命运的 Lakesis，编织命运绳索的 klodo 与斩断此绳的 Adolopos 三位女神。——日注
2　此为荷马的用语。表示超越 moros（定命），亦即超绝一切尺度的状态。——日注

触及深刻存在于英雄精神与宗教性或纯粹伦理性之理性主义间的紧张关系。这点我们在前面已有过简短讨论，在以后章节中也不时会再涉及。

与上述希腊之"命运"形成对比的，是一种见之于官僚阶层与教权阶层——例如中国的官僚制或印度的婆罗门阶级——的非人格性力量。它们是一种世界之和谐与合理秩序的神意之力，在某些个别场合可能会偏向宇宙的层面或者是伦理与社会的层面，不过一般而言，通常两个层面皆含摄在内。对儒教而言（道教也一样），这个秩序兼具一种宇宙的以及特殊之伦理与理性的性格；它是一种非人格性的、神意的力量，保障着世界万事万物之规则性与适当的秩序。这是来自理性主义官僚体制的观点。印度的"天则"（Rita）[1] 则具有更强的伦理性，它是一种支配宗教仪式之固定程序、宇宙之固定法则，因此也及于一般人类行为之固定秩序的非人格性力量。这是吠陀时代祭司阶级的观念，他们使用（本质上是）一种经验性的技术以影响神——多半是以强制方式，而非崇拜方式。这也可见之于晚期印度的思想：超越现象界之变迁无常性的一种存在、一种超神的、与宇宙的"合一"。这种观念乃来自一种不为凡尘俗务所烦心的、超俗的知性冥思。

当自然界之秩序与社会界之秩序（一般认为是与自然秩序并行的，特别是法律）被认为是神祇的创造物，而非超越他们的存

1　Rita（天则）原意为合于次第秩序之物的抽象用语，因此移用为真理、正义等义。依《吠陀》用法看来，此字应用范围极广：流水、晨曦、黑牛之乳常白等，人间有秩序的行动者，皆 Rita 之发现。一言以蔽之，凡自然界、人事界之秩序，皆为 Rita 不同之作用，因此有"自然律即道德律"的说法。人类若破坏人事之秩序，则自然秩序亦破坏，故对 Anrita（无秩序、非真理）应严加戒备。此一观念发展至祭典上则要求依法行祭，否则必招神怒。由此观之，则英语之 right（正确）、rite（仪式），与 Rita 似乎有其印欧语系的同源关系。——中注

在（稍后我们会讨论此一现象之所以发生的缘由），那么，神祇理所当然会保护他所创造的秩序不受任何侵犯。这一观念的塑成对宗教行为以及一般性的对神的态度，皆有其深远的影响。它刺激了一种宗教伦理的发展，以及神所加之于人的要求与"自然"所加之于人的要求之间的区分，虽然此区分后来往往证明并不是十分清楚的。原先有两种最原始的办法可以影响超自然的力量：一种是利用巫术使它们屈从于人的意图；另一种是使人自己赢取它们的欢心——并非由于履行任何伦理美德，而是由于迎合它们自我的欲求。现在则又加上了借着遵守宗教的戒律以赢取神之欢心的独特手段。

三　禁忌规范的社会学意义，图腾信仰

这当然不是说，宗教伦理就是随着这种观点出现。相反的，早已有另一种具有极大影响力、源自行为之纯粹巫术性规范的宗教伦理的机制存在，违反了的话即被视为宗教性罪恶。不管哪儿，只要有发展成熟的精灵信仰，生活中异常的现象（有时甚至连正常的生命过程），例如生病、生产、性成熟或月经，都被认为是有某一特殊精灵附着于此人身上。这个精灵可能会被视为"神圣的"或是"不净的"；其区分有多种可能，而且往往是偶然性的产物，不过实际的作用却是一样。不管哪种情况，人们都必须避免激怒此一精灵，省得它附体于这位多管闲事的人身上，或是以巫术手段伤害此人或它所附体的任何其他人。结果是，被怀疑有精灵附体的人会受到肉体以及社会的隔离，他也必须避免与他人——有时甚至自己的身体——有所接触。在某些例子中，例如波利尼西

亚（Polynesian）具有卡理斯玛禀赋的指导者，这样的人必须由他人小心喂食，免得他以巫术感染了自己的食物。

　　一旦这样的观念发展开来，具有巫术性卡理斯玛的人即可借着巫术的施为，使各种各样的物或人附上（对其他的物或人而言具有）**"禁忌"**（Tabu）[1]的性质——因此，凡是接触附有禁忌的人都会招致邪恶的巫术，因为他的禁忌可能会移转。这种以卡理斯玛之力转移禁忌的方法有相当系统性的发展，特别是在印度尼西亚与南太平洋。在禁忌制裁之下结合有无数的经济与社会利害关系，例如：保护森林及野生动物（类似于欧洲中古早期君主对森林的禁制模式）；在饥馑的时期，保障稀少的必要物资以防不经济的消耗；对私有财产——特别是享有特权的祭司或贵族的财产——提供保护；保障共有的战利品以防个人劫掠（例如约书亚处死亚干的例子[2]）；以及身份团体为保持其血统的纯粹或身份的威信，所采取的性与人身的隔离。禁忌可说是宗教对在其之外的利害相关的领域、最早且最普遍的、直接控制的例子，这点也反映出宗教领域特异的自主性——可见之于禁忌之费劲且又麻烦的规范（即使对受益于禁忌的人亦如此）之不可思议的非合理性。

　　禁忌的合理化最终导致一种规范体系，根据此一规范，某些

1　Tabu 原为英国探险家柯克船长于 1777 年所发现之波利尼西亚的东加岛上的土语，经宗教学与民族学采用为学术用语后，已被广为运用。在有关宗教观念方面，是指区分出异常与正常、圣与俗、净与不净，而禁止两者的接近或接触，如果触犯这个禁戒，则会身受超自然的制裁；相信这个的个人感觉与社会习俗，总称为 Tabu，一般译为"禁忌"。——日注

2　约书亚（Joshua），公元前 1250 年左右的以色列领导者，被称为"被智慧的灵充满的人"。摩西死后，约书亚为其继者，率领从埃及出来的以色列人征服迦南地（巴勒斯坦）而在此殖民。《约书亚记》即记载其渡约旦河、攻占艾城以来的军事、政治事功的历史。——日注

行为永远被视为宗教性罪恶，必须接受制裁，违反者有时甚至被处死，免得由于个人的宗教性罪恶而使邪恶的巫术危及整个团体。以此，即出现了一种伦理制度，而禁忌则为其最终保护。此一伦理制度包括了饮食的禁忌，"凶日"禁止工作（犹太教的"安息日"最初也是这一类的日子），禁止与某些特定的人——特别是近亲团体——结婚的规定。一般的发展过程是，当某些事已成为习惯时，不管是基于理性或非理性的解释（例如有关疾病与其他邪恶巫术作祟的经验），它们即逐渐被视为"神圣的"。

在我们尚未十分了解的一些风俗中，某些团体发展出一种独特意义的、存在于特殊规范（具有禁忌性质的）与各式各样重要的精灵（附着于特别的物体或动物上）之间紧密结合。最显著的例子可见之于埃及——精灵化身为神圣动物，而成为地方性政治团体祭典的中心。这种神圣的动物，正如其他自然物或人为物品，也可能成为其他的社会团体的中心点——根据此团体之较具自然形成的性格或人为塑造的性格而定。

从这一习俗发展出来，最普遍存在的社会制度，即所谓的**图腾信仰**（Totemismus）[1]。图腾信仰是一种存在于某个对象（通常是个自然物，在最纯粹的图腾信仰中，则为一个动物），与一个特定社会团体之间的特殊关系。就后一情况而言，图腾动物象征着一种兄弟关系；最早，此一动物象征着——在它被整个团体共同食

1　图腾（totem）一词源自美洲印地安人 Osibuwa 族的 ototeman（"那是我一族之物"的意思）。被称为图腾信仰的风俗与社会制度虽然早就被注意到，但后来自从人们知道从现存于非洲、印度尼西亚、美拉尼西亚的古代民族中可以认出此种信仰的痕迹后，它才成为宗教学上的重要问题。图腾信仰自弗雷泽、涂尔干、弗洛伊德以来，虽有许多学者进行研究，但特别以涂尔干之认为澳洲的图腾信仰为宗教的最原始形态的论点最为人所知。——日注

用后——其"精灵"附着于团体中。这种兄弟关系的范围当然是有所不同的，正如团体成员与图腾的关系本质上亦有所变化。在发展成熟的图腾信仰类型中，团体的兄弟关系还包括与族外婚的氏族团体之间的、兄弟般的义务；而与图腾的关系则涉及，除了供作团体祭典的牺牲外，禁止杀害及食用图腾动物。从一种共同的——虽然并非普遍的——信仰中（亦即团体乃图腾动物之后裔），这些发展最终汇集为一系列的类似祭典式的义务。

有关这些散播极广的图腾式兄弟关系发展的一些论争，至今仍不能解决。就我们而言，只要知道图腾在功能上实乃前述祭典团体之神祇的、泛灵信仰的相对物也就够了。上述事例，乃各式各样社会团体结合的一个通例。

如果没有一个纯粹人为的、即物的——换言之，受宗教保证的、人格性的兄弟关系的——"目的团体"（Zweckverband），就没有非经验性的思维伸展的余地。以此，由氏族团体所刻意执行的性行为规范，特别会导致具有禁忌性质的宗教性制裁，图腾信仰则在此提供了最有效的禁忌。不过此一制度并不只限于提供性行为规范的保障，也不只限于"氏族"团体，更不一定要从此一情境产生；它毋宁说是一种广泛散布的、将兄弟关系的团体置于巫术制约下的手段。认为图腾信仰乃一种普遍性的存在，以及认为所有社会团体及所有宗教实际上都源起于图腾信仰的说法，是太夸大其词了，而且已被完全否定。不过，图腾信仰在氏族内部的分工、职业的专门化（这是受巫术性因素所保证及强制的），以及（与对外贸易形成对比的）正常的团体**内部**交易的发展与规范上，皆扮演了重要角色。

四　禁忌化、共同体关系与定型化

禁忌化，特别是基于巫术的饮食禁制，为我们标示出具有广泛重要意义的、共食团体（Tischgemeinschaft）制度的一个新源头。我们已经知道这个制度的一个源头，亦即家族共同体（Hausgemeinschaft）。另外一个则是基于由禁忌而来的"不净"的观念，从而限制只有具备同样巫术禀赋的同志才能同桌共食。共食制的这两个源头可能会彼此竞争，甚至互相冲突。例如，一个妇女如果娶自其夫家以外的氏族，她往往会被限制与其丈夫同桌共食，有时甚至不准看她丈夫进食。同样的，处于禁忌中的君王、特权身份团体（如"种姓集团"）或宗教共同体的成员也不准与其他人同桌共食。再者，享有尊贵特权的阶级在祭典性的餐宴时（有时甚至日常饮食），也必须小心防止"不净的"外人的窥视。然而，共食团体制的出现往往又是一种手段，用以产生一种宗教感情，这种感情有时会导致异族人结成政治与伦理（兄弟）性的联盟。就此而言，基督教历史上最早的巨大转捩点无疑是在安提阿（Antioch）举行的、彼得与未受割礼的改宗者的聚餐，保罗在与彼得争论时即将此事列为极其关键性的问题[1]。

另一方面，禁忌的规范也可能对贸易、市场以及其他类型的社会共同体关系（Vergemeinschaftung）造成极端严重的障碍。认为凡在自己教派以外的一切都是极为不净的（例如伊斯兰教什叶

1　《加拉太书》第 2 章第 11 节以下。——日注

派所教导的[1]），甚至一直到近代，都还造成持有此种信念者与他人交往时一种极为根本的障碍，虽然曾经设计出各式各样的法律拟制以求缓和此种形势。印度的种姓禁忌对人与人之间交往的限制，比起中国的精灵信仰的风水术对贸易的干预，要远为激烈得多。当然，就算在这些事务中，由于生活的基本需求，宗教的力量还是有其自然的限制。因此，根据印度的种姓禁忌："职工之手无不净"。矿山、工场、商店中所贩卖的各式各样日用品，以及托钵僧（禁欲的婆罗门弟子）所接触过的任何食物都是净洁的。唯一经常容易被（以各种方式）违反的印度种姓禁忌厥为种姓之间性关系的禁忌，因为受到富有阶级有意于妻妾满堂的压力，结果是，在某个限度内准许娶较低种姓的女子为妾。印度的种姓禁忌，正如中国的风水，随着铁路交通的普及，逐渐缓慢而确实地成为具文。

理论上，种姓禁忌的限制并不一定会扼杀资本主义。然而，在禁忌具有如此巨大影响力的地区，经济的理性主义显然是绝无可能由那儿萌芽的。尽管使尽各种手段以求消除种姓藩篱，但源于种姓制度的某种心理抗拒仍然存在，使得不同技术的匠人——换言之，即不同种姓的成员——无法在同一工厂工作。种姓制度倾向促使手工业劳动者永远的**专业化**，就算并不借着积极的强制规定，至少也是由于此一制度一般性的"精神"及其他前提的影响。种姓制度之宗教性约束对经济行为之"精神"的实际影响，与理

---

1 什叶派为是主要在伊朗境内得势的伊斯兰教教派，与正统的逊尼派（Sunnite）相对立，对立的起因在于支持不同的家族争夺哈里发的继承权。什叶派所支持的是阿里（穆罕默德的堂弟兼女婿）——什叶（Shiah）即"阿里的同党"之阿拉伯语的省略形——认为阿里才是穆罕默德的真正继承者，而且唯有承其血统的人才具有教主地位的继承权。——日注

性主义恰恰背道而驰。在种姓制度之下，特定的职业——只要它们代表了区分不同种姓的标志（indicia）——皆被赋予宗教性的约束以及神圣"职业"（Beruf）的性格。即使最为卑贱的种姓（包括盗贼在内），也认为其行业乃某一特定的神祇，或某神之特殊神意所注定的，以此为行业成员一生中的特殊使命；而每一种姓则从技巧熟练的执行被赋予的"职业"上，取得自身的尊严。

不过种姓制度的这种"职业伦理"（Berufsethik）显然是——至少就其涉及的行业而言——一种特殊意味的"传统主义"，而非理性的。此种伦理之贯彻与确认纯然只在于此行业所制造出来**产品**品质的完美。所有合理的近代技术的基础（亦即生产**方式**之合理化的可能性），或者说近代资本主义的基础（亦即遵循合理之营利经济的商业经营之有系统组织化的可能性），对上述伦理的思考模式而言，皆十分陌生。我们只有从禁欲清教主义的伦理中，才能发现有关经济合理主义与"企业家"的伦理的约束。种姓伦理赞美职工的"精神"，他们的骄傲并非来自金钱上的经济**收益**，亦非来自劳力之理性运用的合理技术所显示的奇迹，毋宁说是来自制作者个人的美德，具体展现于配合他自己种姓身份制作出来的产品所呈现出来的美与价值。

最后，先提示一下我们有关这些关系的一般性讨论，我们必须注意到，对印度独特之种姓制度最具决定性的影响因素乃其与轮回信仰的密切结合，特别是与下述教义的密切联系：相信个人在来世是否能有较好的转生机会，**乃取决于此生是否能信实地执行由于自己的种姓身份而被赋予的职业**。任何想要脱出自己种姓的企图，特别是想进入只适合其他更高等级种姓活动的领域，被认为会招致邪恶的魔力且不利于来世之转生。这点可以解释为什么根据无数有关印度事务的报道，照说应当是最冀望改善其来世转生之身份的最低下种姓，**却反而**最忠实于其种姓之义务，从来没有想到掀起"社会革命"或"改革"以摧毁种姓制度。《新约/旧约》所强调，且得马丁·路德之共鸣的指示："**固守汝之志业**"，在印度被提升为一种根本的宗教义务，且为有力的宗教性约束所强化。

五　巫术伦理与宗教伦理，罪意识、救赎思想

不管何时，只要对精灵的信仰被理性化为对神的信仰，换言之，当强制精灵的手段转变为以祭典来崇拜神时，精灵信仰的巫术伦理也有所转化。此一转化过程是随着下述观念之出现而发展的：不管任何人，只要他敢蔑视神意所制定的规范，他就会遭到特别守护这些规范的神祇的伦理上的不满所报应。这就使得下述说法成为可能：一个团体被敌人征服或遭受其他灾难，并非由于他们神祇的无力，而是由于他们招惹了神祇的愤怒，因为他们违反了神祇所守护的律则而招来他的不满。以此，如果某些不利的情况发生在一个团体，该受谴责的是这个团体的**罪恶**；神可能正是要利用这个不幸来表示他要惩罚及教训他所喜爱的人民的意图。以色列的先知永远都能指出当时的以色列人或他们的祖先所犯的过错，而耶和华则以其几乎是无止境的愤恨来报应，正如见诸史籍的，他甚至让他自己的人民受其他民族的奴役，尽管这个民族是完全不崇拜他的。

不管何处，只要神的概念循着普遍主义的形式发展，上述观念即以各种可能的样式扩散，形成一种"宗教伦理"而与巫术的

规则区分开来，后者只在配合有关邪恶之魔力的观念时才发生作用。此后，违反神的意旨成为一种构成"良心"之负担的伦理性"罪恶"，更别提其直接后果了。降临于个人的灾殃是神所指定的惩罚与罪恶的报应，个人只好冀望借由"虔敬"——为神所接受的行为——而得以解脱，从而带来个人的"救赎"。在《旧约》里，曾导致种种重要影响的"救赎"观念，仍然具有解脱具体祸殃的原初的、理性的意义。

在早期阶段，宗教伦理继续与巫术伦理共有另外一个特性，换言之，它经常是由来自极为分歧之动机与诱因的、异质性的诫命与禁令之复合体所构成。从我们今天的观点来看，在此复合体内无所谓"重要"与"不重要"的伦理要求之区分；任何违反伦理的行为皆构成"罪恶"。稍后，这些伦理观念可能会出现一种体系化，此种体系化乃源自理性的期望，期望由于实践令神喜悦的行为而得以为自己确保个人外在环境的安乐，以及认为罪恶乃一种反神的（邪恶的）统一的力量，人若落入其掌握即会沉沦。"善"乃被视为一种导致圣洁之心境，以及由此心境而来的首尾一贯的行为的统合能力。在此转化过程中，同样也发展出一种救赎的期待，救赎成为一种非理性的憧憬，冀望能达到真正的、不为其他目的的"善"，以便得到这种德行之善的意识。

一连串几乎是无穷尽的、极为分歧的观念演化（不断地与纯粹巫术的观念有所混杂），导致虔敬升华为——借着其引发的持续的动机——一种特殊**生活态度**（Lebensführung）之恒久的基础。这样的一种升华当然是极罕见的，而且在日常性宗教里也只能偶尔间歇性地达到其纯粹化的境界。如果"罪恶"与"虔敬"还被视为一种统合的力量、一种物质的实体，那么就还停留在"巫术"

的范围；在此阶段，行动者之"善"或"恶"的性质，是借着比拟毒药与解毒剂或体温的原则来构建的。因此，见之于印度的"塔帕斯"（tapas），亦即个人经由禁欲方式得到并藏之于其体内的神圣力量，原先乃意味着存在于鸟类（由于孵卵而产生的）、造化者（在创造世界时）以及巫师（由于苦行所引发的歇斯底里的状态可导致超自然的力量）体内的"热"。

认为一个循善而为的人会得到一种特别的、来自神的"灵魂"，以及各式各样的神之"附着于"心灵（稍后再述）的观念，距离上述巫术的阶段已相当久远。同样的，从认为"罪恶"就像存在于罪人体内的毒素，必须以巫术手段来治疗，到认为他是被恶魔所附体，乃至最终认为罪恶是来自一种"根本之恶"的邪恶力量，这个人必须与此危险的力量斗争，否则即不免为其所吞没，其间自然也有一段长远路程。

并非所有的伦理皆能跨越上述路程而达到类似的一些观念。儒教的伦理即没有"根本之恶"的观念，而且一般说来，也没有任何有关"罪恶"之为一种统合的、反神的邪恶之力的观念。这种观念亦不见于希腊或罗马的伦理。上述这些文明，不但没有一个独立而有组织的祭司阶级，也没有**预言**这种历史现象，而预言通常会在宗教救赎的观点下，导致一种伦理的统合。印度并非没有预言，不过正如稍后会探讨的，它具有一种非常特殊的性格，以及极为洗练的救赎伦理。

先知与祭司是宗教伦理之体系化与理性化的担纲者。不过在此之外尚有第三个具有重要意义的、决定宗教伦理之演化的因素——"俗众"。不管先知还是祭司都想从伦理上来影响他们。我们下面即要简单讨论一下三者之间的互动。

第四章

"先知"

一 与巫师、祭司对立的"先知"

从社会学的角度而言，何谓"先知"？此处我们暂且先不考虑布莱吉希（Kurt Breysig）[1] 所提出的有关"救赎者"（Heilbringer）的一般性问题。并非任何拟人化的神皆被崇奉为救赎者，不论是外在还是内心的救赎。也并非所有提供救赎的人皆能成为神或救世主，虽然此一现象倒是相当普遍的。

我们必须了解"先知"一词实乃意指一个拥有纯粹**个人性**之卡理斯玛禀赋的人，他基于个人所负使命而宣扬一种宗教**教说**或神之诫命。在"宗教改革者"（他传布一种古老的启示，不管是确存还是虚构的）与"宗教创始者"（他宣称带来一种全新的启示）之间，并没有截然的划分。两种类型彼此皆相重叠。无论如何，一个新的宗教**共同体**的形成，并不一定得是先知说教的结果，因

1　布莱吉希（1866—1940），德国历史学家、社会学家、柏林大学教授。他试图将国家与社会的历史看作是在指导人物之下的不断发展。主要著作如 *Kulturgeschichte der Neuzeit*（1900—1901）、*Vom geschichtlichen Werden*（1925—1928）等。——日注

为非先知的改革者的行动也可能导致这一结果。此处我们也不想
处理下述问题：一个先知的信徒到底是为他个人（例如琐罗亚斯德、
耶稣、穆罕默德）所吸引？还是为他的教义（例如佛陀、以色列
的先知）所吸引？

就我们的主旨而言，"个人"的召唤是决定性因素，先知与祭
司即以此区分。祭司乃因其在一神圣传统中的职务而要求拥有权
威，而先知则基于个人的启示与卡理斯玛。几乎没有一个先知是
出身于祭司阶级一事，实非偶然。印度的救赎导师通常不是婆罗门，
以色列的先知也不是祭司。琐罗亚斯德可说是个例外，因为他可
能是来自一个祭司贵族家庭。与先知截然对立的是，祭司是基于
职务而施与救赎的。虽然也可能有个人卡理斯玛的成分，不过主
要是祭司的宗教职位授予他正当的权威，而成为一个有组织的救
赎之经营的成员。

至于先知，就像巫师，纯粹只靠个人禀赋以发挥力量。与巫
师有别的是，先知布达清楚确定的启示，他传道的主题乃教说或
诫命，而非巫术。不过，表面上看来，两者之间的区分并非那么
清楚：巫师经常是个博学的占卜专家，而且有时就只擅长此道。
在此一阶段，启示依然维持着解说神谕或梦的功能。在初民社会，
如果没有事先征询过巫师的意见，有关共同体关系的新规范是不
可能被接受的。一直到今日，在澳洲的某些地区，巫师从梦中所
得到的启示仍然要提交氏族长会议，以供采用；此一措施的消失
则象征着"世俗化"的一个迹象。

另一方面，只有在非常例外的情况下，一个先知才可能不靠
卡理斯玛式的——实际上也就是巫术的——确证而成功地建立其
权威。至少"新"教说的担纲者确实永远需要此种确证。我们不

要忘掉，耶稣自己之天命的整个基础，以及他所宣称的、他（且只有他）能知道天父，而且也只有信他者才得以接近上帝，实际上乃一种他感觉内在于自身的巫术性卡理斯玛。无疑就是意识到这种力量——较之于其他因素——使得他能踏上先知的道路。在基督教早期的使徒时代及其后，流浪的先知是个常见的现象。这些先知经常被要求证明自己拥有圣灵特别赋予的禀赋、拥有特殊的巫术性或忘我的能力。

　　先知经常为人占卜、执行巫术性治疗及诊断。例如《旧约》——特别是先知诸书与《历代志》——中经常提到的"先知"（nabi, nebiim）就是如此[1]。不过，我们所讨论的先知与这些"先知"主要的差异是经济性的，换言之，先知的预言是**不图利的**。以此，阿摩司（Amos）愤怒地拒绝 nabi 的称呼[2]。服务是否免费，也是先知与祭司差异之所在。典型的先知传道就只是为了"道"本身，而非报酬，至少绝非任何明显的或规则化的报酬。此种无报酬性的先知传道方式是以各种方式来提供的，早期的基督教团即用心地发展出下列的规则：使徒、先知或者传道者绝不能以其宗教布道来**谋**生计；他能接受信徒款待的时间也有所限制。基督教的先知习于靠自己劳动维生，或者（如佛教徒）只接受自愿的施舍。保

1　nabi 在希伯来语中一般是指预言者（nabiim 是其复数形）。在以色列，这种较早时期的先知组成各种集团四处活动，流浪于各地及各祭典的场所，一方面做狂迷忘我的预言，一面则用音乐及舞蹈带来宗教的狂热。其后，在所谓先知时代出现的真正内省性的个别预言者，认为这种基于异常知觉与行为的预言者集团应加以批判，故不断地攻击之。中文本《新约/旧约》将此一名词译为"先见"。——中注

2　阿摩司为公元前 8 世纪的犹太先知。他在耶和华突然的召唤下，前往北边的以色列国，成为活跃的先知。他对王国内阶级的对立与社会上罪恶横行痛加批判，并预言正义之神将会对富者与贵族加以审判。作为倡导伦理的一神教的第一人，他被称为神之正义的预言者。关于他拒绝被称为通俗的职业性预言者（nabi）一事，见《阿摩司书》第 7 章第 14 节以下。——日注

罗书简中一再强调这些规定，佛教戒律亦然（虽然形式有所不同）。"不作不食"的格言乃是行之于**传道者**的。总而言之，预言之不收取报偿的确是先知传道得以成功的主要因素之一。

以利亚（Elijah）的时代可算是较早的以色列先知时期[1]，当时近东及希腊一带皆出现了活跃的先知传道活动。各种形式之预言的兴起（特别是在近东地区），大概与亚洲大规模世界帝国之建立，以及中断已久的国际贸易之再兴有所关联。彼时之希腊亦弥漫着来自特雷斯（Thrace）的酒神（Dionysus）崇拜[2]，以及极端多样化的预言。除了半先知型的社会改革者外，某些纯粹的宗教运动也深入影响了自荷马时代以来祭司所熟习的素朴的巫术与祭典的传统。激情的祭典、基于"异言"（Zungenrede）[3]的情绪性预言以及受到高度评价的陶醉忘我，打断了神学之理性主义（如赫西奥德

---

1 在所谓记述先知出现之前的较早的先知时代，亦即与后期先知时代相对而言的前期先知时代，是指从士师时代以后到公元前 9 世纪末这段时期。其间，出现了像撒母耳（Samuel）、以利亚、以利沙（Elisha）等出色的先知。

　　以利亚是活跃于公元前 9 世纪中叶的优秀先知，他攻击在当时渗透到以色列的迦南与腓尼基的自然宗教——巴尔崇拜，而致力于耶和华信仰的再确立（参见《列王纪上》17—19 章、21 章及《列王纪下》1—2 章）。

　　期待以利亚再降临的犹太人，在后来基督教里，认为先于救世主耶稣基督来到世间的施洗者约翰，即为以利亚。——日注

2 Dionysus（狄俄尼索斯）原来是希腊北方 Trakia 的神，被称为巴克斯（Bakchos）。大约是从潜藏于植物与动物的神秘的生命力与生殖力被神格化而来的，于公元前 8 世纪传到希腊，被认为是与葡萄树相结合的酒神。

　　酒神崇拜在希腊是以一种密仪宗教进行，在早春举行的祭典里，信仰者群集狂饮乱舞，并于夜半在山野中奔跑，在激烈狂迷的陶醉至极下，吃生肉配葡萄酒，确信这样便可承接酒神的生命。——日注

3 "异言"是指人处在宗教的恍惚状态时所说出的、一般人无法了解的言语。根据《新约》，异言乃圣灵的一种赐物。《使徒行传》第二章记载，在原始教团最初成立之时，门徒聚集在一处，"他们就都被圣灵充满，按着圣灵所赐的口才，说起别国的话来"。异言在原始基督教里是相当普遍的现象，它一方面被尊重为"天使的话语"，另一方面为防止其被滥用，而被贬抑为低于基于理性所说出的正常预言（参见《哥林多前书》第 13 章第 1 节、第 4 节）。——日注

的发展，并妨碍了宇宙创成论与哲学之玄思以及哲学性神秘教义与救赎宗教的萌芽。这种激情性的祭典之发展，是与下列两个现象并行的：海外殖民事业的开拓，以及（尤其是）以市民军队为基础之"城邦"（polis）的形成与转变。

这里没有必要详细叙述希腊在公元前 8 及前 7 世纪的这些发展（其中一部分甚至延伸到公元前 6 甚至前 5 世纪），因为罗德（E.Rohde）已经有过精彩的分析[1]。它们是与犹太、波斯及印度之先知运动同一时代的产物，也可能与孔子以前的中国伦理之构建同时，不过，关于这点我们所知不多。这些希腊的"先知"，在有关他们行业之经济的判准，以及是否持有一个"教说"的观点上，是各有不同的。希腊人也在职业性的（赚取生计的）教导与不图利的传道之间划出界线，就如苏格拉底的例子所显示的。再者，在希腊，唯一真正**教团型**的宗教（亦即奥菲斯信仰及其救赎的**教说**）[2]，与所有其他类型的预言与救赎技巧（特别是那些神秘主义者）之间，是有清楚区分的；区分的基础乃在于奥菲斯信仰之体现为一纯正的救赎教义之特征上。我们首要的工作是分辨各种类型的先知与其他各式各样包办救赎者（不管是否为宗教性的）之间的区别。

1　Erwin Rohde（1845—1898），德国古典学者，历任基尔、耶拿、杜宾根、莱比锡、海德堡等大学教授。主要著作有：*Der griechische Roman und seine Vorläufer*（1876）、*Psyche*（1890—1894）。——日注

2　奥菲斯信仰是以 Trakia 传说中的诗人 Orpheus 为教主的希腊密仪宗教。其走上信仰纯化，具有精神深度的形态，大约是在公元前 7 世纪。据其教义，人的灵魂是不死的，会在肉体消亡后转入地下受审，然后再次转世到地上来接受前世罪业的报应。不过，如果人参加了酒神祭典，并接受严格的戒律与禁欲，借此净化解放其灵魂的话，就可脱出此种轮回而获得永远的净福。

　　这个关于个人灵魂的救赎论、基于一种教团形态的希腊最初宗教，对毕达哥拉斯学派与柏拉图影响甚巨。——日注

二　先知与立法者

就算在历史时期，"先知"与"立法者"（Gesetzgeber）之间的区别也并不就是那么确定的。如果我们将"立法者"界定为，在具体的情况里受命系统地整理法律或制定新法的人物，最著名的例子就是希腊的"仲裁者"（Aisymnetes），如梭伦（Solon）、卡隆达斯（Charondas）等人[1]；那么，这些立法者及其业绩的确不乏被——虽然是后世的人——赞举为神迹的例子。

"立法者"与意大利的"治安首长"（Podesta）[2]大不相同，后者乃聘自团体之外，其目的并非在创造一个新的社会秩序，而是提供一个不属任何党派、公正不倚的仲裁者角色，特别是当属于同一阶层的家族发生械斗时。另一方面，立法者通常（虽非一定）都是在**社会**紧张形势高张时，才被赋予责任的。当面临下述情况——这种情况通常会提供给"改革政策"一个最早的契机——时，即可能采取这种（以一特殊频率出现的）手段：由于货币财富的积累以及负债者的人身隶属化所导致的武士阶级的分化；另外一

1　Aisymnetes，在希腊语里是调停者或游戏的判定者之意。希腊在公元前六七世纪时，下层农民阶级与富裕的贵族阶级之间对立日渐激化，于是选出上下两阶级均合意的人，赋予国制上的全权来调停两者间的反目抗争，是即此"仲裁者"。

梭伦（前 649—前 560），雅典的政治家与诗人。在他被选为执政官后，即以禁止人身抵押及取消前债来救济下层农民，并将全体市民四个阶级按其所得规定参政权与兵役义务，断然实行政治改革。

卡隆达斯为公元前 6 世纪的希腊立法家。曾为他的出生地卡达尼亚及迦太基的殖民城市制定法律。——日注

2　治安首长是中世纪的意大利城市中握有军事、司法最高权力者。虽然大体皆为贵族出身者，但多半都是从外地（因其与本城的派系斗争无关）迎来。其基本任务——相应于招聘的目的——为保持公共秩序安宁，特别是城市内的和平，此外，也经常担任军事指挥与裁判的任务。现今 Podesta 已被转用为"市长"的称呼。——日注

个因素则是，从经济活动中积累财富而兴起的商人阶级，由于无法实现其政治野心而导致对旧有武士贵族的不满与挑战。"仲裁者"的作用就是调和身份团体间的冲突，并制定出一个有效的、新的"圣"法，为了达成此项任务，他就必须得到神意的认可。

摩西似乎是个真实的历史人物[1]，从他的事迹看来，可以将之归入"仲裁者"一类的角色。因为从最古老的以色列圣法的规定看来，当时已进入货币经济，而且在盟邦内部出现（迫在眉睫或已经存在的）尖锐的利益冲突。摩西最伟大的成就就是为这些冲突找出一个解决（或预防）之道（例如于安息年取消债务[2]），并利用一个统一的民族神来组织以色列盟约共同体。本质上，他的工作恰好介于古老的"仲裁者"与穆罕默德之间。摩西制法的结果，展开了一个统一的以色列民族向外扩张的时期，正如许多其他例子里——特别是雅典与罗马——身份团体间利益的协调也开启了向外扩张的契机一样。《新约／旧约》所说的"以后以色列中再没

1　摩西是出现于公元前13世纪左右的以色列人的英雄领导人物。他率领当时在埃及过着奴隶生活的以色列人部族（所谓摩西集团）脱困出埃及。经过40年的荒野漂泊后，终于带领他们来到巴勒斯坦（迦南）附近。在途中他于西奈山接受耶和华所启示的"契约"，所谓摩西十诫，后来成为犹太教之律法的原型。《旧约》中的《出埃及记》、《民数记》、《申命记》等，皆记载了其活动的历史。总之，摩西可说是为犹太民族与耶和华宗教奠下了基石。——日注

2　根据摩西的十诫的第四诫，有安息日的规定：当纪念安息日，守为圣日。六日要劳碌做你一切的工，但第七日是向耶和华你上帝当守的安息日（《出埃及记》20：8—12）。稍后则有安息年的规定：六年你要耕种田地，收藏土产，只是第七年，要叫地歇息，不耕不种，使你民中的穷人有吃的（《出埃及记》23：10—11）。又称为豁免年：每逢七年末一年，你要施行豁免……凡债主要把所借给邻舍的豁免了，不可向邻舍和弟兄追讨……若借给外邦人，你可以向他追讨，但借给你弟兄，无论是什么，你要松手豁免了……你弟兄中若有一个希伯来男人，或希伯来女人被卖给你，服侍你六年，到第七年就要任他自由出去（《申命记》15：1—13）。——中注

有兴起像摩西的先知"[1],意指以色列人再也没有另一个"仲裁者"。不但没有"仲裁者"这一意义上的先知,而且一般所谓的预言也不属于此一范畴。这当然不是说以色列此后的先知就都不关心"社会改革"。他们诅咒那些压迫奴役穷人、广占田地以及贿赂枉法的人会"遭报应"。这些都是典型的、导致普遍出现于古代世界之阶级分化的行为,而且由于耶路撒冷城市化的发展而更加恶化。极度关注社会改革仍然是大部分以色列先知的特征。这种关注若与当时印度的预言相较就更值得我们注意:佛陀时代的印度,根据我们所知,虽然相对地类似于希腊在公元前 6 世纪时的状况,其预言中却缺乏对社会改革的关注。

　　以色列的预言之所以关心社会改革,是有其宗教性基础的,这一点我们随即要谈。然而,首先要提醒的是,就以色列先知的动机而言,社会改革只不过是达成其目的的手段而已。他们首要关心的是对外政治,因为这才是他们的神祇活动的舞台。以色列先知之所以关切社会及其他种类的不公正,并认其乃违反摩西律法之精神,主要是为了说明上帝对以色列人发怒的原因,而非想制定一套社会改革的纲领。值得注意的是,唯一的社会改革理论家——以西结(Ezekiel)[2]——实际上是个祭司身份的理论家,几乎不能称为先知。就算耶稣,对类似的社会改革也毫无兴趣。

---

1 《旧约·申命记》34∶10。——中注
2 以西结为公元前 6 世纪初的以色列大先知。在巴比伦俘囚时被掳往巴比伦(前 597),而于此地受到神的召唤(前 592)。他预言俘囚将因偶像崇拜的报应而使耶路撒冷陷落,以色列败亡。在耶路撒冷陷落成为事实(前 587)时,他则梦到严格的律法与理想的神殿礼仪之复兴,他并且强调个人的道德主体性,以此,给予人们激励与希望。他往往被说成是预言的祭司,或者祭司的预言者(先知)。《以西结书》即记载了他的活动与预言。——日注

琐罗亚斯德跟他那饲养牧畜的人民一样，都憎恨劫掠的游牧民，不过他所传达的信息主题基本上还是宗教性的。他的中心关怀乃在对抗巫术性忘我的祭典，并传达其神圣使命，这当然难免有些附带的经济性影响。另一个十分清楚的主要重心也是置于宗教上的先知例子是穆罕默德，他的社会改革计划——后来由欧麦尔一世（Umar Ⅰ）予以贯彻[1]——几乎纯然是为了要团结信徒，尽可能地聚集有信仰的战士，以对抗异教徒。

先知的特征在于，他们的使命并非得自任何其他的人，而只是如其原本就当即那样的掌握住它。同样的，希腊城邦"僭主"（Tyrann）取得权力的特征也是篡夺[2]。这些僭主仍维持其为一公认的"仲裁者"之一般性功能，并有自己独特的宗教政策——支持激情性的酒神祭典，一般大众比起贵族而言，要更喜欢这种祭典。不过前面所提到的先知之夺取权力是由于神启的结果，基本上是宗教目的取向的；再者，他们独特典型的宗教布道，以及他们对狂迷式祭典的斗争，都与希腊僭主所采取的典型宗教政策背道而驰。穆罕默德的宗教（其取向基本上是政治性的），以及他在麦地那（Medina）的地位（恰好介于意大利的"治安首长"与加尔文在日内瓦的地位之间），主要是来自其纯粹的先知型使命。身为一

1　欧麦尔一世是伊斯兰教正统派第二代的哈里发（634—644）。欧麦尔一世颇富勇气与智略，作为国家草创期的领导者，意志极为坚强，奠下伊斯兰帝国的基础。在军事上，征服叙利亚，趁侵略伊拉克之便征服埃及，有力地实现了伊斯兰教徒的对外发展。在内政上，决定民政与军政的大纲，注意资源的开发，整备财政制度等，开创了许多功绩。——日注

2　公元前六七世纪左右，崛起于希腊各城邦的政治领袖，他们利用当时国王或贵族与平民斗争的机会脱颖而出，以直接诉诸民意的方式取得绝对权力。他们的崛起开展了日后民主政治的道路，对经济发展亦有贡献，并不一定（虽然有些的确是）就是暴政或恐怖政治。——中注

个商人，穆罕默德最初只是麦加（Mecca）一带虔信市民秘密集会的领导人，直到他愈来愈清楚地体认到，实现他使命的外在理想基础，乃在于将军事民族间的利害关系统合组织成掠夺战利品的行动。

三 先知与传道者

另一方面，先知与**传道者**（Lehrer）——特别是社会伦理的传道者——之间，有各种过渡的阶段。这些充满新的（或重新发现古老的）睿智的导师，聚集弟子，解答个人疑惑，在公共事务上为君侯提供意见，可能还试着说服这些君侯建立一种新的伦理秩序。这些具有宗教或哲学智慧的导师与其弟子间的联络格外强固，且以权威主义的方式来规范，特别是在亚洲的圣法中。不管何处，这种联结都是最为强固的恭顺（Pietät）关系之一。一般说来，巫术及勇士的训练是如此安排的：见习者会被交给一个特别有经验的师傅，或者允许自己去找师傅——就像德国学生社团中，"新生"可以选择"指导学长"（Leibbursche）一样。所有关于变童之爱的希腊诗词皆来自此种景仰关系；类似的方式亦可见之于佛教徒与儒教徒，实际上可见之于所有修道院式的教育。

这种师生关系最彻底的表现，可见之于印度圣法中"导师"（Guru）的地位。所有出身于有教养阶级的年轻人都得花好几年的时间，无条件地全神贯注于接受一个婆罗门教师有关生活的指导与教诲。"导师"对其学生拥有绝对的权威，对他的服从关系颇类似于西方"助手"（Famulus）与其"师傅"（Magister）的关系，而超越对家庭的恭顺关系。正如宫廷婆罗门（purohita）的地位在官方规定下被提升得非常高[1]，远高于西方世界最有权威的听取忏悔的神父。不过，"导师"终究只是一个教导习得（而不光是从启示得到）之知识的教师，这种教导乃基于一种委托关系，而非其自身的权威。

哲学的伦理家及社会改革者，就我们的定义而言，并非先知，不管他们看起来如何相似。实际上最古老的希腊哲人，像恩培多克勒（Empedocles）与毕达哥拉斯（Pythagoras）等传说中的人物[2]，最接近先知。他们之中有些人也留下独特的救赎论与生活指导，有些人甚至还可被列为救世主。印度也有这种知识性的救赎导师，而且若就首尾一贯地专注于"救赎"之理论与实践而言，希腊的导师显然是远远不如的。

真正存在过的"哲学学派"的创始人及领导者，更不可与我们所用的"先知"一词混为一谈，虽然在某些方面他们可能十分接近这一类型。从孔子（其至皇帝在他庙里都要叩头）一直到柏拉图等等不同阶级的人物皆属此类。不过他们都只是学院教育的哲学家，其间之不同主要是孔子格外关注影响君侯从事特定的社会改革，柏拉图则只偶尔为之。

这些人物与先知的主要区分是他们的教诲缺乏先知预言中特

1　Purohita 是婆罗门教里的宫廷祭司。他往往成为宫廷中国王的最高建言者、帝师。

——日注

2　恩培多克勒，公元前 5 世纪希腊哲学家，主张万物皆有变化，不过变化是相对的，而非绝对的。毕达哥拉斯，公元前 6 世纪希腊哲学家，对医学及数学皆有贡献，几何学的"勾股定理"（直角三角形的斜边平方等于其他两边平方的总和），即为他（或他的弟子）的创见。毕氏及其弟子认为数目乃万物之根本原因，企图透过数字来解释宇宙，据说将宇宙命名为"和谐"（Cosmos）的人即为毕氏，他们视宇宙为一调和的、优美的次序，而与"混乱"（Chaos）相对立。——中注有的、生动而又情绪性的**布道**（Predigt），不管这些布道是出之于口语、小册子或任何其他的文学形式（例如穆罕默德《古兰经》里的章节）。先知的"经营"，比起上述传道者而言，可说是更为接近群众煽动者（Demagogue[1]）或政论家。另一方面，例如苏格拉底的活动（他自己也反对辩士贩卖知识的行业）也必须在概念上与先知的有所区分，因为像他那样的行动缺乏一个直接启示的宗教性使命。苏格拉底的"天才"（Daimonion）只针对具体的情况反应，接下来就是劝阻及告诫。这是苏格拉底之伦理的、强烈的功利式理性主义的外在限制，恰如巫术性神占之于孔子一样。以此，苏格拉底的"天才"实在无法与纯正宗教理论的"良心"相提并论，更不能被视为一种预言之声。

　　与以色列先知的这种差异，可见之于包括中国、印度、古希腊、中世纪之犹太、阿拉伯与基督教的所有哲学家及其学派，从社会观点而言，这些哲学学派可说是颇为类似的。就生活态度而言，他们较为接近秘迹祭典式的救赎预言（例如毕达哥拉斯学派），或者较近于模范型的救赎预言（例如犬儒学派，有关此种类型之预言，稍后再述）[2]，这种类型的预言反对神秘主义的秘迹恩宠以及世俗的文化财，就这点而言，与印度及东方的禁欲教派有某种亲和

1　雅典自伯利克里（Pericles）于公元前429年去世，城邦政治顿失重心，后继诸人无一有其能力及威望，而社会矛盾与外患又日益严重，于是新的领袖崛起。此类领袖凭借的并非既有的家世与社会威望，而是以个人魅力直接诉诸群众（经常是在人民大会的场合），赢得他们的信任，从而掌握权力。这些人物即被称为Demagogue，希腊原文为demagogos，demos即"人民"，agogos则为"领导者"，因为他们常要鼓起如簧之舌，激动群众情绪，再加以操纵利用，故中文译为"群众煽动者"或"群众领导者"。参见《经济与历史　支配的类型》。——中注

2　犬儒学派（Cynic），为安提西尼（Antisthenes）所创立，他们认为道德之目的即在道德自身，这一思想后由斯多葛派（Stoics）发扬光大。——中注

性。然而，我们特殊意涵下的先知，是不可能缺少由于个人之启示、出而传布宗教救赎之真理这一过程的，从我们的观点来看，这无疑是预言之决定性的判准。

最后，印度之宗教改革者，如商羯罗（Shankara）与罗摩奴阇（Ramanuja），以及其西方的同伴如马丁·路德、茨温利（Zwingli）、加尔文与卫斯理（Wesley）[1]，都不能归入先知的范畴，因为他们并没有宣称自己要提供新内容的启示，或者自己是奉一特殊神意之指示而来发言。这些倒是摩门教创始者的特色[2]，他甚至连一些技术末节上都极像穆罕默德；不管怎么说，这些都是以色列先知的特征。先知类型亦可见之于孟他努斯（Montanus）、诺瓦提阿奴斯

1　商羯罗（约700—750）是印度正统的吠檀多派（Vedanta）的哲学家。他遍历诸国，攻破论敌，并创立教团以弘扬自己的学说。留下许多著作，其中《吠檀多·斯特拉批注》是现存最古老的批注。他的哲学被称为"绝对不二论"，为后世印度思潮的主流。至于吠檀多派，参见本书第十章245页注1。

　　罗摩奴阇（约1055—1137），印度吠檀多派出身的哲学家，起初立基于吠檀多派的不一不异说，尔后开展出独自的见解，与商羯罗的绝对不二论对立，主张有限不二论。其最大特色为融合奥义书的哲学思想与毗湿奴信仰，后来开展为罗摩奴阇派。

　　卫斯理（1703—1791），英国宗教家，循道社教派的创始人。他与弟弟在牛津组织起被称为"循道社"（Methodist）的严格的生活运动，而于35岁时经验到突如其来的感应，得到救赎的确信。其后旅行各地，展开日盛的救灵运动。他的教说颇得下阶层民众响应，因此，这个新运动后来发展为循道社教派或称卫理公会。——日注

2　摩门教是1830年在美国成立的一个基督新教教派，创始人为史密斯（Joseph Smith, 1805—1844）。史密斯声称他在某天夜里梦到从天使那儿接受了记有天启的黄金板，而据此写成《摩门经》，集结信徒到各地传道。"摩门"一字是混合了埃及语和英语的创造语，意指"更善良"，而教会的正式名称则为"末日圣徒的耶稣基督教会"。由于主张废除奴隶制度，行一夫多妻制，所以在各地都受到迫害，后来在后继者杨格的指导下才定居于盐湖城；这一组织的开拓史对于美国的西进运动之推动有所影响。——日注

(Novatianus)、摩尼（Mani）与摩奴（Manu）[1]，比起较情绪化倾向
如福克斯（George Fox）[2]那种类型的先知，他们的预言带有极度理
性的色彩。

四　秘法传授者与先知

截至目前，我们已将上述各类人物从先知的范畴中区分开来
（尽管他们有时的确非常接近），不过，还有不少其他的人物。

第一种即为秘法传授者（Mystagoge）。他们表演秘迹——保

1　孟他努斯为 2 世纪后半叶小亚细亚的弗利基亚人，恐怕是由奇碧莉女神（Kybele）的神
官改宗基督教。他自命为先知，强烈反对当时日渐制度化与形式化的基督教会及教士制
度，并预言耶路撒冷的天国会出现在弗利基亚的佩普塞城，高唱狂信的禁欲主义。孟他
努斯派的教说及其密仪祭典颇博人心，广传于地中海沿岸各地。至 3 世纪时，被教会指
斥为异端，而逐渐衰退。

　　诺瓦提阿奴斯，3 世纪时罗马教会的祭司，严格派的指导者。他以教皇 Calixtus 对
待异教徒和重罪者过于宽大为理由而反对教会并与之分离，自袭教皇名位（250），他的
主张在罗马帝国内得到许多支持者，此派被称为加塔利派（希腊语为"纯粹的人"之意），
一直存续到 7 世纪左右。

　　摩尼（215—273）是波斯摩尼教的创始人。24 岁时受到神的诏命，尔后结合祆教与
基督教，在自己的救赎论与二元论世界图像的基础上，建立起新的宗教。他步行各地传
说教义，并声称自己是世界上最后的先知，后来被捕而处以磔刑。

　　摩奴是古代印度信仰中传说为人类始祖、最初的王。Manu 原指"人类"。根据吠陀
圣典《古谭集》，人类始祖摩奴（就像《旧约》里的诺亚那样）在大洪水时被喜玛拉雅救起，
于是成为人类一切习惯与秩序的创始者。由于他被视为最初的法典的制定者，所以编纂
于公元前 2 世纪到公元 2 世纪期间、在印度拥有最高权威的法典即以他命名，称《摩奴
法典》。——日注

　　英译者认为摩奴为 Marcion 之误，Marcion 为 2 世纪的《新约 / 旧约》评论者，他的
教派后来与摩尼教合流。——中注

2　福克斯（1624—1691），英国宗教家，教友派的创始人。他在当鞋店徒弟而过着流浪生
活之际领受悔改经验，自此创设 Friends of Truth 开始传教（1647），他拒斥信仰的外在性，
而论述基于"内在基督"、"来到此世照耀所有人的内在之光"，博得许多中下阶层的信
仰者。尔后虽受英国教会激烈的压迫，仍不屈服，且到苏格兰、爱尔兰、美洲、荷兰各
地传道，获得同志。——日注

证救赎恩宠的巫术行为。世界各处皆有此种类型的救世主，他们与一般巫师不同之处仅是程度上的，最重要的是看他能否在身边形成一个特殊的**教团**。在一个被认为世袭性的、秘迹的卡理斯玛之基础上，往往可以发展出一种秘法传授者的法统。这些法统常可将其威信保持数世纪之久，赋予其弟子绝对的权力，并由此发展出一种层级制度。这点在印度尤其如此，在那儿"导师"（Guru）一衔亦用来指救赎财的授予者及其全体委托人。中国亦有类似的例子，道教的教主及某些秘密宗教的领袖，也扮演这样一种世袭性的角色。最后，我们即将讨论的模范型先知中，有一种到第二代时通常也会转化为秘法传授者。

秘法传授者在近东地区也分布很广，而且在先知时代传入希腊，这点我们前面已经提过。不过，更古老的、担任谷神祭典世袭领导者的希腊贵族家庭，至少也代表了单纯世袭性祭司家族的另一种（不很重要）存在。秘法传授者是施与巫术救赎的人，他没有伦理性的**教说**（Lehre），或者说，这种教说在其工作中只扮演极为附属性的角色。他的主要禀赋是世袭性的、传承下来的巫术技巧。再者，他通常依赖此种技巧以维生，因为相关的需求量极大。因此，我们自然得把他从先知的概念中除开，虽然他有时也启示了新的救赎之道。

五　伦理型预言与模范型预言

那么，就只剩下两种我们定义下的先知：其中之一最清楚的代表可说是佛陀，另一种则可以琐罗亚斯德与穆罕默德为代表。先知可以主要只是个（就如上述例子）宣扬神及其意志——不管是具体的命令，还是抽象的规范——的工具；在传道时就像他已受到神的委托，而要求人们把服从他当作一种伦理上的义务。这种类型我们称为**"伦理型预言"**（ethische Prophetie）。另一方面，先知也可以是个模范人物，他以身作则，指示其他人宗教救赎之道，如佛陀那样。这种先知在传道时完全不提神圣的使命或伦理义务之服从，他只是诉诸那些渴求救赎之人的自身利益，向他们推荐自己所走过的路途。我们称这种类型为**"模范型预言"**（exemplarische Prophetie）。

模范型预言特别是印度预言的特色，虽然中国（如老子）与近东也有少数例子。另一方面，伦理型预言则只限于近东，虽然其间尚有民族之差异。不管是印度的《吠陀》还是中国的经典——其中最古老的部分是由圣赞者的颂歌与感恩诗以及有关巫术性之仪式与祭典的文字所构成——完全看不出发展于近东、伊朗等地的预言性先知之出现的可能。之所以如此，关键乃在于中国及印度缺乏一个人格化、超越性及伦理性的神祇。在印度，这种神观只存在于晚期印度教的民间信仰中，一种秘迹—巫术的形态。不过，在那些发展出有关大雄（Mahavira）[1]与佛陀之决定性先知形象的社会阶层的宗教里，伦理性预言的出现只是断续性的，而且一贯地从泛神论的立场来解释。在中国，对社会最有影响力之阶层的伦理中，完全没有伦理性预言的观念。这种现象与此阶层之（受

---

[1] 大雄（Mahavira，前448—前376），印度耆那教的祖师。所谓六师外道之一，与佛陀大约同时代，活跃于正统婆罗门之外的一般思想界。他于30岁出家，历经12年修道后大彻大悟，其后流浪各处弘扬教说。其教说为：为了跳脱出业的系缚，人应彻底实践严格戒律与禁欲苦行。"大雄"是尊称，亦被称为"耆那"（胜利者），即克服烦恼而得解脱者之意。关于耆那教，参见本书第七章126页注1。——日注

社会制约的）思想特性到底有何种关联，稍后我们将再讨论。

　　仅就纯粹宗教的因素而言，不管印度还是中国，一个合理的、有规则的世界之概念乃源自献祭的仪式——一套万事万物都奠基于其上不可更易的秩序，特别是气候现象上不可或缺的规则性；以泛灵论的术语而言，此处涉及的乃是精灵与鬼怪的正常活动与休息。不管是中国正统还是异端的看法，这些秩序的维持是由于政府伦理上恰当的行为——遵守正确的德性之路（**道**）——而得确保的，舍此之外，无事可成，根据吠陀经典亦是如此。因此，在印度及中国，天则与道分别代表了类似的、超神性的非人格性力量。

　　另一方面，人格性的、超越的、伦理性的神则为近东的观念。此一观念是如此密切地相应于一个全能的、世俗的君主及其理性的、官僚化的政体，其间的因果联系显然是很难否定的。在全世界各处，巫师最早皆为祈雨师，因为收成有赖及时与充分的雨量（虽然并不需要太多）。一直到今日为止，身为最高祭司长的中国皇帝仍为祈雨者，因为在中国（至少在北方），由于气候的不稳定使得灌溉设施的效果大打折扣，不管这些设施是如何普及。长城及内陆运河的修筑则更具重要意义，它们成为皇帝官僚制的真正基础。皇帝借着献祭、下罪己诏以及实践各种美德，例如消除行政权的滥用、搜捕未归案的罪犯，等等，以避免气候的不稳定。因为鬼神之所以不安、宇宙秩序之所以失常，一般认为乃君主之个人过失或社会失序。同样的，雨也是耶和华允诺给他的信徒的奖励之一，这是较古老的传统中清楚呈现的，当时这些信徒主要还是务农的。神允诺降雨量不致太少，也不会过多或造成洪水。

　　不过，在美索不达米亚与阿拉伯，收成并非由于雨量，而只是由于人工灌溉。美索不达米亚的灌溉系统是王权的唯一基础，这些君主的收益是来自强迫被征服的隶属民修筑运河以及邻近运河的城市，正如对尼罗河的统制是埃及王权的基础一样。在近东沙漠与干旱之地，水利灌溉的控制可能是其固有神观的来源之一，亦即认为神自无中"创造出"大地及人类，而非如其他各地的信仰认为人与大地乃由神所生出。这种水利经济的确是从无——荒漠——中创造出收获。君主甚至借着立法及理性的法典编纂创造出正义来，此一发展首见于美索不达米亚。因此，从这样的经验中会导出此一观点——即认为世界之秩序必须被理解为一个自然挥洒、超越性而又人格化的神所创制的律则，可说是十分合理的。

另外一个可用来说明近东地区世界秩序观念之发展乃反映出一个人格神之运作的补充因素，则为此一地区并没有见之于印度及中国之"无神的"宗教伦理之担纲者的、特色独具的阶层之存在。不过，即使在埃及（那儿的法老王原先也是神），伊肯纳顿想要创出一个星辰的一神信仰的企图也受到祭司阶级的破坏，因为这些祭司在当时已经将民间的泛灵信仰体系化，并成为无可匹敌的力量。在美索不达米亚，一神信仰及煽动性的预言之发展，受到古老万神殿的对抗，这种万神殿已被祭司政治地组织起来，并予以体系化；此外，一神信仰及预言的发展，还进一步受阻于稳固的国家秩序。

埃及与美索不达米亚的王国给以色列人留下的印象，远较波斯王（Basileus）[1]给希腊人的印象要来得深刻——虽然波斯王居鲁

---

1 Basileus 是希腊人对波斯王的尊称。如同以色列人之称呼埃及王为法老一般，是特定固有名词的一般化。——日注

士（Cyrus）曾败于希腊人手中，他对希腊人的影响还是极为强烈的，这点从希腊史家色诺芬（Xenophon）将其生活点滴编写为教育用书《居鲁士的教育》（*Cyropaedia*）即可了然[1]。以色列人由于（且只由于）得到圣君之助，得以从早期法老王的"为奴之家"解放出来[2]。他们在这之后所建立的地上王国，实际上已被清楚认为是对他们真正的统治者——耶和华——的一个背叛。以色列的预言完全关注于与当时巨大的政治权力——强大的君主——间的关系；而这些君主又是上帝惩罚之鞭，他们首先摧毁了以色列并奴役以色列人（俘囚期），然后由于神意的介入，又允许以色列人重返家园[3]。琐罗亚斯德的视野似乎也同样以西方（美索不达米亚）文明地区的观念为导向。

就此而言，最早出现的预言之独特性格（不管是二元论，还是一神信仰），除了某些其他具体历史因素的影响外，似乎是由于比较邻近的，具有高度控制之社会组织的巨大中心对邻近落后民族的压迫而成的。这些民族对于自身所遭遇的无穷劫难——由于附近一些残酷好战的恐怖国家所导致的——则倾向解释为天上之王的愤怒。

1　《居鲁士的教育》是希腊的史家色诺芬所著的教育书籍。曾从军亲历波斯战争的色诺芬，以描述波斯建国之父居鲁士自幼以来的教育过程这种方式，来寄托他自己的政治理想。——日注

2　《旧约·出埃及记》13：3："摩西对百姓说，你们要纪念从埃及为奴之家出来的这日。"
　　　　　　　　　　　　　　　　　　　　　　　　　　　　　　——中注

3　此处是指由于亚述人的攻侵，北方的以色列被灭（前721），巴比伦王攻陷耶路撒冷而灭南方的犹大，并藉此形成巴比伦俘囚期（前587），而后波斯诸王释放俘囚民（前537，前520）等一连串的历史事实。先知们（《以赛亚书》、《耶利米哀书》、《以西结书》等）指出，这些事实是以色列人对神的不信仰所致，虽然如此，他们最终仍领受到耶和华神的爱与恩惠。——日注

六 先知启示的性格

姑不论某一特定的宗教先知到底主要是伦理型，还是模范型，预言的启示会给先知及其信徒（这是两者共通的）带来一个统一的世界观，而此观点又来自一种有意识的、**统合且有意义**的对生命的态度。对先知而言，不管是人生与世界，不管是社会与宇宙事项，皆有某种有系统且固定的"意义"，人若想得救赎，其行为就必须以此"意义"为导向；以此"意义"为准，而将行为型塑成一种统合且有意义的生活态度。这个"意义"的结构可以是各式各样的，它也可能熔铸为一个统一的动机，然而从逻辑上看来却又是相当异质性的。整个概念是受到实际价值的支配，而非逻辑上的一贯性。此一概念永远意味着——姑不论其强烈的程度与结果会有多少种变化——想要将生活的所有面相皆予以体系化的尝试；换言之，即将实际的行为整合为一种生活态度，不管在任何个例中它可能会采取什么样的形式。此外，这个"意义"也永远包含下述重要的宗教概念：视"世界"为一个"宇宙"，这个"宇宙"被要求能形成多少是个"有意义的"、有秩序的**整体**，"宇宙"的个别现象都必须就此立场来予以衡量与评价。

经验的现实世界（基于宗教性要求而形成的）与视此世界为一有意义之**整体**的概念之间的冲突，导致了人的内在生活态度及其与外在世界之关系上最强烈的紧张性。值得注意的是，这个问题绝非只有预言才得面对，不管是祭司的智慧还是俗世的哲学，不管是知识阶层还是俗人大众，多少都要着意于此。所有形而上学的终极关怀大概都是如下的问题：作为一个整体的世界与分殊各异的生命，**如果**要有一个"意义"的话，那么，该是什么？为了相应于这个"意义",这个世界应当如何?先知与祭司所提出的这个宗教问题意识,是孕育俗世哲学的母体,不管俗世哲学终究是否有所发展。此后,这一母体必然会与构成宗教发展之极端重要因素的俗世哲学相冲突。接下来我们要再进一步仔细检讨祭司、先知与俗人之间的相互关系。

第五章

教　团

一　先知、信徒与教团

　　如果他的传道成功，先知即可赢得永久的支持者。这些支持者可能称为"伙伴"（Sodalen，巴索罗梅翻译袄教经典时所用词汇[1]）、"弟子"（《旧约》与印度的称法）、"从者"（印度与伊斯兰教）或"门徒"（以赛亚与《新约》）。这些都是以个人的身份信奉先知，与祭司及卜者之组成行会或职位的层级制截然有别。稍后，在我们分析支配的形式时，会再讨论这种关系。此外，除了这些永久的支持者（他们积极协助先知传道，一般说来也具备有某些特殊的卡理斯玛禀赋），还有一些信徒则为先知提供食宿、金钱以及服务，期望先知的传道会带给他们自己的救赎。所有这些人的介入可能是一种随机性的社会行动（Gelegenheitshandeln），也可能会

1　袄教圣典 Avesta 中最古老、最重要的部分即教祖琐罗亚斯德本身的教说之十七偈颂（本为"歌"的意思）。巴索罗梅（Bartholomae）为古代波斯语词典（*Altiranisches Wörterbuch*，1910）的作者，并独自译出琐罗亚斯德的偈颂（*Die Gathas des Avesta, Zarathustras Versöpredigten*，1905）。——日注

组织成持久的"**教团**"（Gemeinde）。

　　具有特殊宗教意味的"教团"——在德文中，Gemeinde（共同体）一字也用来指那些为了经济、国库财政或其他政治目的而组织起来的邻里团体——之兴起，并非**纯然仅**与预言（就我们此处特殊含义而言）有关，亦非与**所有**类型的预言有关。基本上，一个宗教共同体的兴起之所以与先知运动有关，乃在于它是此一运动日常化（Veralltäglichung）的产物：经由此一过程，先知（或其门徒）可以保证其宣教之永垂不朽以及教团对"恩宠"的授予，以此也确保了此宗教中经营及服务人员的**经济**来源；此外，那些负责掌管宗教性功能的人员也借此垄断了保留给他们的特权。

　　除了先知运动之日常化首先形成了教团外，在秘法传授者及非先知型宗教祭司的身旁也会形成教团。对秘法传授者而言，教团的形成可说是正常的现象。相反的，巫师则是独立执行其业务的，或者——如果他是个组织的成员——为某一特定的邻里团体或政治团体服务，这些团体并非特殊化的宗教教团。秘法传授者的教团，例如秘仪的谷神祭典之奉行者，通常仍是一个对外开放的团体，其成员是变动的。不管是谁，只要渴望救赎即可与秘法传授者及其助手建立关系——一般都是暂时性的。大致说来，谷神祭典有点像地区间相互交流的共同体，而非仅属某一特定地区的。

　　模范型先知的情形则大为不同，这些先知——例如像大雄与佛陀那样的托钵僧侣——以以身作则的方式，无条件地指示出救赎之道，他们属于一个较狭小的"模范型教团"。在这个小团体之内，弟子（他们可能亲炙过先知的教诲）仍拥有特殊的权威。在模范型教团之外，还有虔诚的皈依者（例如印度的"优婆塞"[1]），他们并非自己走完全部的救赎之道，而是借着证明自己对模范圣者的诚心皈依，以期达到相对而言最佳的救赎状况。这些皈依者要么没有组成持久性的教团（因此也无所谓教团中固定的身份，佛教的优婆塞原先即是如此），要么即会组成一些具有固定规则与义务的特殊团体。当祭司、类似祭司的导师，或者秘法传授者（例如佛教的僧侣）从模范型教团分离出来，并负担起有关祭典的事宜时（最早的佛教没有这些业务），这样的团体即会出现。不过佛教比较流行的还是自愿且随机性的组合，这也是大多数的秘法传授者及模范型先知与寺庙祭司——他们尊奉某些特定的、来自组织化之万神殿的神祇——的共通特征。这些教团的经济生活是依靠捐赠、奉献以及有宗教需求者所提供的其他礼物来维持。

在此一阶段，尚未发现有俗众之持久性教团的痕迹，我们现有的宗教之教派归属的观念并不适用于当时。个人还是某个神祇的信奉者，在意义上有点类似一个意大利人是某个圣徒之信奉者一样。认为大部分（甚至全部）中国人在信仰上皆为佛教徒，实在是个根深蒂固的误解。有此误解，是因为虽然有许多中国人成长于儒教伦理——唯一享有官方之认可的伦理——的熏陶下，在修筑房屋之前仍得向道士请教（风水）；虽然依据儒教的礼仪规定（丧服）来追悼过世的亲人，他们也不会忘掉安排和尚来念经超度。除了那些持续地参加某一神祇之祭典的人（可能只有一小群人会永久地关注于此）外，我们在此一阶段所见的大多是随波逐流的

1　优婆塞（Upāsakā）是佛教里以在家众身份（即非出家人）皈依佛教，并受五戒且亲三宝（佛、法、僧）者。——日注

俗众，或者可称之为——套个现代政治词汇——"游离票"。

这种情况当然不能满足那些管理执行祭典之人员的利益，就算只从纯粹经济角度来考虑亦如此。他们自然会努力去创造一个教团，祭典的信徒会采取一种持续性组织的形式，而形成一个具有固定权利与义务的共同体。原先为个人身份的信徒如此转化为教团的成员可说是个正常的过程，经由此一过程，先知的教诲——透过一个持久性制度的运作——即进入信徒的日常生活。先知的弟子、使徒也就此变成秘法传授者、导师、祭司或司牧者（或兼有上述所有之身份），为一个纯然只具宗教目的的团体服务，换言之，即**信徒教团**（Laiengemeinde）。

不过，这一结果亦可有其他源头。我们知道祭司（其职务从原先巫师式的，演化为真正祭司阶层的）可以是拥有领地的祭司氏族、领主及君侯的家内或宫廷祭司，或者是形成一个身份团体的、祭典的执事祭司。个人或团体感觉需要时，即向这些祭司求助；除此之外，祭司也可从事其他任何不会有辱于他们身份的职业。祭司也有可能附属于一个特定的组织（专业性或其他目标的），特别是政治性团体。不过，在所有这些例子中，并没有真正与任何其他团体截然划分开来的"教团"。当一个祭典的祭司氏族成功地将崇奉他们神祇的特定信徒组织成一个排外性的团体时，这样的"教团"才可能出现。教团兴起的另一种（更常见的）情况是，当一个政治团体瓦解时，团体神的宗教信徒及其祭司仍继续维持着他们的宗教团体。

前一例子可见之于印度与近东，那儿教团的兴起是与秘法传授者、模范型预言或宗教改革运动之转化为一个持久性的教团组织的过程——包含了许多过渡阶段——密切相关的。许多印度小教派的发展即为这一过程的产物。相反的，从服务于一个政治集团的祭司制转化为宗教教团，则主要是伴随着近东一带——特别是波斯——世界帝国之兴起而出现的：许多政治团体在帝国形成时被摧毁，其人民则被解除武装；不过它们的祭司阶层仍被赋予某种程度的政治权力，其地位也受到保障。之所以如此，是宗教团体被视为安抚被征服者的一个有效工具，正如统治者发现将邻里团体转变为〔赋役〕强制团体可以确保国库利益一样。以此，在波斯诸君（从居鲁士到阿塔薛希斯[1]）相继发布的诏令下，犹太教转变为一个受到统治者庇护的宗教团体，耶路撒冷则为其神权政治的中心。如果在波希战争中，波斯获胜的话，那么希腊德尔斐神庙里的阿波罗神、负责其他神祇祭典的祭司氏族，可能甚至连奥菲斯神庙的预言者，都会面临类似的命运。当埃及失去了其政治上的独立后，祭司阶层建立了某种"教会"组织，并且有其——显然是最早的——教会会议。另一方面，印度的宗教教团则为（较狭义的）"模范型教团"。那儿婆罗门身份的一致性以及统一的禁欲规则，虽历经多次短命的政治结构的变迁，仍然维持下来，结果是，各种体系的救赎伦理超越了政治的疆域而传布开来。在伊朗，经过数世纪的努力鼓吹，祆教教士成功地形成一个封闭性的宗教组织，而在萨珊王朝时转变成一个政治的"教派"（Konfession）。如其文献所示，阿黑美尼德（Achaemenide）王朝乃阿胡拉·玛兹

1　公元前 539 年，波斯王居鲁士二世在征服巴比伦之后，采取宗教宽容政策。他不但释放以色列俘囚回归祖国，并准许他们再造耶路撒冷神殿。17 年后，波斯王大流士更让以色列俘囚大规模返国，大约三分之一的流离的以色列人（4 万人）重新踏上祖国土地，并于公元前 515 年完成耶路撒冷的第二神殿。到了阿塔薛西斯二世时，祭司的先知以斯拉被释返以色列，考究并再度编制犹太律法。以此，犹太教以一个具备了神殿与律法的宗教教团的形态存续下来。——日注

达的信徒，而非袄教徒[1]。

二　教团的宗教性

政治权力与教团之间的关系——"教派"的概念由此而来——属于"支配"的分析领域。此处要提醒的是，**"教团的宗教性"**（Gemeindereligiosität）是个具有许多面相而又极不固定的现象。只有当俗众已经形成（1）一个具有**持续性**共同体行为的组织，（2）且能**积极**参与时，我们才会使用此一称呼。一个仅只用来约制祭司之管辖权的行政单位，是个教区，而非教团。不过，就算是教区的概念——亦即，与世俗的、政治或经济团体有别的团体——亦未见之于中国及古代印度的宗教。同样的，希腊及其他古代的"氏族"（phratry），以及类似的祭典共同体亦非教区，而是政治或其他类型的组合，其共同体行为是在某个神祇的庇护之下。至于早期佛教的教区则仅意味着一个区域，所有暂时逗留于此区域里的游方僧人都得参加在此区举行的每半个月召开一次的佛会。

西方中世纪的基督教会与东方的基督教、近代的路德派、英国教会以及伊斯兰教，教区基本上是个消极的、教会的赋税单位

1　阿黑美尼德王朝是阿黑美尼德所建，与萨珊王朝有别的古波斯王朝。在居鲁士二世时建立起统一整个西南亚（除阿拉伯外）的大帝国（前550），至大流士王而达于鼎盛。尔后由于远征希腊遭受挫败而走向衰落，至大流士三世时被亚历山大大帝所歼灭（前330）。

　　阿胡拉·玛兹达教普通作袄教的别名用，此处所说的阿胡拉·玛兹达教徒（Mazdasnanier）是指专只信奉袄教之善神阿胡拉·玛兹达（Ahura Mazda）的徒众。在阿黑美尼德王朝时代，袄教已成为一个具有严密宗教组织的教团，而一般人（包括阿胡拉·玛兹达信徒）已不成其为袄教徒。此处所说的文献是指大流士王的纪念碑上所写"此事有阿胡拉·玛兹达来援助我……"的语句。——日注

及教士的管辖区。这些宗教的信徒，一般而言完全缺乏教团的特质。虽然东方基督教会以及西方的天主教会与路德派仍然保有少数残余的教团权利。另一方面，早期佛教的修道僧制度、早期伊斯兰教的武士制度、犹太教及早期基督教，也都有各种程度组织化状态的教团（细节稍后再论）。再者，信徒的某种**实质**影响力也可能会与规则化的**地区性教团组织之欠缺**结合起来，例如伊斯兰教——特别是什叶派——的信徒即拥有相当的权力，虽然并非受到法律保障；伊朗君主如果没有得到信徒的同意，通常是不会随意任命当地的教士的。

另一方面，所有"教派"（就此一名词的专门意义而言）的特质在于，它的基础奠立在个别的地域性教团的封闭性组织之上。由此原则出发（早期以基督新教的"洗礼派"、"独立派"为代表，稍后则有"组合派"），经过不同的过渡阶段，最终导致"改革派教会"的典型的组织出现[1]。虽说改革派教会已经成为一个普遍性的组织，其成员身份仍然是建立在必须以契约方式加入某些特定教团的条件上。稍后我们会再详论由于这些分歧的状况所引发的一些问题。目前，我们只特别关注于由于真正的**教团的宗教性**之极具重要意义的发展所导致的一个结果：教团内部祭司阶层与信徒之间的关

1　组合派（Congregationalists）亦称会众派，由罗伯特·布朗起始，于1580年与英国国教教会分离的一派。他们以教会应是基督徒自愿地与神相互立定契约所构成的团体为由，独立于国家之外。在清教徒革命之际，组合派是克伦威尔军队的核心，并且是反对长老派之妥协政策的活跃激进派。

改革派教会广义而言是指基于宗教改革原则的基督新教教会，狭义来说则指欧洲的新教教会中，除路德派之外，像加尔文派那样的教会。不过，若是指后者而言，普通都用 Reformed Churches 这个复数型，而韦伯此处用的是单数型（die reformierte Kirche），或许指的是改革派长老教会（reformed presbyterian Church）也未可知。——日注

系，就宗教的实际效果而言，具有决定性的意义。当组织具有教团的独特性质后，祭司的强大权势地位即与他必须时时考虑到信徒的需求——以便维持及扩大教团的信徒——一事有所冲突。的确，不管哪一类型的祭司（就某个程度而言），都处于类似的情境。为了维持其自身的权力，祭司必须要能尽量满足信徒的需求。影响信徒而且祭司必须要设法控制的三种力量分别是：(1) 预言，(2) 信徒的传统主义，(3) 信徒的知性主义。相对于这些力量，祭司经营本身的必然性与倾向，也会发挥与这些力量同样性质的作用。有关最后这个因素及其与预言的关系，我们得稍作补充说明。

三　预言与祭司经营

一般而言，不管是伦理型先知还是模范型先知，都是个俗众，他的权力地位也是奠基于俗世信徒上。所有的预言本质上皆蔑视祭司经营中巫术的成分，只是程度各有不同。佛陀及其他近似的人，以及以色列的先知都反对并抨击那些知识渊博的巫师与占卜者（以色列文献中也称这些人为"先知"），他们实际上也指责所有的巫术根本就是无用的。只有与永恒建立一种特殊的宗教性及有意义的关系，才可能得到救赎。自夸拥有巫术能力，在佛教徒看来是会万劫不复的；然而，不管印度或以色列的先知、基督教的使徒还是古代基督教传统，却也都没有否认一般非信徒中，巫术信仰之存在的事实。所有的先知，由于反对巫术，都必然会怀疑祭司的经营，虽然其程度与方式有所不同。以色列先知的神拒绝燔祭，而只要求他的诫命被遵从。只熟习于吠陀经典知识与祭仪，对于佛教徒的救赎毫无助益；古老的神酒献祭，在最早期袄

教的偈语（Gâthâs）看来，是为阿胡拉·玛兹达（Ahura Mazda）
所厌恶的[1]。

因此，先知及其俗众信徒与祭司传统之代表间的紧张性是普
遍存在的。先知是否能够成功地贯彻其使命，还是成为一个殉教者，
端视权力斗争的结果而定。这种权力斗争在某些情况下，例如在
以色列，是取决于国际形势。除了自己的家族外，琐罗亚斯德还
须依赖贵族及君侯的支持，以对抗无名的反先知者；类似情况亦
见于印度及穆罕默德的例子。另一方面，以色列的先知则依靠城
市及乡村中产阶级的支持。所有先知都懂得如何充分利用由于他
们的卡理斯玛——恰相对立于掌管例行性祭典的技术人员——所
赢得的、在俗众之间的威信。新启示的神圣性与传统的神圣性相
对抗；成败则视两方宣传工作的结果而定：祭司阶级可能要设法
与此预言妥协、包容其教说，或者设法超越这一预言的教说，甚
至清除此预言，否则即被消灭。

1　阿胡拉·玛兹达是祆教的主神。ahura 是"主神"之意。mazda 则意指"贤明、光亮"，
　　象征光明与火。根据祆教圣典 *Avesta* 中的偈颂指出，世界之初有代表善恶两原理的两个
　　神存在，亦即光明、生命、清净之神阿胡拉·玛兹达，与黑暗、死、不净之神阿利满，
　　此善恶两神的斗争构成了宇宙的历史。不过，此战最终是由善神阿胡拉·玛兹达获胜，
　　这时包含天上与地上的"神的王国"、"善的王国"建立起来，信奉者会被送往那儿与善
　　神共度永远净福的生活。——日注

第六章

神圣的知识、布道、司牧

不管如何，祭司必须承担起将获胜的新教说（或虽经先知攻击而仍维持其地位的旧教说）法典化的任务。祭司得区分什么必须被视为神圣的、什么又必须不能被视为神圣的；并且必须将其观点灌输到俗众的宗教里，以确保自己的地位。这一发展的产生，并不一定只限于因为具有敌意的先知已严重危及了祭司的地位时才有的反应，例如在印度，此种发展就出现极早。为了确保其自身地位以对抗可能有的攻击之单纯的考量，以及为了确保固有的形式以防阻信徒之怀疑精神的必要，都有可能驱使祭司采取类似的行动。不管哪儿，这种发展的结果皆会导致两个现象发生："圣典"（kanonische Schriften）与"教义"（Dogmen）。两者各自的范围，特别是教条，都可能非常不同。圣典包含了启示及神圣的传统，教义则是祭司对圣典意义的解说。

预言宗教的启示，以及（在其他情况下）传统嬗递而来的神圣知识的集成，可能采取口语传承的形式。许多世纪以来，婆罗门的神圣知识皆靠口语相传，实际上也不准书写下来。这一点自然在这种知识的文学形式上留下永恒的印记，也是个别"流派"

(Shakhas)[1] 的经典彼此之间会有些重大出入的缘故。之所以采取口语相传的方式，是只有够资格的人——"再生族"（Dvija）——才能拥有这种知识。将这些知识传授给那些还没有经历"再生"者（"一生族"[ekajati]）——被排除于其种姓之外者（首陀罗）——是一种严重的冒渎[2]。要知道，所有巫术知识原先其实皆带有秘密知识的性格，以保障本行业的职业利益。不过，在各处的确也有一部分巫术知识变成教材，以便有系统地教育专业者之外的其他成员。最古老及最普遍化的巫术教育系统之根源，乃基于一种泛灵论的前提上：正如巫师为了要习得巫术，自己必须"再生"并获得新的灵魂一样，英雄的存在亦是基于一种卡理斯玛，这种卡理斯玛必须经由巫术的运作来唤醒、试炼并逐渐渗透到英雄身上。以此，武士乃脱胎换骨为英雄。此种意义的卡理斯玛教育，具备了修炼期、胆试、苦刑、圣祓及授阶的阶段、冠礼与戎服礼等过程，几乎可说是所有有过战争经验的社会普遍皆有的制度。

　　当专业的巫师最后终于转化为祭司时，教育一般信徒这一极端重要的功能并没有停止，实际上祭司阶级一直都很注意维持此功能。秘密知识逐渐消失，祭司的教说则成为一个书写下来确立

1　婆罗门阶级中的"流派"亦有"学派"的意思。吠陀原典有许多异本，根据不同版本之被认为最具权威者而形成不同的流派。——日注

2　印度之"四姓"（catur varniahi）即婆罗门、刹帝利、吠舍与首陀罗。前三姓职业上虽有区别，但皆为雅利安人种，皆称为"再生族"，意即他们除父母所生之第一生命外，仍能于宗教上得第二新生命。首陀罗则为奴隶族，被视为机械，毫无公民权，根据《法经》，此种姓之唯一一职业，是以劳动服事上三姓，不许营独立之生活。除责以忠实柔顺等德性外，不许有礼神、读赞歌等宗教的特权，故相对于再生族而名为"一生族"，为宗教所不救之贱民。《科多马法典》（12：4—7）云：若首陀罗故意闻读吠陀之诵声，则其耳塞，若自诵之则其舌糜，心忆念之则身体破坏。上三姓之人亦严禁教导首陀罗以吠陀及与之交往，若有犯者，则其身即为首陀罗。——中注

的传统。祭司透过教义来解释此一传统。这样的一种经典宗教逐渐成为一个教育系统的基础，其对象不但是属于祭司阶级的专业人员，也针对一般信徒——实际上可说主要是针对一般信徒的。

圣典的编纂大都（即使并非全部）由教会官方来确定，以防止世俗的、（或至少是）不受宗教约束的著作，这是各样竞争性团体与先知为了争夺教团控制权的结果。不论哪儿，只要不发生这种斗争，或虽发生而没有威胁到传统的内容，那么，文献形式圣典化的过程即进展得非常缓慢。例如犹太教的文献一直要到公元90年雅曼尼亚（Jamnia）宗教会议时才予以固定圣典化[1]，差不多是在犹太政教合一的政体崩溃后不久，可能是用来防阻使徒预言的。尽管如此，当时确立下来的圣典也只是原则性的。印度吠陀圣典的确立则是为了对抗异端的知性主义。基督教圣典的形成也是因为诺斯替教派（Gnostics）[2]之主智的救赎论，已动摇了小市民阶层对正统教义的虔信态度。另一方面，原始佛教之主智的救赎

<hr/>

1 雅曼尼亚是位于耶路撒冷以西地中海沿岸的一个小村，在犹太独立战争（66—70）时，法利赛派逃到此地，在指导者撒卡侬的带领下建立律法研究学校，自此成为律法研究的中心。90年为了集结犹太教正典而在此召开宗教会议，正式承认受到怀疑的《雅歌》与《传道书》为正典，借此彻底统一了犹太教的圣典《旧约》。——日注

2 诺斯替教派（诺斯替主义）为古代末期出现于地中海世界及其周边地区的一连串宗教史现象的总称。gnōsis为意指"认识"的希腊语，此处是指根据启示而可能的宗教认识。人类可以靠着带来启示的救赎者而认清原本已堕落麻痹于恶所支配之物质世界中的自己，而回归灵的世界。因此，gnōsis不但是救赎的手段，同时也是救赎的目的与内容。环绕着以上这点的思辨，结合神话论的表象与哲学观念的表现，产生出多彩多姿的诺斯替主义的体系与形态。诺斯替主义虽被视为根本并非起源于基督教的一派，但在12世纪与基督教接触后，却形成范伦提诺斯派这种基督教的诺斯替主义，与之折冲成为基督教极为重要的课题。——日注

　　关于诺斯替主义的详细内容与影响，另参见刘景辉译《西洋文化史》上卷（台北：学生书局，1978），页264。——中注

论之所以具体化为巴利（Pali）圣典[1]，则是因为受到大乘佛教之布道式的大众救赎宗教的威胁。儒教经典之确立，正如以斯拉（Ezra）的祭司律法[2]，是政治权力的产物。以此之故，儒教经典从未被宗教性地神圣化，以斯拉的祭司律法也只有在稍后，由于祭司的诠释，才被神圣化。只有《古兰经》是在哈里发的命令下立刻编纂起来的，而且也马上神圣化，这是因为半文盲的穆罕默德相信，圣书的存在自然会为一个宗教带来其威信的标志。这种威信的概念乃来自广泛流传的、认为文献记录带有禁忌之性质与巫术之意义的观念。早在圣典编纂以前，人们就已经相信，触摸摩西律法与真正的先知著作会"使手不净"。

我们此处不拟细论宗教文献圣典化的过程，以及哪些范围的作品会被列为圣典。由于吟游诗人的巫术身份使然，在吠陀经典中不但有英雄史诗，还有关于酩酊大醉的因陀罗（Indra）的揶揄诗，以及各式各样内容的诗篇。同样的，《旧约》也收罗了情诗、有关先知片言只语的各式各样的记录。《新约》也收列了保罗纯个人的书信，《古兰经》则有部分章节记录了一些纯世俗性的、有关先知（穆罕默德）生活中的家庭纠纷。

圣典之确立，一般的说法是，在过去的历史中只有某一时期

1　佛教的原始经典，根据巴利语写成，大约成书于公元前 1 世纪。巴利语原为印度古代的一种俗语，而后几经变迁，至 5 世纪左右由布达葛撒整理出现今所见的巴利经典。此经典包含经、律、论三藏，现今主要是东南亚佛教所崇奉的圣典。——日注

2　以斯拉是公元前四五世纪的以色列祭司兼学者。他出生于俘囚地巴比伦，于波斯王阿塔薛西斯二世时被释还耶路撒冷（前 428 年左右），与尼希米共同致力于以色列宗教的再兴。以斯拉的重要事业在于将其在当俘囚时所编纂的律法书公布给以色列人，确立了犹太教之律法的、规范的基础。据此，犹太民族虽处于波斯帝国的统辖之下，但亦形成严格的民族主义的教团国家。

　　以斯拉的活动详见《旧约》的《以斯拉记》与《尼希米记》。——日注

是受到先知卡理斯玛之护佑的。根据犹太律法学者拉比（Rabbi）的说法[1]，是从摩西到亚历山大这段期间；从罗马教会的观点而言，则是使徒时期。总之，所有这些说法皆正确反映出存在于先知预言之体系化与祭司之体系化之间的矛盾。先知之体系化乃基于一个终极且统合的价值立场来整合人与世界的关系，至于祭司的体系化则是，替预言或神圣的传统之内涵提供一个决疑论的、理性的分析架构，并且使预言或传统适合祭司阶层与他们所控制的信徒之生活习俗与思考习惯。

从最古老的卡理斯玛阶段，一直到文献教育阶段的祭司教育的发展，对于信仰演进为一经典宗教——不管是纯正意义的（亦即完全结合于被视为神圣之经典的宗教），还是比较中庸的（亦即以书写形式固定下来的神圣规范为准则的宗教，如埃及的《死者之书》[2]）——有相当实际的重要性。随着文书在纯世俗事务管理上的日趋重要，换言之，即逐渐带有官僚制行政的性格及根据规则与文书来进行时，非宗教性的官吏及知识人的教育亦逐渐为有学识的祭司所控制，这些祭司也可能直接负责那些需要文字书写的职务——例如欧洲中世纪的尚书馆。这种过程能进行到什么程度，除了要看行政体系官僚化的程度外，还得看其他阶层（主要是军

1　拉比（Rabi, Rabbi）是希伯来语中用来称呼教师或主人的用语，后来也成为对律法学者的尊称，最后一般用以表示犹太教的圣职者。自巴比伦俘囚期结束而归还乡土的犹太人在宗教生活上相当重视律法的遵守，另一方面则促成律法研究的兴盛，出现了将律法以适用于时代的方式加以注释说明的律法学者，即此处所称的拉比。跟那些与神殿结合在一起的祭司不同，他们是以会堂为活动的基点，成为民众新兴的宗教指导者。——日注
2　古埃及的代表性宗教文书。非常关心死后命运的埃及人为了确保死后的生存，不仅保存尸体，并将墓穴布置得和生前居所一样，同时，将其但愿在来世的审判中无事终结的祈愿与咒文书写在草纸上，置入棺中死者身上。此种文书即被称为"死者之书"，对于了解古埃及人的彼世观念与死后命运的观念而言，是非常重要的文献。——日注

事贵族）对自己教育体系的发展与掌握的程度而定。稍后我们得再讨论此过程所可能导致的教育体系的分歧化。我们也必须考量纯祭司的教育体系受到全面压制或放弃的情况，这可能是由于祭司阶层的微弱无力，也可能是由于预言或经典宗教之阙如。

　　教团的建立为祭司教说实质内容的发展提供了最强烈（即使并非唯一）的诱因，也赋予教义特殊的重要性。教团一旦形成，即感觉有必要将自己与其他相抗衡的、异端的教说区分开来，并保持传道的优势地位；这些要求使得教说的区分（判教）格外重要。此外，判教的重要性当然也受到相当程度的、非宗教性动机的强化。例如查理曼（Charlemagne）即坚持法兰克教会采取"圣父圣子圣灵论"（filioque）的说法，这是东西方教会分裂的因素之一[1]。这一点，以及他的反对采用赞成偶像的经典，都有其政治因素——对抗东方拜占庭教会的首座权。执著于一些完全难以理解的教义，例如东方与埃及大量民众之信仰基督单性论[2]，实乃反映出当地人之反皇帝与反希腊的民族（分离）主义。这也是主张基督单性论

1　若根据《新约／旧约》，则圣灵可能"自父而来"，也可能"自子而来"。所谓"圣灵发出论争"即是指：东方希腊正教的神学者主张圣灵"自父而来"的单数发出论，相对的，西方拉丁系的神学者则基于神之三一性的信仰，主张圣灵"自父与子而来"的复数发出论。这一争论到了第三次特伦托宗教会议中终于做成决议，明白记载"圣灵自父与子而来"（Paracletus a patre filioque procedens）。然而这并不为东方教会所接受，成为东西教会分裂的主要原因。——日注

2　基督单性论是指认为肉身的基督之人格具有单一性（natura）的说法，与正统主义的神人两性论相对立。单性论之成为具有明确形式的主张，是因艾乌替克斯（约378—453，君士坦丁堡近郊的修道院院长）发展鸠利洛斯（376—444）的思想而成。在单性论里，强调基督的神性，对于其人性采否定、负面的态度，然而查尔西顿（Chalcedon）宗教会议（451）上，否定此说，确定神人两性一人格（duae naturae in una persona）的两性论为教义。采单性论的教派区分为许多小教团，至今仍继续留存于一些异端的教团里。——日注

的科普特（Coptic）教会后来宁愿接受阿拉伯人，而非东罗马人统
治的缘由 [1]。

　　不过，祭司为了防止下列现象所做的努力，一般说来，仍是
使得确立本身之独特标识与判教之所以成为显著问题的最主要因
素：制止他们极为痛恨的无差别主义，以及信徒热诚消失的危险；
强调信徒宗派归属的重要性，并使得改宗非常困难。典型的例子
可见之于图腾或武士氏族成员具有巫术根源的刺青。最接近这种
图腾式刺青的（至少在外表上），是印度宗派的区别性的标识色彩。
犹太人之所以维持割礼以及安息日禁忌，也是为了要——如《旧
约》一再明示——与其他民族有所分别，实事上也达成极为显著
的效果。基督教与犹太教的一个明显差异，是因为基督徒决定以
太阳神之日（星期日）为他们的休息日而引起的，之所以会有此
决定，可能是基督徒接受了近东一带太阳崇拜之秘法传授救赎论
的拯救神话。穆罕默德选举星期五为其宗教的礼拜日，主要可能
也是为了将其信徒与犹太教徒区分开来——在他对犹太人的传教
工作失败之后。另一方面，他那绝对的禁酒主张则有许多来自古
老与约略当时的先例，例如列卡比人（Rechabiten），亦即神之战
士一派 [2]；之所以会有此主张，是他希望以此对抗基督教教士——他
们在举行圣餐时要喝葡萄酒。

1　科普特教会在埃及，信奉基督单性论。自从科普特教会的亚历山卓总主教之单性论在卡
　　尔西顿宗教会议上被斥为异端以来，科普特教会即形成孤立于正统基督教会之外的局面，
　　在波斯与阿拉伯的支配下遭受种种迫害而踽踽独行。现存的科普特教会尚拥有约 80 万
　　的信徒。——日注
2　出现在《旧约》中的一个以色列部族，开尼（Keni）人的分派。公元前 9 世纪埃希伍革
　　命之际，列卡比的儿子加入援助，之后此族即被称为列卡比人。他们是个不饮酒的禁酒
　　部族，谨守严格的沙漠生活样式，奉行耶和华的原始礼拜。——日注

印度的判教过程中，凡与模范型预言相应者，一般而言，带有较纯粹实践伦理的特征，至于与秘法传授有内在亲和性者，则带有较纯粹仪式主义的特征。导致吠舍离（Vesali）宗教会议里佛教之大分裂的"十事非法"[1]，涉及的只是寺院戒律的问题，许多众所周知的细节之所以被刻意渲染，也只是大乘佛教组织为了要达成其分离的目标而已。

另一方面，亚洲的宗教实际上并没有以教义来判教的。虽然佛陀的确曾揭示有关幻相的四圣谛，以之为八正道之实践救赎论的基础[2]。不过，四圣谛的把握是为了其实践（而非西方意义下的"教义"），这才是解脱的目的。大部分之印度预言皆如此。

对基督教教团而言（这也是其特质所在），最早具有约束性的教义之一即为，神自空无中创出世界，结果则为一个相对于诺斯替派之知性主义思维的上帝、一个超越性的上帝之确立。另一方面，在印度，宇宙论及其他形而上学的思维仍然是哲学学派所关注的问题，虽然涉及正统教义时仍有某些限制，基本上容许的思考空间已相当广大。中国的儒教伦理则全面拒绝任何形而上学的教义，只有精灵的巫术及信仰仍保持不受侵犯，那是因为祖先崇拜——

1　吠舍离为位于印度中部的一个城市。佛灭百年之际（前386）由于此地兴起有关戒律的新说"十事非法"，长老耶舍提议召集七百多个比丘来开宗教会议，此处所说的是第二次会议。

　　在这次会议中，认定有关比丘生活及修道戒律的十种新规定是非法的。由于对戒律规定的见解相左，产生原始佛教僧团内的对立，此后分裂为上座部（保守派）与大众部（革新派）这两派。——日注

2　四圣谛、八正道是佛陀成道后不久所说的法，为原始佛教的根本教说之一。四谛即苦集灭道（亦即苦圣谛、苦集圣谛、苦灭圣谛、苦灭道圣谛）四个真理（谛），即从人之存在实相当中解脱出来的道。八正道是为了进入此种解脱之道的实践方法，亦即正见、正思、正语、正业、正命、正精进、正念、正定等八个项目。——中注

家产—官僚制服从的基础（如传统所明示的）——的缘故。

就算在伦理型预言及由其而来的教团宗教内，原先的教义也有相当大的分化。早期伊斯兰教要求信徒的基本条件是：表明对神与先知以及其他一些实践与礼仪之主要戒律的虔敬。不过，随着祭司、教团导师乃至整个共同体皆成为此宗教的担纲者，教义的差异（不管是实践，还是理论），也愈来愈为扩大。晚期的祆教徒、犹太教徒及基督徒皆如是。然而，古代犹太教或伊斯兰教，只有在特殊情况下，才会出现真正的教义上的争论，这是因为这些宗教的神学理论基本上就比较单纯；主要的争论集中在有关恩宠的教义上，虽然在伦理实践、祭典及法律等问题上仍有某些争执。最初的祆教徒也是如此。

只有基督徒才发展出一个范围广泛、具约束性、体系合理化的理论性教义，涉及了宇宙论的事项，救赎神话（基督神学）以及祭司的权能（秘迹）。这种教义的发展首先出现在罗马帝国境内的希腊化地区，到了中世纪时，西方却是主要的发展地区；大体上，西方教会的神学发展远比东方教会来得强烈；不过，不管在哪个地区，只要祭司的强大组织能获得最大的、独立于政治力量的自主性，神学即有最大可能的发展。

古代世界基督教徒之专心致力于教义的发展，是特别受到下述因素的影响：（1）由希腊教育而产生的独特的知识阶级；（2）由崇拜基督而产生的特殊的形而上学前提与紧张；（3）与尚未归化基督教团的知识分子抗争的必要性；（4）古代基督教会对纯粹知识主义的敌视（这点恰与亚洲诸宗教的立场相对立）。就社会角度而言，基督教是一个基本上由小市民**信徒**所构成的**教团**宗教，这些小市民对纯知识主义抱持相当怀疑的眼光，教会的领导阶层对此一现象自然是要关心的。在近东，非希腊化的小市民阶层出身的基督教僧侣日增；这一点不但摧毁了近东的希腊化文化，而且也使那儿理性的教义构建告一终结。

此外，宗教性共同体的组织形态也是个重要的决定性因素。就早期佛教而言，全面及有意地排除所有的层级组织无疑妨碍了任何（可见之于基督教的）合理教义的统一性——尽管此种教义的统一性被认为是救赎论所必需的。为了要保护教团的统一，以免受到祭司之知性活动以及由于教会教育所启发的、竞争性之民间理性主义的威胁，基督教觉得有必要要求一些权力，以解决有关正统教义的纷争。长期演化的结果（细节此处无法详述），确立了罗马教会主教之无误的教义权威，希望上帝不会让这个世界首都的教团陷于谬误。只有在此情况下才能见到彻底地解决教义的方式，亦即当有必要做出关于教义问题之裁决时，便诉诸教权持有者的灵感。

另一方面，伊斯兰教与东方教会由于种种因素（下面再详述），基本上仍认为教义真理之妥当性乃取决于教会教育组织的正式担纲者——主要可能是神学家或祭司——之"认可"。伊斯兰教之所以采取此一立场乃是他们坚信其先知所言，"神绝对不会使虔信者的教团陷于谬误"。东方教会则是遵循早期基督教会的实践活动。采取此一立场的真正结果则为妨碍其宗教传统中教义分化的发展。相反的，达赖喇嘛虽有政治权力并控制了教会，然而从喇嘛教之巫术—仪式性格的角度而言，他并没有严格意义下的教义裁决权。在印度教，"导师"所拥有开除教籍（破门律）的权力，大半是在涉及政治因素的情况下动用的，只有极少数的例子是为了处罚教义上的偏差。

　　祭司在从事神圣教说之体系化工作时，不断地吸收新的养分，这使得他们的职业实践与巫师的大相径庭。在伦理型的教团宗教里，有全新的要素出现，亦即布道，也有与巫术之救难根本上不同的要素产生，此即合理的司牧。

　　布道（Predigt，此字的真正意义是有关宗教与伦理事务的集体教化），通常是预言与先知宗教所特有的。就算有的布道并非来自此等宗教，也是由于模仿的结果。一般说来，当一个启示宗教由于日常化而转变为一种祭司的经营时，布道即显著的衰微不振，而且布道的重要性恰与此一宗教里的巫术成分形成反比。佛教原先纯粹只有布道，至少仅就信徒这一层面而言。就基督教而言，布道的重要意义恰与其宗教里巫术与秘迹消除的程度成正比。结果是布道在基督新教具有最重大的意义，在此宗教里，祭司的概念完全为布道家所取代。

　　司牧（Seelsorge，对个人的宗教教化），就其理性化及体系化的形式而言，亦来自先知型的启示宗教；而且与神谕、咨询于占卜者或通灵者有其根源上相通之处。当病厄或其他厄运的打击使人怀疑起是否遭到某种巫术性的谴责时，人们就会找占卜者商量，想办法安抚不悦的精灵、鬼怪或神祇。这也是"告解"的起源，原先与生活态度的"伦理"感化并无关联。告解之与伦理行为产生关联首先是由于伦理型宗教的影响，特别是预言。司牧在稍后可能会采取各式各样的形式。就卡理斯玛式的恩宠授予而言，它与巫术的操作有密切的内在关系。不过，当任何有关具体宗教义务之疑问出现时，司牧则还涉及个人教化的问题。在某种意义下，司牧也可能恰好居于恩宠的卡理斯玛之授予与教化之间，当人们遭遇内心或外在困境之时，给予他宗教的慰藉。

　　布道与司牧，就其对生活态度之实际影响力而言，差异极大。布道在预言刺激的时期，发挥了最强大的力量。然而在单调的日常生活里，其力量则锐减到对生活态度几乎毫无影响，原因乃在于演讲的卡理斯玛乃一种个人性的事物。

　　司牧则不管采取哪种形式，都是真实的祭司权力的工具，特别是对日常生活的世界而言；当宗教带有伦理的性格时，司牧对生活态度的影响最为有力。伦理性宗教对大众的影响力，实际上是与司牧的发展并肩而行的。不管哪儿，只要一个伦理性宗教仍维持其影响力，不管是个人或团体的执事都会找司牧者请教有关生活的各种问题，正如在巫术性宗教（如中国的宗教）里，人们会就教于占卜祭司一样。在各种宗教人员中，犹太教的律法学者、天主教的告解神父、基督新教虔敬主义的牧师、反宗教改革之天主教会的灵魂导师、印度宫廷里的婆罗门（Purohita）、印度教的"导师"与"法师"（Gosain）[1]、伊斯兰教的"传法者"（Mufti）与"苦行长老"（Derwisch Scheich）[2]，这些人的司牧对一般信徒的日常生活以及掌握政治权力者的行动具有一种不可磨灭、且经常是决定性的影响力。就个人的生活态度而言，当祭司阶级将伦理的决疑

1　"导师"（Guru）是印度教中婆罗门出身的教说家与圣法教师。不但是处于人与神之间的中介者，有时也被视为神的化身，甚得人们尊敬。
　　"法师"（Gosain）是湿婆信仰的托钵修道团中的修道士位阶，也是表示修道士的称号。法师共分十个阶位，目标在于借苦行与托钵而终极地与湿婆神合为一体。——日注
2　Mufti 在阿拉伯语中有"决定者"的意思，但在伊斯兰教里则是指精通圣法的法学者。相当于犹太教里的拉比。他们对于圣法的解释与适用具有权威性，他们的意见则具有无条件的法的效力。
　　Derwisch 在波斯语中是"贫者"的意思，当其用作伊斯兰教之托钵修道士解时，则是指自 13 世纪以来，形成修道团而过着集体生活的修道士，他们一面喜舍、托钵，一面追求神秘主义的宗教虔敬。Scheich 意指"长老"，亦即上述修道团的团长。——日注

论与教会忏悔的合理体系结合起来时，司牧即发挥其最大影响力。西方（基督）教会——他们深受罗马之决疑论的熏陶——在这一点上表现得极为圆熟。

主要也就是布道与司牧之实践的课题，促使祭司阶级努力设法采用体系化伦理之诫命与信仰之真理的决疑论的处理方式，并最早迫使他们对启示本身所未曾决定的无数问题采取一个立场。同样的课题使得祭司将先知的要求在实质上日常化为——具有一种决疑论、因此也就是更为理性的性格（与先知伦理的性格恰好相反）——具体的一些规定。然而，此一发展同时也导致先知所带给伦理的内在统一性的丧失。这种统一性意指从一种特殊的、"有意义的"与神之关系中导出生活之准则，准此，他所询问的并非个别行为的外在现象，而是考虑在与神的整体关系下，这一行动所具有的内在意义。就祭司的活动而言，则必须提供积极的规定与一般信徒决疑论。以此，宗教之信念伦理的性格必然趋于衰微。

先知的伦理在转变为积极的、实质的规定与决疑论的祭司伦理之过程中，最终显然得从信徒基于其风俗、习惯及具体之需要，而提出请求司牧之祭司裁断的问题里取得其素材。因此，如果祭司愈想依据神之意志来规范一般信徒的行为模式（特别是想借此方式来确保本身的势力与收入），那么，在形塑教条与行为之模式时，他就得更为迎合信徒之**传统的**观念。特别是当没有伟大先知的布道以斩断一般大众之信仰所受到的、基于巫术之传统的束缚时，情况尤为如此。

随着大众日益成为祭司影响力的对象及其权力的基础，祭司在从事体系化的过程中，也就愈来愈关注最为传统形式的——因此也就是巫术的——宗教的观念与实践。因此，当埃及的祭司阶级要求更大的权力时，泛灵论的动物崇拜即逐渐成为宗教关注的核心；虽然比起早先阶段而言，此一时期祭司所接受的体系化的思考训练似乎已有所进展。在印度也一样，当婆罗门取代了"劝请者"（hotar，具有卡理斯玛的圣赞者[1]）而成为献祭仪式中最重要的角色后，祭典即日渐体系化。就成文作品而言，《阿闼婆吠陀》（*Atharvaveda*）比起《梨俱吠陀》（*Rigveda*）要晚出许多，至于各种《梵书》（*Brahmanas*）则出现得更晚。然而《阿闼婆吠陀》里所包含的、体系化的宗教素材，比起主要的吠陀祭典的仪式以及较早期的吠陀经典的其他部分而言，其来源显然要古老得多；实质言之，《阿闼婆吠陀》比起较早期的吠陀经典，是远为纯粹的一种巫术性的仪式。这种宗教——由于祭司予以体系化——普及化与巫术化的过程，一直到《梵书》时期仍持续进行。早期的吠陀祭典，如奥登堡（Hermann Oldenberg）[2] 所强调的，乃富裕阶级的祭典，至于巫术性的祭典则自古以来即为下层大众所拥有。

　　预言亦出现过类似的情况。比起原始佛教所曾达到的最为淳化的知性冥思而言，大乘宗教基本上是一种通俗化而逐渐趋近于纯粹巫术或秘迹的仪式主义。琐罗亚斯德、老子、印度教的改革者以及（某个程度上）穆罕默德等创教者的信仰成为一般信徒的宗教时，其教说即会出现类似的转化。因此，尽管琐罗亚斯德曾

1　劝请者（hotar）是吠陀宗教里在官方的供牺祭典时为将诸神召请到祭场来而献上赞歌的歌手或朗唱者。他们与行祭者（adhvarya）、点火者（agnidh）同为祭典中举足轻重的角色。——日注
2　奥登堡（1854—1920），德国的印度学学者、佛教学者，哥廷根大学教授。是吠陀学与巴利经典研究的第一人。除严密的文献学批判之外，还加上了民族学的研究，留给后人卓越的成果。其主要著作有：*Buddha: sein Leben, Lehre, Gemeinde*（1881）；*Die Religion des Veda*（1894）等。——日注

清楚而强烈地抨击狂迷式的神酒祭典（Haoma）[1]，晚期的祆教经典（*Zand Avesta*）仍然认可此一祭典，或许只清除掉了其中一些琐罗亚斯德格外憎恶的、狂饮的成分。印度教不断地显示出一种逐渐滑入巫术——至少是半巫术性的秘迹救赎论——的倾向。伊斯兰教在非洲的传教事业主要是建立在巫术的坚实基础之上，以此之故，它可以继续成功地防止其他信仰的发展，尽管早期的伊斯兰教是排斥巫术的。

　　这种过程——通常被解释为预言之"堕落"或"僵化"——实际上是无可避免的。一般说来，先知自己是个独断独行的俗众布道家，他的目的是——基于信念伦理的原则将生活体系化——取代传统性的、仪式的祭司恩宠。先知之所以为信徒所接受，通常是他具有某种卡理斯玛。这点通常也意味着他是个巫师，而且事实上比其他的巫师更伟大，更有力量，他的确具有能够驾驭鬼怪，甚至死亡本身的无可匹敌的力量。这点通常又意味着他有能力使死者复活，自己也可能从坟墓中再生。简而言之，他有办法完成一些其他巫师所无法企及的事。就算他企图否认拥有这种被期盼的力量也无关紧要，因为这种信仰的发展在他死后仍会继续——既不需要他，也超越了他。如果他仍以某种方式继续在广大的信徒中过活，自己就得成为祭典的对象，这点意味着他必须成为神的化身。如果这个现象未曾发生，信徒的需要至少能保证，在先知的教说里——经过淘汰之后——只有最适合他们的形式能够留传下来。

1　Haoma 为古代波斯人及后代的祆教徒所用的特殊供牺用神酒。与古印度人所使用的 Soma 相同。饮用此种神酒后会进入陶醉状态，然后进行供牺典礼，后来被用来当作医治各种病症的药物。——日注

准此，上述的两类影响力，亦即先知卡理斯玛的力量与大众根深蒂固的习惯力（尽管它们常常在许多方面彼此相反），乃及于祭司从事体系化的工作。先知事实上永远出自俗众团体，或由此团体中取得支持，尽管如此，俗众也并不纯然就是属于传统主义的力量。

俗众的理性主义是祭司阶级所必须对抗的另外一个力量。各种社会阶层都可以是这种俗众理性主义的担纲者。

第七章

身份、阶级与宗教

一 农民阶级的宗教性

农民的命运极其密切地与自然联系在一起，十分依赖有机的过程与自然现象，经济上则极少导向合理的体系化，以此之故，农民大致上只有在受到奴隶化或赤贫化——不管是由于本土（国库财政或领主）、还是外来的（政治的）力量——的威胁下，才会成为宗教的担纲者。

古代以色列的宗教史即展现出对农民阶级的这两种主要威胁：（1）外来的侵略势力；（2）农民与领主（他们在古代皆住在城市里）之间的冲突。最早期的资料，特别是《底波拉之歌》（*Song of Deborah*）所呈现的[1]，以农民为主的以色列盟约团体竭力对抗居住在城市的非利士人（Philistines）与迦南（Canaanite）领主[2]；这些非利士人与迦南人是驾着铁制马车作战的武士，"自幼即习于战阵

---

1 底波拉是公元前12世纪左右的以色列女先知、士师，激励以色列人对抗迦南人。《底波拉之歌》即底波拉于战胜后所作的歌。《旧约·士师记》，4、5章。——中注

2 迦南是巴勒斯坦的古称，指约旦河西部整个地方。迦南人是于公元前3000年左右从阿拉伯迁移到迦南的闪族人，他们在此地形成迦南文化，崇拜的是巴尔神。——日注

之事"（这是当时人形容非利士人歌利亚的）[1]，他们想要奴役那些居住在"流着蜂蜜与牛奶"之山坡地上的农民以征取其租税。以色列的这种农民盟约团体，可与埃托利亚人、萨谟奈提人（Samnites）[2]及瑞士人的类似团体作一比较。跟瑞士人特别相似的一点是，以色列人所居的巴勒斯坦在地理形势上具有桥梁的作用——位于从埃及到两河流域的交通大道上。这种地理形势从很早开始即有利于促进其货币经济的发展与文化交流。

由于上述这种极为重要的、历史因素的交错，以色列人与其他民族的斗争以及摩西时代所出现的社会身份的同化与向外扩张，在耶和华宗教之救世主——"弥赛亚"一词来自 Maschiach，即"受膏者"之意，这是基甸（Gideon）与其他所谓"士师"等人物被称呼的[3]——的领导下，有着持续不断的复兴。也就是因为这种独

1　歌利亚为非利士勇士，根据《新约/旧约》所载，他向以色列人挑战，无人敢应，最后戴维向扫罗王请求出战，扫罗说："你不能去与那非利士人战斗，因为你年经太轻，他自幼就作战。"（《旧约·撒母耳记上》，17：33）最后戴维出战，并以石子击杀歌利亚。——中注

2　萨谟奈提人是古意大利的一个种族。原住于亚平宁山中南部山脉的山地及牧草地，实行部族联合。在公元前5世纪时，他们驱逐埃托利亚人，在罗马发展以前即进出坎帕尼亚平原，受到希腊文化的影响，发展出希腊—萨谟奈提文化。到了公元前三四世纪时，前后与罗马发生三次冲突（萨谟奈提战争），最后在第三次战争中被罗马彻底击败。——日注

3　"士师"即《旧约·士师记》（2：16—19）所记载的"裁判官"。与其说是裁判官倒不如说是以色列人的救助者，并且也是军事方面的指导者。在进入王制时代的300年间（公元前1200—前1020年左右），当以色列民族受到其他民族之欺压时，士师即受神之灵力而出现，进行一种基于共同支配制的神权政治。

　　基甸即此种士师之一。神为了救以色列人免于米甸人的压迫而立基甸为士师，基甸一方面向外与米甸人征战，一方面则对内讨伐巴尔神的偶像崇拜，彻底实行耶和华信仰。其活动见于《旧约·士师记》（6—8）的记载。Maschiach（弥赛亚），在希伯来语中出于"加膏油"（maschia）一字，为受膏者之意。在《旧约》中，作为受膏者的弥赛亚，是用来对王的尊称。例如《撒母耳记上》第24章第6节中，以色列王制时代的第一个王扫罗即被称为耶和华的"受膏者"。在《新约》里，当耶稣被称为基督时，所谓基督即由 chrio（加膏油）的动词型而来，是弥赛亚的希腊译文。只是，当耶稣被称为基督（弥赛亚）时，并非意指《旧约》中所指的以色列人在政治上的王（为以色列带来独立与光荣的王者），而是在圣灵上为救世主的意思。换言之，这样的耶稣基督即此处所谓耶和华宗教的救世主。——日注

特的领导力量，一种远远超越普通农业祭典层次的宗教关怀，很早就已深入巴勒斯坦农民阶层的古老宗教里。不过，只有在耶路撒冷这个城市的基础上，耶和华的崇拜及摩西所创的社会律法才结合为一种纯正的伦理宗教。实际上，正如先知所揭示的社会训诫，这种伦理宗教也是由于下述两项因素而产生的：（1）农民针对城市领主与财主而掀起的社会改革运动的影响；（2）根据摩西律令中有关社会身份齐平化的规制。

　　只是先知的宗教却也绝非是在农民独特影响下的产物。我们所知的希腊文学中最早的也是唯一的神学家赫西奥德（Hesiod）的道德主义中强有力的因素之一即为典型的庶民之命运，当然他并不是个典型的"农民"。一种文化中，基本的社会模式愈是农业取向，例如罗马、印度或埃及，其人民中的农民阶级似乎愈容易滑入传统主义的模式，（至少）民间的宗教愈不会有伦理的合理化。以此，犹太教及基督教晚期的发展中，农民从未在理性伦理的运动中扮演担纲者的角色。这个论断对犹太教而言完全真确，至少基督教，农民仅在例外情况下，也就是一种共产主义——革命的形态，才会参与理性伦理的运动。罗马统治下的北非——土地兼并最为激烈的省份——清教主义的多纳图教派（Donatist）[1]，极受当地农民

1　多纳图派是四五世纪时盛行于北非的基督教分派，由于迦太基大主教多纳突斯（Donatus）为此派之首脑，故而称多纳图派。其教说的重点在于圣礼的有效无效决定于施行圣事者自身是否清白纯洁。信徒以严格的道德家著称，教派则以严格派而与罗马教会分离。其势力广渗于北非，并与反罗马的民族运动及下层农民之反抗罗马基督教徒大土地所有者的活动相结合，而与罗马教会对立。4世纪末，新任皇皮大主教致力于说服多纳突斯的论争而不果，因而于411年依皇帝命令，不承认多纳图派为单纯的分派，而宣布其为异端。以此，多纳图派的圣职者被驱逐，教会与财产被没收，教派被彻底镇压，其后即迅速衰亡。——日注

的支持，不过这是古代世界仅见的、农民参与理性伦理运动的例子。出身农民阶层的激进的胡斯教徒（Taborite）[1]，日耳曼农民战争（1524—1525）中高揭"神圣权利"的农民[2]，英国激烈的共产主义小作农，以及（特别）是俄国的农民教派主义者——所有这些都源自由于原先之（多少已存在及发展的）耕作共同体机构而产生的农业共产制。所有这些团体都深受赤贫化的威胁，而他们转而反抗官方教会，是因为教会是什一税的收取者，同时又是国库主及领主权力的支柱。上述农民团体之会与宗教的要求相结合，只有在一既存的伦理性宗教之基础上才有可能；这样的一个伦理性宗教带有特殊的承诺，因此可以提出并正当化一个革命性的**自然律**。有关这点别处会再详述。

以此之故，农民宗教与农业改革运动密切联系的现象未曾出现于亚洲，在那儿（例如中国），宗教性预言与革命潮流的结合，采取了一个完全不同的方向，而非真正农民运动的形态。只有在极罕见的情况下，农民才会成为**非巫术性**之宗教的担纲者。

然而，琐罗亚斯德的预言显然是诉之于农民的（相对程度的）理性主义——习于有秩序的劳动及饲养畜牧，而反对假先知所宣传的、附带有虐待动物之仪式的狂迷性的宗教。这种狂迷性的宗教，

1　波希米亚的宗教改革者胡斯（Hus，1369—1415）虽然在被召到康斯坦宗教会议后即遭火刑处决，但其信徒却仍然坚持两种陪餐主义（接受备有面包与葡萄酒两种形色的圣餐）的激进主张，聚集于塔波尔山，因而被称为塔波尔派（Taborite）。他们在此处与天主教会作顽强的武力对抗，然于1434年左右终被瓦解消灭。——日注

2　1517年路德所开启的宗教改革运动，及其所包含的"神前平等"的理念，给予农民的反封建运动莫大的刺激。1524年秋，日耳曼西南部的农民即相继蜂拥而起，到翌年春，发展为从日耳曼西南部扩及中部的大规模农民战争。农民们揭橥"十二条"共通口号，要求减轻贡租、赋役，废除共有地的使用限制，取消什一税，并与都市中的低下阶层合流。此处所说的"神圣权利"应该就是指"十二条"的纲领而言。——日注

就像摩西所拒斥的狂醉祭典，同样伴随有狂醉中生裂动物的仪式。印度的帕西教徒（Parsee）认为[1]，从巫术观点来看，只有耕作的土地是"净洁的"，因此只有农作才是完全符合神意的。即使在琐罗亚斯德原初之预言所建立的宗教模式已有相当程度的转化——为了适应日常生活之需——的情况下，它仍然保有一种突出的农业性格，因此在其社会伦理之规定上有一种反市民倾向的特色。不过，若就琐罗亚斯德的预言所导致的某些经济利益而言，最早可能只是为了君侯与领主的利益（使农民有缴纳赋税的能力），而非为了农民本身的利益。总而言之，农民基本上仍附着于节气巫术、泛灵论巫术或仪式主义；就算有任何伦理性宗教的发展，其重心——不管是对神还是祭司——仍然是基于一种"施与受"（do ut des）的严密的形式主义之伦理。

二　早期基督教的城居性格

农民成为一种突出的典型——符合神意的虔敬者——可说完全是个近代的现象。例外当然是有的，例如祆教，以及由于反对都市文明与其附带现象而流露于文人笔下的家父长—封建制的色彩，或相反的，混杂有厌世倾向（Weltschmerz）的知识主义等个别的事例。东亚所有较为重要的救赎宗教，都没有类似的、有关农民之宗教价值的观念。印度的救赎宗教里，特别是佛教，农民

1　帕西教（Parsee）是印度的祆教。7世纪时，伊斯兰教徒侵入伊朗，一部分祆教徒逃到印度，形成封闭性的共同体以维持其信仰，被称之为帕西教徒（名称由"波斯"而来）。今天他们为数据称约10万人，有许多活跃于实业界的富裕者。韦伯此处所指的观点已不为现今所采。——日注

实际上是受怀疑甚至受到排斥，这是 ahimsâ——彻底禁止杀生的戒律——的缘故。

前先知时期的以色列宗教仍是个农民色彩极为浓厚的宗教。然而，巴比伦俘囚期以后对农业的颂扬（为神所喜），则只不过是文人或家父长团体对市民阶级发展之不满的流露。当时的宗教实际上所呈现的并非完全如此；稍后到了法利赛人时期，可就全然不同了。就"同志"（chaberim）之教团性虔敬而言[1]，"乡下人"实际上乃"无神者"的同义词，住在乡下的不管在政治上还是宗教上，都只能算是二流的犹太人。因为要农民严格按照犹太教的礼法过着一种虔敬的生活，实际上是不可能的，这在佛教与印度教也不可能。俘囚期以后的犹太神学——律法（Talmud）时期的神学更是如此[2]——实际上的影响是，使得犹太人几乎不可能从事农业。就算在目前，巴勒斯坦之锡安运动[3]的殖民者也还面临着安息年的

---

1 Chaberim 在希伯来语中有弟兄或同志的意味，此处则作"严格遵守律法的人"解，与法利赛人同义。法利赛人由于和以色列的其他部族分离形成"弟兄"，因而被如此称呼，他们也就这么称呼自己。——日注

2 Talmud 在希伯来语中是"教"的意思，后来用来指称：被称为拉比的犹太律法学者们之口传或批注的集成书籍——《塔木德》，注释、讲解犹太教律法的著作——作为将律法实践于具体生活的指南，与《旧约》并为犹太教的圣典。内容共分两部分，第一部分为密西拿（mishnah），收录以摩西律法为中心而由历代拉比所开展的口传律法，以希伯来语写成。第二部分为革马拉（gemara），收录的是对密西拿所作的注释与解说，以及其他一些传说，以阿拉姆语写成。Talmud 有编纂于 4 世纪末的巴勒斯坦版，及编纂于 6 世纪左右的巴比伦版，但普通谈到 Talmud 时，是指后者而言。——日注

3 锡安运动（Zionismus）是犹太民族复归祖国与再兴国家的运动。锡安是位于耶路撒冷东南方的小丘，后来成为象征耶路撒冷的标志。虽然其为希望与憧憬之所在自中世纪以来便如此，但形成实际的政治运动则是在 19 世纪末。其原初的主张者为赫茨尔（Theodor Herzl, 1860—1904），在一呼四应下，1897 年最初的犹太人代表世界会议（第一次锡安运动会议）于巴塞尔（Basel）召开，揭橥"锡安运动之目的在于为犹太民族于巴勒斯坦建设一块受公法保证的乡土"此一巴塞尔纲领。其后，犹太人归乡者逐渐增加，1917 年英国表明支持犹太人，因而在英国的指导下运动被推行开来，最后在 1948 年 5 月，以色列共和国终于独立，锡安运动被贯彻实现。——日注

绝对障碍——安息年的观念是由晚期犹太教的神学家所提出的。为了克服此一困境，东欧的犹太律法学者（与日耳曼之犹太正统教会的教条主义恰好相反），就必须在殖民运动乃特别为神所喜爱这一观念上，设法诠释出一个特殊的缓冲的法规来。早期的基督教里，我们得提醒的是，乡下人根本就被视为异教徒（paganus）。中古教会的官方教义（阿奎那所构建的）基本上也将农民视为较低级的基督徒，不管如何，对农民的评价皆极低。

　　宗教上赞扬农民，以及相信农民之虔敬具有特殊价值，是相当近代的发展结果。这点特别是路德新教与反映出斯拉夫主义影响的近代俄罗斯之宗教性格的特色，而与加尔文新教及大部分的新教教派有显著的差异。这是因为路德教会与俄罗斯教会的组织形态所导致的——他们主要依靠君侯及贵族的支持，因此密切结合于这些权威者的利害关系。就近代路德教派——而非马丁·路德本身的立场——而言，主要关心的是对抗知识的理性主义与对抗政治的自由主义。至于斯拉夫主义农民宗教的意识形态，则主要是为了对抗资本主义与近代的社会主义。最后，"民粹主义者"（narodniki）[1] 之所以赞扬俄罗斯的教派主义，乃是为了结合知识分子之反理性主义与赤贫化的农民阶级叛乱，从而对抗为统治阶级利益服务的官僚化教会，因此给上述两种反抗运动添加上宗教色彩。就此而言，上述例子所涉及的，在极大程度上可视为对近代

1　俄国革命运动的一派。字源为"人民"（narod），noradniki 为人民主义者之意。此派主要是在 1870 年代至 1900 年代初领导革命。他们极度憎恶沙皇制，以对俄国农民之盲目的爱为基调，实行"到人民当中去"的启蒙运动，并且不认为俄国有资本主义发展的可能性，主张直接由农村共同体制转向社会主义。不过，农民的启蒙运动并未开花结果，而是作为政治斗争手段的个人暴力行为被过度高张，最后在列宁、普列汉诺夫的批判下失去影响力，继而转变成为马克思主义者。——日注

理性主义之发展的一个反动，而城市又被视为此一理性主义的担纲者。

　　与此形成强烈对比的是，城市在过去一向被视为宗教虔敬的中心。迟至 17 世纪，巴克斯特（Baxter）[1] 还认为基德明斯特（Kidderminster）的职工向伦敦大都会移动的现象（由于家内工业之发达），无疑可以提升这些职工虔敬之心。早期的基督教实际上是一个城市的宗教，而且，正如哈尔纳克（Harnack）所清楚证明的 [2]，其在任一特定城市的重要性，恰与此城市共同体的大小成正比。在中世纪也一样，不管是对教会的忠诚还是教派运动，都是以城市为基础的独特发展。

　　我们很难想象，如果脱离了城市——西方意义上的——的共同体生活，一个有组织的教团性宗教（如见之于早期基督教的）是否还可能有所发展。因为早期的基督教已将某些既存的概念作为其前提：摧毁所有存在于氏族团体间的禁忌藩篱；（祭司）职权的概念；以及视教团为一具有某种特定目的之"机构"（Anstalt）的概念。基督教本身当然也强化了这些概念，而且也使得这些概念更容易为兴起于中世纪的欧洲城市再接受。然而，究其实这些

1　巴克斯特（Richard Baxter, 1615—1691），英国的清教牧师。在他当基德明斯特的牧师时，为劳动者推行有力的布道会运动，颇收成效。作为一个基督新教的优秀指导者，他奖励道德的实践，并致力于新教伦理的确立。他虽然是自学自修，但勤于为文著述，其著作约有 200 种。——日注

2　哈尔纳克（Adolf Harnack, 1851—1930），德国著名的神学家。曾任马堡、柏林等大学教授。历史主义之思想家代表之一，特别在教会史与教理史的研究上有划时代的贡献，确立了 19 世纪末到 20 世纪初最具影响力的神学家之一的位置。主要著作有：*Lehrbuch der Dogmengeschichte* 3 Bd.（1886—1889），*Texte u. Untersuchungen zur Geschichte der altchristlichen Literatur*（1893—1904），*Das Wesen des Christentums*（1900）等。韦伯此处所引述的论点，应是见于他所著的 *Die Mission und Ausbreitung des Christentums in den ersten drei Jahrhunderten*（1924）一书中。——日注

概念从未圆熟发展于世界其他各处，除了地中海文明地区——特别是建立在希腊及（确切无疑的）罗马之城市法的基础上。再者，就基督教之特质所在的伦理性救赎宗教与个人的虔敬而言，城市乃为其真正的温床所在；由城市里，新的运动乃不断产生，而有别于支配性的封建势力所欣赏的仪式主义、巫术及形式主义的再诠释。

三　贵族与宗教，信仰战士

军事贵族——特别是封建势力的——通常并不容易转变成一个理性的宗教伦理之担纲者。战士的生活态度，与一种慈悲的神意之思想，或者是一个超越性神祇之体系化伦理的要求，极少有内在亲和性可言。"原罪"、"救赎"及宗教性之"谦卑"等观念，在所有统治阶层——特别是军事贵族——看来不但过于遥远，而且简直有伤自尊。对任何军事英雄或尊贵的人物（例如塔西图斯时代的罗马贵族，或儒教的缙绅之士）而言，接受具有这样一些观念的宗教以及屈膝于先知或祭司之前，不但卑俗而且有伤尊严。死亡以及人类命运之非理性，可说是每个战士内心每天都得面对的大事。他的生命充满了现世的侥幸与冒险，以至于除了保护他对抗邪恶的巫术以及符合其身份自尊的祭典仪式——例如要求祭司为其祈求胜利，或祈求能有个可以直接进入英雄之天堂的善死——外，他对宗教别无所求，他的接受也是颇为勉强的。

正如我们别处已经提过的，有教养的希腊人通常（至少在理论上）都是个战士。一直到他们的政治自主性完全为罗马帝国摧毁之前，希腊人一般的信仰是一种素朴的泛灵论式精灵信仰，对于死后之存在的性质以及有关彼世的所有问题，都没有清楚的答案，唯一可确定的是：即使是在此世过着最悲惨的生活，也要强过去统治阴间的王国。超越这种信仰的唯一发展即为神秘主义的宗教，这种宗教提供仪式性的手段以改善人在此世或彼世之运势；唯一较彻底超越此一信仰的是奥菲斯的教团宗教，它提出灵魂轮回的说法。

带有强烈预言或改革色彩之宗教运动时期，经常会将（尤其是）贵族导至先知型伦理宗教的道路上，因为这种类型的宗教会突破所有的阶级与身份团体，也因为贵族通常都是一般信徒教育之最早担纲者。不过，先知型宗教的日常化很快就会将贵族从具有宗教狂热的团体中排除出去。这种例子可见之于法国的宗教战争时期，胡格诺教徒（Hugenotte）[1] 的宗教会议与像孔代（Condé）[2] 那样的领导者对伦理问题的争执。苏格兰的贵族（就像不列颠与法国的一样），最终还是完全被逐出加尔文教派，尽管这些贵族——或至少其中一些团体——原先曾在此教派扮演相当重要的角色。

通常，当先知型宗教对其**信仰战士**（Glaubenskämpfer）有所许诺时，它自然会结合贵族的身份感觉。这种圣战的观念基本上肯定了一个世界神的排他性以及不信者在道德上的邪恶，这些不

1　胡格诺派是宗教改革时期法国基督新教的名称。这个名称的由来众说纷纭，其中以出于德语之 Eidgenosse（同盟者）一说最为有力。属于胡格诺派者，多为从事工商业的中产阶级，以及律师、医生、教授等自由业者。他们屡受激烈的迫害，从 1562 年起到 1570 年间三度与天主教徒交战（胡格诺战争）。1589 年亨利四世即位，采取保护新教的政策，1598 年颁布南特敕令，承认信仰自由。不过路易十四登位后又再度压抑此派，并于 1685 年废止南特敕令，许多胡格诺教徒遂亡命国外。——日注

2　孔代（Louis Condé，1530—1569），法国贵族，胡格诺的指导者。胡格诺战争时为胡格诺派的领袖，颇有战功。只是后来又与之分道扬镳，反过来镇压基督新教。——日注

信者乃此世界神之死敌，他们跋扈的存在更引起神的正义之怒。这样的一种观念在古代西方自然是不会有的，同样也未见于琐罗亚斯德以前的亚洲诸宗教。实际上，将宗教的许诺与战争直接结合起来以对抗无信仰者，即使是在袄教亦未曾有过。这种结合首先见之于伊斯兰教。这种结合之先驱以及（可能的）模范则为以色列神祇与其子民的约定，这是穆罕默德所了解且予以再诠释的——在他从麦加一个秘密聚会的虔诚指导者转变为麦地那的"首长"（Podesta）之后，也是犹太人最后决定拒绝承认他是一个先知之后的事[1]。

以色列盟约共同体的古代战争——在许多奉耶和华之名的救世主领导下所进行的——传统上视为"圣战"。圣战的观念——奉神之名所进行的，特别是为了报复对神之亵渎，经常伴随着放逐敌人、完全摧毁他以及他一切所有物的手段——未曾见于西洋古代，特别是希腊。然而以色列的观念中最特殊的是，作为耶和华之独特教团的子民，借克服敌人以彰显、展现耶和华的威信。结果是，当耶和华转变成一个普遍性神祇，以色列的先知与《新约/旧约》诗篇作者的宗教，创出了一个新的宗教性诠释：原先只不过说可以拥有"许诺之地"，现在则被另一更为广泛的许诺所取代，作为耶和华子民的以色列人被提升到其他民族之上，所有的民族

1　穆罕默德据阿拉的启示而进行预言活动，在麦加慢慢获得愈来愈多的同声气者，逐渐增强了势力，而与麦加之支配层对立，这种对立的激化演变成对穆罕默德一系的强烈弹压与迫害。由于在这种状况下作为先知的布教活动实在危险，穆罕默德遂于622年率领信徒逃离麦加，前往北方约300里的雅斯利浦。这个被称为"圣迁"的事件是伊斯兰教发展史上的一大转机。借此机缘，雅斯利浦被加上麦地那（先知之城）之名，而穆罕默德本身也成为这个新的伊斯兰教共同体中兼任宗教指导与政治支配这两方面的首长。——日注

未来都将被迫奉事耶和华并臣服于以色列人足下。

基于这一典范，穆罕默德乃构建出圣战的诫命：迫使所有非信仰者屈服于信仰者之政治权力与经济支配下。如果这些非信仰者是某一"圣典宗教"的教徒，那么可以不必消灭，基于财政利益的考量，他们的存在反而被认为是有价值的。基督教最早的一次宗教战争是在圣奥古斯丁教徒"强制加入"（coge intrare）的口号下发动的[1]，根据这一口号，无信仰者或异教徒只能在改宗与灭绝之间作一选择。我们可别忘了，教皇乌尔班（Urban，1042—1099）曾不断向十字军强调扩张领土的必要——为他们的子孙取得新封地。伊斯兰教的宗教战争比起十字军圣战，就此而言，基本上更是一种具有夺取土地不动产之性格的事业，因为它的主要动机就在取得封建地租的收入。迟至土耳其的封建法中仍然规定，在授予骑士俸禄时，曾否参加宗教战争是考虑优先次序时的一个重要资格。撇开由于宗教战争胜利而来的支配者地位不谈，就算是伊斯兰教，与战争宣传结合的宗教许诺（特别是允许所有在圣战中死亡的将士皆可荣登伊斯兰教之天堂的那种许诺），绝不能被描绘成真正意义上的救赎许诺，就像北欧神话里的"英灵殿"（Walhall）[2]，或允诺给印度战死之刹帝利武士的天堂，或允诺给那些从子孙身上见到自己之永生，而对生命感觉厌倦的勇士的天堂，或实际上任何有关战士之天堂的许诺，都不可与救赎之许诺混为

---

[1] 关于圣奥古斯丁的部分，不知典出何处，不过被视为与 coge intrare 同义的 compelle intrare 一词，则见于奥古斯丁的 Contra Gaudentium 之中。此语想必是来自《新约·路加福音》（14：23）："主人对仆人说，你出去到路上和篱笆那里，**勉强人进来**（compelle intrare），坐满我的屋子。"——日注

[2] 根据北欧神话，在战争时，主神欧丁会派遣身穿甲胄的美女 Valkyrs（"阵亡者选择人"）到战场上，将阵亡的勇士带到 Walhall（"阵亡者之厅堂"）参加盛宴。——中注

一谈。再者，只要伊斯兰教在本质上仍维持其战士宗教的性格不变，那么其早期之为一个伦理性救赎宗教所特有的诸宗教性要素，大多即会变为隐晦不显。

同样的，中古时期基督教之独身骑士团——特别是"圣殿骑士"（Templer），十字军东征时组织起来以对抗伊斯兰教的类似伊斯兰教的战士团[1]——的宗教性，一般说来与"救赎宗教"只不过是一种形式上的关系。其实，即使这种形式上的正统性，其纯正程度也还常受到怀疑。印度的锡克教徒（Sikhs）也一样[2]，尽管他们原先都是严格的和平主义者，由于宗教迫害以及伊斯兰教观念的输入，驱使他们走向毫不妥协的宗教战争之理想。另外一个例子则是日本的佛教僧兵，他们曾有一段时期颇具政治重要性。

虽然骑士阶级对救赎与教团宗教一向皆持彻底否定的态度，"常备的"职业军队——亦即有"军官"统率，基本上为某一官僚组织的军队——与这类宗教的关系则有些不同。中国的军队，就像任何其他行业一样，有其特定的神祇，一个经过国家

1　圣殿骑士是十字军时代所创设的三大骑士团（Ritterorden）之一，遵从西多教团（Cistercian）的规律而组织起来。他们在第一次十字军东征夺回耶路撒冷（1099）以后，即以守护圣地及击退异教徒为使命。由于其本部原来设置于耶路撒冷的所罗门王之神殿遗迹的宫殿里，故被称为圣殿骑士。此骑士团于13世纪时达到最盛期。——日注

2　锡克教（Sikh）原为在伊斯兰影响下成立的一个印度教的革新宗派，其始祖为那纳克（Nānak，1469—1538）。锡克教在今日已被视为从印度教独立出来的另一个宗教。15世纪左右，印度教内部由于受到来自伊斯兰教的刺激，故而革新的气息抬头。那纳克在其师迦比尔（Kabir，1440—1518）的强烈感化下，进一步试图融合两教。其教义根本在于对唯一神哈里的信爱，指斥印度教的迷信并撷取伊斯兰教之所长，在对师父绝对服从的训诲下，形成弟子（Sikh）教团。在此种强固的团结力下，锡克教团具备了强烈的战斗性格，有别于印度教的其他诸教派而独自发展，一时之间造就了政治性的独立王国。现在主要是以旁遮普地区为中心传布于印度西部。——日注

之神格化的英雄崇拜。同样的，拜占庭军队狂热地参与破坏偶像崇拜运动，并非起因于有意识的禁欲原则，而是他们所出生的征兵地区老早就在伊斯兰教的影响之下采取了此一立场。至于在罗马帝国时期的军队里，从 2 世纪以后，密特拉（Mithra）教团宗教[1]——基督教的竞争对手，也提供某种有关彼世的许诺——与其他一些受欢迎的祭典则扮演了相当重要的角色。不过，在此我们不拟详述。

密特拉信仰在百人队长的阶层（虽然并非只有此一阶层）特别受重视。这些百人队长是下级军官，不过他们有要求（退役后）转任文官的权利。密特拉神秘主义之原本的伦理要求，可说是非常中庸的，而且只带有一种普遍性的本质。基本上它是一种仪式主义的净化宗教；与基督教截然有别的是，它是男性主义者，完全排除女性之参与。大致上，它可算是个救赎宗教，而且是（如上所述），最为男性主义的一种，具有关于神圣祭典与宗教位阶的一种层级制度。与基督教有别的是，它并不禁止信徒参与其他的祭典与秘仪，这种现象也的确常发生。密特拉信仰从康茂德（Commodus）皇帝[2]——他最先接受入教仪式，就像普鲁士诸君为

1　密特拉（Mithra 或 Mithras）自古以来即为雅利安人所崇拜的太阳、光明、丰饶之神。自公元前 3 世纪起，密特拉崇拜成为盛行于波斯的祭典，再由波斯向西伸展传播，至 2 世纪初即流传于罗马帝国几乎所有的地方。信奉密特拉神而得神秘的灵魂救赎的密仪宗教，主要信徒多为富商与军人阶级，他们建造了许多神殿及形成为数众多的信徒组织。2 世纪时，得到罗马皇帝康茂德（Commodus, 180—192 年在位）的公认，而与基督教相对抗，至 4 世纪中期势力衰退而终至消亡。——日注
2　康茂德（161—192）为马卡斯·奥理略之子，继承其父为罗马皇帝。由于残虐的作为及宠幸政治之行而与元老院对立。他专奉密特拉教，并以公认此教而为世所知。——日注

"共济会"之成员一样[1]——开始即置于帝国庇护之下，一直到最后一个狂热的拥护者尤里安皇帝为止[2]。除了具有现世性质之许诺(这种许诺，就像所有其他宗教一样，是与彼世之许诺结合在一起的)外，密特拉信仰对军官的主要吸引力，无疑乃在于其本质上具有巫术—秘迹之性格的恩宠授予，以及在神秘祭典中之位阶升迁的可能性。

四　官僚制与宗教

大概也是类似上述的因素，使得密特拉信仰在**文官**圈内也相当受欢迎。虽然在政府官员中的确也可见到特殊的救赎类型宗教之倾向的萌芽。例证之一可见之于日耳曼虔敬主义的官史，这反映出一个事实：代表着一种"市民"阶级特有之生活态度的、日耳曼中产阶级的禁欲虔敬，只能见之于官员身上，而非城市的企业家。某些政府官员喜好救赎宗教的倾向的另一个例子，偶尔可见之于十八九世纪某些真正"虔敬的"普鲁士将军身上。不过，一般而言，这并不是一个支配性的官僚体制对宗教的态度，这种

1　共济会是起于英国，以自由主义的友爱与共济为目的的秘密结社。Freimaurer 意指"自由的石工匠"，本为 12 世纪左右英国的石工、泥瓦匠们为了保守他们的特殊技术起见，奉施洗约翰为守护者而组成的会社。及至近世，这个会社的宗教、道德色彩增强，逐渐转化为精神的结合；到 18 世纪时，急速发展，欧洲各地及美洲都产生新的组织，许多知识分子都成了它的会员。普鲁士从腓特烈大帝开始的诸君以及法国百科全书派的人士也都加入组织，成为近代自由主义、世界一家主义及自然神论的大本营。天主教会视之为危险之物，自教皇克里门斯十二世对它发出破门律（1738）以来，即遭到历代教皇激烈的攻击与迫害。——日注
2　罗马皇帝尤里安（Julianus，332—363，361—363 年在位），由于破弃基督教，试图复兴异教而被称呼为背教者尤里安。他专注于新柏拉图主义与密特拉教的研究，并奖励异教与密仪宗教。——日注

官僚体制一向都是包含广泛的、冷静的理性主义之担纲者；此外，它也是一种有纪律之"秩序"的理想与绝对价值标准之保障的担纲者。官僚制的特征经常是，一方面极度蔑视非理性的宗教，然而另一方面却又将之视为可利用来驯服人民的手段。古代世界罗马的官员是持此态度的，至于今日则不管文人政府还是军事官僚，都抱持此一态度[1]。

官僚制对宗教事务的这种特殊态度，典型地具现于儒教。纯正的儒教性格完全缺乏"救赎需求"的感觉，或任何超越性伦理基础之联系。取而代之的是一种适合官僚身份团体之习惯的、实质上则为机会主义—功利主义且经过雕琢的技巧。儒教官僚对宗教的态度还有下列一些：根除所有情绪性、非理性的个人性宗教（只要它们越出了传统精灵信仰的范畴），以及努力维持作为忠孝之普遍基础的祖先崇拜与孝道。官僚对宗教的另一个态度是"远鬼神"，以巫术来影响鬼神是被有教养的官吏所斥责的，不过一个迷信的官吏也尽可参加，就像我们今天的通灵术一样。不管哪种官吏，基本上都带着一种轻蔑的、不关心的态度允许这种精灵信仰的活动成为流行的民间宗教（Volksreligiosität）。只要这个民间宗教所呈现出来的形式仍在公认的国家祭典的范畴内，官吏至少在表面上仍会予以尊重，视此种尊重为相应于其身份的一种习惯性义务。

---

1 在此我要提出个人的经验，当冯·艾吉迪（Moritz von Egidy，退役陆军中校）刚登场时，军官团皆抱持如下的期待（对正统信仰加以批判的权利，显然是所有同僚皆拥有的）：他阁下能发起此一要求，亦即那些古老的童话——任何诚实的伙伴皆无法相信的——不应该再出现在军中礼拜。只是，当然啰，这样的事并没有发生，我们只好承认，教会的教义对那些新兵而言，就像以往一样，仍是最佳饲料。——原注

　　冯·艾吉迪在 1890 年发表了批评正统教会的文章而被免职，相关资料参见 *Jugendbriefe*，pp.334—337。——日注

巫术——特别是祖先崇拜——的持续保留（以确保社会之顺从），使得中国官僚制能完全压制任何独立之教会与教团宗教之发展。对今日欧洲的官僚制而言，虽然他们对任何有关宗教的严肃关怀，大致上也抱持着同样的轻蔑态度，然而为了达成驯化大众的目的，他们不得不给予教会的宗教更多表面上的尊重。

五　"市民的"宗教之多样性

尽管贵族与官僚——拥有最多社会特权的阶层——之间对宗教的态度虽并不全然相同，某种相当同质性的倾向还是存在的。然而真正的"市民"阶层却呈现出一种强烈的对比。再者，这点与由诸阶层自身内部所产生的、相当尖锐的身份对立并不相干。因此，在某些例子中，"商人"很可能是拥有最大特权的阶层成员，例如古代城市的贵族（patriciate），而在另一些例子里他们又很可能是贱民（pariah），例如身无恒产的行商。此外，他们可能拥有相当的社会特权，尽管其社会身份较之贵族或官僚要来得卑下；他们也可能没有特权（或者说一种消极性的特权），不过实际上却拥有强大的社会力量。后一例子可见之于罗马的"骑士阶级"（ordo equester），希腊的"外籍居民"（metoikoi），中世纪的布商与其他商人团体，巴比伦的金融家与大商人，中国及印度的商人，以及（最后）近古时期的"布尔乔亚"。

撇开上述这些社会地位的差异不谈，商人贵族对宗教的态度，贯串整个历史时期都显现出相当特有的对比。他们生活之强烈的现世取向，使得他们不太可能倾向先知型或伦理性宗教。古代及中古大商人的活动代表了一种突出的特别是偶然性与非专业性之获取金钱的类型，例如提供资金给需要的行商。原先为土地领主的这些商人，在历史发展中逐渐成为城市贵族，从上述临时性质的经营中聚集财富。其他原为商人出身者，在取得土地资产后也希望能爬上贵族的阶层。随着公共行政上经济货币的需要日益发展，我们在商业贵族的类型中还得加上政治资本家，他们的主要企业——一种可见之于所有历史时代的事业——在于提供政府财政需要（例如粮食承办商）、承担国库债券，此外还有提供殖民资本主义所需资金的金融家。所有这些阶层里，没有一个是伦理或救赎宗教的主要担纲者。总之，商人阶级愈是拥有特权社会地位，就愈少倾向开展一个彼世取向的宗教。

　　腓尼基商业城市贵族金权政治阶级流行的宗教是纯然此世取向的，而且就我们所知，是纯然非预言型的。然而他们的宗教情绪与对神的恐惧——他们的神祇被设想为具有一种非常阴沉的性格——的强烈程度，颇令人惊讶。另一方面，古希腊好战的海上贵族（他们可说是半商半盗的），在《奥德赛》（*Odyssey*）里留下了一些符合他们兴趣的宗教记录，显示出他们极端缺乏对神的敬意。广为中国商人所尊礼的道教财神，缺乏丝毫的伦理特质，而且有纯巫术的性格。同样的，希腊财神普路托（Pluto，掌管农作收成的）的祭典也构成谷神信仰的一部分，除了仪礼的净洁与排除杀人犯的规定外，此一信仰别无任何伦理要求。罗马皇帝奥古斯都，在一个相当有特色的政治策略下，曾想以"奥古斯都崇拜团"（Augustales）[1]的荣誉来吸引那些拥有强大资本力量的被解放奴隶

1　罗马皇帝奥古斯都一方面在罗马禁止人民将自己当作神来崇拜，但另一方面却又设立被称为奥古斯都崇拜团的团体，给予加入者特别的荣誉与地位。——日注

阶层成为皇帝崇拜的特别担纲者，只是这个阶层却显得缺乏任何突出的宗教性倾向。

在印度，信奉印度宗教的商人阶层，特别是来自国家资本主义金融家与大商人的金融团体，绝大多数属于伐腊毗派（Vallabhâchârîs），他们是经过伐腊毗导师（Vallabha Svamî）改革后之哥古拉萨法师（Gokulastha Gosain）的毗湿奴（Vishnu）信仰之祭司阶级的信徒[1]。他们遵奉一种带有性爱色彩之形态的黑天（Krishna）与罗陀（Radha）信仰[2]；在这种信仰中，赞仰他们救世主的祭典餐饮被转化为一高雅的飨宴。在中世纪欧洲，教皇派

---

[1]　伐腊毗（Vallabha, 1479—1531）是印度两大宗派之一、毗湿奴派的分派巴加瓦大派的一个导师。他注释毗湿奴的圣典《巴加瓦大·普拉拿》，而开创强调崇拜黑天的爱人神罗陀的宗派。

　　继承伐腊毗教团的是他的儿子 Vitthalesa。他有七子，皆各别为教团的指导者，但教团此后即尊各别的后裔为导师（Guru）而分裂。其中最有力的一支即其第四子哥古拉萨的系统——哥古拉萨派。教团的教师则被称为法师（Gosain）。

　　毗湿奴在印度教里与湿婆并称两大主神，不过在统一的教理上，这两个神与宇宙创造神梵天为三身一体的最高神，毗湿奴担任延续的角色，湿婆则负责破坏。在古代吠陀经典中，毗湿奴是将照耀万物的太阳神格化后的太阳神，以三步横跨天空地三界。在吠陀经中，毗湿奴虽不具有这么有势力的神格，但在叙事诗当中它以一个握有幸福的神而受到崇拜，成为印度教的核心的主神。此外，此神亦为爱神，据说他会平等地将恩惠赐予信奉者，并以种种化身来拯救人类。他的化身有十种名称，其中最具代表性的也最重要的即黑天（参见下注）。虽然毗湿奴派与湿婆派成为印度教的两大宗派，但此处所说的毗湿奴信仰被解释为一神教思想，认定毗湿奴乃唯一的宇宙神，而其他各神不过是他的现身而已。——日注

[2]　黑天是毗湿奴神十种化身当中最具代表性也最重要的一个。黑天被认为可能是实在的人物，其传说后来发展成见诸 10 世纪左右编纂的毗湿奴派圣典《巴加瓦大·普拉拿》中吹笛的黑色牧童神，与后来成其妃子的牧女罗陀的恋爱，为人所乐道。

　　牧女罗陀与牧童神黑天的恋爱如上所述，此处所强调的是通过此一爱恋而使灵魂趋向对神的爱。后来罗陀即被当作黑天的爱人神且由于成了黑天之妃而受到崇拜。此种女神崇拜的背后吾人见到性力派的影响，且对于密教的形成扮演了重要的角色。——日注

（Guelph）[1] 城市的大商人阶层，例如卡理玛拉的商人行会[2]，在政治立场上虽然支持教皇，实际上却常使用一些经常引人嘲笑的、相当下流的手法来回避教会对高利贷的禁令。在新教荷兰，上层社会的大商人，由于在宗教上属于阿明尼乌斯教派（Arminian）[3]，因此倾向现实权力政治，而成为加尔文伦理严格主义者的死敌。

总之，不管何处，对宗教抱持怀疑或漠不关心，是（而且也一向是）广泛流传于大商人与金融家之间的态度。

六 经济的理性主义与宗教—伦理的理性主义

然而，相对于上述这些容易理解的现象，获取新资本，或者更正确地说，持续且合理地将资本投入一个生产性经营——特别是工业，这是近代使用资本的特色——以获取利润，在过去却经常（且以一种引人注意的方式）与存在于上述阶层间的理性的、伦理性教团联结在一起。

---

1 教皇派是意大利中世纪末期时在罗马教皇与神圣罗马帝国皇帝的对立中支持教皇的党派。支持皇帝的那一派即吉伯林党（ghibellini）。主要以新兴的富裕市民为代表的教皇派，和以上流封建势力为中心的皇帝派，不但于都市中内争，且造成教皇派都市与皇帝派都市的对立，自 13 世纪起即持续地在整个意大利境内进行激烈的斗争。——日注

2 卡理玛拉商人行会（Arte di Calimala）是在以毛织品的生产贩卖为基干产业的佛罗伦萨市中，独占了主要是原料购入与制品贩卖等业务的有力的商人行会。卡理玛拉这个名称来自其仓库所在的街道。其巨大的利益足以左右各国的经济，直至 15 世纪末才趋于衰退。——日注

3 阿明尼乌斯（Jacobus Arminius, 1560—1609），荷兰的改革派神学者，莱顿大学的神学教授。原先拥护加尔文的预定论，后来对它产生怀疑，并高唱普遍的救赎与人的自由意志，提出有条件地承认预定论的反加尔文主义的神学。在他死后，弟子们向政府要求认可阿明尼乌斯主义，经过论争，终于在 1795 年以后被官方认可。阿明尼乌斯派对于近代的荷兰及欧洲的神学影响颇巨，同时也影响到英国的卫理公会派运动。——日注

在印度的商业上，甚至还有祆教徒与耆那教徒的（地理上的）区分[1]。信奉琐罗亚斯德的祆教徒，仍抱持一种伦理严格主义，特别是其有关真理的无条件诫命，就算是现代化过程已导致重新诠释祭典之要求净洁的诫命成为卫生规定后，依然如此。祆教徒的经济道德原先只承认农业是为神所喜的，而避忌任何市民的营利。另一方面，耆那教派（印度宗教里最讲究禁欲的），则与上述的伐腊毗派代表了一种构成教团性宗教的救赎论，虽然其祭典具有反理性的性格。我们很难证明伊斯兰教的商人通常是修道士宗教的信徒，但这也不无可能。至于犹太人的伦理的、合理的教团性宗教（犹太教），早在古代世界基本上就已经是一个商人与金融家的宗教。

在一个范围较窄但也仍值得注意的程度上，中世纪基督教教团——特别是宗教或异端之类的——如果不能说是个商人宗教，至少可算是"市民的"宗教，而且与其伦理的理性主义成正比。伦理性宗教与理性经济发展之间最密切的结合——特别是资本主义——是受到所有见之于东西欧的禁欲型清教主义与宗派主义的影响，包括了茨温利派、加尔文派、洗礼派、孟诺派、教友派、卫理公会及虔敬派（不管是改革派的还是——较不强烈的——路

---

1 耆那教是印度于公元前 5 世纪时由大雄（参见第四章 75 页注 1）所开创的宗教。所谓耆那教（Jainismus），是指克服烦恼而获得解脱的胜利者（Jaina）之教。为了解脱业的系缚，主张彻底实践严格的戒律和禁欲苦行，特别是着重于实践不杀生戒。实行彻底时，比丘们连虫也不许杀害，衣服也不准穿着，因而裸体乞食。信徒们唯恐犯了杀生戒，因而多半远离生产事业，而从事商业与金融业。2 世纪时，教团产生分裂，分为主张完全裸行的裸行派，与认可穿着白衣的白衣派，目前大约有 200 万信徒。——日注

德派的分支)¹，俄国的分离派、异端主义者以及理性的虔敬主义诸宗派——特别是时祷派（Shtundist）与去势派（Skoptsy）²——也有影响，虽然形态大为不同。实际上，一般说来，一个人要是离那些基本上是政治取向的资本主义——自汉穆拉比（Hammurabi）时代以来³，只要有包税制、有利可图的供应国家政治所需物资的事业、战争、海上掠夺、大规模的高利贷与殖民事业，政治资本主义即有存在余地——之担纲者的阶层愈远，加入一个伦理的、理性的教团宗教的倾向即愈强烈。换言之，一个人要是愈接近那些近代理性经济经营之担纲者的阶层——即具有市民经济之阶级性格的阶层（其意义稍后再论）——就愈容易倾向一个伦理的、理性的教团宗教。

显然，单是某种"资本主义"的存在绝不足以产生一个统一的伦理，更谈不上一个伦理性教团宗教了。实际上，它本身

---

1 虔敬主义（Pietismus）广义而言是指基于反对新教诸教派之教条主义的僵化而于正统教会内部发起要求内心虔敬的运动，不过一般而言，指的是 17 世纪在德国的路德派教会内部发起的宗教运动。其最初的主要倡导者为斯彭内尔（P. J. Spener, 1635—1705），他在自己所组织的信徒修养团里传道，宣扬以《新约 / 旧约》中高度的虔敬为根本的个人内心信仰体验与禁欲的生活态度，产生很大的影响力。其后继者为弗兰克（A. H. Francke），由于他，形成以哈雷大学为中心的有力的宗教运动。其后，亲岑道夫（N. L. v. Zinzendorf, 1700—1760）成立教团，使这一运动成为当时的宗教潮流，波及荷兰与北欧。其思想一般而言是保守的新约 / 旧约主义，带有情绪性的文化色彩，在教育、慈善与传道等方面颇有成果，并且对康德等哲学家有很大的影响，这是众所周知的。——日注

2 时祷派为 19 世纪后半叶出现于乌克兰地方的农民阶层中的一个虔敬主义运动的宗派。主要是受到来自德国路德派与改革派的强烈影响。

去势派，被平民宗教虔敬所盘踞的俄国，存在着许多神秘主义的、禁欲的小宗教，去势派是其中特别狂热的一派。其信徒被要求去势，故有此名。——日注

3 汉穆拉比（前 1729—前 1689）为统一巴比伦、建设其为强而有力的中央集权国家的第一王朝第六代国王，以颁布所谓汉穆拉比法典著称。在他的统治下，巴比伦的文化、经济大盛；汉穆拉比时代即为巴比伦的黄金时代。——日注

根本就不会自动产生任何统一性的结果。就目前而言，我们还不打算进一步分析存在于一个理性的宗教伦理与一种特殊类型的商业理性主义之间的因果关系，不过，这种结合确实存在。目前我们只想确定，在经济理性主义与某种形态的严格主义伦理性宗教之间，的确存在着某种亲和性，稍后会谈到。这种亲和性仅偶尔见于西方以外，而西方又为经济理性主义独特发展的地区。在西方，这种现象是十分清楚的，而且当我们愈是接近经济理性主义之典型的担纲者时，其表现就愈令人印象深刻。

七　小市民阶层之非典型化的宗教态度，职工的宗教

当我们将注意力从那些具有高度社会及经济特权的阶层转开时，即会碰到显著增加的宗教态度之分化。

在小市民阶层，特别是职工之间，并存着最大的矛盾。在印度，有种姓禁忌与巫术或秘法传授的宗教（秘迹与狂迷型的都有），中国的泛灵论，伊斯兰教的修道士宗教以及早期基督教——特别流行于罗马帝国东部——灵之狂热的教团性宗教。此外还有古希腊的酒神狂欢式崇拜与敬畏神祇，古代城市犹太教之法利赛式的律法忠诚，中世纪时本质上为偶像崇拜的基督教、与各式各样的宗教信仰，以及近古时期各种清教信仰。上述这些形形色色的现象彼此间明显地呈现出最大可能性的差异。

基督教从一开始就是个独具特色的职工的宗教。它的救世主耶稣是个小镇职工，而他的使徒则是流浪的职工，其中最伟大的保罗是个帐篷制造匠，他对农业事务是如此不熟悉，以至于在其

书简中错误地应用了一个有关接枝过程的比喻[1]。原初基督教的最早教团，就我们所知，通贯整个古代皆具有强烈的城市性，它们的信徒主要来自职工，奴隶与自由人都有。再者，中世纪的小市民一直是社会上最虔诚——如果不能说是最正统的话——的阶层。不过，在基督教（其他宗教也一样），小市民却可以同时热烈接受极端不同的思潮。例如中世纪仍有驱逐恶魔的古老的灵之预言（绝对正统的——制度化教会的——信仰），以及托钵修道团。此外，还有某种类型的中古宗派信仰，例如一直被怀疑为异端的谦卑派（Humiliaten）[2]，各种类型的洗礼派，以及各式各样改革教会——包括路德派在内——的虔敬。

这可真是变化多端，不过至少可以证明职工阶级从来就没有过一个一致性的、由经济条件所决定的宗教。与农民阶级相较之下，职工阶级显然更倾向教团宗教、救赎宗教以及（最终）理性伦理的宗教。不过这种对比绝非意味任何一致性的决定论。一致性的决定论之阙如可见之于下述事实：荷兰北部弗里斯兰（Friesland）的低地农村地带，是洗礼派教团宗教最早大为流行的地区，而明斯特城（Münster）则是展现出此教团之社会革命形态的主要地区。

特别是在西方，教团类型的宗教与城市中产阶级——上层与下层皆包含在内——有密切的关系。这是由于西方城市里血缘团

---

1 见《圣经·罗马书》（11：17—24）。——中注
2 谦卑派是于 12 世纪后半叶出现于意大利北部伦巴底（Lombardia）地区的平民信徒修道团体。他们遵循本笃会的清规，过着清贫的生活，一方面在主教的指导下聚会与讲道，另外则持续救济贫困的活动。1184 年此修道团被教皇逐出教会，而于 1201 年再度被认可为教会的一部分，故而再度编组成谦卑派修道会。虽然如此，这一修道会还是一直被视为异端，自 14 世纪以降，会内的戒律就异常混乱，终于在 1571 年被教皇庇护五世下令禁止活动而解散。——日注

体（特别是氏族团体）的重要性相对衰退的自然结果。城市居民
用来取代血缘团体的事物则有下列两项：（1）职业团体，这种团
体不管在西方或其他各处，皆具有祭典性的意义，虽然已不再有
禁忌的意义；（2）自由形成的宗教共同体关系。然而这种宗教关
系并非纯然仅取决于城市生活中独特的经济模式，其间的因果关
系，正如清楚显示的，似乎正好相反。例如，在中国，祖先崇拜
的排他性以及族外婚制，导致城市居民仍密切与其氏族及其家乡
联系在一起。在印度，宗教种姓禁忌使得半城市的聚落以及乡村，
都很难出现救赎论的教团性宗教，至少其重要性是颇受限制的。
不管在印度还是中国，我们发现这些宗教性的因素对于城市之形
成为一个"教团"的妨碍，远超过其对村落的妨碍。

　　然而在理论上，由于其独特的生活模式，小市民阶层的确是
较易倾向一个理性伦理的宗教，只要存在着有利于此种宗教之出
现的条件。我们只要比较小市民（特别是城市职工或小商人）与
农民的生活，就会清楚发现前者受自然的拘束要少得多。因此，
依赖巫术以影响自然的非理性力量，其重要性对城市居民与农民
而言，显然是大为不同的。同时，城市居民生活的经济基础显然
具有远为强烈的理性特征，亦即可估量性及目的理性的运作能力。
再者，职工（以及在某些特殊条件下的商人）所过的经济生活，
会影响他们抱持下列观念：诚实是最好的政策，勤奋工作与尽忠
职守会得到"报偿"，而且也"值得"其所接受的正当报偿。由于
这些缘故，小商人与职工易于接受带有报应伦理之意味的一个理
性世界观。我们马上可以发现这是见之于所有非特权阶层的一般
的思考倾向。另一方面，农民与这种"伦理的"报应观念要疏离
得多，而且一直要到他们所热衷的巫术被其他力量根绝后，才可

能接受那样的观念。反过来说，职工则通常总是很积极努力地去根除巫术。同样的，伦理报应的信仰对战士及大实业家而言，更为疏离，因为他们在战争及政治势力发展中有经济利益可图。这些团体与任何宗教里的伦理与理性的要素最为无缘。

职工在职业分化的早期阶段亦深陷于巫术的牵绊。每一种特殊的"技术"，只要是非日常性而又流传不广的，即会被视为一种巫术性卡理斯玛，其获得及保持——有时是个人，不过通常都是世袭的——是借着巫术性手段而得保证的。拥有这种卡理斯玛的人，由于禁忌（有时是图腾性质的）而与一般人（农民）的共同社会有所隔离，他们通常也不能拥有土地；这些人在拥有自然原料的古老团体中，先是以"闯入者"（Störer）的身份提供技术，稍后则以定居在此共同体内之个别异乡人的身份提供其技术。相信每种特别的技术皆具有巫术性质的这种信仰，使得这种技术团体沦为贱民种姓，他们的行业与技术则被予以巫术定型化。

不过，只要这种巫术的思考架构一旦被突破（最常见之于新形成的城市），其影响厥为：职工与小商人会开始以一种远较农民更为理性的方式，来分别思索他们的职业内涵与经营利益。尤其是职工会有时间和机会在工作时反省，特别是当他们在工作主要是（在我们气候的情况下）在室内之时，例如纺织工业。这是为何这一工业会强烈地与教派的宗教结合在一起的缘故。在某个程度内，这种说法都还适用于拥有机械化设备的近代纺织厂的工人，不过对于过去的职工而言，显然要更为真确。

不管哪儿，只要与纯粹巫术或祭典之观念的联系为先知或改革者所打破，职工、小市民等即会倾向一种（经常是原始性的）理性的、伦理与宗教的生活观。再者，他们职业的专门化，也使得他们成为一种特殊类型的统一的"生活态度"的担纲者。然而，职工及小市民团体的生活上的一般性条件里，显然并不能导出一种有关宗教的一致性决定论。例如中国的小商人虽然极端"精打细算"，却绝非一个理性宗教的担纲者；中国的职工，就我们所知也不是。顶多在巫术的观念外，他们还信奉佛教的因果报应说（Karma）罢了。关键乃在于他们缺乏一种伦理理性化的宗教，这实际上也导致了他们技术中理性主义的局限性。这个事实不断提醒我们，单只职工与小市民团体的存在，绝不足以产生出一种伦理的宗教性，就算是最普通类型的也不能。这种例子可见之于印度，那儿的种姓禁忌与轮回信仰，影响并定型化了职工阶级的伦理。只有一个教团性宗教，特别是理性及伦理类型的教团宗教，才有可能容易地获得信徒（特别是从城市小市民阶层里），然后，在某些特定情况下，对这些团体的生活态度发挥持久的影响力。这就是实际上所发生的。

八　最为劣势的特权阶层之伦理的救赎宗教

最后，经济上最为劣势的阶级，例如奴隶及自由的零工，从来就不是特殊类型宗教的担纲者。在早期基督教社团里，奴隶属于城市小市民阶级。希腊的奴隶，以及《罗马书》中提到的纳齐苏斯（Narcissus，据说是罗马皇帝喀劳狄斯的一个著名的被解放奴隶）的家人[1]，要么是受到相当优遇及自主性的家臣，要么就是为大财主服务的人员。不过在多半的例子中，他们皆为独立的职工，

1　纳齐苏斯，见《新约·罗马书》（16：11）。——中注

定期交付献金给其主人，并希望能从收入中储存足以赎取人身自由的金钱，整个古代世界以及 19 世纪之俄国的情况大抵皆如此。在另外一些例子里，他们则是受到相当待遇的国家奴隶。

根据碑刻，密特拉崇拜的信徒里，也有许多是来自这一阶层的。德尔斐神庙的阿波罗（许多其他神祇也一样），由于其神圣的不可侵犯性，显然发挥了奴隶之储蓄金库的功能，奴隶用存在这里的钱向他们的主人赎取"自由"。照戴斯曼（A. Deismann）所提出的饶有趣味的说法，这是当保罗说到，由于救世主的血使得基督徒得以自律法与原罪的奴役状态解放出来时，脑海中浮现的景象[1]。果真如此（当然我们也得考虑到《旧约》里"赎取"一词，ga'al与 pada，可能也是基督徒此种观念的来源之一）[2]，则显示出最早基督教的布道活动是多么冀望于这些抱持着一种合理经济之生活态度、胸怀大志的不自由的小市民团体。另一方面，古代大农庄里的"能言财产"——最下层的奴隶——则非任何教团性宗教的担纲者，或者说，不适合任何类型的布道活动。

不管在哪个时代，手工艺职工学徒亦倾向特殊的小市民宗教，因为他们与小市民唯一区别之处仅在于他们必须等待一段见习期

1　照保罗的说法，"没有律法之先，罪已经在世上，但没有律法，罪也不算罪。然而从亚当到摩西，死就作了王，连那些不与亚当一样罪过的，也在他的权下"。这种状况要到耶稣基督出现，才有所改变："如此说来，因一次的犯罪，众人都被定罪，照样，因一次义行，众人也就被称义得生命了……罪必不能作你们的主，因你们不在律法之下，乃在恩典之下。"见《新约·罗马书》（5：13—9；6：14）。——中注

戴斯曼（1866—1937），德国神学家，海德堡、柏林大学教授。在新约学，特别是其中的语言学研究上，有划时代的贡献。其名著有 *Licht vom Osten, The Religion of Jesus and the Faith of Paul* 等等。至于本书所提及的假说，则不知出于他的何本著作。——日注

2　ga'al, pada，希伯来语，有买回、赎回、解放、救出的含义。ga'al 一词，见《旧约·利未记》（25：33、25：48、27：13）、《旧约·出埃及记》（6：6）等等。pada 见《旧约·出埃及记》（34：20）及《旧约·申命记》、《旧约·以赛亚书》等等。——日注

间才能开张自己的店铺。不过，他们还呈现出一种更强烈倾向各式各样非公认的、教派类型的宗教之趋势；这种宗教在城市下层职业阶级中找到特别适合发展的土壤，因为这些人每日面对穷困、面包价格的波动及职业的没有保障，而只能依赖"同胞的扶助"。再者，小职工及手工艺学徒通常都会加入为数众多的秘密（或半公开）的"贫民"的共同体，这些共同体信奉具有革命性的、和平—共产主义式与伦理—理性之性格的教团性宗教。主要基于技术性缘故，流浪的手工艺学徒成为每个大众教团宗教最适当的布道者。基督教的急遽扩张——数十年内横跨了从近东到罗马的广大地区——充分说明了此一事实。

　　如果说近代的无产阶级有一特殊的宗教立场，其特色即为对宗教抱持一种漠不关心或者拒斥的态度，这跟近代广大的资产阶级的态度是一样的。因为对近代的无产阶级而言，依靠个人自身之成就的意识已转变为意识到这取决于纯社会性的因素、市场的状况与受法律所保障的权力关系。正如桑巴特已精彩论证过的[1]，所有依存于宇宙—气候之自然现象，或依存于巫术（或神意）之影响的思想，已完全被铲除掉。以此，无产阶级的理性主义——就像已经完全占有经济力量的、高度资本主义之下的资产阶级的理性主义（无产阶级的理性主义其实只是此一理性主义的辅助现象）一样——就其本质而言，不易具有一种宗教的性格，更谈不上促

1　桑巴特（Werner Sombart, 1863—1941），德国经济学、社会学家。与韦伯等人编纂《社会科学与社会政策文库》（*Archiv für Sozialwissenschaft und Sozialpolitik*）。为将经济社会作全体的把握，他提出"经济体制"的概念，试图将历史与理论加以综合。在思想上，他起初对马克思主义怀有好感，后来则转为反对的立场。主要著作有：*Der Moderne Kapitalismus* 2Bde. (1902)，*Die Zukunft des Kapitalismus* (1932)，*Vom Menschen, Versucheiner geistwissen-schaftlichen Anthropologie* (1938)，等等。——日注

发一个宗教了。因此，在无产阶级的理性主义领域内，宗教通常都被其他观念的代用品所取代。

经济上最不安定、最缺乏合理之思考态度的最下层的无产阶级，以及经常处于堕入无产阶级之威胁的、长期受困于贫穷状态的没落小市民阶层，却极易受到宗教布道事业的感召。但是在这种例子里的宗教布道具有一种特殊的巫术形式，要不然（如果真正的巫术已被铲除）即具有某种可取代巫术—狂迷式之恩宠授予的性格。实例可见之于由救世军所从军的、卫理教派类型的救赎论式的狂迷。一种宗教伦理的情绪性成分比起理性成分，无疑要远为容易深入此种环境。不过，不管怎么说，伦理性宗教终究还是极少以此一阶层为主而发展出来的。

只有在某种限制的意义下，才可能有一种属于劣势特权团体的特殊之"阶级"宗教的存在。由于任何宗教的社会及政治改革之**实质**的要求皆奠基于神意，当我们涉及伦理与"自然律"时，会再讨论这一问题。不过，仅就我们目前所关注的具有此种性格的宗教而言，显而易见的是，"救赎"（就此字最广泛之意义而言）的需求是劣势特权阶级的一个焦点，但正如我们稍后会谈到的，既非唯一、亦非最主要的焦点。把目光转向"满足"及享有优势特权的阶层，如战士、官僚及财阀，则"救赎"的需求对他们而言是无关紧要的。

九　救赎宗教的阶级与身份的制约性

救赎宗教极有可能源自社会的特权阶层。因为先知的卡理斯玛并不局限于任何特定阶级的成员；再者，这种卡理斯玛通常要结合至少是最低限度的知识教养。这两个说法的证据可明显见之于各种特殊的知性预言。不过，当救赎宗教传布到并非特别（或专业性的）关心知性主义之教养的一般信徒团体时，这种知识性格通常会有所转变；如果它传布到不管在经济上还是社会上都无从接近知性主义的劣势特权团体，则此种知识性格一定有所转变。这种转变可说是为了（不得不）配合大众之需求下的产物；至少会有下列的一般倾向，换言之，通常会诉之于一个（神性或人—神性）**人格的**救世主之出现，以及附带的结果——与此人格性救世主的宗教性关系成为能得救与否的先决条件。

我们已经看到，宗教顺应大众需求的一种方式是将祭典宗教转化为纯粹的巫术。第二种典型的顺应方式是转化为救世主宗教，这种过程自然是（由于无数的过渡阶段而）与上述向巫术的转化有所关联。社会阶层愈低，需要一个救世主的形态就愈极端——一旦这种需要出现的话。印度教的卡他巴札派（Kartabhajas，毗湿奴崇拜的一个教派）[1]，即非常热心推动打破种姓禁忌，理论上这是它与其他许多救赎论教派的共同课题。这个教派的成员设法组成一个（不管祭典场合或私下皆）有所限制的共餐团体，不过由于上述缘故，本质上这还是一个下阶层人的教派。他们将对其世袭之"导师"的个人崇拜发展到如此地步，以致其祭典带有极端排他性。类似现象亦可见之于其他信徒来自较低社会阶层——至少受到此一阶层之影响——的宗教。救赎教义向大众传播时，常

1　16世纪时，孟加拉地区的查伊塔尼亚（Caitanya，1485—1533）发起崇拜黑天与罗陀的宗教运动，而以他为始祖形成毗湿奴崇拜的一派。卡他巴札派即其分派，由查伊塔尼亚及其同时代的奥尔·坎德（Aul Cand）创立，其弟子 Ram Caran Pal 加以发展。卡他巴札派否认有种姓的区别，所有种姓的人皆被其接受为信徒。——日注

导致救世主的出现，或至少是愈来愈强调救世主的观念。实例可见之于"成佛"的理想（模范式的知性之解脱而入涅槃），为"菩萨"的理想（已达涅槃境界的救世主为了普度众生而再入红尘）所取代。另一例子可见之于印度民间宗教——特别是毗湿奴信仰——所出现的、经由一个道成肉身之神的媒介的救赎恩宠，以及这种救赎论与其巫术的秘迹恩宠之击败佛教徒的高尚的无神论之解脱、击败结合于吠陀教养之祭典主义的胜利。此外，在各种宗教中尚有关于这一过程的其他例子，只是形式多少有所不同。

中下层市民阶层的宗教需求极少以英雄神话的形式表现出来，而多半是较感性的传说，具有内在教化的倾向。这一点正相应于中产阶级温顺的性格及其对内在与家庭生活的重视，而与统治阶层恰好相反。市民阶级之转化宗教为通俗的倾向可见之于所有印度祭典中、由菩萨像的形成与黑天崇拜所呈现出来的、圣灵充满之"信爱"的虔敬，以及由幼童酒神（Dionysus）[1]、俄赛里斯、幼童基督与其他无数类似例子所呈现出来的教化之神话的流行。市民阶级之成为一种在托钵僧团影响下、重新型塑宗教的力量，亦可见之于皮萨诺（Nicola Pisano）庄丽艺术风格之"圣母玛利亚像"[2]，

---

1 根据酒神狄俄尼索斯的神话，宙斯的儿子狄俄尼索斯（被称为撒古列乌斯）被泰坦族捕捉，分为八块吃掉，但心脏被救出，宙斯将之咽下，而由喜米利生出第二个狄俄尼索斯（又称为利克尼铁斯）。此幼童酒神在摇篮中被水仙宁芙发现而加以养育。——日注

2 皮萨诺（约1225—1280），意大利雕刻家。出生于南意大利的亚普利亚，主要在比萨、锡耶纳、波罗尼亚等地创作。皮萨诺是中世纪意大利首位具个性的创作者，据其对古代雕刻的热心研究及其对自然的敏锐观察力，具有量感、力感的人体被表现出来，为原先的意大利雕刻注入了新生命。皮萨诺之子乔凡尼（Giovanni Pisano，约1250—1320）亦为雕刻家、建筑家。他从父亲那儿学得雕刻，主要在锡耶纳、比萨活动。他的雕刻异于其父带有古代风格的作品，而为写实的，表现出强烈的动态与感情，对14世纪的雕刻有相当大的影响。——日注

为其儿子所作的通俗的神圣家族的画像所取代，正如幼童黑天成为印度通俗艺术中的宠儿一样。

救赎论神话——其神祇以人的形态出现，或其救世主具有神性——就像巫术，是民间宗教的一个特殊观念，因此也相当自发性地出现在许多不同的地方。另一方面，一个非人格、超越神性的伦理之宇宙秩序的观念，以及一种模范类型之救赎的理想，可以说都是知识性的概念，与大众必然有所隔阂，而可能只适合曾受过伦理—理性之教育的一般信徒。对于绝对超越性神祇之观念的发展而言亦如此。除了犹太教与基督新教外，所有其他宗教及宗教伦理都得再引进圣徒的崇拜、英雄神或功能神，以顺应大众之需求。儒教也允许这些祭典以道教万神殿的形式与其并存。同样的，当大众化的佛教传播到各处时，它也允许当地形形色色的地方神存在于其祭典中，只是附属于佛陀之下。最后，伊斯兰教与天主教也被迫接受地方神、功能神以及职业神为其圣徒，对这些圣徒的崇拜构成大众在日常生活中的真正宗教。

劣势特权阶层之宗教的特色——与军事贵族高尚的祭典恰成对比——是倾向给予**女性**同等的权利。允许女性参与宗教事务的程度有极大的差异，不过，女性之或多或少，或积极或消极地参与（或者排除于）宗教祭典，不管在哪儿，都是与其团体（目前或过去）相对性的和平化或军事化的程度相呼应的。然而，女祭司的存在，女占卜者或女巫所拥有的威望，以及（或许）具有超自然能力与卡理斯玛的个别女性之最狂热的皈依，绝不意味着女性在祭典中享有同等的特权。相反的，与神的关系在原则上的性别平等——见诸基督教与犹太教，伊斯兰教与正统佛教也有，不过不太彻底——可能与男性之完全垄断祭司职权及积极参与教团事务之权利的现象并存；只有男性才能接受特殊的专业训练，或被认为具有必要的资格。这就是我们上面刚提到过的几个宗教的实际情况。

除了完全军事或政治取向的预言外，女性对任何宗教性预言的极大感受力，从所有先知——佛陀、基督与毕达哥拉斯——实际上对女性皆采取一种完全无偏见的态度，即可清楚看出。然而只有在非常罕见的情况下，这种态度才会延续到宗教教团形成期之后，因为在形成期间，灵的卡理斯玛之显现被视为特殊宗教性激奋的一种标识。而形成期之后，随着教团诸关系之日常化与规律化，出现了对女性特有的灵之显现的反动，认为这是不正常及病态的。基督教在保罗时就已有此看法[1]。

所有政治及军事类型的预言（如伊斯兰教）的确都是只诉诸男性的。好战的精灵祭典，经常是直接为组成某种团体的武士之家的男性居民而服务的，帮他们控制，或将他们劫掠女性之家计的行为合法化。实例可见之于南太平洋群岛的"恐怖行列"（Duk-Duk）[2]以及其他地区许多类似的、英雄神之定期显现的祭典。不管何处，只要涉及英雄之"再生"的、禁欲的武士训练盛行（或曾经盛行）的话，女性即被视为缺乏一种较高的英雄魂，而被赋

1　"妇女在会中要闭口不言……因为妇女在会中说话原是可耻的。上帝的道理，岂是从你们出来么，岂是单降临到你们么。"见《新约·哥林多前书》（15：34—36）。"我不许女人讲道，也不许她辖管男人，只要沉静。因为先造的是亚当，后造的是夏娃。且不是亚当被引诱，乃是女人被引诱，陷在罪里。"见《新约·提摩太前书》（2：12—14）。——中注

2　在美拉尼西亚的新不列颠岛与新爱尔兰岛上有名为 Duk-Duk 的男子结社。男子结社在未开化社会中是常见的一种只有男性参加的秘密结社，所进行的是特殊的祭仪与活动。Duk-Duk 应该是此种结社的社神或守护精灵，由他来规制岛上居民的社会生活及维持其间的秩序。——日注

予次要的宗教身份。这是行之于最贵族化或特殊军事性祭典共同体的。

女性完全被排除于中国官方祭典之外，罗马与婆罗门的祭典也一样；佛教之知识性的宗教亦非男女平等的。实际上，一直到墨洛温王朝（Merovingians）时[1]，基督教的宗教会议都还怀疑女性的灵魂是否与男性的具有同等的价值。另一方面，在东方，印度教特殊的崇拜与中国某些佛道的宗派，以及西方（特别是）古代的基督教与稍后出现于东西欧的、讲究灵与和平主义的诸宗派，都从吸收女性教徒且给予她们平等地位的措施上汲取了极大的布道力量。在希腊也一样，酒神崇拜在初起时也给予参与其狂迷祭典的女性特殊程度的、从习惯中解放的自由。这种自由渐次地定型化与规则化，不管是在艺术上还是仪式上；其范围也因此逐渐受限，特别是在许多祭典的程序与其他祭祀的场合上。最后，这种自由完全失去其实际的意义。

当基督教在小市民阶层中进行传教事业时，其之所以能克服最强大的对手密特拉信仰而取得压倒性的优势，是这个极端男性主义的密特拉祭典排除女性。结果是（当时正值罗马的太平岁月），密特拉信仰的教徒得为他们的女人在其他密仪宗教——例如奇碧莉信仰（Kybele）[2]——找个替代品，影响所及乃摧毁了（甚至在各

---

1 中世纪时法兰克人（Franks）在今日法国地区所建立的王朝，建国者克洛维（Clovis）于5世纪末借着一连串军事胜利创立此一王国，并改信基督教。8世纪初叶，王朝大权旁落至加洛林家族手中，至8世纪中期终于为加洛林王朝所取代。——中注

2 奇碧莉为小亚细亚的Phrygia地方的大地女神。本来只是个丰饶多产的女神，后来成为最高之神，被认为具有预言、治疗疾病、保佑战事等所有方面的能力。奇碧莉女神崇拜大约于公元前5世纪传入希腊，再于公元前2世纪传入罗马。奇碧莉被当作伟大的母神，与其夫亚提斯一同成为狂热的密仪崇拜的对象。——日注

个家庭内）宗教共同体的统一性与普遍性，这点恰与基督教形成对比。所有纯正的、知识性的宗教，例如诺斯替派、摩尼教以及其他类型的宗教，都可发现类似（密特拉信仰）的结果，虽然其原则并不相同。

当然这也绝非意味着，所有宣传"兄弟之爱与爱汝之敌"的宗教都是由于女性的影响，或者是具有尊重女性的性格才能发挥力量的；印度之"戒杀生"的宗教就绝非如此。女性的影响只不过是会强化宗教中情绪性或歇斯底里的层面，这也可见之于印度。不过，救赎宗教之倾向赞扬非军事，甚至是反军事的美德，也不能视为一项无关紧要的现象，因为这是极为符合劣势特权阶层与女性之利益的。

与享有优势特权的团体对比之下，救赎宗教对负担政治与经济之劣势特权的团体所具有的特殊重要性，或许还可以从一个更具普遍性意义的观点来探讨。当我们讨论到"身份"与"阶级"时，将会再仔细检讨那些一向要求拥有最高社会特权的、非祭司的阶级——特别是贵族——所特有的自尊心或"优越感"。这种感觉基于意识到他们生活样式之"完美"——他们之不假外求与品质卓越的终极"存在"之展现——而且也可以如此认为。另一方面，劣势特权团体的自尊心则奠基于一些对未来之（得到保证的）许诺，意味着他们要求承担某些"功能"、"使命"或"职业"。他们目前还不能要求自己是的，他们代之以另一种价值：他们有一天会**是**，而且为了这个，他们将在此世或彼世的未来生命里受"召唤"；或者是代之以（经常是同时的）他们所意识到的，从神意的观念而言，他们在此世所"彰显的"与"成就的"。他们之渴望一个（基于他们与此世之现状而）无法享有的价值，产生出一种概念，并由此概念导致有关"神意"的理性观念——在神的法庭之前，一个具有不同于现世法庭之意义的价值序列。

当这种心理状态转而向外与其他社会阶层相较时，即产生某些特殊的矛盾，这是宗教必须要为各个社会阶层提供解释的。所有的救赎需求皆为某些"困穷"的表现。社会性或经济性的压迫是救赎信仰出现的一个有力泉源（虽非唯一的）。在其他条件不变的情况下，享有优势社会与经济特权的阶层极少会有救赎需求的。反之，他们赋予宗教的主要功能是将他们自己的生活态度及现世的处境"正当化"。这种普遍的现象是植根于某些基本的心理模式。当某个幸福的人将自己的状况与另一个不幸福的人相比时，他并不会只满意于自己是幸福的这一事实，而要求更多，易言之，亦即他有享受此等幸福的"权利"，感觉到他"值得"此种幸运，止相对于那个不幸的人一定也有其"值得"遭受厄运之处。从我们的日常经验可知，就是有这么一种要将自己的幸福正当化、满足自己之心理的需求，不管此幸福是指政治事业的成就、优越的经济地位、身体的健康、恋爱成功或任何其他的事项。享有优势特权的阶层所要求于宗教者的，如果有的话，就是这种"正当性"。

当然，并非所有拥有优势特权的阶级皆有同等程度的此种需求。值得注意的是，军事英雄尤其倾向认为神是个善于嫉妒的存在者。梭伦（Solon）与古代犹太智者皆相信高明逼神恶的道理。英雄不管神祇的意见——而且也不靠他们，实际上经常还违抗他们的意旨——去追求自己超越的地位。这种态度可见之于荷马史诗及某些印度史诗，而与中国的正史形成对比，那些正史中呈现出一种对幸福之"正当性"——神明来报偿某些令其喜悦的、有德性的行为——极为强烈的关怀。

另一方面，不幸则几乎普遍地被认为与恶魔或神祇的愤怒或妒忌有关。所有的民间宗教——包括古代犹太人的，以及尤其是近代中国的——实际上皆认为身体孱弱是当事人或其祖先（犹太教的说法）犯了巫术祭典或伦理性罪过的征兆。在这样的传统里，一个遭遇不幸的人自然会被禁止参与政治团体的共同祭祀，因为他负载着神之怨怒，因此不得加入那些神所喜悦的、幸福的人的圈子。实际上，就见之于优势特权阶层与为此阶层服务的祭司之伦理性宗教而言，个人之所以会有不同的社会际遇（优势特权或劣势特权），总是一种宗教上的自业自得。唯一有所变化的厥为幸福之正当化的形式。

劣势特权之负担者的状况自然正好相反。他们特有的要求是解脱苦难。他们并不一定得从宗教的形式中来体验这种救赎的需求，近代的无产阶级就是一个例子。再者，就算有宗教性的救赎，他们的需求也可能有种种不同的形式。最重要的是，它可能会与一种公道"报应"的要求相结合，这种要求可以有各种形式，不过大体上总是希望自己的善行能得报偿，他人的恶行能受惩罚。这种带有相当"精打细算"态度的、对公道报应的希望与期待，可说是除了巫术（当然是与之有关联的）之外，在这世上分布最为广泛的大众信仰的形态。就算是宗教性预言，虽然拒斥此种信仰中机械性的形式，然而在其大众化与日常化的过程中，也不免经常会再度落入这种期待报应的窠臼。这种对报应与救赎寄予冀望的类型与程度，是根据由宗教许诺所引发的期待而定，特别是当这种冀望是个人在此世的生命向（超越其目前之存在的）未来彼世的一个投影。犹太教，就其俘囚期及在此之后的形态而言，为宗教许诺之内容的特殊意义，提供了一个极端重要的实例。

十　犹太教与印度教的贱民宗教性：怨恨

自从俘囚期以来，犹太人成为下面即将界定之意义上的、事实上与形式上（由于圣殿的被摧毁[1]）的**"贱民民族"**（Pariavolk）。我们所谓的"贱民民族"是指：一个缺少自律性政治组织的、特殊的世袭性社会团体。这个团体一方面受到内部源自巫术、禁忌与礼仪规范的约束，而不得与外邦人形成餐饮与婚姻共同体；另一方面，它又是个具有影响深远之特殊经济态度，而在政治与社会层面上却又是劣势特权化的团体。（此处我们所说的犹太人是个"贱民"民族，其意义实与印度"贱民种姓"的特殊处境并不相干，就像"卡迪审判"的概念并不涉及卡迪据以进行审判的实际法律原则一样）[2]。当然，印度的贱民，亦即负有劣势之特权与职业特殊化的印度下层种姓，在一些特征上亦有类似犹太人之处，例如他们出于禁忌的缘故而与外人有所隔离，生活方式上要遵守代代相传的宗教性义务，以乃救赎愿望之与其贱民身份的相结合。印度这些下层种姓与犹太人都表现出同样的、一个贱民宗教特有的作用：他们的处境愈是困顿，宗教就愈是使他们紧密结合在一起，且紧系于他们贱民的地位，救赎的愿望——联系于神祇对他们履行宗教义务之命令——也愈是强烈。正如我们曾经提过的，印度最下层的种姓尤其是最固执于坚守其种姓义务，认为这是他们之

1　犹太人的圣殿是于公元前 587 年巴比伦王尼布甲尼撒攻陷南边的犹大国（北边的以色列国则于公元前 722—前 721 年被亚述人在攻陷撒玛利亚后灭亡）时被摧毁。——日注

2　"卡迪"（Kadi）是伊斯兰教国家的法官，特别负责有关宗教案件的审判。这一审判的特色，根据韦伯看来，是重视实质上的公道、平等或某些实际的目标而漠视法律或行政在程序上的合理审判。——中注

能否转世到较佳境遇的先决条件。

随着犹太人遭受残酷的欺凌与迫害，耶和华与其子民间的联结就变得更加强固。这点恰好与东方的基督教徒形成强烈对比，在伍麦叶王朝（Umayyad）时[1]，大量的基督徒不断涌向享有特权的伊斯兰教，逼得政治当局不得不严格管制改宗的现象，以保障特权阶层的利益；另一方面，犹太人虽然经常遭到强制集体改宗的要求（这有可能使他们享有与支配阶层同样的特权），却始终无效。因为不管是对犹太人还是印度的下层种姓，唯一能得救赎的途径是履行加之于贱民身上的特殊的宗教诫命，任何人要是想逃脱此一诫命，就得担心这种行为可能招致的邪恶魔力，或是妨碍他自己（或其子孙）未来的机会。犹太教与印度种姓宗教的差异乃在于它们救赎愿望之类型的不同。印度教徒期待从履行其宗教义务中得到一个较佳的、个人的转世机会，亦即他的灵魂能上升或投胎到一个更高的种姓。另一方面，犹太人则冀望他的子孙能生活在一个弥赛亚的王国，整个贱民共同体的悲惨境遇在此王国中将得解放，而且事实上还会登上世界支配者的宝座。因为正如耶和华所许诺的，世界上所有的民族除了向犹太人借取之外，还能向谁去借，这并不只是意味着犹太人将成为其居住地区（Ghetto）[2]的小高利贷者；反之，耶和华是要让他们成为古代世界一个强大城邦的典型市民，而使邻近被征服的村落及市镇居民成为他们的债

1　伍麦叶王朝（661—750）是延续正统哈里发时代的伊斯兰教哈里发王朝。此王朝由伍麦叶家出身的穆阿威叶（661—680 年在位）所开创，定都于叙利亚的大马士革。在他治下，哈里发的选任由选举制改为世袭制。这一王朝直到被阿拔斯家族打倒为止，共存续 390 年。——日注

2　犹太人居住地区，是中世纪以来以隔离犹太人为目的的措施制度化后的特别地区。——日注

务者及债务奴隶。犹太人为其子孙而奋斗，因为子孙的存在——从一种泛灵论的观点而言——是其在"此世之不朽"。印度教徒亦为未来的一个人类的存在而努力，他之所以会束缚于此一未来的人，是接受了泛灵论式灵魂轮回的说法——易言之，即其转世投胎。印度教徒的观念导致此世的种姓秩序，及其自身所属种姓在此秩序中的地位，永世不生变化；实际上，他所寻求的是在此一既存的阶序里，为改善自己个体灵魂的未来际遇而努力。这点恰与犹太教徒形成强烈对比，犹太人期待透过对现存社会秩序的一次（有利于其贱民民族的）革命，以达到个人的救赎；犹太人之为神的选民及接受召唤，是为了享有荣耀的地位，而不是来当贱民的。

怨恨（Ressentiment）——尼采（Nietzsche）是最早注意到的——因此成为犹太人的伦理救赎宗教中一个重要的成分，尽管完全不见于任何巫术性泛灵论与种姓宗教。根据尼采所揭示的，怨恨是伴随着负担劣势特权的阶层的宗教性伦理而产生的一个现象，这些人认为——对古来信仰的一个直接逆转——世间命运之所以会分配不均，是享有优势特权者的罪过与不正，这迟早是要受到神的惩罚的。在这种负担劣势之特权者的神义论中，道德要求成为将有意识（或无意识）的复仇欲望正当化的一个手段。这种观念的起源是脱不开"报应的宗教"（Vergeltungsreligiosität）的。因为宗教性的报应观一旦出现，"苦难"即可能被视为具有纯粹的宗教性价值，而在此一信仰之观照下，激起对未来之报偿的衷心期盼。

宗教性怨恨观念的发展，可能是受到下列两类因素的影响：一是特定的禁欲理论，其次则为特殊的神经质的倾向。不过，苦难的宗教也只有在特定的情境下，才会带有特殊的怨恨的性格。

例如怨恨的观念就未曾出现在印度教徒与佛教徒身上，对他们而言，自己的苦难是个人所当受的。

犹太人就极为不同。《新约／旧约》诗篇所呈现出来的宗教即充满了复仇的要求，同样的主题也出现在经过祭司之手改造的古以色列传统中。大部分的诗篇里都明显地充满着给予一个贱民民族之公开且不加掩饰的复仇要求的、道德主义之正当性与满足感（有些段落显然在稍后被窜抄入较早的作品中，其感情已不同于原先所呈现者）。有时诗篇里的复仇要求是出之以向神抗议的形式，因为善人而遭恶报，尽管他对神的诫命忠实不渝，不信神者的恶行却反而为他们带来幸福，使他们变得傲慢，尽管他们嘲笑神的预言、诫命与威权。同样的复仇要求也可能出之以一种谦卑的忏悔自己罪行的形式，祈求神最后终能解消他的怒气，并再度惠赐恩宠给他们，他们毕竟还是神唯一的子民。不管哪种表现方式，都还是希望神对以色列人的怒气最终可以平息，并加倍处罚那些不信神的敌人，使他们终有一天会成为以色列人的脚凳——这是祭司史学安排给迦南一带与以色列人为敌者的命运。他们同样也希望这种尊贵的处境可以永远存在，只要他们不违命而引起神的愤怒，从而遭受不信神者的奴役。某些诗篇，当然也可能如近代批注者所言，表现出虔诚的法利赛派信徒对他们所遭受到查那尤斯王（Alexander Jannaeus）之迫害的个人愤怒[1]。不过，这一选择与保留的事实已表现出犹太人的性格；再者，其他的诗篇的确十分清楚地反映出犹太人所具有的贱民身份。

---

1 查那尤斯王是犹太的马加比王朝身兼国王与大祭司二职的政教支配者（前103—前76年在位）。在他治下，从对外战争中，将领土扩张到与大卫王、所罗门王时代一般，对内则毫不容情地对法利赛派加以迫害。关于马加比王朝，参见本章167页注1。——日注

在世界其他宗教中，我们再也找不到一个像耶和华那样表现出如此强烈之复仇欲的普遍神。经过祭司之手加工的历史资料所提供的价值即在于，凡是不适合报应与复仇之神义论的历史事件——例如美吉多（Megiddo）战役[1]——几乎都遭到篡改，这是个相当可靠的线索。以此，犹太人的宗教成为一个突出的报应之宗教。神所要求的德行，乃遵守报应之期待。再者，原先这是个集体的愿望，就这个民族整体而言，它将活着看到恢复光荣的那一天，而且也只有以这种方式，个人才能重获其尊严。上述的集体性神义论是伴随、混合着一种有关个人之命运——这在原先是被视为理所当然地接受的——的个别神义论而发展的。个人命运的问题在《旧约·约伯记》里有所揭示，《旧约·约伯记》是出自一个十分不同的阶层（上层社会），它的最高潮是一种对任何问题之解决的断念，而顺服于神对其创造物的绝对的主权。这种顺服可说是清教徒预定论的前驱。当神意注定的地狱之永恒劫罚所引起的激情，配合上述所讨论的、涉及报应与神之绝对主权的观念，必然会导致预定论的出现。然而这种预定论的信仰终究没能在那时的以色列人之间发展出来：他们几乎完全误解了《约伯记》作者原先意图中该有的结论，这主要是因为（众所周知），存在于犹太人宗教里根深蒂固的顽强的集体报应思想。

在一个虔诚的犹太人的观念里，律法的道德思想必然得与上

---

[1] 美吉多是古代迦南地方的城寨都市，扼有从巴勒斯坦通往叙利亚的隘路；由于此种地理上的特殊重要地位，美吉多成为古代诸民族的交战点。此处所说的美吉多战役是指犹大王国的约西亚王（前649—前609年在位）趁着亚述的衰退而迎战北上的埃及王聂可的军队之战，约西亚王即于此地战死。参见《旧约·列王纪下》（23：28—30）、《旧约·历代志下》（35：20—24）。——日注

述的复仇愿望——弥漫于所有俘囚期与后俘囚期的圣典中——结合起来。再者，2500 年以来，犹太民族被牢固地锁定于两件事上，一方面是为了宗教性的纯净化而与世界其他民族隔离开来，另一方面则是神有关此世的许诺；这种要求报应的愿望不断出现在此民族每次的礼拜里，从这种愿望中，犹太人——有意识或无意识地——汲取了新生的力量。只是，由于弥赛亚的降临有所耽搁，在知识分子的宗教意识里，这种愿望逐渐淡薄下来，代之而起的价值是一种内心的觉神，或一种情绪柔和地对神之善意的信赖，并结合了与全世界和平相处的一种期待。这种现象特别会出现在（对一个在政治上注定是无能为力的教团而言）社会情况尚属良好的时代。另一方面，在像十字军东征那样一个充满了激烈迫害的时期，要求报复的愿望再度燃起，且出之以一种尖锐却又徒然的、求神为其复仇的哀号；或是祈求自己的灵魂在那诅咒犹太人的敌人面前"化为尘土"[1]。在后一例子中，并不出之以恶语或恶行，而只是静待神之诫命的履行以及修养其心以接纳神。从犹太教所经历的许多重要的历史变迁来看，认为怨恨是其最决定性的要素，无疑是个极其严重的曲解。然而，我们也别低估了怨恨对犹太人宗教（甚至是）最基本特性的影响。若将犹太教与其他救赎宗教相比，我们即可发现在犹太教里，宗教性的怨恨具有一种特异的本质，并扮演了一种未曾见之于其他任何宗教里劣势特权阶级身上的独特角色。

　　某种形式的劣势特权者的神义论（Theodizee），可说是所有救赎宗教——其信徒主要来自这一阶层——的一个构成要素；而只

1　见《旧约·约伯记》(34：14—16)、《旧约·传道书》(3：19—20；4：1—4)。——中注

要神义论成为一个奠基于这种阶层的教团性宗教的构成要素，祭司伦理的发展即会与其配合。

虔诚的印度教徒与亚洲佛教徒之缺乏怨恨以及（实际上）任何种类的社会革命的伦理，可以从他们的再生神义论来理解。根据此一神义论，种姓秩序是永恒且绝对公正的。出生于某一特定的种姓乃取决于前世的善行或罪业，此世的行为亦决定了个人在来世的机会是否有可能改善。生活在这种神义论中的人是一点也无法体会到犹太人所体验的冲突——夹在根据神之许诺而来的社会要求与实际生活之卑微状况间的冲突。这种冲突使得犹太人失去对现世的率真态度，因为他们一直处于与其实际社会地位的紧张关系中，并且也一直生活在毫无结果的希望与等待中。犹太人这种劣势特权者的神义论遭到邪恶的不信神者的嘲笑，不过对犹太人本身而言，这个神义论具有将邪恶的、不信神者的宗教性批评转化为一种经常警觉性地提醒自己坚守律法的作用；这个紧要的任务也因此常带有严酷的色彩及内心自我批判的压力。

由于终身都在学习的状态，犹太人自然会倾向对其同胞是否履行宗教义务、是否谨守宗教律法——这是整个民族获得耶和华之恩宠的终极依据——采取一种决疑论式的考察。此外，在后俘囚期的许多作品中皆带有一种特殊的色彩：对在此空虚世界寻找任何意义的绝望，卑下地接受神的惩罚，焦虑的个人会因傲慢而触怒神，以及（最后）由于担心而谨守仪式与道德等的混合。所有这些冲突迫使犹太人陷入一种绝望的挣扎，挣扎的不再是为了他人的尊敬，而是为了自重与自尊心。为了自尊心的这种挣扎必然会一再地有不确定感，而可能摧毁了个人生活态度的整个意义，因为到头来，只有神之许诺的彻底实现才是不管在任何时候、个人在神之前的价值的唯一判准。

职业上的成功，对于住在其聚居区的犹太人而言，的确成为一种神之个人恩宠的确证。然而，在一符合神意之"职业"（Beruf）里得到"确证"（Bewährung）的观念，就现世内的禁欲（innerweltliche Askese）的意义而言，却不适用于犹太人。对犹太人而言，神的祝福是远不如清教徒那么强烈地寄托于一有体系的、合理的生活方法论（Lebensmethodik）之上——这是清教徒之"救赎确证"（certitudo salutis）的唯一可能泉源。正如犹太人之性伦理还保持着自然主义与反禁欲的特色，古犹太教的经济伦理在其基本教义上仍然维持着强烈的传统主义，表现出一种公然礼敬财富的特质，这当然是与任何形式的禁欲主义都颇为缘远的。此外，犹太人的整个伪善的行为有其仪礼主义的基础，而且相当程度地与其宗教中特殊的情绪性气氛融合在一起。必须注意的是，犹太人经济伦理中传统主义的各种规则，就其整体而言，自然只适用于有相同信仰的同胞之间，而不适用于外人，这是所有古代伦理体系的特色。总而言之，对耶和华之许诺的信仰，的确在犹太教的世界内导出一种强烈的怨恨—道德主义倾向的成分。

将救赎的需求、神义论或教团性宗教的发展描述为只以劣势特权阶层为基础，或甚至只是怨恨——因此也只不过是一种"奴隶之道德上的反叛"的结果[1]——的产物，那可是大为谬误。就算对古代基督教而言都不对，虽然其许诺主要是针对精神与物质上的"穷人"。仪礼律法主义——其形成是有意用来隔绝犹太人与外

1　"奴隶之道德上的反叛"，见尼采于《善恶的彼岸》第195节与《道德的系谱学》第10章开头所写的文句。——日注

界的联系——的光环之贬值与破碎，以及随之而来的介于宗教与
其信徒之为一种（类似种姓地位的）贱民民族之联结的**崩解**，其
结果从耶稣之预言所显示出的对立观点及其立即的影响中可清楚
认识到。的确，就未来命运之调整（拉撒路的传说表达得最清楚）[1]、
与神所必须负责的复仇这两个意义而言，原始基督教的预言包含
有非常清楚的"报应"思想。再者，其中"神之国"是被理解为
一个地上的王国，最早显然是特别（或最主要）为犹太人所设定的，
因为他们从古以来就信仰真神。然而，在这个新的宗教许诺中所
消除掉的，恰正是这个贱民民族之特殊而又深刻的怨恨感情。

　　根据流传下来的、耶稣所提出的、财富有可能妨碍救赎之获
得的警告，并非源自禁欲主义；他传道中对财富的指责当然亦非
源自怨恨，因为根据传说中所留下的许多证据，耶稣不只与收税
人——就当时的巴勒斯坦而言，这些人多半是小高利贷者——有
所来往，而且也与其他富人交往。再者，从福音书所呈现出来的、
由于末世论之期待而产生的、对尘世事务的极度不关心，我们可
以知道，耶稣传教中有关财富的观点主要并非由于怨恨。当然，
一个富有的年轻人如果想成为一个"完全的"（也就是真正的）**弟
子**，他就得无条件地脱离这个"现世"[2]。不过，《新约／旧约》也说过，

1　拉撒路（Lazarus），《新约／旧约》人物，在世时是个乞丐，过着悲惨的生活，不过，死
　　后却被天使带去放在亚伯拉罕的怀里，享受至福。同时的一个财主，在世时虽享尽荣华
　　富贵，死后却被贬至阴间受苦。见《新约·路加福音》（16：19—31）。——中注
2　"有一个人来见耶稣说：夫子，我该做什么善事，才能得永生。耶稣对他说：……你若
　　要进入永生，就当遵守诫命。他说：什么诫命？耶稣说：就是不可杀人、不可奸淫、不
　　可偷盗、不可作假见证，当孝敬父母，又当爱人如己。那少年人说：这一切我都遵守了，
　　还缺少什么呢？耶稣说：你若愿意做完全人，可去变卖你所有的，分给穷人，就必有财
　　宝在天上，你还要来跟从我。那少年人听见这话，就忧忧愁愁地走了，因为他的产业很多。"
　　《新约·马太福音》（19：16—22）。——中注

对神而言，任何事皆有可能，包括富人的得救。即使是舍不得其财富的人也还是有可能得救的，尽管要困难些。耶稣的教诲与传道里并没有所谓的"无产阶级的本能"[1]；这个否定现世之爱的先知所带给现世之穷人（物质上或精神上）的，是神之国度即将来临以及从恶魔之支配下解放的福音。同样的，任何彻底的弃绝财富，在佛陀看来，也是颇不相干的，因为对他而言，无条件地摆脱尘世本就是救赎的绝对前提。

"怨恨"这一因素的有限重要性，以及"压抑"这一概念架构之普遍应用的危险性，从尼采错误地将其架构套用到完全不恰当的佛教的例子上即可清楚看出。佛教恰好是任何类型的怨恨——道德主义的最强烈的反证，而且是一种知识阶层的救赎论，此阶层原先几乎完全由享有特权的种姓（特别是武士种姓）所构成，他们高傲地拒斥了生命的幻想——不管是此世，还是彼世。就其社会起源而论，佛教也许可与希腊人的救赎论——特别是新柏拉图主义、摩尼教、诺斯替派——相比拟，虽然这些救赎论与基督教及佛教的救赎论有其根本上的差异。佛教的比丘绝不会吝于将整个世界甚至再生于极乐，施舍给人，就算那个人并不期望进入涅槃。

佛教的例子正好显示出，除了劣势特权者的社会状况与市民阶级的（由现实生活方式所塑成的）理性主义外，救赎需求与伦

---

1 从恩格斯著《原始基督教史》（1894）及考茨基著《基督教的起源》（1908）开始，耶稣及其使徒的福音传布活动被解释成：诉诸当时贫困阶级的所谓"无产阶级的本能"，并以此形成原始基督教团的一种具有阶级斗争性格的运动。——日注

考茨基（Karl Johann Kautsky, 1854—1938），德国社会主义者，经济学者。恩格斯死后，考茨基继为德国社会民主党及第二国际的指导理论家。主要著作有：《农业问题》、《伦理与唯物史观》及《基督教的起源》。——中注

理的宗教尚有其他的泉源，亦即上述所论及的纯粹知识主义，更具体地说是人类思想的形而上的需求，透过伦理与宗教的问题而反映出来，这种驱力并非来自物质的需求，而是由于内在的压力，企求根据一种**有意义**之宇宙的观点来了解世界，并确定对待这个宇宙的立场。

十一　知识阶层对世界诸宗教的影响

知识主义及其与祭司阶级、政治权威的种种关系对诸宗教的命运有着极为广泛的影响。而这些关系反过来又受到特定的知识主义之最主要担纲者的阶层出身所影响。

最初，**祭司阶级**本身即为知识主义的最主要担纲者。特别是在有圣典的情况下，因为这就使得祭司阶级变成一个文献专业团体，从事于解释经典、教导内容、意义及正确的应用。不过，古代城邦宗教并没有出现过这样的发展，特别是腓尼基人、希腊人或罗马人，也未见之于中国的伦理。在这些文明里，所有形而上学及伦理思想的发展皆掌握于非祭司者的手中，神学的发展——只有极低度的发展，如赫西奥德的神学——亦如此。

反之，在印度、埃及、巴比伦、祆教、伊斯兰教及古代与中世纪基督教，由祭司阶级所推动的知识主义则有最高度的发展。如果神学也计入的话，那么，近代基督教祭司阶级的知识主义亦有所发展。在埃及的宗教、祆教、古代基督教的某些阶段，以及吠陀时期的婆罗门教——一般信徒之禁欲主义与《奥义书》

（*Upanishad*）哲学出现以前[1]——里，祭司阶级强有力地垄断了宗教形而上学与伦理的发展。类似之祭司阶级的垄断亦可见之于犹太教与伊斯兰教。不过，犹太教的垄断由于受到一般信徒之预言的强烈冲击而有相当程度的减弱，至于伊斯兰教祭司阶级的强大力量也因苏非（Sufi）教派的思想而有所限制[2]。在佛教及伊斯兰教所有的支派，以及古代与中世纪的基督教里，对神学与伦理思想各个领域、形而上学、其他相当多的学科以及文学的艺术创作有兴趣且从事写作者，除了祭司（及类似身份的人）外，就是僧侣或修道取向的团体。祭典中极为重要的咏歌者，在将叙事、抒情与讽刺诗歌带进印度的吠陀诗篇以及以色列之情诗带入《新约/旧约》的工作上，扮演了重要的角色；神秘的、灵（pneumatisch）

1　Upanishad 梵文原意为何，意见颇为分歧，较为合理的解释为，Upanishad 本有"近坐"、"侍坐"之意，与"会坐"（parisad）、"集坐"（samsad）恰好相反，转而有"秘法传授"之意，Upanishad 遂有"秘语"、"秘义"之意。这点亦可证之于《奥义书》本身。例如《奥义书》中对于传授对象有极严格规定，"唯长男可传"（《圣德格耶奥义书》3∶11），"非一年间同住，且非有将来为师目的之直弟（Antevasin），不可传之"（《爱陀奈耶森林书》，3∶2，6）等等。有时也直接以"秘密"（rahasya）一语，作为与 Upanishad 同义词而用之。又有以"秘密教义"（guhya sdesah）、"最上秘密"（paramam guhyam）来形容 Upanishad。《奥义书》为继《吠陀本集》、《梵书》之后而出现的代表婆罗门较纯粹的哲学思想，集《吠陀本集》、《梵书》中零散的哲学之大成，而为一较完整的体系。其在吠陀经典中的地位类似《新约》在《新约/旧约》中的地位，《新约》转化《旧约》律法之精神，予以伦理的净化。《奥义书》则转化《梵书》讲究祭祀之性格，予以哲学的净化。《奥义书》种类繁多，有上百种，不过为印度学者承认者约有 52 种，大致出现在公元前 7 世纪至前 2 世纪之间。——中注
2　苏非派（Sufismus）为伊斯兰教中神秘主义的流派。suf 为"羊毛"之意，由于神秘主义的禁欲者或修道者所穿的是羊毛粗衣，故被称为"sufi"（穿羊毛粗衣者）。自 8 世纪末至 9 世纪初，阿拉伯的苦行神秘主义开始出现，而后逐渐扩展，至 11 世纪时形成哲学体系。这期间，间或受到来自新柏拉图主义哲学及基督教的影响。苏非修士透过贫困、孤独、断食、冥思等禁欲苦行，过着绝对皈依的生活；他们所追求的是在忘我状态中发现"唯一真实存在"，以及"神人合一"的境界。他们组织起修道会团，而后渐渐结合为托钵修道士（托钵僧）的教团，被当作异端而加以迫害的例子并不少见。——日注

的情感与诗的灵感之心理学的亲和性，形塑了神秘主义者在（不管是东方还是西方）抒情诗里的角色。

然而我们此处所关心的并非文学作品及其性格，而是对宗教具有决定性影响的知识阶层之特殊性格对宗教本身有什么样的制约。祭司阶级对宗教的知性影响——就算此一阶级是文学的主要担纲者——范围变化相当大，得看与祭司阶级对抗的是哪个阶级以及祭司阶级本身的权力地位而定。在祆教晚期及埃及与巴比伦的宗教里，特殊的祭司阶级的影响曾达到其最高潮。《申命记》与俘囚时期的犹太教，虽然基本上还是预言式的，祭司阶级对此发展中的宗教却也已有强烈的影响。不过，到了犹太教晚期，具有决定性影响的并非祭司，而是律法学者。祭司阶级与修道士对基督教具有绝对影响力的时代是上古末期与中世盛期，此一影响力于反宗教改革时期又再度出现。路德教会与早期加尔文教会也是在牧师影响的支配下。印度教的形成，至少就其制度与社会构成要素而言，受到婆罗门极端强烈的影响。特别是种姓制度，只要婆罗门到达的地区，就出现此一制度：种姓的社会层级结构最终是由婆罗门所赋予每一特定之种姓的位阶来决定。佛教的各种支派（特别是喇嘛教），都彻头彻尾地受到修道僧的影响，他们也曾影响东方基督教的广大阶层，只是没那么强烈。

此处我们格外关心的问题是：一种非祭司（修道士或一般信徒）的知识主义与祭司的知识主义之相对关系，知识分子阶层与宗教事业的关系，以及他们在宗教共同体内的地位。首先我们得了解一个具有基本重要性的事实，此即亚洲所有伟大的宗教性理论皆为知识分子的杰作。佛教与耆那教的救赎论，以及所有相关的教义，都是由一群受过吠陀经典教育的知识精英所发展出来的。这种吠陀经典训练虽然并不一定具有严格的学术性质，却是印度贵族——特别是与婆罗门比肩的刹帝利（Kshatriya）贵族成员——教育中不可或缺的。在中国，儒教的担纲者（从其创始者孔子开始），以及一般公认为道教创始者的老子，要么是受过古典人文教育的官吏，要么就是受过类似教养的哲学家。

希腊哲学各种学论的取向，实际上皆可在中国及印度的宗教里找到对应的说法，虽然经常有点变化。作为中国实用伦理的儒教思想，完全是由一个接受过古典人文教育的官职候补者阶层支撑起来的，而道教则成为一个通俗的、巫术实践的经营。印度教的几次大改革都是由受过婆罗门教育的贵族知识分子推动的，虽然教团的组织随后经常会落入较低种姓成员的手中。因此，印度的宗教改革过程与北欧的宗教改革所采取的途径有所不同，与天主教的反宗教改革亦有差异；北欧的宗教改革是由受过专业圣职教育的知识分子所领导的，天主教反改革的主要支持者则来自受过辩证法训练的耶稣会士，如撒梅隆（Salmeron）与赖尼兹（Lainez）[1]。

1　撒梅隆（1515—1585），西班牙的天主教神学家。在巴黎求学时，透过赖尼兹而结识罗耀拉，受其热烈的信仰感动而成为同志，参与耶稣会的创建。他强烈地反对宗教改革，周游欧洲各国并参加特伦托宗教会议（Trient，1545—1563，以对抗宗教改革及重建天主教为目的），以其学识及辩才无碍活跃于当时。

　　赖尼兹（1512—1565），耶稣会的第二任总会长，西班牙人，在巴黎学神学，结识罗耀拉后，参与创立耶稣会的工作。在特伦托宗教会议中被指派为教皇的顾问神学者，以其广博的知识而崭露头角。罗耀拉死后被选为第二任会长。他致力于确立耶稣会的会章，并以高等教育为会内的重要任务。

　　耶稣会为罗耀拉（Ignatius de Loyola，1491—1556）创立于1540年的男子修道会，与前此的修道团大为不同，是近代修道会的先驱。其最大特色在于解放修士——不再拘限于作为中世纪修道生活中心的合诵祈祷，除了一定的心灵修业之外，听任各院院长的指导，在宗教改革的结果增大之后，多献身于教会外部的任务。耶稣会会士以战斗性的布教为其重要任务，以总会长为首的中央集权组织之下，会士们团结在一起，以十字军的意识成为反宗教改革的先头部队。然而耶稣会的这种姿态，亦即为达目的甚至印度宗教改革运动与阿尔·加扎利（al-Ghazâlî）所推动的伊斯兰教教义再造运动亦有所不同[1]，伊斯兰教的改革运动混合了神秘主义与正统教义，其领导权部分掌握在公认的圣职阶层手中，部分则控制在新形成的、受过神学训练的官职贵族手中。近东的救赎宗教如摩尼教与诺斯替派，也同样都是特殊的知识分子的宗教，不管是其创始者、主要担纲者以及其救赎论的性格，莫不皆如此。

在上述所有例子中，虽然这些宗教彼此间差异甚大，知识分子阶层却都拥有相对而言较高的社会身份，并受过哲学教养——相当于希腊的哲学学院、中世纪晚期最为成熟的修道院教育或世俗人文主义的大学教育。不管在哪个例子里，这些团体都是伦理思想或救赎论的担纲者。以此，在一个既存的教育范围内，知识阶层有可能形成一个可与柏拉图之学园以及相关的希腊诸哲学学院相比拟的学术活动。在此情况下，知识阶层——就像希腊的一样——对于既存的宗教实践不采取任何公开的立场。不过，他们通常也只是忽视既存的宗教实践，或者予以哲学的再诠释，而非直接与其决裂。从祭典的官方代表的角度来说，例如中国负责祭典任务的官员或印度的婆罗门，则倾向将知识分子的学说划

（接上页注）不择手段的做法及其军队意识，在近代诸国的教会内部不断引起纷争，最后，教皇克里门十四世不得不于 1773 年下令将之解散。不过，其后教皇庇护七世又再度让它复活（1814），现在则成为世界最大的修道会而活跃于各处。自 16 世纪起，耶稣会会士东来亚洲布教，大有助于教会在东亚的扩展，这是众所周知的。——日注

1 阿尔·加扎利（1058—1111），中世纪伊斯兰教最重要的神学家。1091 年任巴格达尼扎米亚学院的神学教授，被视为神学与哲学的最高权威。然而，当他明白哲学及援用哲学方法论的思辨神学无法成为信仰的真正基础后，随即辞去教职，过着十余年流浪修行的生活。在确知与苏非思想相近的这种神秘的、灵的体验才是信仰的基础后，他将之置入正统派信仰的正确位置，而致力于伊斯兰教神学的体系化。主要著作有《哲学家的破灭》、《哲学家的意图》等，但以《宗教科学的复兴》一书得到与《古兰经》并重的地位。——日注

分出正统或异端，中国的唯物论学说以及印度之二元论的数论派（Sankhya）哲学 [1]，就是被列为异端的例子。此处我们无法更深入探讨这些运动的内涵，大致说来，它们主要是学术取向的，与实践的宗教只有间接的关联。我们主要的兴趣乃在前面提到过的其他一些运动，一些特别与宗教伦理之创造有关的运动。最好的例子即为古典时期的毕达哥拉斯学派与新柏拉图学派。这些知性运动都一律源自社会特权阶层，或者接受此阶层成员的指导或影响。

由某一民族之社会特权阶层所支持的救赎宗教通常在下述情况里有最好的发展机会：即当这一阶层已被解除武装，并且无法再参与政治活动，或对政治活动已无兴趣时。准此，当统治阶层——贵族或中产阶级——的支配权力被一个官僚—军事一元化的国家所取代时，救赎宗教即会出现。统治阶层之脱离政治（不管是为了什么缘故）亦有利于救赎宗教的发展。在这样一个例子里，统治阶层认为，他们的知识训练就其最终极的、知性与心理上的作用，比起实际参与尘世的外在事务，对他们而言要远为重要得多。这当然不是说，救赎宗教只有在这种时候才会兴起。相反的，这种知性观念有时正是会在政治与社会动乱时期作为一种无成见之反思的结果出现。不过，在此情况下，这种思考模式多半是潜藏着的，通常只有当知识阶层已经非军事化后，才会具有支配性的地位。

儒教，一个拥有强大权势的官僚阶层的伦理，拒斥任何类型

1　印度六派哲学之一，自古以来即在印度思想史上占有相当重要的地位。在汉译佛典中译为数论或僧伽。数论派在确立为哲学学派之前已有长期的历史，一般传说为迦毗罗（Kapila，约前350—前250）所开创，是将《奥义书》派哲人郁陀罗迦（Uddalaka）的思想加以批判性改革而成立。原先此派是站在精神与物质二元论的立场上，认为此二元素统一于最高梵天，但此一有神论的倾向后来被推翻，而成为无神论的二元论。与瑜伽学派有密切的关系。——日注

的救赎教义。另一方面，耆那教与佛教——它们恰与儒教的顺应此
世形成尖锐对比——则具体呈现出一种极端反政治的和平主义与
拒斥现世的知识分子的态度。只是我们还不晓得，这两个宗教在
印度为数颇多的教徒，是否有时会因时代的事件（这些事件会减
少人们对政治事务的关心）而有所增加。亚历山大东征以前的印
度有许多小君侯统治下的小邦（一些缺乏政治动力的小邦），面对
的却又是一个令人惊讶的统一的婆罗门阶级，而且其间的对抗不
管在哪儿都逐渐表面化；这样的小邦本身就足以诱使那些受过知
性教育的贵族团体从政治以外的领域去追求满足自己兴趣的事务。
以此，婆罗门教规中所要求的弃绝现世，例如隐遁者（Vānaprastha）
与养老份的惯习[1]，以及这些规定的普受遵行，尔后皆可见之于非婆
罗门的禁欲者（沙门 [Shramana]）[2]。果真如此，则鼓励已看到自己
孙子的婆罗门弃绝尘世，较之于沙门的出现，显然是一种较为晚
出且由后者转化而来的现象。不管怎么说，具有禁欲之卡理斯玛
的沙门在一般人的评价里，很快就超越了正式的祭司。这种源远
流长的——早在非政治的、哲学性的救赎论出现前即已存在——
修道僧的非政治主义，可说是印度贵族的一个独特的现象。

　　近东的救赎宗教（不管是秘仪型，还是先知型），以及东方与
希腊的救赎宗教（不管是较为宗教倾向，还是哲学倾向，基本上
是以知识分子的一般信徒为担纲者），就所包含的社会特权阶层而

1　原意为"森林居住者"。此处指印度教徒的义务之一是在人生的修行期（asrama）的一个
　　阶段里，要进入隐居时代，自由地从事宗教的实践，此即所谓隐遁者。
　　　　所谓养老份的惯习，是指印度教的婆罗门（祭司阶级）为其隐居期计，预先将财产
　　保留起来的惯习。——日注
2　沙门原为"劝行诸善勿为恶者"之意，指出家过修道生活的人。原来婆罗门教与佛教皆
　　通用此称，后世则专指佛教的出家者，与比丘大略同义。——日注

言，实际上无一例外皆为有教养的阶层被迫或自愿脱离政治影响与政治活动的结果。在巴比伦，转向救赎宗教发展首见之于曼达教（Mandaismus）[1]，其间则交错有源自巴比伦以外地区的成分。在近东，当有教养的阶层对政治的关心皆灭绝之后，知识分子的宗教信仰首先转向密特拉崇拜及其他救世主崇拜，然后转向诺斯替教与摩尼教。希腊一直有流传于知识阶层之间的救赎宗教，这在毕达哥拉斯教派兴起之前就是如此。不过，对于握有决定性政治权力的团体却没有支配性的影响力。哲学性的救赎论与救赎信仰的布道活动在希腊晚期及罗马时代之得以流行于上流社会俗众间，是与此阶层之最终被排除于政治活动之外并行发展的。实际上，今日我们德国知识分子之多少有点噱嗦的"宗教"兴趣，与政治上的挫折有密切关联，因为政治上的挫折导致他们对政治的不关心。

　　来自特权阶层对救赎的憧憬，一般而言具有"开悟"—神秘主义（Erleuchtungs-Mystik）之倾向的特征（稍后再作分析），这种"开悟"—神秘主义是与一种特殊知性主义之救赎资格的意识互相结合的。这就导致对自然的、感性的与肉体的事务之强烈贬斥，认为这些会——根据心理学经验——构成背离特殊救赎之道的诱惑。正常性欲的亢奋及其勉为其难的纯化，同时，借着替代—发散反应对正常性欲的抑制，是取决于那些也许可称之为"纯知识分子"的生活态度；性欲的这种亢奋与抑制有时会扮演某种角色（只

---

1 从波斯湾到巴格达南方，现今仍有曼达教信徒存在，为诺斯替（Gnostic）的一个宗派。恐怕是在公元前 2 世纪左右，由巴比伦、波斯、犹太等诸要素混合后所成立的宗教，Manda 为"灵知"（Gnosis）的意思。此派站在光与暗、灵与肉二元论的立场上，认为根据灵知可以将灵魂从地上的黑暗的束缚中解放出来而归还于光明的国度，并特别重视洗礼作为其救赎手段。曼达教认为洗礼的约翰才是真正的先知。——日注

是今日的精神病理学尚未归纳出可以普遍适用的法则），就像某些现象（特别是诺斯替派的秘法传授）——为农民的狂迷提供纯化的自慰性的代用品——所清楚显示的。宗教之所以非理性化的过程之各种纯心理学的条件，交错于知识主义之将此世界理解为一种有意义的秩序固有的理性主义的要求；典型的一些例子如：印度业报（Karma）的说法及佛教类似的教义（稍后再详论）、来自（可能是）希伯来上层知识团体的《约伯记》、埃及文学、诺斯替派的思想以及摩尼教二元论里一些类似的成分。

　　一旦源自知识主义的救赎论及伦理成为一种大众宗教，某种说法传授的教说或贵族身份伦理即会配合受过知识教育之团体的需求而出现；不过，此一宗教同时也会转化成一种通俗的巫术性救世主救赎论（Heilandssoteriologien），以配合非知识阶层大众的需求。因此，在中国，除了官僚阶级——他们对救赎毫无兴趣——的儒教身份伦理外，道教的巫术以及佛教的秘迹与祭仪恩宠就像结晶体一样保留于民间信仰中，尽管这些信仰为受过经典教育的人所蔑视。同样的，在佛教修道僧之救赎伦理外，还有俗众的巫术与偶像崇拜、禁忌型巫术的存在，以及印度教之救世主宗教的新发展。在诺斯替派与类似的信仰里，知识性宗教采取的是具有秘法传授形式的、神圣化的层级结构，尚未开悟的"信心者"（Pistiker）是被排除在外的。

　　知识分子之渴望救赎永远是源自"内心的困顿"，因此，较之于非特权阶层所特有的、由于外在之困穷而期盼的救赎而言，就显得离生活更遥远，更为理论化与体系化。知识分子以各种方式探索，其决疑论推演至无穷尽，赋予其生活态度首尾一贯的"意义"，由此而发现与其自身、同胞及宇宙的"统一"。知识分子从一种"意义"的问题上来理解"世界"。自从知识主义抑止巫术信仰后，世界的各种现象被"除魅"（entzaubern）了，丧失其巫术性的意义，而成为简单的"存在"与"发生"，其间再无任何其他"意义"可言。结果是出现一种渐增的要求：世界以及整个生活态度必须服属于一个既重要又有意义的秩序之下。

　　存在于这种"意义"之要求与世界及其机制之经验现实间的冲突，以及存在于此种"意义"之要求与个人生活态度在此世界之可能性间的冲突，导致了知识分子特殊的遁世行为。这种遁世可以是一种绝对孤独式的逃避，也可以采取一种较近代的形式——像卢梭那样逃入一个未受人为机制所污染的"自然"里；或者是浪漫主义式的遁世，例如逃入未受社会习俗所污染的"民众"里，这是俄国"民粹主义者"的特色。这种遁世可以是强烈倾向冥思型或行动型的禁欲；也可能是基本上在寻求个人之救赎，或追求集体之伦理的、革命的现世之改变。所有这些事实都同样适用于脱离政治之后的知识主义，也可能（有时也的确）形成宗教性的救赎论。知识性宗教特有之逃避现世的性格亦可在此找到其根源。

　　然而，那些通常在社会及经济方面享有优渥待遇之阶级——特别是脱离政治的贵族、坐食者（Rentner）[1]、官员、持有俸禄者（不管是教会、修道院、大学或其他类似机构的人员）——的哲学性知识主义，绝非仅有的知识主义，而且经常也不是对宗教之发展最具重要影响性的知识主义。因为另外还有一种与之并行的庶民的（proletaroid）的知识主义，在许多方面透过一种过渡的阶段而

1　Rentner 指依靠 Rente 过活的人，Rente 可以是租金（地租、房租）、股票利息、资本利息或其他任何定期的收入，不过，不包括如薪俸等需要靠实际劳动才能取得的收入。坐食者因此有类似"不劳而获者"之意。——中注

与贵族的知识主义有所联系，而仅在其最突出的特征上有所区别。此一阶级的成员包括有：生活在最低水平线的人；各个时代的小职吏及俸禄持有者，他们接受过初级的教育；书记，虽然处于一个写作还被视为一种特殊行业的时代，他们却不属于特权阶层；各式各样初级教育的工作者；吟游诗人；说书人；吟诵者；以及类似的庶民自由业者。除此，还必须加上劣势特权阶层的自修的知识分子，最典型的例子即为东欧的、俄国庶民的农民知识分子，以及西欧之社会主义—无政府主义的无产阶级知识分子。还可以再加上背景大为不同的一些团体，例如 19 世纪前半期的荷兰农民，他们对《新约 / 旧约》有极深入的了解，17 世纪英国的小市民清教徒，以及各时代各民族间具有宗教关怀的职工。此外，当然还得加上典型的犹太笃信者，包括法利赛人（Pharisäer）、哈西德人（Chassidim）[1] 以及每天钻研律法的虔敬犹太大众。

　　值得注意的是，"贱民"知识主义——见之于所有庶民的小俸禄持有者、俄国的农民以及（或多或少）"流浪者"的身上——之激烈力量的来源是，处于社会层级结构最底层（或根本就不

1　法利赛是约自公元前 2 世纪起活跃于犹太教内的有力派别。法利赛一词的词源于阿拉美语（Aram），意指分离、离开。或者是指将本身与律法不严明的大众区分开的意思。法利赛派是站在纯粹的律法主义的立场上，力求严格地遵守律法；在社会上，他们是与以祭司阶级为中心的、保守的、妥协的撒都该派（Sadduqi）相对立，采取进步的、独立的立场。其后，这种律法主义中所含的伪善性质陷落到形式主义的窠臼，受到耶稣的严厉批判，然而，对于原本就基于原初律法以追求神义的犹太教而言，法利赛派乃为其主流，这是毫无疑问的。

　　哈西德人是公元前 180 年左右出现于犹太教内部、自认为正统派的一个派系，意指"虔敬的人"。他们反对希腊化政策，追求基于律法的严格宗教生活，热烈地期待末世论的弥赛亚的到来。后来的法利赛派与耶西尼派恐怕就是从哈西德人而来。在 18 世纪左右出现的犹太教的神秘主义宗教运动（Chassidismus）之名即由此而来。参见第十二章 318 页注 1。——日注

在层级结构之内）的这些团体，不管是就外在秩序或一般性意见而言，与社会习惯的关系，在某个程度上是站在一个阿基米德（Archimedes）点上。由于这些团体不受社会习惯的束缚，对于宇宙的"意义"反可采取一种原创性的态度；同时由于他们不受任何物质考虑的妨碍，他们也因之可以发挥一种强烈的伦理与宗教的情绪。只要他们是属于中产阶级——就像宗教上自修而成的小市民阶层——则其宗教需求就会倾向一种伦理严肃主义或神秘学的形式。职工的知识主义介于"贱民"与小市民阶层的知识主义之间，且由于流浪的职工特别适合担任传道工作而显得有意义。

十二 犹太教与早期基督教的小市民知识主义

就我们所知，贱民知识主义与小市民知识主义实际上皆未曾见于东亚与印度。小市民知识主义是以一种城市市民的共通情感为前提，这并不存在于上述地区。两地皆尚未从巫术中解放出来，这也是上述知识主义的前提。实际上，就算是源自下层种姓的宗教形式，也是从婆罗门那儿取得它们的偈颂。中国也一样，除了儒教教育外，没有任何其他独立的、非官方的知识主义。儒教即为"贵人"——德沃夏克（Dvořak）正确地译为"君子"[1]——的伦理。儒教是个十分明显的身份伦理，更正确的说法，是种体系化的礼仪规则，适合一个其成员曾受过人文教养的、有尊严的阶层。就

---

1 德沃夏克（1874—1921），奥地利的美术史家，维也纳大学教授。他以试图从世界观及其变迁来直接诠释美术史而知名于世。主要著作有 *Idealismus und Naturalismus in der gothischen Skulptur und Malerei*（1918），*Kunstgeschichte als Geistes-Gesehichte*（1924）等。——日注

我们所知，情况与古代地中海东部地区及埃及无甚差异。那儿的书记的知识主义，就其所导致的伦理与宗教的反省而言，可说是完全属于一种（有时是）非政治化且永远是贵族化与反庸俗的知识主义类型。

　　以色列的情况不太一样，《约伯记》的作者所代表的意义是，上层的氏族为宗教知识主义的担纲者之一。《箴言》及相关的作品则表现出受到自亚历山大东征以来，脱离政治的上层教养阶层之相互接触与国际化的强烈影响。《箴言》的某些格言就直接被归到一个非犹太人的君主的名下，而且大致上，凡是以"所罗门"（Solomon）之名出现的，皆带有国际性文化的色彩。西拉（Ben Sira）极力强调自父祖传来的智慧以对抗大希腊化文化[1]，即清楚证明了大希腊化倾向的确存在。再者，布杰特（Bousset）已正确指出[2]，根据《传道书》，在那个时代熟读律法的"书记"或"律法学者"都是行乃里路、读乃卷书的绅士。通贯全书，正如迈赫德（Meinhold）强调的[3]，表现出清楚的反庸俗的倾向，极为类似见之于希腊的情况：农人、冶匠或陶工怎么可能有"智慧"，那是得有

1　《传道书》是被列入《旧约》外典之中的一本文书。西拉指的是西拉的儿子耶稣（Jesus ben Sira）。别名又称《西拉的智慧》。原著大约是于公元前 2 世纪起在巴勒斯坦地区用希伯来语写成，其后，原著者的孙子将之译为希腊文，至 19 世纪末，希伯来文原典已不为一般人所知。《传道书》属于所谓的智慧文学，内容为种种格言、譬句、训诫的集成。——日注

2　布杰特(1865—1920)，德国神学家，吉森(Giessen)大学教授。所谓宗教史学派的代表之一。在原始基督教、犹太教、诺斯替教派等比较宗教学的研究上有卓越的成就，并于基督教的起源史领域里开出新见地。主要著作有 *Die Religion des Judentums im neutestamentlichen Zeitalter*（1913），*Kyrios Christos*（1903）等等。——日注

3　迈赫德（1861—1937），犹太教及早期基督教的研究者，波昂大学教授。主要著作有 *Einführung in das Alte Testament*（1919），*Das Alte Testament und evangelisches Christentum*（1931），等等。——日注

充分余暇沉思及埋首研究的人才能有的。以斯拉被称为"最初的律法学者",不过,远在他之前就有据有重要影响地位的人物,他们是具有纯粹宗教关怀的理论家,围绕在先知身旁,没有他们的话,《申命记》是不可能制定的。另一方面,懂得希伯来文而能诠释神之诫命、其地位几乎可与伊斯兰教之"传法者"(mufti)相比拟的律法学者,这种支配性地位的获得,则要远较以斯拉——他得到波斯皇帝的授权,而为公认的神权政治的创始者——来得晚。

律法学者的社会地位还是不断有变化的。在马加比(Makka-bäer)王朝时代[1],虔敬——基本上是一种相当稳定的处世智慧,正如友爱他人的教义所证实的——被视为与"教养"同义,"教养"(musar,paideia)乃通往德性之道的关键[2],而且就像希腊人所体会的一样,是可以学习的。然而当时虔敬的知识分子,就像大多数《新约/旧约》诗篇作者一样,感觉到自己是与那些经常不信守律法的富人与傲慢者处于尖锐对立的位置,尽管他们与那些富人及傲慢者属于同一社会阶级。另一方面,希律王室(Herodian)[3]时代律法学者的各个学派——由于面临无可避免的异民族之支配,他们内心的挫折与紧张逐渐扩大——产生了庶民阶层的律法

1　马加比王朝为公元前142—前63的犹太人王国。由于叙利亚王安提奥克斯四世的犹太人希腊化政策及对犹太教的迫害,公元前165年哈斯蒙家的犹大·马加比起而发动所谓的马加比战争,打败叙利亚军并夺回耶路撒冷,复兴神殿礼拜。犹大战死后,其幼弟西蒙继立,使犹太人取得完全的独立,而于公元前142年被国民推举为王。自此之后,直到被罗马人统治之前的80年间为犹太人的独立时代,王位由一家世袭。此一王国普通被称为哈斯蒙王朝,不过因其建国英雄犹大之绰号马加比("铁槌"之意),又称为马加比王朝。——日注

2　musar为希伯来语,带有德育、训育、惩戒、将犯罪之心革除的意思。在《七十人译希腊语新约/旧约》里,此语被译为Paideia,希腊字义为造就小孩(pais)的意思,意思是将小孩培养成一定的理想的努力(教育)及其成果(教养)。——日注

3　希律王室为纪元前后以色列地区的统治家族。——中注

诠释者。这些人在犹太教会堂里充任司牧的助手、讲道人与教师，他们的代表也参加最高法院（Sanhedrin）[1]，对犹太教团"同志"（chaberim）——他们严格信守"分离者"（Peruschim, pharisaioi）意义上的律法[2]——的大众的虔敬，有着决定性的影响。在犹太法典（Talmud）时期，这种活动发展为拉比教学——一种教团执事者的专业。与上述虔敬知识分子做法相反的是，透过律法学者之各个学派的努力，小市民与贱民的知识主义有极为惊人的扩展，是我们未曾见之于其他任何民族的。斐洛（Philo）已经指出[3]，为了普及读写能力以及决疑论思考方式之系统性教育的"普遍公众学校"是犹太人所特有的。经由此一阶层的影响，在城市犹太市民阶层里，先知的活动才首次被对律法之忠诚与律法圣典之研究所取代。

犹太人的这个与秘仪宗教无丝毫联系的大众知识分子阶层，较之近东一带大希腊化社会的哲学家与秘法传授者集团而言，所拥有的社会地位无疑要低一些。然而知识主义无疑已经浸透基

1　Sanhedrin 为罗马时代所设的犹太最高法院。此一最高法院以大祭司为首（议长），下设 70 个议员所组成。主要处理国民的宗教问题、税赋的征收、民事刑事问题等，耶稣的死刑宣告就是在此处进行的。法利赛派虽在此据有议席，但支配势力是属于撒都该派（Sadduqi）。——日注

　　撒都该派为公元前 2 世纪至 1 世纪左右的犹太教的一派，他们否定死人的复活、天使与灵的存在，是与法利赛派相对立的现实派。——中注

2　Peruschim 在希伯来语中是"分离者"的意思。——日注

3　斐洛（约前 25—50），亚历山大城的犹太哲学家。古代末期在亚历山大城及巴勒斯坦地区，犹太神学与希腊哲学逐渐结合，斐洛即立身于此种折衷主义之发展的顶点。换言之，他一方面注释《旧约》（特别是摩西五书）、强调犹太教之神的超越性与完全性，另一方面，他又引柏拉图的"实在"（idea）与斯多葛的"道"（logos）来说明神的创造世界，由此试图使希伯来思想与希腊思想达成调和的统一。此种立场对于后来基督教的教义有很大的影响。——日注

督教出现以前的近东的各式各样的社会阶层，这种知识主义透过譬喻与思辨，在各种秘迹救赎祭典与圣化中产生出类似的救赎教义——就像大部分皆为中产阶级的奥菲斯教徒所做的一样。这些秘迹与救赎论思辨显然是为一个离散时代的律法学者如保罗所熟知的，因为他极力反对这些东西；我们晓得密特拉崇拜在庞培（Pompey，公元前 60 年左右）时广泛流传于西里西亚（Cilicia）一带，是个海盗的宗教，不过根据碑铭资料，其存在——特别是在塔尔苏斯（Tarsus）[1]——只能追溯到基督教公元时期。不同种类与起源的救赎期盼极可能长期并存于犹太教里，特别是在各省区，要不然，我们即无法解释为何犹太教早在先知时期，除了已出现一个未来的、重掌权力之犹太民族君主的观念外，尚出现了将有一个贫人之君主骑着驴子进入耶路撒冷的观念；而且犹太人也不太可能形成显然是源自闪族语法的"人子"的观念[2]。

　　总而言之，各种复杂的救赎论——它们开展了抽象的思维与宇宙的视野，远远超越了仅止于解释自然现象的简单神话，以及现在正隐于某处的明君将于未来某一时刻出世的素朴的预言——皆与一般信徒的知识主义有关，不管是上层社会，还是贱民的知识主义。

　　可视为小市民知识主义实例之一的律法学者阶层，就从犹太

1　塔尔苏斯是位于小亚细亚南部的一个城市，保罗的出生地。——日注
2　"人子"在《旧约》里原来是被用来作"人"之诗的表象，也用以作弥赛亚（基督）的别称。在后一种用法里，"人子"乃神的主权者，带有支配世界之君主的性格，亦意指选民（以色列人）的代表者。此种表象主要是从《旧约》的《但以理书》而来；在《新约》里，"人子"被用作基督的别称，但和《以赛亚书》中代替子民承受苦难的"主的仆人"的形象结合后，将耶稣是因受苦而成全救赎的"人子"的思想表现出来（参照《可马福音》8：31）。——日注

教转入早期的基督教。保罗就像其他许多晚期犹太教的律法学者一样是个职工，这点恰与西拉（Sira，他曾经发表反庸俗的睿智教谕）时代的知识分子形成强烈对比。他可能是早期基督教中这一类型知识分子的杰出代表，虽然他的确也还带有其他色彩。他的"灵知"（gnosis）虽然与大希腊化东方的思辨型知识分子所能理解的大为不同，却在稍后为马西昂思想（Marcionitismus）提供了不少理论支持[1]。保罗的知识主义还带有一种一般性的、自负的色彩：只有那些受到神召唤的人才能理解主的譬喻；保罗自夸其真正的知识，"在犹太人为绊脚石，在希腊人为愚拙"[2]。保罗有关"灵"与"肉"的二元论与知识主义救赎论特有的感性有其亲和力，不过却是基于其他的概念。他的思想中有某种皮毛之见的希腊哲学。究其实，保罗的皈依并非只是一种幻觉意义上的幻象，他的皈依同时也是将复活的耶稣的个人命运、与他所熟知的东方救世主救赎论及其祭典程序的一般概念，作一种内在且实际的综观意义上的幻象。犹太预言中的许诺在此找到栖身之处。

保罗书简里的论证代表了当时小市民知识主义里面最完美的辩证法类型。在其著作中，例如《罗马书》，保罗假定他所诉求的阶层具有一种高度且直接的"逻辑的想象力"（logischer Phantasie）。

1　马西昂（Marcion，约160），小亚细亚北岸地区的人。138年左右到罗马，受到诺斯替派的影响，独倡伪保罗主义的新说：否定犹太教与基督教的历史渊源，明确区分《旧约》的神与《新约》的神，并站在此种二元论神观的立场上否定犹太教与《旧约》，强调基督教的教说是新的世界救赎的福音。这虽然是一种宗教改革的试图，但在144年左右被基督教教会视为异端。不过其追随者甚多，直到5世纪左右仍维持着相当大的势力。——日注

2　见《新约·哥林多前书》，2：23。——中注

看来当时普遍接受的并非保罗有关义认（Rechtfertigung）的教说，而是其有关灵与教团之关系，以及以何种方式让灵适应日常切身事务的观念。离散期（Diaspora）的犹太教徒极端痛恨保罗，认为他的辩证法是滥用其律法学者之训练。不过，这种痛恨倒说明了他的辩证法是多么切合当时小市民知识分子的心态。原始基督教团的这种知识主义，在卡理斯玛"传道者"（教师 [didaskaloi]）的努力下，一直持续到《十二使徒遗训》（Didache）的时代[1]；哈尔纳克（A. Harnack）即在《希伯来书》中发现知识主义之诠释学的范例。然而，随着主教与长老逐渐垄断了教团的精神指导权，这种知识主义即告消失。取代这些知识分子与教师的，首先是知识主义的护教者，接着是受过希腊教育而且（几乎都）拥有圣职的教父与教义学者，然后是皇帝（他们对神学具有业余的兴趣）。在东方，这一发展的最后结果则为——在偶像崇拜的斗争中取得胜利后[2]——出身非希腊人的最低社会团体的僧侣掌握了主导权。自此以后，东方教会的一些特质，例如其圣职人员皆有的形式辩证观，以及随之而来的半知性主义、半原始—巫术性的教会自我神格化

---

1 《十二使徒遗训》乃《新约》外典之一。推定为 2 世纪左右于叙利亚写成，不过著者是犹太人还是异邦人则不清楚。这一章曾被加入正典，后又删除，渐而为人所遗忘，直到1883 年重被发现出版。其内容是有关基督教信徒之生活的训诫，对了解初期教会之信仰、伦理与圣典等方面，有其重要性。——日注

2 自公元 4 世纪基督教成为罗马公认的宗教以来，向基督及殉教者跪拜的风俗各地都看得到，但在强烈倾向神性单一论的小亚细亚与叙利亚，则力主圣像崇拜是对神性的亵渎，高调反对圣像崇拜。接受此说的东罗马皇帝利奥三世于 726 年以神学上的理由（及为了压抑修道院）下令禁止圣像崇拜，并以之为偶像而下令破坏，但遭到各地修道院及教会的反对，民众也一致阻挠官厅的取缔。这一问题所引起的纷争后来不断继续下去，至787 年，皇帝利奥四世的皇后伊列涅于尼加利亚召开宗教会议，检讨圣像崇拜的意义，规定正确的方法，在这规定下解除禁令，事情才告一段落。其后，利奥五世又再度发布破坏偶像的命令，至其死后，皇后提奥多拉撤回禁令，这才达成最终的解决。——日注

172 宗教社会学

的理想，就再也不可能完全根绝。

　　不过，就原始基督教的命运而言，尚有一决定性的因素。就其起源、其典型的担纲者以及对此一担纲者具有决定性意义的宗教的生活态度而言，基督教从一开始就是个救赎的宗教。尽管从一开始，基督教的救赎神话与近东救赎神话的一般模式就有许多雷同之处（实际上，它也的确借取了近东神话的成分而加以改变），而且保罗也接受了律法学者的诠释学的方法论，它仍采取一种最大可能之有意识的与一贯性的、**反对**知识主义的立场。原始基督教既**反对**犹太教之仪式—律法的学识，亦**反对**诺斯替派知识贵族的救赎论，它全面拒斥古代哲学。

　　基督教的最主要特质乃在其拒斥诺斯替派对"信心者"的蔑视态度，以及其确认、模范的基督教徒是圣灵（Pneuma）充满的"贫者"而非"智者"。只有基督教才会教导：救赎之道绝非来自习得的知识，不管是律法、有关生命与苦恼之宇宙的或心理学根据的智慧、现世生活诸条件、秘迹仪式的神秘意义，还是灵魂在彼岸的未来命运的知识。基督教除了这些表征之外，还得再加上下列事实：早期基督教内部的教会史——包括教义的形式——有相当多的部分实乃反映着基督教对抗各种形态之知识主义的斗争。

　　如果要简洁地——换言之，以一句话——描述出所谓世界诸宗的主要担纲者或传道者阶层的典型代表人物，那么，可以这么说：儒教，维持现世秩序的官僚；印度教，维持现世秩序的巫师；佛教，浪迹世界的托钵僧；伊斯兰教，征服世界的武士；犹太教，流浪的商人；基督教，流浪的职工。当然，所有这些类型的代表人物皆不能视为其职业或物质之"阶级利益"的代言人，而毋宁视之为其伦理与救赎论——较结合于其社会之处境的——之意识形态上的担纲者。

例如伊斯兰教，除了官方的法律学校与神学院以及对学问的兴趣有过短暂而辉煌的时期外，其固有的宗教性格只有在受到苏非派教义渗透之后，才可能经历知识主义的突破。然而伊斯兰教的取向并非仅此一端。实际上，在一般修道士的信仰中，完全缺乏合理主义的倾向。伊斯兰教中，只有少数异端教派——它们在某些时期曾拥有相当的影响力——展现出一种特殊的知识主义的性格。除此之外，伊斯兰教，就像中古的基督教一样，在其高等学府中只出现经院哲学的倾向。

十三 上流阶层的知识主义、平民的知识主义、贱民的知识主义与教派的宗教性

此处无法详述中古基督教中知识主义与宗教的关系。不管怎么说，这一宗教——至少就其社会学上的重要作用而言——并非特别地倾向知识性的因素。修院的合理主义对文化实质内容的强烈影响，只有在比较西方与近东及亚洲的修道士阶层之后，才有可能弄清楚，稍后我们会简单描述一下。西方修道士阶层的特性，决定了西方世界里教会突出的文化影响力。在中古时期，西方的基督教并没有任何具有重要意义的宗教性的俗众知识主义，不管是小市民性格，还是贱民性格的，虽然在一些教派中偶尔确可发现某种宗教性的俗众知识主义。

另一方面，教养阶层在教会发展中所扮演的角色，也并非就不重要。加洛林王朝、奥托王朝与萨利安王朝的帝国主义的教养

阶层[1]，都努力构建一个皇权—神权的文化组织，就像 16 世纪俄国的圣约瑟夫派（Josephite）修道士所做的一样[2]。教皇格列高利的改革运动，以及教皇政治的权力斗争[3]，究其实也是在当时精英知识阶层的意识形态下推动的，他们与正在崛起的市民阶层组成联合阵线，共同对抗封建势力。随着大学教育的日益普及以及教皇极力想要垄断——为了国库或单纯只是保有庇护权的目的——巨大的圣禄的支配权（这些圣禄是教养阶层的经济支柱），这个日渐扩大的"圣禄受益者"阶层乃转而反抗教皇。最初，这种反抗基本上只是针对经济及国家主义之利益的独占，稍后，随着教会的大分裂（Schism），这种反抗乃转变为意识形态上的，这些知识分子乃

1　加洛林王朝为法兰克王国后半期的王朝（751—919）。在墨洛温王朝末期，加洛林家族即官居宫宰之职，势力渐次扩大，到了矮子丕平之时推翻前朝登上王位。丕平之子查理曼更从罗马教皇处取得皇帝的封号，国家达于鼎盛。查理曼死后，由于分割继承制，王家一分为三，至 10 世纪时断绝。

　　继加洛林王朝之后为日耳曼的萨克森王朝（919—1024），据第二代国王奥托大帝之名而又被称为奥托王朝。奥托大帝（912—973）为第一位神圣罗马帝国皇帝，大大推进了国家统一的事业。

　　继萨克森王朝者，总括起来被称为萨利安王朝（1024—1125）及霍亨斯陶芬王朝（1138—1254）。——日注

2　这里指的可能是大约出现在 1500 年，伊凡二世（Ivan II）与瓦西里三世（Vasilii III）时代的所谓的"教会党"。其领导人为 Iosif Sanin，Volokolamsk 修院院长，他称扬莫斯科公国的统治者为神意所定的、教会的世俗之臂；莫斯科之被视为第三罗马（也是最后一个）的观念，大致也起于此时。Iosif 及其信徒（即所谓的 Josephites）对抗被称为 Judaizer 的理性主义异端分子，以及 Nil Sorski 领导下激进的修道院运动。Josephite 要求改善修道院的习俗，不过他们也主张保护修院拥有的地产，反对沙皇的攘夺，以及 Nil Sorski 所领导的极端出世取向的运动所提出的放弃修院地产的要求。——中注

3　此处指罗马教皇格列高利七世（Gregorius VII，1073—1085 年在位）所推动的一连串改革运动。格列高利七世出生于意大利的托斯卡纳，居留克留尼之时受到当地改革精神很大的影响，决心刷新教会与修道院的弊端，包括圣职者私婚及圣职买卖等。他并试图树立基督教世界的统一的教会组织，要求地方教会的监督权及司教的续任权，而与神圣罗马帝国皇帝亨利相对立，开启所谓圣职续任权斗争之端；在教皇于 1076 年下达破门令的压力下，皇帝最终只有屈服。——日注

成为"教会会议至上论"改革运动以及后来人文主义的"担纲者"。

　　人文主义者的社会学，特别是他们从骑士与圣职者的教育转化为基于恩护者之大量赏赐的宫廷文化，当然是有其独特意义的问题，只是我们无法在此详述。人文主义者对 16 世纪宗教改革的矛盾态度，主要是来自意识形态上的因素。

　　只要人文主义者愿意为教会的建立——不管是改革派教会还是反改革教会——提供服务，他们就会在教会学校的组织与教义的发展上扮演一个极端重要（虽非决定性）的角色。然而一旦他们成为某种特殊宗教（实际上是一整批宗教的个别类型）的担纲者，他们仍然不可能产生持续性的影响力。这些受过经典教养的人文主义者团体，与其生活样式相互一致的，对群众以及宗教性教派都抱持全然排斥的态度。他们一直憎恶骚动，特别是祭司与布道者的煽动。整体而言，他们在气质上接近埃拉斯都派（Erastus）或和平主义的[1]，也正因如此，他们注定是要逐渐丧失其影响力。

　　除了精微的怀疑主义与理性主义的启蒙思想外，人文主义者（特别是英国国教的团体）也呈现出一种纤细的宗教情操，或者又如见之于皇家港（Port Royal）信徒的一种诚挚而又经常带有禁欲性格的道德主义[2]；以及见之于日耳曼（初期）与意大利的一种个人主义的神秘主义。不过在涉及其现实权力与经济利益的斗争里，

1　埃拉斯都（Thomas Erastus，1524—1583），瑞士的基督新教神学家与医学家，任海德堡、巴塞尔等各大学教授。信奉茨温利之说。他主张即使在教会的问题上国家的权力仍应占上风，此一主张即被称为埃拉斯都学派，特别在英国有许多赞同者。——日注
2　17 世纪兴起于法国的宗教思想运动，以巴黎郊外的保罗·洛依亚尔僧院为中心，经营共同生活，基于詹森主义（Jansenism）实践纯粹的信仰与严格禁欲的道德，尤其是尖锐批判耶稣会的教义。虽然逐渐受到压制，还是对 17 世纪的法国思想产生很大的影响。——日注

若非直接诉诸赤裸裸的暴力，那么自然是出之以煽动的手段，在这方面，并非所有的人文主义者团体皆居于平等的地位。显而易见的，至少那些想要争取统治阶层——特别是大学——支持的教会，就需要受过经典训练的神学论辩者以及受过经典训练的传道者。在路德教派内，由于与贵族势力合作，教育与宗教活动的结合迅速且彻底地转移到转业神学家手中。

尽管《休迪布拉斯》（*Hudibras*）里嘲笑清教徒夸夸而谈的哲学知识[1]，然而，赋予清教徒——尤其是洗礼派诸教派——无与伦比之抵抗者，并非精英分子的知识主义，而是平民（有时甚至是贱民）的知识主义，因为洗礼派运动在其初期是由流浪的职工或使徒所推动的。在这些清教诸教派里，并没有具有一种特定生活样式的特殊的知识阶层，不过，在一个由巡回布道者所开展的短暂的传教运动结束之后，受到他们的知识主义潜移默化的是中产阶级。有关《新约/旧约》的知识以及对极端深奥玄妙的教义论争之兴趣的前所未有的普及化，是17世纪清教徒（甚至及于农民层）的特色，这种普及化创造出一种后无来者的宗教性大众知识主义，只有晚期犹太教以及保罗传教教团的宗教性的大众知识主义才能比拟。这点恰与荷兰、苏格兰一部分与美洲殖民地的情况形成对比；在英国，当势力范围以及争取势力的限制，于宗教战争中试炼并予以确定后，这种宗教性的大众知识主义即告衰微。不管怎么说，这个时期型塑了盎格鲁—撒克逊之教养阶层的知识主义，其特色为一种对自然神论—启蒙主义的宗教形态的传统性恭顺态度，柔

1　休迪布拉斯是17世纪英国诗人勃特勒（Samuel Butler，1612—1680）所作的长篇讽刺诗中的主角。此诗篇由三部构成，于1678年完成。此诗的根本意图在于借着主角休迪布拉斯的登场对当时在英国拥有大势力的基督新教加以攻击，并揭发其伪善。——日注

顺的程度则各有不同，不过，从未到达反教会的程度，有关此一
现象目前暂时无法论及。由于盎格鲁—撒克逊人的心态基本上乃
来自（拥有强大政治力量的）市民阶层之传统主义的态度与道德
主义的关心，因此可说是受到宗教性的平民知识主义的制约，这
一点恰与拉丁诸国内部（本质上）以贵族及宫廷为中心的教育之
转变为激烈的敌视、或全然地忽视教会的态度，形成最尖锐的对比。

　　盎格鲁—撒克逊人与拉丁诸国的这些发展（最终导致一种反
形而上学的效果），恰与**日耳曼**特有的"非政治"——既非脱政治、
亦非反政治——的精英教育形成对比。日耳曼的这种教育源自其
具体的历史条件，且极少（基本上是负面的）受到社会学特质的
制约。其取向为形而上的，然而与特定的宗教需求无甚关联，更
谈不上任何"救赎"的需求了。另一方面，日耳曼的平民与贱民
知识主义，就像拉丁诸国的，逐渐走向激烈的反宗教途径，尤其
是在社会主义的经济末世论兴起之后变得特别显著。此一发展与
盎格鲁—撒克逊地区的发展恰成强烈对比，后者之最诚挚的宗教
形态，自清教徒时代以来，即带有教派的性格，而非制度性与权
威性的。

　　唯有这些反宗教的教派尚能掌握一个没落的知识分子阶层，
他们对社会主义的末世论至少还能短暂维持一种宗教式的信仰。
那些经济利害关系者（劳动者）愈是掌握其利益代表，"学院派"
的构成分子就愈不重要。再者，对"学问"迷信式的崇拜——认
为"学问"乃解放阶级支配的可能的创造者，或至少是社会革
命（不管是和平还是暴力的）的先知——最终之无可避免的幻
灭，亦使得此一构成分子更形衰微。因此，同样的结果是，在西
欧唯一残存的近似于一种宗教信仰的社会主义形态——工团主义

(Syndikalismus)[1]——很容易就堕落为由没有直接经济利害关系的第三者来进行的一种浪漫的游戏。

最后一个知识分子的大规模运动，虽然并非有一种共识的信念来支撑，却具有一些足可比拟于一个宗教的基本要素，即俄罗斯的革命知识层，在此运动中，出身学院与贵族的知识分子与平民知识分子并肩而战。平民知识主义的代表性人物是庶民的小官吏层，特别是自治团体的官员（所谓的"第三势力"[2]），他们不管是在社会学思考上，还是对文化全盘的关怀上，都相当有深度。此外，下列人物也发挥了推动此一类型知识主义的作用：新闻人员、小学教师、革命的使徒，以及在俄国的各种社会条件下配合出现的农民知识层。在 1870 年代时，这一运动汇集为一种对自然权利的诉求，其主要取向为农业共产主义，亦即所谓的"民粹主义"。1890 年代起，这一运动与马克思主义的教义有过激烈的冲突，不过也有部分的融合。另一方面，也有将之与纯斯拉夫主义之浪漫主义宗教性——稍后则转化为神秘主义宗教性，或至少是宗教性的狂热——结合起来的企图，虽然其方式通常并不很清楚。在陀斯妥耶夫斯基与托尔斯泰的影响下，俄国一些相对广大的知识分子阶层逐渐产生一种禁欲的、无等差主义的个人生活态度。至于

---

1 工团主义是于 1880 年左右兴起于法国、影响力亦及于他国的激进劳工运动的理论。工团主义反对劳动者以政党的方式来活动，而主张工团是革命行动的唯一主体，并采取怠工、杯葛、罢工等直接行动来教育劳动者，其最终目的在于以总罢工的方式打倒资本主义以完成革命。工团主义不承认一切国家形态，倾向无政府主义，并且根本不信任社会主义运动的低俗化。一次大战后，除西班牙外，工团主义在各国皆急速衰退。——日注

2 20 世纪初，出身于贵族、圣职者、中产阶级以外之各阶级的下级官吏，相对于政府官员（第一势力）、自治体的议员（第二势力），被称为第三势力。属于知识阶级的医师、农业专家、技师、教师、护士等皆包括在内。——日注

有关此运动——强烈混杂了犹太平民知识分子（他们随时准备牺牲一切）的影响——在俄国1906年革命大变动之后，还能持续到什么程度的问题，我们无法在此细述。

十四　西欧之宗教"被启蒙者"教团的形成

在西欧，自17世纪以来，在启蒙主义的宗教观点下产生了——不管是在盎格鲁—撒克逊，还是（较晚近的）法国文化区——唯一神论、自然神论、综合信仰、无神论与自由教会的教团；佛教的概念（或其他被认为如此的），在此过程中也扮演了某种角色。在日耳曼，启蒙主义的宗教观则在认同于共济会宗旨的团体里找到听众。换言之，也就是那些没有直接经济利益关系的团体，特别是大学教授，不过也包括一些落魄的意识形态者以及部分（或全部）出身于庶民的受教育团体。另一方面，不管是印度（梵社所代表的[1]），还是波斯的启蒙主义宗教，都是与欧洲文化接触下的产物。

这些运动对文化领域的实际影响意义，在过去远较目前为大。由于许多因素的配合，不太可能会出现一个新的由知识分子所创造出来的真正的教团性宗教。这些因素包括有：特权阶层有意维持既存的宗教，以之作为驯服大众的工具；他们需要维持社会差

1　梵社（Brahmo Samaj）是19世纪时印度教之近代改革运动的一个代表派别，由罗依（Rām Mohun Roy，1772—1833）创设。他主张改正沉湎于数千年之迷蒙状态的前近代的社会机构及印度教的恶劣弊端，撤废种姓制度，禁止幼童结婚及寡妇殉死等恶习，另一方面，致力于恢复印度古来纯粹有神论的原貌、推广吠陀的纯粹教说及排除偶像崇拜等。这一运动成为近代印度改革的先驱，继之而起的一些运动对于社会改革及独立运动有很大的贡献。——日注

距；他们厌恶大众的启蒙运动，认为这会摧毁了精英团体的威望；以及他们持之有故地拒斥任何信仰，因为因袭的信仰教条皆有可能为大众（透过**文字**而）接受的、新的信仰教条所取代——任何人皆可将原典割裂来解释（"正统派"走样 10％，"自由派"走样90％）；最后，尤其重要的是，特权阶层对宗教问题与教会常抱持着一种轻蔑的、漠不关心的态度：奉行某些令人厌烦的仪式并非什么大不了的牺牲，只要每个人知道这些仪式也不过就是（最好是由符合正统信仰与身份习惯的官方监护人来奉行的）形式而已，而且也因为国家要求这些人为其前途而奉行。

文人、学院派或咖啡屋的知识主义需要将"宗教"情操列入他们的印象与感觉泉源的库存中，并将之作为讨论的课题，从来就没有促成一个新的宗教之兴起。宗教的复兴也不可能因为作家针对这些有趣的课题写作之需要，或者是聪明的出版家为了要销售这些书这种远为实际的需要而出现。不管一个广泛流行的"宗教之关怀"的出现是受到何等样的刺激，没有一个新的宗教是来自知识分子的上述需求，或者他们的喋喋不休。风尚的流行会及时转移聊天与新闻评论的课题。

第八章

神义论的问题

一 一神教的神观与世界的不完美

　　根本上来讲，严格算是"一神教的"（monotheistisch）只有犹太教与伊斯兰教；然而，日后渗入了圣者崇拜的伊斯兰教，其一神教的性格就多少减弱了。在印度教、后期佛教与道教三一论版本——神的三身论——的对比下，基督教的三位一体论（Trinität）方可谓本质上是一神教的，然而，天主教的弥撒祭典与圣者崇拜，事实上是很接近多神教的。同样的，并不是任何一位伦理性的神都必然具有绝对的不变性、全能与全知，换言之，都具有绝对的超世俗性（überweltlichkeit）。此种特性，是热切的先知奋其思维与激情（Pathos）所赋予神的。唯有犹太先知的神完全具备此特性，而成为基督教与伊斯兰教的神。并不是任何一种伦理性的神观都达到此种成果，更非就此而发展成为伦理的一神教，而任何往一神教方向的趋近也并非皆基于神观之伦理内涵的高扬。确实，并不是每种宗教伦理都产生出一位超世俗的——从无中创造出存在全体并由一己加以操控的——人格神。话虽如此，不过，由于各个伦理性的预言都为了求得正当化而总是要有个神的存在；并且，通常也正是基于神观之朝向一神教方向的合理化之故，这个神被赋予一种超越于世界的、卓然崇高的属性。此种崇高性的本质与内涵，可以是相当分歧多样的——部分与固有的形而上学表现相关联，部分则视先知就其具体的伦理关怀所做的表现。不过，此种崇高性一旦愈是朝向一个具有普遍性、超越世俗性且独一的神的概念推进，便愈会产生这样的问题：这样一位神的超凡力量之高扬，与他所创造出来并且支配的世界之不完美，如何可能一贯相连而不矛盾？

由此衍生的神义论问题，在古埃及文学、《约伯记》与埃斯库罗斯（Aeschylos）的著作里[1]，都生动地表现出来，只不过表现手法各异罢了。整个印度的宗教，是以一种独特的方式——在其本土固有的诸条件之规定下——受到这个问题的影响；即使是一个充满意义的、非人格性的、超神的世界秩序，也还是要面对世界之不完美的问题。无论何处，这个问题总是以或此或彼的形式涵藏于决定宗教发展与救赎需求的根本因素里。由近几年间的[2]问卷调查中可以看出，数千名德国工人之所以拒绝接受神的观念（Gottesidee），其动机并非来自自然科学的论证，而是由于超凡神旨（göttliche Vorsehung）与社会秩序的不公正、不完美之无法组合。

1　埃斯库罗斯（前 525—前 456），希腊三大悲剧作家之一，最著名的作品为 *Oresteia*（《奥瑞斯忒亚》）三部曲，描述围攻特洛伊城希腊联军统帅阿伽门农（Agamemnon）一家的悲剧。——中注
2　此处指第一次世界大战前几年。——日注

二　神义论的纯粹类型——弥赛亚的末世论

神义论的问题，已有各种方式的解决，而这些解决，和神观的形成及原罪—救赎观念的采行，有着最最紧密的关联。就此，我们选取出尽可能合理的"纯粹"类型来。

首先是，指出此世将会有报偿（Ausgleich），而公正的报偿是会被授予的，此即弥赛亚的末世论。此种末世论的过程即意味着此世的一场政治与社会变革。一位有力的英雄，或者一个神，迟早（或随时）会出现，并且将其信从者置于此世他们所应得的位置上。当今这一代人的苦难是祖先之罪恶的结果，神要子孙来负起这个罪责。血债的复仇者认定杀人者全族皆为其仇敌，教皇格列高利七世（Gregory Ⅶ）将对逐出教会者之判决延及七代子孙，这都是如出一辙的想法。同此，恐怕也只有虔信者的子孙会因其虔信而见于弥赛亚的国度。或许若是因此而必须舍弃个人的救赎经历，那也不足为怪。顾及子孙，这在世界各地无不是一种既有的生物性心态，它超越个人一己的利害关怀——对于"彼岸"，至少是对于个人死后之它世的关怀。对那时的人而言，以身作则地严格恪守正面的神授诫命，一方面为的是自己本身能够因为神的恩宠而至少获得最佳的人生际遇，另一方面为的是能让自己的子孙因此而获准加入救赎的国度。"罪"（Sünde），是对神忠实服从有所偏废，是对神的许诺加以不敬的扬弃。再者，个人为能亲身加入弥赛亚王国的欲望，则导致更进一步的结果：当神的王国在此世的建立似乎即在眼前时，一股澎湃的宗教激情即油然兴起，而宣告神的王国之到临的先知们也一一出现。不过，要是这个弥赛亚王国还是迟迟不能到来的话，那么就要无可避免地转向原来的"彼世"期待寻求慰藉了。

三 彼世信仰、天意信仰、报应信仰、预定论信仰

"彼世"概念的萌芽，在从巫术到灵魂信仰的发展过程中，即已出现。然而，死者之灵的存在，绝非总能推展成熟为一种特殊的死者国度的观念。相当常见的一个观念是，认为死者的灵魂会依各自不同的生与死的方式、不同的氏族与身份，化身为动物与植物。此乃灵魂轮回观念的根源。举凡相信有死者国度——起初是个地理上遥远的地方，尔后则是地下或天上——存在之处，未必就认定灵魂的生命必然在那儿永远长存。灵魂有可能会被凶暴地毁灭掉，或因血食之不继而死灭，或者不管怎样就干脆是寂灭了（这显然是古代中国的想法）。

根据"边际效用法则"，当此世根本的需求被满足时，一般而言，个人对自己身后命运的某种顾虑就会产生，并且，根本上也因此而只限于上流阶层与富裕者。只有他们，有时只限于首长与祭司——穷人是没份的，妇女则少之又少——才能确保自己在它世的存在，并且往往为此耗费巨资也在所不惜。主要是因为这些人的示范作用，对于彼世之期望的热衷大大受到鼓舞。

此处，还没有所谓彼世里的"报应"（Vergeltung）的问题。出现这种想法的地方，最初只是仪式上的过失被认为是对自身招来不利的事情：这在印度的圣法里范围最广——谁要是违犯了种姓禁忌，地狱之苦可期。唯有当神具备伦理性的权能之时，神才能在伦理的观点下用彼此命运支配人。天堂与地狱的区别并非继此随即产生，而毋宁是相对而言较晚的产物。当彼世期待的力量

愈来愈强时，换言之，当此世的生命在与彼岸相较之下，愈发显得不过是一时的存在形式，当此世愈来愈被认为是神从无中创造出来而因此是会再度成为过往的，并且创造者本身也被认为是从属于彼世之目的与价值的，当此世的行为愈来愈以彼世的命运为取向依归之时，那么，神与世界及其与世界之不完美的基本关系这个问题，就愈来愈被视为思维的当前要务。

有时，对于彼世的期待会在"最末者将成最先者"的公式下，使得原初的看法——认为彼世的问题只是贵人富者的事——有了一百八十度的反转。不过，这样的一种逆转即使在贱民民族的宗教观念里也很少首尾一贯地明确表现出来。然而，这在诸如古犹太的伦理中就扮演了一大角色。并且，以下这种假定：受苦，尤其是自发性的受苦，是正合神意的，并且也能有更好的彼世机运，在异常分歧多端的动机之下——或许部分是从英雄式禁欲的勇气验证，或从巫术的苦行实践中发展出来——浸透到许许多多的彼世期待之中。反之，在特别是受到支配阶层所影响的宗教里，按例是获致恰巧相反的看法，亦即，此世的身份差别在彼世也不会被抹平失效，因为那本来也就是神所意允的；这种想法依旧可由基督教信仰的"至福的"（hochseligen）先王[1]一词显现出来。

虽然如此，但是特殊的伦理观点却是：以死者审判为基础，终究会对具体的正与不正有所谓的"报应"，并且末世的历程往往也就是个普世的审判日。据此，罪即必然附有"犯罪"（Crimen）的性格，因而能够被纳入理性的决疑论之中，并且此种犯罪不管

---

[1]　在德语中，称呼已故之人时，在姓名之前加一个形容词 Selig（净福的），如同日语中之"故××氏"；若称已故之君主或王时，则加上 hochseligen（至福的）一词。——日注

在此世或彼世无论用什么办法都必然要加以偿清，如此，人最终方能光明正大地面对死者审判人。准此，惩罚与报偿必然层次分明地相对应于过失与功绩——就像但丁（Dante）作品里所表现的那样[1]——并且也根本不可能是永远的。然而，相对于此世的现实性，彼世期待的幽微与不确定，使得先知与祭司们几乎总是不可能放弃永恒的惩罚一事。永恒的惩罚也就是对于不信神、背叛神与无神者——特别是那些在此世作恶却未受到惩罚者——加以报复的对应。天国、地狱与死者审判，因此几乎获致普遍性的意义，甚至也出现在那些本质上与这些概念原本完全不相干的宗教，例如原始佛教里。

不过，即使琐罗亚斯德所宣扬的“中间国度”或者所谓“炼狱”[2]等有时限性的惩罚之概念，削弱了永恒“惩戒”——永无止境的存续——的首尾一贯性，但是，以下的困难仍然存在：对于人类行为的“惩罚”，如何可能与一个伦理性的、同时也是**全能的**、最终本身要对这种人类行为负起责任来的世界创造者，统合在一起而论呢？当人们不断就神之**全能的**观点来反省世界之不完美这个无以得解的难题时，便难免得出以下这样一个观点：认为在彼

1　但丁（Dante Alighieri，1265—1321），佛罗伦萨人，最重要的作品即为《神曲》（*Divine Comedy*）。但丁曾在一封信中提到写作《神曲》的目的：如果就其寓意而言，整部书的主题是：“人，无论其功过如何，在他自由运用选择的当儿，他应该对赏罚的审判负责”。——中注

2　在祆教里，人的灵魂若善业多于恶业则得入天堂，若是相反，则堕入地狱受永劫之苦；若是善业恶业相等，则只好待在天堂与地狱之间的炼狱，即所谓“中间国度”中，一直等到最后审判日来裁夺他终极的命运。

　　炼狱的观念也同样见于天主教的教理中：人的灵魂在人死之后以至罪被洗清之前还要受暂时的惩罚，炼狱即受罚之处。虽然有被救赎进入天国的希望，但在炼狱里至福的直观被剥夺，必然要尝受被火烤炼的苦难。——日注

世的神与一再卷入新的过恶的人类之间存在着一道极其巨大的**伦理**的鸿沟。如此一来，最终的结论无它，即业已在《约伯记》里的全能的造物主信仰转化到这样的概念来：这位全能的神乃居于其被造物之所有伦理要求的彼岸，因此他的意旨被认为是超乎人类所能掌握的范围之外的，并且，神之绝对的全能是无限地超绝于被造物的，所以被造物的正义尺度根本不可能适用于神的作为。以此，神义论的问题便整个地被消解净尽了。

伊斯兰教的神阿拉就是被他最热烈的信奉者视为这样的一个神，而基督教的"隐身之神"（Deus absconditus）也同样被其虔敬的练达者认为正是如此。神之至高无上的、完全不可测知的，因其全知而素来即无以更易的自由意旨，已决定了在地上的命运如何、而死后的命运又如何。尘世命运的决定和彼世命运的预定（Prädestination），同样都是承自永恒而确固不移的。就像是被诅咒者之怨叹其因命运的预定而确固不移的原罪一般，动物也就不定同样地在怨叹它们之生来不为人（加尔文教义有这么一个明白的说法）。以此，伦理的行为即无意义可言——既不可能改善此世的机会，也不可能有益于彼世的机运。不过，从另一面看来，就实践—心理层面而言，在某种情况下这又可能产生更强烈的作用。换言之，伦理的行为可能正是个人基于神的意旨而拥有确固不移的恩宠状态之**征兆**。正是由于这样一个神的绝对崇高性而发出了实际的宗教关怀来：意欲一窥神的蓝图——至少，就个别的情况而言——特别是想要知道个人本身的彼世命运，此乃个人无以扼抑的自然需求。

伴随着将神看作是被造物之无限支配者的倾向，另一个相应而起的倾向则是：普遍地观察与解释"神意"及其对于世界之运行完全出之己意的干预。"神意信仰"（Vorsehungsglaube）是巫术性占卜的彻底理性化，两者互有关联，而正因为如此，此种信仰便更是在原则上务求要尽可能地贬斥巫术占卜。在有关宗教关系的理解里，大概再没有像支配着近东与西方各个有神论宗教的神意信仰这样具有以下于他处不得见的特征：(1) 无论在理论上或实践上，与一切巫术如此彻底、激烈的对立；(2) 如此断然地肯定神性的本质是一种有活力的"作为"（Tun）而显现于神对世界之人格性、预定的支配之中；(3) 神之自由赐予的恩宠与被造物之对恩宠的需要，以及一切被造物与神之间的鸿沟，是如此的确立不摇；因此，(4) "被造物神化"被当作对神最大的冒渎，而以此断然地加以排斥。这样的一种信仰，对于实际的神义论问题，**并没有任何**合理的解决，正因为如此，它含藏着世界与神之间、实然与应然之间最巨大的紧张性。

四　有关世界之不完美的问题的各种尝试解决之道

对于世界之不完美的问题加以系统性地深思熟虑的解决之道，除了预定论之外，只有另外两种宗教观。第一种是二元论（Dualismus），包括琐罗亚斯德教的后期发展阶段，以及多多少少一贯地表现于众多受其影响的近东的信仰形态里：特别是见诸曼达教与诺斯替教派的巴比伦宗教（受犹太教与基督教之影响）的最终形态，乃至于摩尼教的伟大的概念构想。

摩尼教似乎是出现在 3 世纪初包括古代地中海世界在内的、世界霸权之争的前头。（据其教义）神并非全能的，世界也并不是由他从无中创造出来的。不义、不正、罪——换言之，引发神义论问题的所有因素，皆因伟大而良善之神的光明洁净与相反面黑暗的独立势力——与不净的种种，被视同为一——相接触后，变得混浊不明所产生的结果。此种不净之质赋予了恶魔之力支配世界的权能，不过这也同时是由于人类或天使的原罪（Urfrevel）使然，或者，在一些诺斯替派教徒看来，是由于一些下层的世界创造者（诸如耶和华或狄米尔格[1]）之拙劣。光明之神在连番的战争后终将胜利，一般而言渐次被确定下来（不过这也使得严宗的二元论为之瓦解）。虽然充满苦难但却无可避免的世界进展，是一种从不净之中挣脱出光明的不断净化。终极决战的观念，自然激发出一股非常强烈的末世论的激情（Pathos），其结果往往无非是洁净者与受选者之贵族式的威严感。

对于恶（Böse）的概念，在绝对全能之神的假设前提下，通常显示出一种纯粹**伦理性**回转的倾向，是以能够取得一种强烈精神性的性格。这是因为人被认为并不是对立于绝对全能之力的被造物，而是享有光明之国的一分子。并且，也因为将光明视同为人类最澄净的部分，换言之，精神，反之，将黑暗视同为承载一切恶劣诱惑的东西，亦即肉体，这简直是无可避免的。此种观点很容易便与图腾伦理中的"不净"（Unreinheit）的思想联结起来。似乎恶即污秽，罪（以一种相当类似于巫术性冒渎的方式）即是从清净澄明之国掉入黑暗与混浊之境的堕落，而导致不洁与应得的耻辱。在几乎所有具伦理取向的宗教里，都可以看得到，以构成二元论思维方法之诸要素的形式，对于神圣全能不知不觉地加

1　狄米尔格（dāmiourgos）在希腊语中是"制作者"的意思。柏拉图在其 *Timoeus* 中给世界的创造之神以狄米尔格之名。不过此神不是像基督教里的那个从无中创造世界的全能的神，而只不过是个以被给予的理念为手本而描摹创造世界的制作者。——日注

以限制的现象。

　　神义论问题在形式上得到最为完整的解决要算印度的"业"的教义——所谓灵魂轮回信仰——的独特成果。世界被看作是一个伦理性报应关系包罗紧密的秩序界（Kosmos）。尘世里的罪业与功德必定会由灵魂在来生中加以报应，而灵魂有可能变成动物，或另一个人甚或神祇，无数次地一再化身到这世界上来。此生的伦理功德可以导致再生进入天堂，然而有其时限——直到这功德被抵用完了为止。同样的，所有尘世生命的时限都是某一特定灵魂在前世行善或行恶累积下来的限数。人在此世的苦难——从报应观点看来是不公平的苦难，应该被看作是前世所犯罪行的报偿。每个人的命运——就其最严格的意义上看来——终究是由自己亲手创造出来的。灵魂轮回信仰与流传相当广泛的泛灵论观点——死者之灵转移到自然物上——有所关联，并且将后者加以理性化；实际上，它更是基于纯粹伦理的原则将整个宇宙理性化。吾人的思维习惯——自然主义的"因果律"——也因而由一种普遍的报应机制（Vergeltungsmechanismus）来取代，依此机制，没有任何具**伦理**意义的行为会消失掉。据此所导出的教义性结论则是：根本不必要，事实上也不可想象，一个干预此种机制的全能的神。因为，这样一个神所要实行的伦理课题，不灭的世界过程径可透过本身的自律性加以解决。所以，报应机制是出自永恒的世界"秩序"（Ordnung）之超神格的性格（Übergöttlichkeit）——相对于人格性支配之神强加其预定之意的超世界的性格（Überweltlichkeit）——之一贯必然的推衍。

　　古代佛教完全贯彻了此种思想之最究极的推论，甚至连"灵魂"的概念也整个被排除了出去：所剩者不过是与"我"（Ich）之妄想相联结而关联于业报机制的各个善或恶的**行为**（Handlungen）。然而，一切行为，就其本身而言，无非是所有被造物所进行的那场终究是无望的斗争——承受自身本为无常之物，但奋而为那注定要消亡的自身之存在而战斗——的产物，亦即，"生之渴望"的产物。此种生之渴望是对于彼世的憧憬，以及沉溺于此世的快乐之所以产生的源头，同时，也是个体化之根深蒂固的基础，并由此创造出不断更新的生命与再生。罪，严格说来，并不存在，所存在的是个人对其身清醒的关怀——自此种无止境之"轮"中逃离，或至少是避免自身再蹈入同样是苦难一生的再生——之背离。因此，伦理行为的意义，如果不唱高调的话，无非是：一则，在于增益其再生时的机运，或则——单只为了存在而进行的那场毫无道理可言的斗争如果能被了结的话——在于捐弃那样的一种再生。

于此，并不发生世界为两种原理所分裂的事，诸如吾人所见之于伦理的二元论之神意宗教里的那般——在二元论里，神圣而全能的神之伟岸，与所有被造物在伦理上的残缺，形成对比。于此，也不发生像唯心论的二元论里，光明与黑暗、清澄纯净的精神与灰暗混浊的物质，那种二分的对比。此处，毋宁是一种本体论的二元论，一方是世界之非恒常的事项与行为，一方则为永恒的秩序——寂止的、安眠于无梦之境的神圣——之安然持续的存在。唯有佛教，道道地地的达到灵魂轮回说的这种彻底归结。此乃神义论问题最彻底的解决，然而，也正因为如此，它和预定论信仰一样，无法满足我们对于神的伦理要求。

第九章

救赎与再生

关于神对世界与人类的关系，此一问题的解决，前文已描述出几个最纯粹的类型，不过仅有少数救赎宗教精纯地发展出这样的类型来，有的话，大多也维持不了多久。大部分的救赎宗教，由于彼此间的互相吸收，更由于有必要顺应其信奉者在伦理上与知性上的要求，已将各种不同的思维形态相互组合，因此，其间的差异，不过是在程度上相近于这个或那个纯粹类型的不同而已。

神的思想与罪的思想那各种不同的伦理色调，以此与追求"救赎"（Erlösung）的努力，有着最为紧密的关系，而此种努力的内容，按照人们希冀"自何处"被拯救出来以及希望被解救到"何处去"，而带上极为不同的色调。并非任何理性的宗教伦理都必然是救赎伦理。儒教是一种"宗教的"伦理，但丝毫不知所谓救赎的需求。反之，佛教道道地地的是种救赎论，然而并不认知什么神。其他许多宗教所认知的"救赎"，只不过当它是小型信徒集会里所进行的特别行事，通常也不过是种秘仪（Geheimkult）。甚至宗教行为，那些被认为是特别"神圣的"宗教行为，并且，许诺其信徒唯有透过此种行为方能得救的种种——最为粗鲁的功利期待，往往取代了任何我们所习惯称之为"救赎"的事物。

向伟大的大地之神——他同时支配着农作收成与冥界——所献上的默剧式乐曲祭典，许诺在仪式上纯净无瑕的谷神信仰的信徒，将拥有无上的**富**（Reichtum），并改善其在彼世的机运，然而这样的应许绝非出自报应的观念，而是纯粹的圣祭虔敬使然。在（中国）经书的财货目录中，**富**是仅次于长命（寿）的最高珍宝，为人臣者是否能得到它，就看他们是否能正确地执行官方的祭典及恪尽各人本身的宗教义务，因为，（对他们而言）根本没有什么彼世的期待与报应可言。对琐罗亚斯德而言，除了相当丰盛的彼世应许之外，因他的神所赐之恩宠而来的**富**，是他与信从于他的人所特别期待的。在佛教看来，受人尊崇的长命与**富**，是即俗众之美德的报偿，这与印度所有现世性的宗教伦理之教说完全一致。**富**，也是神赐予虔敬的犹太人的祝福。然而，**富**——如果以合理且合法的方式追求的话——在禁欲的基督新教诸教派（加尔文派、洗礼派、孟诺派、教友派、改革派的虔敬派及卫理公会派）看来，同时也是恩宠状态之"确证"（Bewährung）的一个征兆。

当然，在上述的最后一种情况里，我们发现其中有个观念，亦即，相当断然地拒斥将财富（以及其他任何现世的利得）当作"宗教的目标"。不过，在实际上，达到此种观点的转变过程是曲折漫长的。我们很难将这些宗教的救赎观念与见之于贱民民族——特别是犹太人，不过同样也包括琐罗亚斯德与穆罕默德——宗教里，从压迫与苦难里被解救出来的救赎许诺，严格地加以厘清。对于虔信者而言，这样的许诺可能就是世界的支配与社会的威望，早期伊斯兰教信徒即将此种许诺背在背囊里当作对抗所有不信者之

圣战的报偿 [1]；或者这种许诺也可以是种特有的宗教信誉，即如以色列人相信这是神所许诺要由他们来承传的。因此，特别是对犹太人而言，他们的神本来就是个拯救者，因为他曾将他们从埃及的奴隶之家拯救出来，将来也必会将他们从聚居地（Ghetto）拯救出去。

　　除了这类经济的、政治的许诺之外，尚有特别是从对恶灵与邪术——被认为是要对大多数的人生灾祸负起责任的因子——的不安中的解放。基督以其圣灵（Pneuma）之力打破恶灵的势力且将其信奉者从恶灵的支配之中拯救出来，这在早期的基督教来说，是其最被强调与最具影响力的许诺之一。并且，拿撒勒人耶稣所宣扬的神的王国——已经到来或者近在眼前的——是指一个去除了人的冷酷无情、不安与穷困的地上的至福王国；天堂与地狱之说，是后来才有的。当然，基督再临（Parusie）一旦一再延迟，寄望于此世的末世论就会出现这样一个趋势：对于彼世的期待。于是，所强调的重点变成：现今无缘于此世得见地上至福王国降临的人，将会于死后复活以得此体验。

　　"彼世的"救赎之特有内容，可以是指：从尘世生命之生理的、心理的或社会的苦难中获得解放；也可以说是：此种生命之毫无意义可言的不安与无常的解放；或者，更可以是意指：人格之无可避免的不完美之解放——无论这种人格的不完美被认为是慢性的沾染状态或是突发性的罪恶倾向，或者，更精神性地说，是因地上物的无知而堕入晦暗昏乱的蒙昧。

　　本质上，我们所要考察的救赎憧憬（Erlösungssehnsucht）——

1　韦伯此处引用的似乎是假借拿破仑之名而来的一句名言："每个法国士兵的背囊里都携带着陆军元帅的权杖。"——日注

不论其为何种性质——仅限于那些对生命里的**实践行为**产生重大影响者。救赎憧憬的这种对此世积极正面的回转，是透过产生某种"生活态度"（Lebensführung）——与某一心中意义或积极目标紧密结合而个殊地由宗教所限定的"生活态度"——最强而有力地展现出来。换言之，此即基于宗教动机而产生实践行动——以其特定的统一价值为取向——的体系化。此种生活态度的目标与意义可以纯然是指向彼世的，或者也可以（至少有部分）是对准此世的。关于这点，各个不同的宗教，在程度上与类型的性质上，皆极为不同，甚至就某一宗教内部而言，其各方的信仰者也存在着这样的分歧。此外，生活态度的宗教性的体系化，如果试图对经济态度有所影响的话，当然，有其艰巨的限制要面对。并且，宗教动机，特别是救赎期望，绝非**必然**会对生活态度的样式有任何影响，特别是经济方面，虽然，它们可能造成相当可观的影响。

救赎期望会在如下的情况下对生活态度造成最为深远的结果，亦即：当救赎本身已预先在此世投下其身影的一个过程，或者当其为完全内在于此世之中的一个过程。换言之，当救赎本身即为"圣化"（Heiligung），或者导致圣化，或者圣化的先决条件。以此，圣化的历程可以是一种缓进的净化过程、也可能是一种心态（Gesinnung）的突然转变（悔改［Metánoia］），一种"再生"（Wiedergeburt）。

此种再生的思想是相当古老的，其古典的发展在巫术的精灵信仰里即可发现。巫术性卡理斯玛的拥有，几乎往往是以再生为其前提；巫术师本身的整个特殊的教育及其特殊的生活态度，以及他们对军事英雄的特有教导，无不是以再生和确保拥有巫术力量为取向，其手段则是出之以忘我形式的"恍惚状态"（Entrückung）

及新"灵魂"的获得——多半是以更改姓名来达成。这类观念的残留痕迹仍可见之于僧侣的献身礼。再生，起初只和职业的巫术师有关，以其巫术的或英雄的卡理斯玛之巫术性为前提，但在最为彻底一贯的"救赎宗教"的诸类型里，再生却成为宗教救赎不可或缺的一种**信念**特质——是个人必须掌握且在各自的生活态度中加以确证的。

第十章

救赎之道及其对生活态度的影响

宗教对于生活态度的影响，以及，特别是对于再生之诸前提条件的影响，皆因救赎之道及欲求拥有救赎的心理特质——与前者有最紧密的关联——之不同，而有着相当的差异。

救赎可以是追求救赎者在不借助任何超自然力量的情况下，自己造就出来的事业——例如古代佛教里的情形。如是，可以因之获得救赎的这类事业，有以下诸种。

一 巫术宗教与仪式主义；仪式主义宗教皈依的各种归结

（1）纯粹**仪式性的**祭祀行为与祭典——不管是在崇拜神时，还是在日常生活里。纯粹的**仪式主义**，在其对**生活**态度的影响这点上，与巫术并无不同，并且，有时甚至落于巫术宗教之后。因为，当巫术宗教在某些情况下发展出关于再生的一种明确而有效的方法论时，仪式主义（虽然经常但）并非总是能做到。救赎宗教则能够将一个个纯粹形式的仪式行为体系化到一种所谓"皈依"（Andacht）的特殊心态里去；在这种皈依下，仪式被当作象征神

圣的事来执行。如此一来，此种心态便真正是活生生的救赎拥有
(Heilsbesitz)。不过，此种心态一旦被拭去，那么，所剩者不过是
赤裸裸的、形式的巫术仪式主义，而事实上，这也是宗教皈依在
日常化的过程里，总是一再不断发生的事。

　　一种仪式主义的宗教皈依可以得出相当多样的结果。见诸虔
诚的印度教徒生活里的那种一心一意的仪式规则、那种对虔信者
日复一日的要求——以欧洲人的观点看来是完全不可思议的——
如果确实严格实行的话，那么，在现世里的典范性虔敬生活，与
积极努力的营利活动，想要并行不悖，几乎是不可能的。此种皈
依虔信的极端类型，与清教 (Puritanismus) 处于两极性的对反位置。
唯有富裕者，亦即，能免于劳烦的工作重担者，才能够实行这样
的仪式主义。

　　不过，这种结果无论如何总还是可以避免的；相较之下，下
述的情况就较为根深蒂固了。亦即，仪式性救赎，特别是当它将
一般信徒限制于旁观者的角色，或将这些人的参与限制于简单的
或本质上被动性的操作上，并且，特别是当它将仪式的心情尽可
能地升华为衷心不二的皈依时，它便会将重点置于虔敬的刹那一
刻的"心境"(Stimmungsgehalt) 上，而此种心境似乎即确证了救赎。
因此，某种内在的**状态性** (Zuständlichkeit) 的拥有便成为致力求
取的目标，而此种内在状态性在性格上是**一时的** (Vorübergehend)，
并且由于其特有的"无责任性"(Verantwortungslosigkeit)，在祭
典过后——好比倾听一场弥撒或观赏一出神秘剧后，其对行为方
式的影响几乎总是微不足道的。这就像戏剧的观众，在观看了一
出美妙而动人心弦的戏剧后，无论内心受到多大的感动，其日常
伦理却没有受到多少影响的道理是一样的。所有的神秘救赎，无

不具有这种断续性的性格——期待以一种随机式的虔敬皈依来达成其"因其作为"（ex opere operato）的效果；其中缺乏产生出某种**确证**要求——有可能保证"再生"的作为——的内在动机。

相反的，当依靠仪式而引发的随机式皈依被提升到持续性的虔敬，并且被试图在日常生活里保住其作用时，那么此种虔敬一开头便带有一种神秘的性格。换言之，其中的转折在于：虔敬导致以内在**状态性**的拥有为目标。不过，步入神秘主义的禀赋却是一种个人性的卡理斯玛。因此，正如见诸印度及其他东方的那种神秘主义的救赎预言，在被日常化之后，马上又转变成为一种纯粹的仪式主义，这是一点也不足为奇的。对我们而言，重要的是：仪式主义所终极追求的心灵状态，会导致直接的背离**理性的行动**。几乎所有的秘仪祭典都有这样的作用。其典型的意义即在于"秘迹恩宠"（Sakramentsgnade）的授予：换言之，透过秘法传授的神圣性来达成脱离罪愆的救赎。就像任何的巫术一样，这样的一种过程具有脱离日常生活的倾向，因此也就无法对日常生活产生影响。

然而"秘仪"也可能发挥其他相当不同的作用，只要其授予是与这样的前提联结在一起：只有那些在神面前伦理清白的人才能靠此秘仪得到救赎，其他的人，秘仪所带给他们的是毁灭。而对着"不信而食者，乃为其本身之终受审判而饮食"这个教说，直至当代之初，广大阶层的人们在面对圣餐礼之时，仍油然心生恐惧不安；并且，在缺乏一个"赦罪"的法庭的情况下——就像禁欲的基督新教所处的状况；以及，在频繁参与圣餐享用——因此而成为虔敬的一个重要的标记——的情况下，这种恐惧不安即对日常的态度产生强烈的影响。所有的基督教教派，皆有在行圣礼之前先行**告解**的规定，这与上述情形有关。关于此一制度，决定性的问题在于：在宗教的规定里，能够使圣礼成为有益于参与者而被接受的状态，到底是怎样的状态。

在这方面，几乎所有的古代秘仪祭典，以及大部分基督教以外的秘仪祭典，都仅止于要求仪式上的纯净，此外，犯下重大的凶杀罪过，或者各别特殊的罪过，也会被视为足以丧失参与祭典的资格。也因此，这些秘仪大多并不懂得所谓的告解。然而，只要是仪式上的纯净被理性化为心灵上的纯洁无垢之处，那么现在问题的重点便进一步变成：（自我）驾驭的方式，以及，告解所行之处，告解之可能相当多样——相应于其对日常生活的影响之方式与程度——的性格。不过，这样的仪式，在实际上无论如何都只不过是个传达工具，为的是要影响仪式外的行为，而实质上，一切都要视那行为而定。所以，即使当圣礼秘仪的巫术性格完全失去其价值，并且，依赖告解的一切自我驾驭也完全不再存在之时——两种情况都是清教徒所认定的，然而——虽然如此，在某些情况下，特别正因为如此——秘仪仍旧能发挥其伦理的作用。

仪式主义宗教可能以别种间接的方法来发挥其伦理的作用：为了遂行仪式诫命而要求一般信徒采取**积极的**仪式行为（或者在仪式上避免某些行为）。如此一来，仪式的形式主义那一面便会被体系化为一个包容广泛的"法律"体系，而为了能使此法律体系被充分认知，就必须要有某种特殊的**修炼**（Schulung）与教说（Lehre）——犹太教便是如此。正如斐洛（Philo）所强调的，犹太人在古代时，就和其他所有民族形成对比，他们从幼年时期便不断地被授予知性的有体系的决疑论训练——就像我们的小学教育那样；一直到近世，例如在东欧地区，同样是基于这个原

因，唯有犹太人享有体系性的小学教育；而这一切都是由于犹太
律法的博识主义性格所造成的结果，其实犹太律法早就促使古代
犹太的虔信者将律法无知者（Am-haārez）[1] 和不信神者等同视之。
这样一种决疑论的知性教育，自然也会在日常生活当中被感受
到，特别是当其所牵涉的不再仅止于仪式祭典义务的问题——这
在印度律法里占大宗，而且包括日常伦理在内的一种体系性规则
（Reglementierung）的问题。以此，救赎事业即为相当有别于祭典
行为的事宜，而且——特别是，社会的业绩（soziale Leistungen）。

二　日常伦理之宗教性的体系化

（2）**社会的业绩**，在性质上极为多样。例如战神往往只接纳
那些在沙场上战死的人到他的乐园，或者至少对他们特加恩典。
婆罗门的伦理则明白劝诫君王，在得见其孙子出世后，即当求一
己之战死沙场。在另一方面，社会的业绩也可以是指"邻人之爱"（N-
ächstenliebe）。不过，无论在哪一种情况下，皆能导致体系化的发生，
而正如我们所见的，此种体系化通常是预言的功能。

然而，"功德"（gute Werke）伦理的体系化可能采取两种相
当不同的形式。其一是：各个道德行为与不道德行为被一一分开
来评价，然后追求救赎者便依此被加分或减分。如此一来，作为

1　Am-haārez（Landvolk）原来是指持有自己的土地的犹太成年男子。他们在公元前 7 世
　　纪左右成为非职业军队的要员，立约西亚为王并支持其宗教改革，也可说是追求成为新
　　的上帝选民这一理想的人。不过后来法利赛派的人以"乡民"一名来称呼那些对律法无
　　知及不关心律法之遵守与否的大众，带有轻蔑及视之为不净的意思。参照《新约·约翰
　　福音》7：49。——日注

自身行为担负者的个人，在自己的伦理标准上便显得不安定；在面对诱惑时，他可能会因内在或外在状况之不同强度，而马上变成强者或弱者，因此，他的宗教命运便系于其事实上的种种业绩间的相互关系。这最明白地表现在祆教的观点上，特别是其创始者（琐罗亚斯德）本人最古老的偈语里；根据此种偈语，死者审判人会将各人行为的功与过在精密的簿记上互相权衡，然后根据加减计算的结果来作出各人之宗教命运的决定。在印度业报说的结论里，这又更上一层：换言之，在世界的伦理机制里，没有任何一项善行或恶行可以被磨灭掉；任何行为的结果，在此种几乎可说是无可转圜的、纯粹的机制下，都注定要由此生的生命（要不然即由未来的再生）来承受。这种功过相抵的原理，在本质上，也还是犹太教里关于神人关系的一般的根本见解。最后，罗马的天主教与东方的基督教会的立场，至少就其实践的一面而言，也都与此相距不远。因为，根据天主教的原罪说，对于行为的伦理评价极具重要性的"志向"（intentio），并不是一种统一的人格性（einheitliche Persönlichkeitsqualität）——行为即此种人格性的表达——而毋宁是等同于罗马法里所谓的善意、恶意、过失或故意等意思，换言之，即采取各种具体行为时的"意向"（Meinung）。举凡此种见解彻底风行之处，在严格的"信念伦理"（Gesinnungsethik）意义上的"再生"之追求，便遭到放弃。此时，生活态度不过是不具伦理一贯性的一个个行为的持续。

　　功德伦理之体系化的第二种形式，是将各别的业绩认定为不过是相应其伦理的全体人格的表征与呈现。众所周知，斯巴达人当中较为严厉的那一部分人，并不认为那些为了弥补以往之怯懦而欲求战死沙场，而事实上也的确战死——换言之，表现为一种

"净化清偿"（Reinigungsmensur）的方式——的同志们已得恢复其勇士名位，因为，他们之所以英勇乃"事出有因"，而非（我们可以这样说）"基于其整体人格"。在宗教上，这意味着这样的转变：透过外在的个别业绩而获致之形式的因善行而成圣，此处已由人格的全体习性之价值——就斯巴达人而言，即持之有素的英雄精神——来加以取代。类似的原理适用于不管以什么形式出现的所有社会业绩。比方说，如果是"邻人爱"，那么在伦理体系化的过程中所要求于行动的，是拥有"善"（Güte）的卡理斯玛。如此一来，问题的重点无论如何最终便在于：各个行为真正是具有"标识性的"性格；除此之外，换言之，当行为只是"偶然"的产物，便不足为道了。

此种"信念伦理"，就其最为体系化的形式而言，可能对于人格的整体水平有高度的要求，而对于个别的疏失则较为宽容。只是，情况并非总是如此；信念伦理往往是伦理的严格主义之特出的形式。具有积极正面宗教资格的人格的整体态度，一方面可能是纯粹来自神的恩宠赐物，此种恩赐则是以一种与宗教要求吻合的一般取向来显示其存在，换言之，亦即统一的、**讲求方法的**（methodisch）生活态度之取向。另一方面，宗教性的整体人格或者反过来也可以被认为是一种原则上可透过对善的"修炼"（Einübung）而获得的东西。不过，此种修炼当然是要经由整体生活态度之理性的、**讲求方法**的取径，而不是经由一个个不成脉络的行为来达成。

实际上，以上两种情况的结果可说是相当接近的。换言之，如此一来，行动的社会—伦理性质退到了第二线，个人本身的宗教修为却成为一切重点之所在。原来作为宗教资格的、转向社会的善行，如今变成不过是**自我完成**的手段罢了。

（3）**自我完成**（Selbstvervollkommnung）："救赎方法论"（Heilsmethodik）。救赎方法论起先绝非因伦理的宗教方为人所知。相反的，在人们醒悟到卡理斯玛式再生的时候，救赎方法论即以经常是高度体系化的形式扮演着相当显著的角色。所谓卡理斯玛式的再生，即确证巫术力量的拥有；就泛灵论式的转折角度而言，是即确保在一己的内部有一新灵魂的化身，或者己身为一强而有力的鬼灵所住持、甚或转生到精灵界；总之，无非是保证超人类的作用之可能性。此中，当然绝无"彼世"的目的，人们所要的只是达到忘我（Ekstase）的本事，而用以追求种种不同的目的。例如，战斗英雄为了遂行其超人类的英雄作为，便不得不藉再生以获得一个新的灵魂。其余诸如：青年的成人礼、成人的冠礼（见之于中国与印度——众所周知，那儿的高等种姓被称为"再生族"）、兄弟团（Phratrie）之宗教性团结的加入式以及戎服礼等等，率皆含有"再生"——不管是以"英雄"或是"巫师"之名——的原始意涵。所有这些仪式原先都与导致忘我或象征忘我的行为联结在一起，而相关的试炼则在于达到考验与唤起忘我能力的目的。

三　忘我、狂迷、病态的快感与合理的宗教救赎方法论

忘我，作为"救赎"或"自我神化"（Selbstvergottung）的手段——此处，我们的关注也仅止于此，可以是较为具有诸如失神、着魔等突发性格的状态，也可以是较为具有慢性性格的状态；后者是指昂扬的特殊宗教态度的持续，此种态度若非带有高度生命

紧张性的意味，就是高度趋向与生命疏离；据此，吾人则可将之区分为偏于冥思的(Kontemplativ)或偏于行动的类型。毋庸赘言的，招引出单纯为突发性忘我状态的办法，当然不是严整的救赎方法论，而主要是靠将所有生理上的压抑排除掉的各种手段来达成，诸如：借酒精、烟草或其他有毒的物品，或者借音乐舞蹈，乃至于借着性兴奋（甚或三者并用），来导致急遽的陶醉，换言之，即**狂迷**（Orgie）。或者，人们也可以借着引发那些素来即具有歇斯底里或癫痫本质的人症状发作——此种发作则反过来引发出他人的狂迷状态——来导致忘我。只不过，这些突发性的忘我，在本质上或者意图上，都只是一时的，并没有为日常的生活态度留下什么积极正面的痕迹。并且，其中也并不具有预言性宗教所揭示的"有意义的"内容。

相对的，某种**病态的快感**（Euphorie）之较为和缓的形态，不管是让人感觉较为梦幻似的（神秘的）"开悟"（Erleuchtung），或是让人感到是较积极的（伦理的）"改宗皈依"（Bekehrung），似乎确实都比较能保证卡理斯玛状态之**持久的**拥有，并且，产生出与"世界"的一种有意义的关系，而在实质上呼应某种"永恒的"秩序之价值或某位伦理的神——如预言所宣告的——之价值。

就我们先前所见，除了纯粹突发性的狂迷之外，巫术也已熟知"唤醒"卡理斯玛资质的系统性救赎方法论。因为职业巫师与职业战士所需的，不只是突发性的忘我，他们还必要有持续性的卡理斯玛特质。而伦理性救赎的先知们不只是不需要狂迷式的陶醉，反之，这样的陶醉正巧是他们所寻求的体系性伦理生活态度的一大阻碍。琐罗亚斯德愤怒的伦理理性主义对于这种狂迷陶醉——就中特别是神酒献牲之非人的、虐杀动物的迷醉祭典——便是以背相向，正如同摩西的伦理理性主义之厌恨舞蹈狂迷，亦如同伦理理性宗教的大部分创始者与先知之嫌恶"性放纵"(Hurerei)——狂迷的神殿卖淫——一样。随着理性化的进展，此种宗教救赎方法论的目标总是会逐渐从因狂迷而获致的急遽性沉醉转移到一种慢性的、特别是由**意识**所支配的状态。

于此，整个发展还会受到"神"的概念之种类所左右。无论何处，靠着救赎方法论所能达致的最高目标——就突发的形式而言，和狂迷所能助以达到的最高目标一样，自然是指：超感性的存在之肉身化——神化身为人，或者说，人的**自我神化**。唯有至此，此种转化才最有可能变成一种持续的状态。救赎方法论也会因而直接以在此世**拥有**神性本身为指标。不过，举凡有一位全能的、超世俗的神与被造物者相对峙之处，救赎方法论的目标就**不可能**会是我们上述意义上的自我神化，而毋宁是去获得这位神所要求的宗教特质。换言之，此时，自我神化会被定位于彼世的、伦理的取向，而不是去"拥有"神——因为这是人力所不及的，因而要不是成为神的"工具"(Werkzeug)，就是为神所充满。而第二种状态显然较第一种要接近自我神化的理念。此一区别（我们下面会讨论到），对于救赎方法论的类型本身而言，具有其重要性；然而，首先要提的是两者在某些重点上的一致性。

在这两种情况下，一般人无论如何都必须将日常生活中凡是不似神的部分去除掉，以使自身有可能类似于神。就中，特别是针对人类肉体的日常状态与日常世界的事务，这些天生自然的种种。于此，救世论的救赎方法论直接地与其巫术性的前身联结在一起，前者只不过是将后者的方法加以理性化，并且使之符合于其关于超人的事项之本质与宗教性的救赎拥有之意义等问题的新观点。经验告诉我们，原本就具有特异性质的人，当他们陷于歇斯底里的"拟死状态"（Adtötung）而使得身体毫无感觉或麻木僵直时，是有可能指望他们产生各式各样正常神经状态所绝不可能产生的功能；此外，正是在这种状态下，一切可能的幻觉及灵的现象都特别容易出现。诸如：有人口出异言、展现催眠力量或其他暗示性的力量；或者，有人体验到导向神秘开悟或伦理改宗的激动，有人则体验到对个人罪过之深刻的苦痛，及与神灵交而产生的喜乐之情；有时，这些状态则彼此激烈地交错出现在一个人身上。反过来，所有这些异能异象，会因种种纯属"自然的"专注，诸如各人身体的机能与欲求、或足以涣散心力的日常事务关怀等，而再度消失无形。关于对自然的身体性与对日常生活的社会、经济需求，人们会采取什么态度的问题，世界各处无不随着救赎憧憬的发展，而从上述根据经验所得的各种事实里导出各式各样的结论来。

救世论的救赎方法论的特殊手段，包括其最为洗练的发展，几乎都可在印度找到它们的起源。在那儿，它们无疑是靠着巫术性的精灵强制（Geisterzwang）的手法开展出来。同样的，此种手段在印度愈来愈有朝自我神化之方法论的方向发展的倾向，而且，此种性格也确实不曾消失过。此一风格之盛行，上可溯自古吠陀时代的神酒迷醉祭典，下则及于两路：一为知性忘我的各种高尚方法，二为见之于最大众化的印度教中的黑天崇拜；直至今日，此种崇拜不管是粗糙的或是洗练的，都还是一种具支配地位的、性爱的狂迷（无论其为真实的，或者是在祭典的幻觉里由内心所酿成的）。洗练的知性忘我，连同与其对立的修道士狂迷——当其为较和缓的形式——也透过苏非教而被带到伊斯兰教里；时至今日,甚至远及波斯尼亚（Bosnia）[1] 地方（根据法兰克博士数月前一份可信的报告）[2],印度人都还是其典型的担纲者。

历史上宗教理性主义最大的两股势力,西方的罗马教会与中国的儒教,对于这种忘我与狂迷,在其疆界内都始终一贯地加以压制,要不然即将之升华为圣罗贝尔派[3] 那种性爱的神秘主义形态,或者狂热的玛利亚崇拜、反宗教改革的寂静主义（Quietismus）[4] 或亲岑道夫（Zinzendorf）式的感性虔敬主义（Gefühlspietismus）[5] 等诸形态。显而易见的是,所有狂迷的祭典,特别是所有性爱的祭仪所具之特殊的非日常性的性格,就其对日常生活之毫无影响力,或者根本也无法及于高度理性化与体系化之意义而言——正如见

1　波斯尼亚位于现今南斯拉夫境内的中部地方。15 世纪以来一直是土耳其领地。1908 年时奥地利将波斯尼亚及其东南部地方兼并而成为国际问题,波斯尼亚也以此知名于世。——日注

2　大概是 1912—1913 年所写的。——玛丽安娜·韦伯注

3　圣罗贝尔（1091—1153）,中世纪基督教的神秘主义者代表。贵族出身,22 岁时进入西多派修道院,两年后建立 Clairvaux 支院,担任院长。为中世纪修道院的神秘主义的代表人物,圣罗贝尔以其高超的德行与信仰博得一世的盛誉,其精神与思想影响了全欧洲。在其神秘主义中,所强调的是,以爱与神合一,在爱的合一中,灵魂嫁给基督,此即"灵的婚姻"。以此,其神秘主义被称为爱的神秘主义,或灵交神秘主义（Brautmystik）,其神秘的体验特别是以感觉或情绪性为其特质。——日注

4　寂静主义是指:基督教修道生活的本质在于冥想神,否定一己的积极的精神活动,并在寂静不动之中达到认识神之境地的神秘主义思想。寂静主义盛行于 17 世纪的天主教教会内,特别是西班牙的神秘主义者莫林诺（Molinos,1628—1696）极力主张,不过后来他被视为危险人物而排斥为异端。其后,在法国由于盖恩夫人（Madame Guyon）等人的支持,其思潮及于基督新教的虔敬主义。——日注

5　亲岑道夫（1700—1760）,德国虔敬主义代表人物。出身于萨克森贵族,专攻法律与神学,担任萨克森政府的法律顾问官。1722 年他将当时在米兰受到迫害、因要求信仰自由而出亡的基督徒收留在自己的领地内并加以保护。其后,亲岑道夫自己也辞去官职住到这个村庄来,专心于此种虔敬主义信仰的教化,并于 1727 年组织虔敬主义的兄弟团。此一教派虽然一时受到压制,但团员热衷于未开化地区的传道活动,亲岑道夫自己也至美国传道,扩展其宗教感化。——日注

之于印度教及（一般而言）伊斯兰教修道士的——对于形成一种日常生活态度的方法论，只具有负面的意义。

四　救赎方法论之体系化与理性化及生活态度

虽然如此，但宗教救赎财的取得之体系化与理性化，还是朝着去除日常态度与非日常宗教态度间的矛盾这个方向发展的。在或许能导出救赎方法论的无数的主观内在状态之中，有少数一些最终显现出其具有根本的中心重要性，这不只是因为它们展现出各种非日常性的心—身状态，而更因为它们本身意味着**确实**而持续地特殊的宗教救赎财，此即**恩宠确证**（Gnadengewissheit）——"救赎确证"（certitudo salutis）、"恩宠不移"（perseverantia gratiae）。恩宠确证可以是较具神秘主义色彩的，也可以是较具行动性伦理色彩的（我们很快就会讨论到这点）。但无论如何，它都意味着对**生活态度有意识地**持有一种**持续性的**、统一的基本立场。

为了提高这种宗教抱持的**意识性**，狂迷与非理性的、光是一时激动的、感情性的"拟死状态"，便由有计划的抑制身体机能的办法所取代，诸如：不断的节食、性的节制、呼吸的调节，等等。此外，又将心灵现象与思考导向有系统地集中心意于纯粹宗教性质的事务上来加以训练，诸如：印度的瑜伽术、圣音（"Om"）的不断反复、对圆形及其他图形的冥想以及将意识有计划地加以"空无化"的修炼，等等。

不过，为了进一步确保宗教财产之拥有的**持续**与**一致性**，救赎方法论的理性化终必再度超越以上这些——乍见之下似乎是逆转过来：对确保宗教态度之**持续性**的这些手段加以有计划的限制，

换言之，除去一切对身体保健而言不合理的伎俩。这包括：狂迷
式的英雄性忘我、性爱的狂迷及舞蹈迷醉等各式各样无可避免会
演变成肉体的虚脱状态的迷醉；同样的，诸如被圣灵（Pneuma）
充满的歇斯底里状态等必然会导致心灵虚脱状态的表现——就宗
教领域而言，是一种见弃于神的绝望状态之体验。

同理，希腊人为了培植有纪律的战斗英雄主义之故，遂将英
雄式忘我平板化为有"节度"（Sophrosyne）的恒常均衡状态，其
所认可的仅为纯粹由音乐的韵律所导致的忘我形态，并且非常慎
重地评量音乐的"精神"（Ethos）对于"政治的"正确无误之价值。
同样的——只不过更加彻底的——是儒教的理性主义只容许五度
音阶（Pentatonik）的存在。类此，修道僧的救赎方法论也是逐渐
地向理性化的发展推进，在印度发展到古代佛教的救赎方法论，
在西方则为历史上最具影响力的修道士团体——耶稣会教士——
的方法论。所有这些方法论无不是朝着结合身心健康术与对一切
思考与行为——相应于其种类与内容——加以同样讲求方法的规
制这个方向不断发展的。这意味着，个人对于自己的身、心历程
最彻底**清醒**的、完全依照意志而抑制冲动的**支配**，以及矢志于宗
教目的的一种体系化的生活规制。(只不过，)前往这些目标的途径，
以及这些目标本身更详细的内容，并不是单纯明确的；而至于要
如何去实践这些方法论的问题，其结论也一样莫衷一是。

五　宗教达人

姑不论其目标为何、实践的方法又如何，只要是奠基于体系
化救赎**方法论**的宗教，此时毫无例外的都会有一种根本经验，亦

即：人类**宗教资质的差异性**。就像巫师那样能在自身当中唤起进入再生状态的卡理斯玛，并不是任谁都能够拥有的；同样的，能够在日常生活当中持续地保有特殊的宗教态度——以此保证恩宠之持续的确实性——的卡理斯玛，也并不是任何人都拥有的。再生，看来也只有那些具有宗教资质的贵族阶级才能企及。讲求方法地获得一己之救赎的宗教**达人**（Virtuose），也和具有巫术资质的巫术师一样，在世界各处的信仰者共同体内部无不形成一种特殊的宗教"身份团体"（Stand），并且往往和共同体圈内的任何特殊身份团体一样，获得一种特别的社会名望。

在此意义下，印度的所有圣法皆与禁欲者有关，因为那里的救赎宗教皆为僧侣宗教。就早期的基督教而言，禁欲者在古文献的记载里则为教团兄弟中的一个特殊类型，而后形成修道士团。在清教，禁欲者形成禁欲的诸教派或虔敬主义的聚会（ecclesiae）；在犹太教，他们则形成与乡民（Am-haārez）相对的一个救赎的特权阶级——分离者（Peruschîm, Pharisaioi）。在伊斯兰教里，他们是托钵苦行僧（Derwîsche），而其中的炼达者则是真正的苏非。在俄国的去势派中，他们则形成去势者的秘教教团。我们下面将回到关于这些团体的重要的社会学结论的话题来。

若就信念伦理来论释救赎方法论，那么它实际上无非是意指：克服人类天生自然的——尚未经宗教加工改造的——固有欲望或感情冲动。至于各种感情冲动中，诸如怯懦、粗暴、自私或性的感觉等，哪一种才是不能不加以克服的（以其最易使个人逸离于卡理斯玛习性之故），则是个要就个别特殊情况而定的问题，并且，也正足以显示出各个宗教之最重要的、实质的特性来。就此而言，讲求方法的宗教救赎论，往往便是一种**达人伦理**（Virtuosenethik）。

此时，和巫术性卡理斯玛的情形一样，宗教达人往往有**确证**（Bewährung）的必要。无论这宗教达人是欧麦尔一世时代伊斯兰教里以征服世界为目标的修道僧团中的一员，或者是大多见之于基督教与耆那教（后者不那么首尾一贯）的禁欲型的拒斥现世的达人，或者像佛教僧侣那样是个冥思性的拒斥现世的达人，或者如古代基督教徒那种消极殉教的达人，或如禁欲的清教徒那样具现世内职业美德的达人，或者像法利赛的犹太人之娴熟形式的律法主义达人，或者像圣方济那样具世界无差别主义之善意的达人，总之，无论是哪一类的达人，唯有——一如我们已明确申言的——当他在历经各种试炼而一再确证其作为达人的心志仍然固持于本身的情况下，他才拥有真正的救赎确证性（Heilsgewissheit）。

此种恩宠确证的证实，则依宗教救赎所具性格之不同，而呈现出各种不同的风貌。其中所包含的总不外乎：宗教的与伦理的基准之维持，换言之，至少是避免极恶大过，这点对佛教的阿罗汉是如此[1]，对原始的基督教徒而言亦然。一个被赋予宗教资格的人，譬如原始基督教中受过洗礼的人，必定不会，因而也不可以，再蹈入什么死罪。所谓"死罪"（Todsünden），是指那些破弃了宗教资格的罪过，因此，也就是绝对无法赦免的罪；除非，也唯有，透过一位具有卡理斯玛资质的人来重新赋予他所丧失的宗教卡理斯玛——此种卡理斯玛的丧失即死罪的证据——才能使得他脱免死罪。

1　阿罗汉为"受尊敬的人，合于领受供养者"之意。在佛教兴起的时代，印度各宗教皆以阿罗汉称呼那些受到尊敬的修行者，佛教则特指达到最高开悟的人。——日注

当此种宗教达人的教理实际上在古基督教的大众教团内部变得无以为继之时，孟他努斯派（Montanîsmus）则仍旧坚定且首尾一贯地固持这样一个要求：至少怯懦之罪必定是罪不可赦——这和伊斯兰教之为战斗的英雄宗教对于叛教行为必毫无例外地加以处死的情形是一样的。正因为如此，孟他努斯派与基督教一般信徒所形成的大众教会终必分道扬镳——即使德西乌斯（Decius）与戴克里先（Diocletian）的迫害[1]，也无法使这种达人的要求变得实际可行，就教士为维持现存教团之最大可能教徒数量的立场而言，此种要求亦是不实际的。不过，无论如何，救赎确证的积极性格，以及实践态度之同样积极的性格，正如我们已多所提示的那样，特别是因其保证宗教至福的救赎财所具之性格的不同，有着根本的差异。

六　拒斥现世的禁欲与现世内的禁欲

首先，此种救赎财是以积极的伦理**行为**之特殊赐物出现，并且是在此种行为乃由神所引领的意识下展现，换言之，人乃神的工具。就我们目前的目的而言，我们将称此种受到宗教救赎论所规制的立场为宗教之 **"禁欲的"**（asketische）立场。当然我们也绝不否认，这个称呼可以也确曾被用来指称别种更加广泛的意涵，

1　德西乌斯（约200—251），所谓军人皇帝时代的罗马皇帝之一（249—251年在位），靠着军队而被推为皇帝。他致力于回复罗马的古俗，以基督教有害于国家而强化对基督教的迫害。戴克里先（约230—316）为稍后于德西乌斯的罗马皇帝（284—305年在位），他为百年来的混乱时代写下休止符，建立了皇帝的绝对专权政治，为了皇帝的尊严，一方面推行皇帝崇拜，另一方面则对基督教进行最后的大迫害。——日注

其中的对比（按：指我们的用法与广义的用法之间），将会在后面
的行文里清楚呈现。

以此，宗教的达人练达性除了将自然冲动屈从于体系化的生
活态度外，还往往导向对于与社会共同体生活之关联的一种严苛
的、宗教—**伦理**的批判——此因社会共同体生活所习惯的美德，
绝非英雄性的，而是功利性的。现世内之纯粹"自然的"美德，
不只不能保证救赎，它还是借着对唯一必要之事产生蒙蔽的途径
来危及救赎。是故，社会关联，换言之即宗教用语意义上的"现世"
（Welt），即是诱惑。它不仅是个使人完全背离于神的、在伦理上
非理性之感官欲求的场所，更是个让宗教上平庸之人在尽其固有
之义务——而非将行动专注于积极的救赎事业——时，自以为是
与自我满足之所。此种对于救赎事业的专注，可能会是一种必定
要从"现世"里完全引退的事，亦即将自身从家庭、财产、政治、
经济、艺术、性爱，总而言之，一切被造物所关怀的社会联系与
心灵牵绊中完全脱离出来，将其中的任何活动参与都视为一种背
离于神的接受现世。我们称此为：**拒斥现世的禁欲**（weltablehnende
Askese）。或者反之，此种专注也可能会要求个人将一己特殊的神
圣心志——作为受选的神的工具之资质——内在于现世秩序之中，
但却对立于现世秩序来活动，此即：**现世内的禁欲**（innerweltliche
Askese）。

就后面这种情况而言，现世变成宗教达人所需负担的一种"义
务"。这可以是这样的一种意涵：宗教达人负有依据其禁欲理想来
改变现世的责任。于是，禁欲者便成为一个理性的、基于"自然
法的"（Naturrechtlicher）改革者或革命家，可见之于诸如：克伦

威尔之下的"圣徒议会"[1]、教友派的小邦以及样式有别于前二者的、激进虔敬主义之信徒集团的共产主义。不过，由于宗教资质的差异性，这种禁欲者集团的聚结往往变成是在一般人的世界之中——或者说原本就是在这凡俗世界之外——的一个贵族主义的特殊组织，而与一般人有所隔离。原则上，这与"阶级"（Klassen）并无差异。这样的组织或许能够支配现世，但是仍然无法将现世里一般人的宗教资质提升到组织本身所具之达人练达性的高度。任何宗教上的理性组织体，即使无视这样一个自明之理，迟早还是会体验到这种宗教资质差异的结果。

现世作为一个整体，就禁欲的观点评价起来，无非是个"堕落的团块"（massa perditionis）。因此，除了选择放弃在现世里满足宗教要求之外，别无他法。尽管如此，如今若是仍然要在现世的诸秩序内部寻求宗教确证的话，那么现世，以其无可避免地作为罪恶的一个自然容器之故，也正是确证禁欲心志（Gesinnung）的一个"考验"（Aufgabe）——在现世诸秩序里对其中的罪恶作最大可能的克服。现世，毕竟是被造物的无谓之境。因此，陷溺于现世资财的享受，不但会危及对救赎财的专注与保有，而且也是心志不虔敬与再生失败的征兆。虽然如此，现世终究是神的创造物，虽有其被造物性，但神的力量仍在其中展现出来，而成为各人必须透过理性的伦理行为以确证一己之宗教卡理斯玛的唯一素材（Material），个人从而就此确知各自的恩宠状态。

1　克伦威尔（1599—1658），英国政治家，清教徒革命的指导者。1640 年被选入议会，开始崭露头角；1642 年展开革命，率领议会军对抗政府军，得到"铁骑队"的威名。所谓"圣徒议会"是他于 1653 年以武力解散议会，根据各郡独立派教会所推荐的候补者，从中选出 140 名代表所成立的新议会。——日注

　　因此，现世的诸秩序，作为这样一种积极确证的对象，对于置身于其中的禁欲者而言，成为一种他必须理性地加以"求全"（erfüllen）的"天职"（Beruf）。首先，财富的享受是要被禁止的。不过，对于禁欲者而言的"天职"，则在于：忠于**理性的伦理秩序**并恪守严格的合法性来从事经营；若有所成，换言之，有利得，则被视为神对于虔敬者之劳动的祝福，并且也是神之赏识其经济生活态度的显示。其次，应该禁止的是任何对于人之感情过多的态度，此种态度是对神的救赎赐物之独一无二的价值之否定，并且简直就是被造物神化的表现。而人的"天职"则在于：理性、清醒地参与现世中各种**理性的目的团体**（rationalen Zweckverband），致力于其具体的、透过神的创造所设定的目的。第三，该被禁止的是将被造物神格化的性爱。而神意之下的天职则在于：于婚姻之内"平实地生儿育女"（就像清教徒所表现的那样）。第四，个人加诸他人的暴力是被禁止的——不管是基于血性冲动或是为了复仇，特别是基于个人的动机。神意所许的则是：在以秩序为其目的的国家里，理性地压制与惩戒罪恶与反叛。最后，个人之现世的权力享受（作为被造物神格化的一环），是被禁止的。神意所许的则是：基于法律的理性秩序之支配。

　　"现世内的禁欲者"即是个理性主义者，这不只是因为他理性地体系化其个人的生活态度，也因为他拒斥一切伦理上的非理性事物，不管是艺术的，或是在现世秩序内的个人感情反应。总之，其独特的目标即在于："清醒的"、讲求方法的统御一己之生活态度。此种"现世内的禁欲"的类型中，最为特出的要属禁欲的基督新教；就他们所知，现世秩序之内的确证是宗教资格唯一的证明——虽然各支派是以其不同程度的"首尾一贯性"来显示此种认知的强度。

七　逃离现世的、神秘主义的冥思

另外一种情形是，特殊的救赎财既不是一种行为的积极性质，也不是执行神之意志的意识，而是一种独特的**状态性**（Zuständlichkeit）。其中最特出的形态为："神秘主义的开悟"（mystische Erleuchtung）。此种形态唯有少数被赋予特殊资质的人，也唯有透过"冥思"（Kontemplation）这种特殊的体系性活动，才能成就出来。为了达成其目标，所谓冥思，往往必须断绝对于日常事物的关怀。根据教友派信徒的经验，唯有当人身中被造物的属性完全沉寂之时，神才能在灵魂中发话；这种说法——即使用词有异——是从老子、佛陀到陶勒（Tauler）[1] 等所有冥思性神秘主义者共同一致的经验。其结果可能就是绝对的逃离现世（Weltflucht）。此种见之于古代佛教，以及（就某程度而言）几乎所有亚洲与近东固有之救赎形态中的、冥思性的逃离现世，与禁欲的世界观看来虽类似，但两者必须加以严格的区分。

拒斥现世的禁欲，在我们此处所指的意义上，主要是以积极性（Aktivität）为其取向。唯有特定种类的行为能够帮助禁欲者获得他所争取的特质，而另一方面，此种特质则又是一种出于神的恩宠的行为能力。禁欲者意识到，他所具有的行为动力是来自拥有中心的宗教救赎，并且他是以此行动力来侍奉神；由此，他总是能够不断地能够赢得一己之恩宠状态的保证。他感觉自己就

1　陶勒（约 1300—1361），日耳曼神秘主义思想家。1315 年加入多明我修会，于科隆大学师事爱克哈特。其后以布道者身份活跃于斯特拉斯堡。陶勒继承爱克哈特的思想，深化神秘主义之内心的虔敬，另一方面则将之导入实践生活与灵魂引导的方向，为日耳曼的神秘主义开展了新的局面。作为一个布道者，陶勒对于德语的发达影响颇大。——日注

像是神的战士，不计其敌人为何、用以征战的手段又为何。因此，在心理上，所谓逃离现世，根本就不是逃离，而是对那些日新月异的诱惑的一场历久弥新的战斗，换言之，对那些诱惑，他总是得一再地积极奋战不懈。拒斥现世的禁欲者至少还与"现世"保持一种否定性的内在关系——一种不断**征战**的关系，因此，吾人宜乎称其为"**拒斥现世**"（Weltablehnung），而非"**逃离现世**"（Weltflucht），后者毋宁更适合说明冥思性的神秘主义者的特征。

相对的，冥思主要是在神那儿、也唯独在那儿"安歇"的追求。**不行动**，推到最终的不思想，将一切会令人想起"现世"的任何念头都空无化，要言之，绝对地极小化一切外在与内在的作为，这是达到拥有神且享有与神神秘的合一（unio mystica）的内在状态之不二法门。此种内在状态，乃是一种特殊的感情状态，似乎在传递某种"知识"（Wissen）。以此，就主观而言，情形可以是较偏重于此种知识之特殊的、异于平常的内容，也可以是较着重于此种知识之拥有的感情色彩；客观看来，后者才是决定性要点所在。

神秘的知识，愈是具有这种特殊的性格，就愈是无法传达的；**虽然如此**，其特出的性格却恰在于以知识的身份出现。它绝非一种对任何事实或教理的新认知，而是对世界有一种统一的意义的掌握，并且，在此种意义上的"知识"一词，正如神秘主义者在其无数的阐释中此词所呈现的意涵，实为一种**实践的**知识。就其核心的本质而言，此种知识毋宁是某种"拥有"（Haben），从那儿可以得出对于世界的一种实践的、新的取向，甚至在某种情况下，获得新的、可以传达的"认知"（Erkenntnisse）。不过，此种认知是对于世界之内部的价值与无价值的认知。此处，我们对其细节并不感兴趣，我们所在意的是，一切冥思所固有的、与禁欲——就我们对此字的用法而言——相对反的、对于行为的否定作用。

毋庸置疑地，此种（禁欲与冥思的）对比——虽然还有待深入探讨，但此处应该已可用明白强调——一般而言，正如同拒斥现世的禁欲与逃离现世的冥思二者间的情形一样，并非完全截然二分的。因为，逃离现世的冥思首先至少得有相当的程度与体系性理性化的生活态度联结在一起。事实上唯有如此方能导致对于救赎财的专注。然而，这只不过是达到冥思之目标的手段，并且，理性化在本质上是消极性的，是为了**回避**由自然与社会环境所带来的障碍而产生的。依此，冥思绝非必然就变成消极地沉溺于梦想，或单纯只是一种自我催眠——虽然实际上有可能趋近这种状态。相反的，进入冥思的独特途径，是一种对某些"真理"（Wahrheiten）相当集中心力的投入。此时，对此一过程的性质具有决定性的，并不是这些（在一般非神秘主义者）看来通常是相当简单的真理之内容，而是这些真理被强调的方式，以及，在整个世界观之内据有一个中心的立场并加以统合的影响力。（例如）在佛教里，没有人会因为明确地把握住佛教中心教义中表面上看来极为琐碎的诸命题，甚或因为洞视了中心教义的真理性，而成为一个开悟者。思考的集中，以及其他可能的救赎方法的手段，只不过是通往目标的途径。开悟这个目标本身，毋宁是单独构筑于一种独一不二的感情特质之中，或者更具体地说，是构筑于知识与实践心志之感情的统一之中，而这对神秘主义者而言则提供了其宗教恩宠状态之决定性保证。

对禁欲者而言，感性与知性地把握神圣事务，也同样具有重大意义。只是禁欲者的这种感知，可以这么说，是受到"来自原动力的"（motorisch）制约的。换言之，此种感觉只有当他意识到自己已透过完全以神为取向的、理性的伦理行为而成为神的工具时，才会产生。然而，这种伦理的——无论其为积极的类型或消极的类型——奋战，对于冥思性的神秘主义者而言——绝不可能是神的"工具"，而只愿意是、也只可能是神的"容器"——只不过像个不断将神圣事物表象化的边缘性功能罢了。以此，古代佛教即劝导人，维持恩宠状态的先决条件在于：不行动，至少要将一切理性的目的行为（"针对某一目标的行为"）当作最危险的世俗化形式而加以回避。但在禁欲者看来，冥思性的神秘主义者无非是怠惰的、在宗教上一无所成的，就禁欲的立场而言是该受鄙弃的自我放纵，同时也反映出沉溺于自我造设的感情之中的被造物神格化。

就冥思性神秘主义者的立场看来，禁欲者由于其自虐与奋战——尽管是超现世的——更由于其现世内的、禁欲　理性的行为，只使得自身始终纠缠于被造物的生命重担之下，在强制与善意、现实与爱之无以化解的紧张性之中挣扎。其结果是，永远远离与神的合一，并且被迫陷入无法得到救赎矛盾与妥协。但是，从禁欲者的立场看来，冥思性的神秘主义者之所思，并不在于神及增进的国度与荣耀，以及积极地实现神的意志，而完全只思及自己本身。因此，只要他是活着的，他就无可避免地要顾及自己生命的维持，正因为此一事实，他也就难免生存于始终无法首尾一贯之中（特别是当冥思性的神秘主义者生活于现世及其秩序之内的情况下）。在某种意义上，逃离现世的神秘主义者可说比禁欲更加"依存"于现世。后者可以保持自身为一隐逸者，同时借着为此目的所做的劳动来确证自己的恩宠状态。但冥思性的神秘主义者，若是首尾一贯按其理念过活的话，他只能仰赖自然或人类**自愿地**提供的东西来维生——林中草莓（并不是随时都够的）与施舍。事实上，印度最为首尾一贯的沙门正是如此（以此，拿取任何非出于自愿的施舍之物，是所有印度的比丘戒律所特别严格禁止的）。

总之，冥思性的神秘主义者是靠着现世所能施予的任何东西过活，一旦现世无法持续进行（被他们认为是罪恶的、远离神的）**劳动**时，他们也没办法活下去。佛教僧侣认为农耕是所有职业里最该受指责的，因为那会粗暴地杀伤地里的生物。不过，他们所得到的施舍却主要是农作物。在此情况下，神秘主义者便将现世之事委诸所有未开悟者以及未能完全达到开悟的人（对这些人而言，现世终归是其不可避免的命运）。例如对于佛教的一般信徒而言，其中心的、根本的唯一德行，即在于礼敬只属于教团的僧侣并善加施舍。正由于神秘主义者的这种态度，其教团乃强烈地呈现出神秘主义之无可避免的救赎贵族主义（Heilsaristokratismus）。然而，一般而言，任何人总免不了有所"行动"，甚至神秘主义者亦不例外。不过，他总是要将行动压制到最小的限度，只因为行动并不能给予他恩宠状态的确证，并且说不定还会妨害他与神的合一。相反的，禁欲者却认为唯有透过本身的行动才能确证其恩宠状态。

这两种行动模式的对比，在拒斥现世与逃离现世的最终极结论尚未被导引出来的情况下，最是清楚。禁欲者，当他愿意在现世之内行动，换言之，实行现世内的禁欲，那么他必定会为此所苦：以一种"幸福的顽迷"（glückliche Borniertheit）的方式来面对任何关于世界之"意义"的问题；但是他也必须丝毫不以此为虑。无怪乎现世内的禁欲会以加尔文主义最为首尾一贯，其基础即在于：神不在任何人类的判准之内，神的动机是完全无法探究的。因此，现世内的禁欲者即是个既存的"职业人"（Berufsmensch），他对自己在**整个**世界内——对这世界整体负有责任的，并不是他，而是他的神——即事的（sachlich）职业活动之意义，既不问，也不必去问。因为，对他而言，透过他个人在现世内的理性行为来执行神的意志——其最终极的意义是他所无法探究的——这样的意识即已足够。

相反的，对冥思性的神秘主义者而言，世界之"意义"的观照(Erschauen)，才是问题所在。但是，他无法以理性的形式来"掌握"此一意义，因为，在他的理解下，世界之意义是一个在一切经验真实之**彼岸**（jenseits）的统一体（Einheit）。神秘的冥思并不 定总是以逃离现世——意指回避与社会环境的任何接触——为归结。相反的，神秘主义者也可以要求自己，将维持恩宠状态与现世之秩序**对立**起来，以作为恩宠状态之确定性的保证。如此，对他而言，在此秩序内的地位，也变成了"职业"，只不过与现世内的禁欲所谓的职业走的是完全另外一个方向。

这样一个现世，既不被禁欲也不被冥思所肯定。禁欲者所拒斥的是：现世之被造物的性格及其在伦理上非理性的、经验的性格，以及，现世的快乐，诸如享受世界的喜乐、安稳于世界的所赐等伦理的诱惑。但另一方面却又肯定自己在现世之秩序内的理性行为是其恩宠确证的课题与手段。相反的，对生活于现世的冥思性神秘主义者而言，行动，特别是在现世内的行动，纯粹只是一种诱惑——对于他必须坚持的恩宠状态而言，是非得加以抗拒不可的一种诱惑。因此，他将自己的行动减到最低的限度，"顺应"如此之现世的诸秩序，并在其中隐姓埋名，也就是说，像那些任何时代皆有的"田间隐者"一般，因为，神反正是这样制定了：人必须存活于此世。某种伪饰以谦虚色彩的、独特的"脆弱"（Gebrochenheit），刻画出冥思性神秘主义者之现世内行为的特色。他总是希望自现世行为中逃离出来，进入神交的寂静之中，事实上他也一再如此。

禁欲者则反之，当他心志合一地行动时，他是确信自己为神之工具的。因此，如果表现出自身之作为被造物的义务的"谦虚"（Demut）来，反而往往令人怀疑其纯正性。禁欲者之行为的成就即是神本身的成就；是神惠予他有此成就，或者，至少此种成就是神祝福他及其行为的一种特别的表征。但对于纯正的神秘主义者而言，其**现世内的**行为成果，连一点救赎的意义也没有；在现世内保持纯正的谦虚，对他而言，事实上是他的灵魂不被扣因于现世的**唯一**保证。当他愈是陷身于现世之内时，一般而言，他对于现世之态度的"脆弱"程度就愈高——这与基于超脱现世**之外**的、尘世的冥思所形成的高傲的救赎贵族主义，恰成对比。

对禁欲者而言，救赎的确定性总是确证于理性的、具有明确之意义、手段与目的的行动中，并且有原理与规则可遵循。相反的，对于确实拥有救赎财并将救赎财当作一种内在状态来加以掌握的神秘主义者而言，这种内在状态的归结，可能恰好就是无规范主义（Anomismus）：换言之，是以某种感情状态及其特异的性质，而非任何作为及其行事方式、所显示出来的感情（das Gefühl）——完全不再受任何的行为规则所束缚，无论其作为为何，救赎总可确证。此一归结（penta moi eksestin：凡事我都可行）[1]正是保罗所必须对抗的，而且也是神秘主义的救赎追求（在许多情况下）所可能产生的结果。

对禁欲者而言，神可以进一步对被造物提出要求，要求现世无条件地臣服于宗教德行的规范下，以及为达此目的而对现世进行革命性的转化。此时，禁欲者将步出远离尘俗的修道院而成为对立于现世的先知。但他总是会因此要求——相应于其本身之讲求方法的、理性的自我修炼——一种在伦理上理性的现世秩序及其规律化。就此而言，神秘主义者或许也会遭遇到类似的局面，换言之，他在与神密接之孤独的冥思之中，保有神的神赎财的那种长期的、静默的病态快感状态（Euphorie），可能会转为一种被神附体或者拥有神——神在他体内且透过他说话——的激烈情感。准此，一旦人们能像他（神秘主义者）本身一样，为神在地上（亦即在他们的灵魂之中）准备好位置，那么，他便会立刻现身，并且带来永恒的救赎。此时，神秘主义者就像个巫师，让人在他的力量中感受到神与魔，并且，就实际结果而言，可说变成一个秘法传授者——实情多半如此。或者，当他无法步上此种路途——可能的原因，我们下面还会再提及——而只能透过教说来证示他的神时，那么，他向现世之革命性的讲道，将会是千禧年一类的非理性的[2]——鄙弃任何在现世有一理性之"秩序"的思想。对他

1　见《新约·哥林多前书》6：12—13。原文为："凡事我都可行，但不都有益处。凡事我都可行，但无论哪一件，我总不受他的辖制。"——中注

2　千禧年说是流传于古代基督教、在启示文学中关于至福千年之描绘的教说：基督将再度降临人间，使殉教的圣人与义人复活，彼等将与基督在地上称王千年，千年之后则行最后的审判。此说参见《新约·启示录》（20：1—6）。千禧年说在古代教会里被许多教父所采用，四五世纪以来渐渐失去声息，现在则不在基督教的正统教说之内。——日注

而言，他本身之普世的、无等差主义（akosmistisch）爱的感觉之
绝对性，不仅于己完全自足，并且也是在神秘主义革新下的人类
共同体之唯一的、合于神意的基础——因为唯有这样的感觉是源
自神。这种从逃离现世的神秘主义到千禧年的革命态度之转换，
经常出现，最令人印象深刻的，则是16世纪时洗礼主义者的革命派。
与此相反的现象，则以约翰·利尔伯恩（John Lilburne）之改宗教
友派为其典型[1]。

　　一个现世的救赎宗教若是以冥思性的特征为准时，其一般的
结果（至少相对而言）是不关心现世的，但无论如何总是谦虚的、
接受既有的社会秩序。一个陶勒型的神秘主义者，在做完白日的
工作后，即于晚上寻求与神冥思性的合一，而于次晨，如陶勒愉
悦讲述的，在正确的内在心神状态下，迎向他日常的工作。老子
则教人：辨认一个人是否已达到与道合一，是看他在人前的谦虚
与自抑。路德教派的神秘主义要素——其于此世的最高的救赎财，
究极言之，即为神秘的合一（unio mystica）——（与其他种种动
机一起），是其所以毫不在意传播福音之外在组织的原因，也是其
反禁欲的、传统主义之性格的原因所在。

　　总之，典型的神秘主义者从来就不是一个会采取活跃的社会
行动的人，也根本不是一个基于讲求方法的生活态度（以外在的
成就为其指标）来寻求理性地改革尘世秩序的人。举凡以纯正的
神秘主义为基础的共同体行动出现之处，刻画出此种行动之性格
的，即为神秘主义之爱的情感的世界无等差主义。在此意义下，

1　约翰·利尔伯恩（1614—1657），英国平均派（Levellers）的指导者。在内乱之际写了
　　许多小册子批判军方的上层，成为平均派指导者、下层民众的偶像。晚年则改宗教友
　　派。——日注

神秘主义便可衍生这种心理的效果——尽管有违"逻辑的"可能演绎——来促成共同体构建（Gemeinschaftsbilden）。

东方基督教会的神秘主义核心理念，即在于确信：基督教的兄弟爱——当其十分强烈且纯粹时——必然会将一切事物导引成一致，即使是在教义的信仰上。换言之，彼此间充分相爱的人们——使徒约翰那种意味的神秘主义的爱——所思所想也会相同，并且，正由于此种感情的非理性，使得他们行为同心且合于神意。基于此种确信，东方教会可以省去那不可或缺的、理性的教说权威；同时，这一概念也正是斯拉夫民族之共同体概念——不管是在教会之内或教会之外——的基础。在某种程度上，此种思想亦通行于古代基督教。穆罕默德之认定形式的教说权威为不必要，乃至于原始佛教（连同其他动机）将修道僧团的组织缩减到最低限度，无非都是奠基于此种思想。

相反的，现世内的救赎宗教若特别是带有禁欲的特征，那么它往往就会发出实践的理性主义的要求。换言之，要求理性行为的高扬，诸如：外在生活态度之讲求方法的体系化，以及，地上秩序——无论其为修道士共同体之类，或神权政体之类——之理性的即事化（Versachlichung）与组织体化（Vergesellschaftung）。

以此，主要分布于东方与亚洲的救赎宗教与主要是行于西方的救赎宗教，二者之间在历史上的决定性分野即在此；前者在本质上是导向冥思，而后者则归于禁欲。虽然此种区别是有流动性的，更进一步说，虽然神秘主义的特征与禁欲的特征之各色各样、一再反反复复的结合——例如西方的修道士宗教——在在显示出原本为异质性要素之结合的可能性，然而，凡此皆不足以改变此种区别——就我们纯粹为经验性的考察而言——本身的重大意义。

因为，我们所关注的是行为的结果。

在印度，即使像耆那教僧侣那种禁欲的救赎方法论，本身也都还是以一个纯粹是冥思的、神秘的终极目标为其最高追求；在东亚，佛教则成为特别独具的救赎宗教。反之，在西方，如果略去那些近代才出现的几个特殊的寂静主义的代表人物不计，那么，本身带有鲜明的神秘主义色彩的宗教，往往重新转化到积极的、当然多半是禁欲的德行中去。或者，更进一步说，在内在的动机选择的路途上，优先指向某种积极的行为——多半的情况是禁欲——并付诸实践。不管是圣罗贝尔教派的冥思或圣方清教团的灵性主义冥想，或者是洗礼派、耶稣会士的冥思，甚至亲岑道夫（Zinzendorf）的感情耽溺，皆不足以妨碍教团与（往往是）神秘主义者自身将行为与透过行为的恩宠确证一再地列于优位，虽然程度上各有不同——从禁欲的精纯表现，到冥思式的断断续续等相当不同的认定程度。以此，麦斯特·爱克哈特（Meister Eckhardt）最终要将马大（Martha）置于马利亚（Maria）之上，尽管这有违主耶稣之意[1]。

不过，在某种程度上，这种对行为的强调，即为基督教自始以来所固有的。在早期，一切非理性类型的卡理斯玛型精灵赐物，即已被视为神圣的决定性表征，虽然如此，基督教护教论（die Apologetik）还是得回答以下这样的问题，亦即：吾人如何可知基

1　根据《新约·路加福音》（10：38—42）所言，耶稣到一个村庄，有个叫马大的女人忙着招待侍候他，而她的妹妹马利亚却坐在耶稣脚前听道。当马大忙不过来，要求耶稣让马利亚去帮她的忙时，耶稣说："马大、马大，你为许多的事思虑烦忧，但是不可少的只有一件，马利亚已经选择那上好的福分，是不能夺去的。"尽管如此，爱克哈特在布道时，却认为马大的宗教境界要高于马利亚。见 Meister Eckhardt, *Deutsche Predigten und Traktate*, hrsg, Von J. Quint (Hanser, 1955)，第 28 回布道。——日注

督与基督徒之灵的成就（pneumatische Leistungen）是来自神，而
非来自什么恶魔或恶灵？答案是：基督教对其信奉者之道德性的
显著影响，即确证了其神圣的由来。没有任何一个印度人是会如
此回答的。

八　亚洲的救赎宗教与西方的救赎宗教之差异

以上这些根本的区别，有其诸多的缘由，此处，我们即列举
以下数点：

（1）一位超乎世界的、无限、全能的神的观念，以及由此神
于无中创造出的世界之被造性的观念，是产生于近东，而为西方
所承受的。基于此一观念所衍生的救赎方法论下，通往自我神化
与纯神秘主义之拥有神（Gottesbesitz）——至少就此字原本的意
涵而言——的途径，即被视为渎神的被造物神化，而被封闭；同
样的，通往泛神论终极归结的道路，也是闭锁的，并且，这样的
途径往往被视为异端。所有的救赎都必须历久弥新地具有在神之
前的一种伦理的"义认"（Rechtfertigung）的性格，并且，最终唯
有靠某种积极的行为来达成并加以确证。要"确证"神秘主义的
救赎拥有，（从神秘主义者本身的法庭看来）真的具有神的性质，
甚至也是唯一的途径。其结果则是，给神秘主义本身不断带来矛
盾与紧张性，以及断绝了与神终极的合一。这种情形在印度的神
秘主义里是看不到的。西方的神秘主义者的世界——和亚洲人的
世界不同——是一个"作品"，是"被创造出来的"，而非（连同
其中的秩序也不是）就这么永远既存的、因此，在西方，神秘主
义的救赎，完全看不到那种与最高睿智的"秩序"——作为唯一

真实的"存在"——绝对合一的意识；另一方面，出自神的作品（世界），也绝不可能成为如同亚洲人所谓的绝对逃离的对象。

（2）此种对立更与亚洲救赎宗教之为纯粹的知性宗教（intellektuellenreligion）——从未放弃经验世界之"有意义性"（Sinnhaftigkeit）——有关。对印度人而言，通往开悟之道与通往"知"（Wissen）行合一之路，是可以透过在业报因果之终极归结里的"洞察"（Einsicht）来打开的，因而也就对以下这种宗教的任何途径永远关闭，亦即：面对着绝对的悖理（absolute Paradoxie）——由一个完美无缺的神来"创造"出一个说什么也不完美的世界——所成立的宗教，换言之，在此种宗教里，对世界加以知性的支配，并不是导向趋近神，而是偏离神。从实质的观点看来，纯粹是以哲学为其基础的一些西方的神秘主义与亚洲的神秘主义是最为接近的。

（3）就实践的契机而言，以下数点特别是重点所在：出于某些我们下文还会加以解释的原因，在全世界中，只有西方的罗马发展出理性的法律并加以保持。在西方，人与神的关系，以一种特殊的方式，变成一种可依法律界定的从属关系。事实上，救赎的问题可以借着诉讼的程序来决定；这个办法，后来由坎特伯雷的安塞姆（Anselm von Canterbury）[1] 杰出地发展出来。这样一种救赎方法论的转换，绝非东方的宗教所能产生出来的，无论其为某

1　坎特伯雷的安塞姆（1033—1109），中世纪基督教优秀的神学家、哲学家。生于北意大利，曾任诺曼底的贝克修道院院长，尔后终身担任坎特伯雷的大主教。他对于信仰与理性的关系有极突出的省察，并以神之本体论的证明而知名于世。由于他对于经院哲学的发展方向具有决定性的重要地位，故被称为"经院哲学之父"。著有《自由意志论》等名著。——日注

种非人格性的神力，或者是一个内在于世界而非超越于世界——依据业报因果而自我规制的永恒世界——的神，或者是道教的道、或中国皇帝之于天上的祖灵，甚或所有见之于亚洲的民族神。以上这些信仰，其最高的虔信形式往往是转向泛神论，而其实践的原动力则转往冥思的方向。

（4）救赎方法论之理性的性格，在另一方面，有部分是源自罗马，部分则源自犹太人。在希腊人的世界里，尽管都市贵族阶级对酒神的迷醉祭典怀有很深的疑虑，但是，忘我，包括神圣迷醉的突发性狂迷类型，以及主要是由律动与音乐所引发的病态快感的和缓形式，还是被当作对人内在最具神性的那一部分的察觉，而加以珍重。事实上，希腊人当中的支配阶层自幼即生长于这种和缓的忘我形式之中。自从重装步兵纪律取得支配性地位之后[1]，希腊即不再有一个具有社会威望——像罗马的官职贵族所拥有的那种社会威望——的阶层存在。社会关系无论在哪一方面都不那么封建。相对于此，罗马的贵族，以其为一个理性的官职贵族层，在逐渐壮大的基础上，最后终于以各个家族之被保护民化而占有了整个城市与领土。他们完全拒斥忘我，对他们的贵族荣誉感而言，那是高贵人士所不取的，同时也是不合身份的。这点可见之于他们在术语上将希腊的忘我之转译为"迷信"（superstitio）。同此，舞蹈也在忌避之列。祭典舞蹈，只见于最古老的祭司团体，而轮舞——就其原意而言——也只见于阿尔互列斯神官团（fratres arvales），并且别具特色的

1　重装步兵（Hoplit）为公元前 7 世纪以后见于希腊城邦的平民军队。在此以前，贵族的骑兵队是军队的主要形态，工商业发达以后，富裕的平民阶层抬头，成立以甲胄护身的重装步兵密集队伍，变成军队的主力。——日注

是，要在离开集会之后，关起门来做。除此之外，罗马人总认为舞蹈是不入流的；甚至音乐也一样，这就是为什么罗马人在音乐方面一点成就也没有。同样被视为不体面的，是在竞技场（Gymnäsion）——创始于斯巴达的练兵场——上的裸身格斗。对酒神狄俄尼索斯的迷醉祭典，则为元老院所禁止。

支配世界的、军事的罗马官职贵族之拒斥一切忘我的类型，拒斥一切对个人的救赎方法论的沉迷（与此相应的则为儒教官僚主义强烈地敌视任何救赎方法论），因此成为彻底以实际政治为取向的、严格切事的理性主义的泉源之一。当基督教教团在西方发展之际，这种（鄙视忘我的）理性主义即被认为是所有可能出现在罗马本土之上的宗教所具有的特性；以此，罗马的基督教团[1]特别有意识地，并且首尾一贯地将之继承下来。从卡理斯玛预言，到教会音乐最大的革新，罗马教团从来没有主导性地将非理性因素加入到宗教或文化里。罗马教团永远都比希腊化的东方和哥林多（Korinth）的教团来得贫弱，不只是在神学思想家这方面，就文献所得的印象，在所有类型的"灵"（Pneuma）的发现这方面都是如此。尽管如此，或正因为如此，基督教之实际的、冷静的理性主义——教会承自罗马的最重要遗产——对于信仰之教义的、伦理的体系化，无论何处皆起了决定性的作用，这是众所周知的。

救赎方法论在西方的发展，也是沿着类似的路线。古老的本

1　罗马教团为基督教原始教团中最有力的教团之一，保罗之《罗马书》的收信者，主要是由异邦人所构成。如韦伯此处所说的，罗马教团具有与希腊化的东方及哥林多教团相当异质的性格，尔后成为向罗马天主教教会发展的一个母体。——日注

笃会清规与克吕尼（Cluny）改革中所见的禁欲要求[1]，依印度与古代东方的规定来衡量，是相当简约的，并且适合那些出身上流阶级的修道者。然而，另一方面，劳动（Arbeit）在西方却成为本质性特征，而且是保持健康的一种禁欲的手段。这点在西多教团之组织性地要求最为理性的、简朴的教规中[2]，强烈地表达出来。乞食修道团则在成立不久后，即（与印度托钵僧形成对比的）被迫加入服侍教会位阶制度的行列，并为各种理性的目的效劳，诸如：有组织的慈善工作——在西方最后发展为切事的"经营"（Betrieb）——以及传道或异端裁判等。最后，耶稣会会规则将包含在古来的禁欲中不合于健康要求的诸要素扫除尽净，而成为对教会目的而言最完美的理性律则。不过，这一发展很明显与下面

---

1 本笃会为本尼狄克（Benedictus，约480—543）于529年创设，是西欧最初的正式修道会。本尼狄克生于罗马北方的努尔西亚，在罗马受教育，由于厌恶当时颓废的社会，搬入辛布鲁伊尼山附近的洞窟过修德与禁欲的生活，其后与志同道合者移往罗马的蒙特·卡西诺，并在此开设修道院。由他所起草的"本笃会清规"由一篇序文及73章所构成，虽然各章皆简短，但其中明确规定了修道士的生活目的，并合理实际地指出有组织地实践此种生活的有效方法，对于后来西欧修道制度的发展有很大的影响，渐渐成为模范。其主要内容除了清贫、贞洁、顺从这三个根本誓约外，尚有在一固定居所内共同勉励过正确规律的祈祷与劳动生活的义务。

　　克吕尼改革是以法国克吕尼修道院为中心，在10到11世纪间兴起的修道院与教会的改革运动。起初这一改革是克鲁尼修道院院长贝尔诺为了改正修道院内混乱的秩序与规律而发起回归"本笃会清规"之根本精神的运动，但其影响不但扩及法国全土，连西班牙、意大利、日耳曼等地也都响应，其精神感召所及，使各地皆有新的修道团成立。其精神并且大大影响了教皇格列利高七世，成为推动所谓格列高利大改革的原动力。据此，克吕尼改革运动也可说是罗马教会之支配世界的原动力。——日注

2 西多教团为圣罗贝尔（Robertus，? —1108）于1098年在法国的西多（Citeaux）一地所组成的修道团。他原为本笃会的修道士，身为莫莱姆修道院院长，但对于素来的修道院生活深感不满，后来受到克吕尼改革的精神鼓舞，与志同道合者20人开始新生活，以严格遵守本尼狄克修道会清规为目标。此为西多教团之始。不过后来的发展惊人，靠着圣罗贝尔的声望，12世纪时属于西多教团的修道院为数即有300，至13世纪时更达1800之多。直到乞食教团出现后，其声势才逐渐衰退。——日注

这一点有所关联。

（5）西方的教会是包含了君主与中央集权的信仰统治在内的一个统一的、理性的组织。因此，为首的，除了那位人格性的、超越世界的神之外，还有一位具有无上权力而能积极规制其臣民之生活的、现世内的支配者与之并立。这在东亚的各宗教里是没有的，部分原因来自历史，部分则由于其宗教性的缘故。喇嘛教虽是严格组织化的一种宗教，但正如我们后面会谈到的，那并不是像官僚制组织所具有的那种严密性。亚洲的宗教里，诸如道教的教主，或是见诸中国与印度各种教派中的世袭性教长，往往若非秘法传授者，就是人物崇拜的对象，要不然，就像达赖喇嘛和班禅喇嘛那样，是带有巫术性格的纯粹修道僧宗教的首长。唯有在西方，修道僧变成理性的官职层级制内的一支训练有素的军团，而修道僧之出世的禁欲则逐渐被体系化为一种达成积极、合理之生活态度的方法论。同时，也唯有在西方，理性的禁欲更进一步地被（禁欲的基督新教）带入世俗的生活里。

在伊斯兰教里，靠着现世内的托钵僧团所发展出来的救赎方法论，尽管有各式各样的差异，但终究而言，无非是苏非教徒之神秘的救赎追求取向。此种源自印度与波斯的救赎追求，在性格上可能是狂迷的，也可能是性灵的，或者是冥思的，但其本质无论如何也说不上是"禁欲的"——就我们对此字的特殊用法而言。甚至远及波斯尼亚一地，印度人都率先加入这种托钵僧狂迷的行列。托钵僧式的禁欲，并不是像禁欲的基督新教伦理那样的一种宗教性的"职业伦理"（Berufsethik）。因为，托钵僧的宗教事业往往和世俗的职业要求没有一点关联，顶多不过是在救赎方法论上有种纯粹外在性的关联罢了。当然，任何救赎方法论都可能会间接地对职业生活产生影响。作为一名职工（在其他的事上也一样），素朴而虔敬的托钵僧总是要比那没有信仰的人值得信赖，同样的，虔敬的印度袄教徒（Parsee）以其信奉严格的真理诫命之故而成为成功的商人。

　　然而，现世内的职业伦理与宗教上的救赎确定性之联结为一个在原则上与体系上皆不可分离的统一体，在全世界里，唯有禁欲的基督新教的职业伦理才做到。对基督新教的职业伦理而言，现世尽管背负着被造物之永恒的原罪，但也唯有现世能作为人遂行其义务——依据那绝对超越的神的意旨，透过理性的行为来实践——的对象，因而具有其宗教的意义。这种理性的、清醒的、具有目的取向性格而不为世俗所淹没的行为，以及基于此种行为所获得的成就，旲有神的祝福在其中的表征。西方这种现世内的禁欲，所要求于行为的，不是纯洁——像修道士一般——而是排除一切性爱的"欲求"（Lust）；不是清贫，而是避免一切利息所得的享乐与夸示封建性的逸乐富裕；不是带着修道院色彩的禁欲生活，而是在理性的统治下清醒的生活态度，并且避免任何对于现世之美、艺术，或个人的情绪与感情的耽溺。此种禁欲之单一明白的目标，即在于生活态度之规律化与方法化，"职业人"（Berufsmensch）即其典型的代表。因此，社会关系之理性的切事化与组织化，是为西方现世内的禁欲——与世界其他所有宗教相对照的——之特殊的成果。

九　救世主神话与救赎论

　　另外一种救赎观则认定，任何个人的努力皆不足以达到救赎的目的。根据此种观点，救赎只有在下述情况才有可能：由于某些伟大的、得到神宠的英雄人物的业绩（Leistungen）有时甚至是某个神（为此特殊目的而化为肉身）所成就的业绩，"因其作为"（ex opere operato）的恩宠会泽及他们的信奉者。恩宠之获得可能是来自巫术行为的直接作用，也可能是由于人性或神性的救世主之业绩所积累起来的恩宠满溢而施予众人。

救赎论神话的演化亦有助于此种经由满溢之恩宠而得救的信仰之发展，尤其是关于战斗之神或受苦之神的神话；这样的神在其各种可能展现的形态里、化成肉身且降临凡间，甚至亲临冥界。取代一个自然之神——特别是太阳神，他与其他的自然力量（尤其是黑暗与酷寒）奋战并在春天击败他们——而起的是，基于救赎神话而出现的救世主，他（例如耶稣）将人类从恶魔的支配下解救出来。救世主的类型进一步在诺斯替派的七个支配者（他们将人类从奴隶状态拯救至占星术的命运决定论）[1]，以及诺斯替教义的救世主（他在隐藏且慈悲的神之命令下，将世界从较低位的创造神——狄米尔格或耶和华——所带来的腐败中拯救出来）得到印证。这一救世主（例如耶稣）也许可以将人类从——由于无法自觉履行某些律法的要求而产生的——罪恶意识的压迫下（如保罗以及情况稍有不同的奥古斯丁与马丁·路德）拯救出来。他也可能将人类从自己罪恶本性之彻底堕落的状况中（如奥古斯丁）拯救出来。在所有上述情况下，救世主都是引导人类到一个在善

1　Archont 原为雅典的执政官之意，但在诺斯替派的创造神话里，凡属创造神的诸神力被人格化，而称之为 Archont。在雅尔塔巴奥德之下存在着七组男女成对的 Archont，以此，地上的人类被创造出来；其结果是：天上的灵魂被关闭到尘世的肉体里面去。这七对支配者后来从天国被放逐出来，降格为恶灵。——日注

神之恩宠与慈爱庇护下的地方。

　　为了完成这些目的，救世主得依救赎的性格而与龙或恶魔战斗。在某些例子里，他无法立即从事这一战斗（因为他经常只是个纯洁无邪的婴儿），而必须在避人耳目的情况下成长，或者必须死在他的敌人手中，下至冥界，以便从那儿再生并凯旋。从这种特殊的信仰可能会发展出下述观点：救世主之死是一种贡物，用来偿付由于人类罪恶导致恶魔取得控制人类灵魂之权力的代价。这是最早期基督教的观念。反之，救世主之死亦可被视为用来缓和神怒的一种手段，救世主在这里扮演的是为人类（向神）缓颊的角色，例如耶稣、穆罕默德以及其他的先知与救世主。再者，救世主也可能就像那些古老巫术性宗教的救世主一样，带给人类有关火、技艺、书写或者（可能）是用来制服世间的魔鬼、到天上去的技术（如诺斯替派）等等被视为禁忌的知识。最后，救世主之决定性的功业，并非在其具体的战斗与受苦，而是存在整个过程中的终极的形而上学根底。这种终极的形而上学根底当然就是神之化身为人，这是沟通神与其创造物之间鸿沟的唯一方法。这种观念形成了希腊人有关救赎之思辨的结论，可见之于亚大纳西（Athanasius）[1]。神之化身为人，提供给人类一个融入神之本质的可能性，或者，如伊里奈乌斯（Irenäus）所说的："使人成神"[2]。

---

[1]　亚大纳西（296—373），基督教神父。出席尼西亚宗教会议（Nicaean, 325），支持所谓的正统派信条，其后担任亚历山大城总督。亚大纳西与否定基督之神性的阿里乌派严正对立，主张神子的神性。在他死后，君士坦丁堡宗教会议（381）中将亚大纳西的说法列为尼西亚·君士坦丁信条，确立其为信条的正统性。——日注

[2]　伊里奈乌斯（130—200），早期基督教神父，小亚细亚人，反对诺斯替派，致力于促成原初伟大的天主教会组织与信条的形成。主要著作为《异端反驳论》（Adversus Haeress）。——日注

亚大纳西之后的哲学家对于此观念的论证则为：神既已化身为人，即具有人类的本质（就柏拉图的定义而言）。这个论证突显出"本质一致"（homoousios）这一概念之形而上学意义[1]。

根据另一种观念，神也可能并不满意于仅此一回的化身为人的行动。这样的神是从世界之永恒性而来的一种必然的结果（这在东亚思维中是被视为金科玉律的），他可能在各种场合化身为人，也可能持续性地化身为人。对于持续化身的信仰是大乘佛教里有关菩萨之理念的根源，虽然这一理念与佛陀自己偶尔讲过的话有关，然而在这些话里，他显然相信自己的教说行于世上的期间是有限的。再者，菩萨有时也代表了一种比佛陀更高的理想，因为菩萨放弃了个人进入（只具模范意义的）涅槃的机会，继续发挥其普世性的功能服务世人。这同样是救世主"牺牲"自己。由于耶稣曾经真正为人，他的复活亦为其使徒亲眼得见，这一事实使他凌驾于当时相互竞争的其他救赎论崇拜的救世主之上；同样的，达赖喇嘛所呈现出来的，神之持续的肉身化及活生生地化身为人，也是任何肉身—救赎论的逻辑性结果。不过，就算这个神的恩宠授予者是以肉身的形式出现（特别是当他并非长期滞留于人间时），也还需要某些更实际的手段来维系信仰群众的向心力，这些信徒都希望能亲自分享神所授予的恩宠。这些更实际的授予手段样式复杂，对宗教的性格具有决定性的影响。

1　所谓 homoousios 意指：圣子与圣父具有"同样的本质"。这是尼西亚宗教会议所确认的。——中注

十　由秘迹恩宠与制度恩宠而来的救赎

有一种（本质上是巫术性的）观念认为，一个人可以经由摄食某种神圣的实体——例如某些厉害的精灵所化身的神圣的图腾动物，或者某种经过巫术转化为神之身体的圣饼——而取得神的力量。另一种（同样也是巫术性的）观念则认为，一个人可以经由参与某种秘仪而直接拥有神的性质，以此免受诸恶力的侵害。此即"秘迹恩宠"（Sakramentsgnade）。

因此，得到神恩的手段可以是巫术性的，也可以是仪式性的；而不管哪一种方式，除了对救世主或肉身化的神之信仰外，也必须有人间祭司或者秘法传授者（Mystagogen）。此外，这种恩宠授予的性格在相当程度上也取决于这些介于人与救世主之间的人间中介者（祭司与秘法传授者）、个人所具有的卡理斯玛恩宠是否被要求确证而定。如果确证是被要求的，那么，一个宗教执事者一旦不再拥有恩宠状态（例如一个犯了"死罪"的祭司），他所授予的秘迹即无法有效地传递此种恩宠。孟他努斯教派(Montanismus)、多纳图教派（Donatisten）以及一般而言所有那些基于先知—卡理斯玛支配权这一原则组织起来的古代教团，都严格坚持**卡理斯玛的恩宠授予**之首尾一贯的原则。这种观念发展的结果则为，并非每一个具有"职权"或其他公认之资格的主教即可有效地授予恩庞，只有那些经过预言确认或其他灵证的主教才能办到这一点。至少在请求施予恩宠者是个犯了死罪的人的场合，的确是如此。

让我们把这种要求暂搁一旁，来处理另外一个完全不同的恩宠授予的观念。此即"**制度恩宠**"（Anstaltsgnade）：救赎所需的恩宠是在一持续性的基础上，经由某些神或先知所认可而创设的制度化组织（Anstaltsgemeinschaft）来授予。

这个机构可以直接透过纯粹巫术性的秘迹手法，或者是透过所掌握的、由于其执事者或信奉者之实践而累积下来的多余的业绩（可以产生神恩或恩宠的业绩），来发挥其力量。只要是制度性恩宠一贯地营运之处，即涉及三个基本前提。（1）教会之外无救赎（extra ecclesiam nulla salus）：除非本身为某一特定的、被赋予掌理恩宠之机构的成员，否则即无法得救。（2）恩宠授予之有效与否，取决于机构所赋予的职权，而与祭司个人的卡理斯玛资质无关。（3）需要救赎的个人的宗教资质，与有权授予恩宠的机构全然无关。换言之，救赎是普世性的，而非仅限于宗教达人。宗教达人若想凭一己之力接近神、求取恩宠，而不思依赖最根本的制度性恩宠，他的得救机会以及宗教的纯正性就不免——而且实际上也无法避免——要受到威胁。根据这一理论，所有的人皆可能得救，只要他们能充分履行神的要求，即可获得足以使他们得救的制度性恩宠的授予。因此，对于个人伦理成就所要求的水准，必须与一般人的平均资质相当——实际上则意味相当的低。谁如果能在伦理领域成就更多（亦即宗教达人），那么，除了确保自己得救外，他还可以为其机构积聚善功，而由此机构再将这些善功授予那些需要的人。

我们刚刚所叙述的观点即为**天主教会**的独特立场，同时也决定了其之为一个恩宠机构（Gnadenanstalt）的性格，此一发展历经数个世纪，而在教皇格列高利一世（Gregory Ⅰ）时确定下来[1]。不过，

---

[1] 格列高利一世（约540—604），罗马教皇（590—604年在位）。出身于罗马名门，但舍弃一切荣耀进入修道院，经历修道院长、教皇使节，最后登位为教皇。由于他在意大利境内的纷争中担任调停者的角色，成为人民的保护者，并深入教化盎格鲁—撒逊族、西

实际上天主教会的立场还是不断摇摆于（相对而言）巫术性与（同样相对而言）伦理—救赎论的解释之间。

卡理斯玛恩宠或制度性恩宠之授予，并其信徒实际生活态度的影响，是取决于与恩宠中介手段之认可联系在一起的先决条件上。以此而与仪式主义有类似之处，不管是秘迹恩宠、还是制度性恩宠的授予，都显示出与仪式主义紧密的亲和性。伦理性宗教则在另一个相当重要的问题上，受到同样的影响：任何类型的、由一个人来负责的真正的恩宠授予——不管此一权威是源自个人的卡理斯玛禀赋，还是机构所赋予的职权——都不免会削弱对个人伦理的要求，正如仪式主义会产生的影响一样。恩宠的赐予经常意味着需要救赎的个人可以获得内心的**免责**（Entlastung）；结果自然是减轻了他罪过的重荷，同时（在其他条件不变的情况下），也因而大大降低了发展出一套基于伦理的、个人之体系化的生活方法论的必要性。犯罪的人知道只要偶尔执行某种宗教行为或仪式，他的罪过永远可得赦免。特别重要的是，罪过仍然被视为个别的行为，相对而言，则其他个别的行为可以被视为补偿性或赎罪性的。准此，评价乃视个别的具体行为而定，而非依附于一个由禁欲、冥思、或永远警醒的自制所产生出来的、而且必须经常重新确认的整体的人格性。另外一个结果则是，并不感觉有必要靠一己之力以求得**救赎确证**（certitudo salutis），因此，这个在其他情境下可以发挥重大伦理影响的思想，在此失去其重要性。

（接上页注）哥特族、伦巴底族，且接近法兰克族，以此背景，他在对东方教会之争与确立教皇权的独立性与首位性上作出贡献。教皇国也在他的时代里发端。格列高利一世除此还审定圣歌及所谓的圣歌集，在教会音乐史上有大贡献，以此被称为格列高利大教皇。——日注

由于上述缘故，恩宠授予者（告解神父、司牧者）对于个人生活态度的永久性控制，虽然在某些方面非常有效，实际上却也经常被这一因素所抵消：永远有剩余的恩宠等着再分配。告解制度（尤其是与赦罪结合在一起的）的实际作用的确是正反兼有的，这还得看他施行的方式而定。俄罗斯教会所特有的、发展不太成熟且较为一般性的告解方式——经常采取团体认罪的办法——对于个人的生活态度是不可能有任何持久影响的。早期路德教会的告解方式，无疑也是不生效的。见之于印度圣典中有关罪过与忏悔的名目，并没有区分仪式性与伦理性罪恶之别，并且将仪式的恭顺行为——或者其他有利于婆罗门身份利益的恭顺行为——视为（实际上）唯一能够赎罪的方式。结果是，这些宗教对日常生活态度仅限于传统主义式的影响。实际上，印度教"导师"的秘迹恩宠甚至进一步削弱了伦理影响的持续性。

西方的天主教会以无与伦比的力量将西欧彻底基督教化，用的是一套结合了古罗马法律技术与条顿人杀人偿金（Wergeld）的观念所形成的、前所未见的告解与忏悔的体系。不过，就一合理的生活方法论之形成而言，这一制度的作用相当有限，就算撇开放任的赦罪制度所必然产生的危害不论，也是如此。告解对生活态度的影响，就虔敬天主教徒对每户双子这一制度的强烈抗拒——虽然由此亦可得知法国天主教会力量的极限——看来，显然也只是"数字上的"[1]。

1　双子制（Zweikindersystem）并非天主教神学用语，应该是韦伯自己制造出来的。天主教至今原则上仍禁止节育。总之，在一次大战后，德意志、瑞士及天主教的法国境内天主教家庭的小孩人数降低，特别是法国为了人口的减少而苦恼，国家甚至要订出保护政策。教会在这事上也采取妥协政策，至少在告解的情况下，也以一对夫妇生产两名子女为最小责任额，渐渐的即视节育为一种小罪。此一事实恐怕就是韦伯此语所指的吧。——日注

犹太教与禁欲新教之不见有任何告解制度、个人之恩宠授予及巫术性之秘迹授予，对于这两个宗教形成一套伦理性的理性生活态度（ethisch rationalen Lebensgestaltung）而言，才真正发挥了巨大的历史影响，尽管这两个宗教不提供任何由于告解制度或制度性恩宠之授予而得**免责**的机会。只有卫理公会在他们的某些聚会里，例如所谓的"十二人委员会"，还维持有类似作用的告解制度，不过在此一例子里，发挥的作用则全然不同。从这样一种公开的告解中，孕育出像救世军（Heilsarmee）那样半狂迷性的忏悔实践。

就其本质而言，制度性恩宠最后显然不免会倾向将服从变成一个基本的德目以及得救的先决条件，亦即服从于权威，不管是机构的权威，还是授予恩宠的卡理斯玛人物的权威。例如，在印度，"导师"有时可以享有无限的权威。在此情况下所培养出来的生活态度，并非一种由个人内在（努力筑成的一个核心）所延伸出来的体系化，而是从外在于自己的某个中心取得其养分的；生活态度的内容不易导向伦理的体系化，毋宁说是导向相反的方向。

然而，这样的一种外在权威却不免会使得具体的宗教诫命趋于弹性化，因此可以随着外在情境的转变来调适自己以便于实践，只是其适应的方向恰与信念伦理的大相径庭。这种弹性化的一例可见之于 19 世纪的天主教会之（实际上）不执行贷款取息的禁令，尽管根据《新约/旧约》及教皇诏令集，此禁令应该是永久有效的。当然不是经过公开的废止（这是不可能的），不过，在教廷当局发给告解神父的一份平淡无奇的指示中却说明，今后他们在听取告解时，不必再追究违反取息禁令一事，而且只要告解者能同意**此一前提**——一旦教皇决定恢复固有（禁止取息）的原则，他们必须接受——时，则对犯此罪行者应予以赦免。法国的教士亦曾（在一段时期）主张对每户双子制采取类似的处理办法。准此，终极的宗教价值本身即为一种功德的、全然顺服于机构，而非具体的、实质的伦理义务，亦非经由个人自己有方法的伦理行为所达到的、达人的资质。只要制度性恩宠首尾一贯施行之处，唯一统合生活态度的原则是形式上的、谦逊的服从，就像神秘主义在其虔敬信徒身上所引发的、一种独特的"意气沮丧"（Gebrochenheit）的状态。就此而言，马林克罗德（Mallinckrodt）[1] 所说的"天主教徒的自由乃在于能够服从教皇"，在这点上，有其普遍妥当性。

十一　因信得救

尽管如此，救赎还是有可能结合于**信仰**的。只要信仰的概念并非被界定为完全是服从于实践的规范，它通常会以确认某种形而上学事实之真理——换言之，"教义"（Dogmen）的某种形成——作为前提，接受与否则成为此一特定信仰之信徒的基本表征。我们已经讨论各个宗教内部教义之不同程度的发展。此外，是否有某种程度的"教说"（Lehre）也是用来区分预言及祭司宗教与纯粹巫术的主要表征。

当然，即使是纯粹的巫术也必须有对巫师之魔力的信仰，为此目的，巫师首先就得对自己及自己的能力有信仰。这点对任何宗教而言皆如此，包括早期的基督教。以此，耶稣教导他的弟子，由于他们怀疑自己的能力，他们将无法治愈为魔鬼所附体的人；

1　马林克罗德(1821—1874)，德国天主教派的政治家、帝国会议议员。中央党的开创者之一。中央党创立于 1870 年，为德国的天主教政党，对抗俾斯麦所发动的文化斗争，成为反普鲁士势力的中心。——日注

任何人只要能完全相信自己的能力，此一信仰即可移山[1]。另一方面，那些期待巫术奇迹的人本身更必须要有信仰，一直到今天都还是如此。这是耶稣发现自己之所以在其家乡以及有时在其他市镇无法制造奇迹的缘故，"诧异于他们不信"[2]。他一再说明，他之所以能治愈残障者以及为魔鬼附身的人，纯然只是因为那些人相信他以及他的能力。这种信仰甚至升华而具有某种程度的伦理的性质。以此，由于那个通奸的妇人相信他有赦免的能力，耶稣才能赦免她的罪。[3]

另一方面，信仰本身也会往真理（Fürwahrhalten）发展，而成为一种知性理解——即透过知性推理过程而产生——的教理（Lehrsätze）。这是我们此处要讨论的重点。准此，儒教并非一种救赎伦理，因为它没有所谓教义。早期的伊斯兰教与古犹太教，也没有涉及教义的需要，而只要求（就像所有的原始宗教一样）信仰自己的神——此时已被视为"唯一"的神——之力量、存在及其先知之布道。不过，由于这些宗教都是圣典宗教（Buchreligions），例如伊斯兰教即相信古兰经乃神的创作，它们也坚持对《新约/旧约》内容之真理性的信仰。只是，除了一些有关宇宙创生、神话以及历史性的叙述外，这些律法、先知以及《古兰经》等圣典所包含的，基本上是实践的诫命，而非要求某一特定种类的、知性的洞察。

1　见《新约·马太福音》，17：14—20。门徒无法治愈为鬼附体的小孩，耶稣驱出鬼后，门徒请问缘故。耶稣说："是因为你们的信心小。我实在告诉你们，你们若有信心像一粒芥菜种，就是对这座山说，你从这边挪到那边，他也必挪去。"——中注

2　见《新约·马可福音》，6：1—6。——中注

3　见《新约·路加福音》，7：36—50。——中注

只有在非先知型的宗教里，信仰才等同于神圣的知识。这些宗教的祭司阶级，就像巫师一样，仍然是神话与宇宙创生等相关知识的守护者；而且他们也像圣赞者一样，为英雄史诗的守护者。吠陀与儒教伦理将经由学校训练而得到的文学素养视为完整的伦理资格——这种素养最多也不过就是种记忆的知识。仍然坚持知性"理解"之要求的宗教，则很容易转化为哲学或诺斯替式的救赎形式。这种转化反过来又会导致拥有完全资格的知识人与一般大众之间出现巨大的鸿沟。不过，就算发展到此程度，仍然没有真正的、公认的"教义学"（Dogmatik），而只有（或多或少）被视为正统的各种哲学见解——例如印度教内并存的正统的吠檀多派（Vedanta）与异端的数论派（Sankhya）[1]。

只有基督教会，由于日渐进展的知性主义的侵入，以及随之而起的反对势力的广大，产生出一种史所未见的、公认且具合理拘束力的教义，一个神学的信仰。要求对此庞大教义体系兼具信仰与普遍的知性理解，显然是不可能的。今天我们已很难想象，一个主要是由小市民所组成的教团居然可以充分掌握并理解（举例来说）《罗马书》的复杂内容，然而实情就是如此。这种类型的信仰具体呈现出某些当时流行于城市改宗者团体间的、踞有支

1　吠檀多派是印度六派哲学中最有力的一派。吠檀多之意为"吠陀圣典之终极"、"吠陀之究极旨趣"，具体而言是指《奥义书》；此学派对《奥义书》所含的教说进行解释，将之体系化，故被称为吠檀多派。其开山始祖虽为公元前1世纪左右的巴达拉亚纳，但此派之根本圣典《梵天·首陀罗》直至5世纪左右才编成，以此确立其根本的哲学立场。吠檀多派反对持精神与物质二元论的数论派哲学，而以梵天为宇宙之唯一绝对终极原因之一元论为《奥义书》之中心论题，目标在于对梵的考究以得解脱。其后，此派优秀的注释家、哲学家辈出，逐渐衍生出众多立场互异的分派，以坚持绝对不二论的商羯罗派、有限不二论的罗摩奴阇派、不一一元论的摩陀伐（Madhva, 1197—1276）派等为代表。数论派，参照本书第七章159页注1。——日注

配性地位的救赎论观念，这些改宗者惯于思索救赎的各种条件，同时也多少通晓犹太人与希腊人的决疑论。同样的，众所皆知十六七世纪的广大小市民阶层也从知识上充分掌握了多德雷赫特（Dordrechter）与威斯敏斯特（Westminster）宗教会议所决定的诸教义以及改革教会所订定的各种复杂的协和信条[1]。尽管如此，在正常情况下，教团宗教是不可能要求这种对教义的知性理解，因为一旦贯彻此一要求，必然会导致下列结果：所有那些不属于哲学之智者（"灵知者"[Gnostiker]）的人，包括"唯物者"（Hyliker）以及神秘主义之未能开悟的"心灵者"（Psychiker），都不免会被排除于救赎之外，或只能得到保留给非知识阶层之虔信者（"信心者"[Pistiker]）的、较低层次的一种净福[2]。这种现象可见之于诺

---

1 多德雷赫特会议为 1618—1619 年改革派教会在荷兰的多德雷赫特地方召开的世界会议。此会以荷兰人为主，欧洲各地的改革派教会也都派遣代表参加，但大多数皆为正统派的加尔文主义者。据此订定九十三条所谓多德雷赫特信条（Dordrechter Konfession），并确立为正统派加尔文主义的信仰条例。

　　同样的，西敏寺宗教会议是为了英国教会改革之故，于 1643 年开始在威斯敏斯特召开的会议。由于长老派教会与独立派教会相对立争论不已，会议冗长，直到 1647 年才根据清教徒，特别是长老派教会的立场订出所谓威斯敏斯特信纲（Westminister Confession），并添加两条教理问答（Catechisms），此会方才闭幕。

　　在此之前，路德派教会内部即有许多神学的论争，为了使福音主义阵容的一致性不至于丧失，于是其各代表性的指导者群集在一起，基于初的福音—路德信仰，取得一致的基础，共同定出信仰条例。此即 1577 年所订定的协和信条（Konkordienformel），韦伯此处所称之 Kompromissformel 应就是指此。

　　根据以上这些信条的成立，宗教改革的各派之信仰内容是被明确化了，但也因此加深了各派间的距离，结果是逐渐各陷于独自的信条主义里。——日注

2 在希腊化时代的神秘主义思想中，将人的心灵状态区分为以下三阶段：（1）"肉体人"（ho sōmatikos），指对真理缺乏理解的无知、无信仰的人，相当于此处所说的"唯物者"（hyliker）；（2）"心灵人"（ho psukhikos），指虽然追求真理，但未达充分理解的一般信徒，此即所谓"心灵者"；（3）"灵人"（ho pneumatikos），指被神的灵所充满，达到最高真理者，亦可称为"智者"（ho gnostikos），亦即此处所谓的"灵知者"（Gnostiker）。此种区分虽部分见于保罗的用语中，但主要是诺斯替派所用；早期基督教神父也有许多人继承这一用法。——日注

斯替派与印度的知性宗教。

　　在基督教兴起的最初一百年间，始终或隐或现地纠缠于一个争论：到底是神学的"知"（Gnosis）还是素朴的"信"（Pistis），才是较高的或唯一的救赎的保证。伊斯兰教的玛塔吉拉派（Muʿtazila）信徒则认为[1]，一个只具有（一般意义的）"深厚信仰"而没有受到教义训练的人，并非真正信徒共同体的成员。不管哪儿，对宗教性格具有决定性的一个影响乃来自，神学的知识人（宗教知识的达人）与虔信的非知识人（特别是宗教禁欲主义的达人与宗教冥思的达人，他们也相对地认为"死的知识"对救赎而言是不值一提的）之间的关系。

　　即使在福音书本身，耶稣教诲的譬喻形式也被说成是一种意图性的秘义（Esoterik）。为了避免这种由于知性贵族主义而出现某种秘义的结果，信仰必须别有所指，而不是对一个神学教义体系的真正理解与认知。事实上，所有的先知型宗教皆将信仰置于对神学之真正理解以外的一些基础上，不管是在这个宗教刚形成为一个教团宗教并发展出其教义学时，还是稍后。当然，教义的接受对宗教信仰而言，一直都是很重要的，虽然禁欲的宗教达人以及（尤其是）神秘主义的达人并不认为如此。不过，公开的、个人性的承认教义——基督教的术语为"信仰之宣示"（fides explicita）——只有在涉及一些被视为绝对根本性的"信仰条例"时才会要求，至于其他的教义则允许有较大的宽容度。基督新教

1　八九世纪间出现于伊斯兰教内的神学派别。玛塔吉拉（Muʿtazila，Muʿtaziliten）为"退缩的人"之意。以对信条的松懈及不轨行为作为伦理上的反动，起而以建设合理主义与自由主义（受希腊思想所影响）的思辨神学的目标。其自由意志论等思想与正统派学者对立，给了知识阶层相当大的影响，不过，在正统派神学被确立之后，玛塔吉拉派的势力即急速地消退。——日注

基于其"信仰之义证"的立场，对教义的信仰有特别严格的要求，禁欲新教尤其如此（虽非唯一的），他们认为《新约／旧约》乃神法的编纂。新教教派仿效犹太人的传统设立普通小学以及对年轻人的集中训练，主要即基于此种宗教要求。这也是荷兰、盎格鲁—撒克逊的虔敬派信徒，以及卫理公会信徒对《新约／旧约》如此熟悉的背后因素（可对照于英国小学教育普及之实况），这点一直到19世纪后半还常令旅行者或到惊讶。就此而言，他们之确信《新约／旧约》教义的一义性，是每一个人都必须理解自己的信仰此一更广泛要求的基础。就一个教义丰富的教会而言，鉴于教义之过于庞大，唯一能合理要求的是"信仰之默示"（fides implicita），亦即，随时准备将自己的确信置于教会权威的规范下。天主教会竭尽所能地要求此点，直到今日依然如此。然而，"信仰之默示"已不复为一种真正的、个人对教义的认知；毋宁说，它已成为一种对先知或某个机构之权威的信赖与献身的表白。以此，信仰即失却其知识主义的性格。

一旦宗教伦理全面理性化，知识主义即成为附属性的。之所以如此，是（如奥古斯丁与其他人所强调的）在"信念伦理"之前，单靠知性认知的真理即落入信仰的最低层次。信仰必须具有一种信念的性质。个人之皈依于一个特别的神是比"知识"更重要的，而这也是之所以被称为"信仰"的缘故。这是贯穿于《旧约》与《新约》的。被亚伯拉罕视为"义"的"信仰"，是对上帝**许诺**的信赖，而非对教义的知性认知。对耶稣及保罗而言，信仰仍具有同样的核心意义。知与教义知识则隐退至无足轻重之处。

在一个组织化的教会之内，"信仰之宣示"的要求通常（至少实际上）会仅限于受过教义训练的祭司、传道士与神学家。任何有体系神学化的宗教内部，都会兴起一个有**教义**修养与知识的贵族阶层，他们接着会要求——要求的程度与结果各有不同——成为此一宗教的真正担纲者。一直到今天，特别是在农民之间，牧师还是被普遍认为必须表现出比一般人更为优越的理解与信仰能力。这也只不过是表现在宗教上的、以"教养"之有无作为"身份"之资格的一种形式，同时也见之于所有的官僚组织，不管是政治的、军事的、教会的，还是商业的。但是更为根本的是上述（同样见之于《新约》）的说法，亦即信仰是一种非日常性的、纯个人性的**信赖**神意的特殊卡理斯玛，正如灵魂的牧者与信仰的英雄所必然拥有的。由于这种卡理斯玛式的对神之助力的信赖，作为信仰之达人的教团指导者，在实际情况下很可能会有与一般信徒大为不同的举动，并导致远超越通常人力所能为的结果。在实际行动的场合，信仰可说是巫术力量的一种代用品。

无限地信赖神，这种宗教所特有的反理性的内在态度，有时会导致一种对理性的、实际的分辨之无差别性的漠视；而且经常会无条件地信赖神意，将自己的行为单纯地视为神意的结果。在基督教与伊斯兰教以及其他宗教，这种反理性的态度与"知识"——特别是神学知识——之间有着尖锐的对立。反理性态度可能会以一种自傲于对信仰之练达的方式表现出来，就算能避免这种僭越的、被造物之神化的危险，它也可能会以一种要求（最重要的）根绝知性之傲慢的、无条件的宗教性奉献以及与神密接的谦卑态度呈现出来。这种无条件信赖的态度在早期基督教——特别是在耶稣与保罗的例子，以及对抗希腊哲学的斗争里——扮演过重要角色；在近代基督教——特别是在 17 世纪西欧以及十八九世纪东欧之神秘主义—灵的教派对神学的敌视里——扮演着重要角色。

在此发展过程中，所有纯正的、虔敬的宗教信仰都会站在一种超知性的、绝对奉献与全然信赖之独特的宗教信念的立场，而直接或间接地导致"知性之牺牲"，如下面这句话所显示的：我相信它，**不是**因为它悖理，**而是完全**因为它悖理（credo，non quod，sed quia absurdum est）[1]。信仰一个超世俗之神的救赎宗教强调（不管是在此处或其他场合）当个人面对神之卓越性时自己知性能力的不足。这种对知识的背离（基于信仰一个超世俗之神的救赎力量），完全不同于佛教之弃绝有关彼世的知识，因为佛教认为冥思乃唯一抵达救赎之道，而这种知识却无助于冥思。它在本质上也完全不同于怀疑世界之"意义"有任何被理解之可能的观念；这种怀疑论可见之于任何时代的知识阶层，例如希腊碑铭、文艺复兴时期的最佳艺术成就（莎士比亚的作品）、欧洲、中国与印度的哲学，以及近代的知识主义所呈现的。上述要求"知性之牺牲"的信仰对付怀疑论的态度，较之对付佛教的弃绝知识实际上要远为严厉得多。

"完全因为它悖理"的信仰，以及耶稣训词中有关上帝将信仰之卡理斯玛赐予婴儿和儿童而非有知识者，此一事实所表现出来的胜利之喜悦，意味着存在于此一类型之救赎宗教与知识主义之间的尖锐的紧张性。尽管如此，这种类型的宗教还是持续努力想利用知识主义来配合自己的目的。随着基督教的日渐浸淫于希腊的思考形式（这在古代已然，不过到中古由于大学——培养**辩证法**的场所——之兴起而更为强烈），转而助长了知识主义。（古

---

[1] 此语一般而言皆归之于 3 世纪的拉丁教父德尔图良（Tertullianus），有时亦称为圣奥古斯丁所言。不过在此二人的著作中，皆不见此一完整语句，仅有类似片言只语。——日注

代的）辩证法之所以在基督教里复兴，是他们意识到罗马法学家对皇权——基督教的竞争对手——的重大贡献。任何信仰型宗教（Glaubensreligiosität）皆以一个人格神、其中介者及先知的存在为前提，为了得其恩宠，信徒必须在某一点上放弃自我义认（Selbstgerechtigkeit）与个人之智。就此而言，基于此形态之信仰的宗教性实不见于亚洲的诸宗教。

我们已探讨过，"信仰"会根据其发展的方向而呈现出不同的形态。撇开早期伊斯兰教与耶和华宗教不论（在这两个宗教里，战士对其神明之强大力量的素朴信赖仍居于主导地位），见之于和平团体的、以"救赎"为取向的信仰型宗教与冥思型的神秘主义之间，的确存在着一种显著的亲和性，尽管他们彼此差异甚大。此种亲和性乃来自：当救赎财被视为"救赎"来追求时，经常（至少）会有寻求对神之"归属"关系——一种"神秘的合一"（unio mystica）——的倾向。实际上，信仰之实践的信念性格发展得愈体系化，就愈容易走上彻底的无规范主义（Anomismus）的途径，而这是任何类型的神秘主义都发生过的。

保罗的书信以及耶稣的（传统所记录下来的）说教中某些矛盾之处，都已说明，想在伦理要求与基于"信仰"的宗教（奠基于一种彻底的信仰关系之纯正的"救赎"宗教）之间确立一个清楚的关系，是十分困难的。保罗不断地与自己观点所导致的立即后果，以及由这些观点而来的非常复杂的引申奋战。保罗之因信得救的教说，在马西昂思想（Marcionitismus）里得到彻底的发展，清楚地标举出无规范主义的结论。随着因信得救逐渐被强调，日常宗教的内部也出现了一种生活态度之积极伦理理性化的一般（不过也极为微弱的）倾向，虽然这与此种宗教的先知所行者恰好相反。

在某些情况下因信得救不管是在具体事务、还是原则上都会直接导致反理性的结果。举个小例子，许多虔诚的路德派教徒拒绝加入保险契约，因为他们认为这样的行动是对神意的一种无信仰的不信任。所有理性的救赎方法论，所有因善行而得救的观念，以及（尤其是）所有企图以禁欲的成就来超越正常的道德行为的做法，从信仰型宗教的立场看来，都只不过是对人类能力的一种傲慢的夸示。

只要在因信得救的观念彻底发展之处（如早期伊斯兰教），超现世的禁欲主义以及（特别是）修道院制度即受到拒斥。因此，这种发展的结果可能直接有助于赋予现世的职业活动以宗教性的意义，正如路德新教所做的。再者，信仰型宗教，特别是在基于个人对神的信仰关系乃唯一重要之事而贬斥忏悔与秘迹的祭司恩宠的情况下，可能会强化了赋予现世职业积极的宗教性评价的动机。路德教派从一开始即原则性地采取这一立场，在完全废止忏悔制度后又更为强化。同样的影响亦可特别见之于各类型的虔敬主义，它们虽由于斯彭内尔（P.J. Spener）与弗兰克（A. H. Francke）的影响而带有禁欲的色彩[1]，不过也曾受到教友派及其他教派的影响，只是他自己并不太能自觉到这一点。

---

1 斯彭内尔（1635—1705），德国牧师，被尊称为"虔敬主义之父"。在他担任法兰克福的首席牧师之时，设立名为"虔敬会"的修道团，振兴平民信徒的宗教意识，并以此从内部改革路德教会。他着重直接聆听神的话语，主张基于万人司牧制，使信徒个别进行积极的宗教活动，以此实现路德派的理想。斯彭内尔的作为被视为与正统派有矛盾的危险之举。

弗兰克（1663—1727），德国虔敬主义神学者。受到斯彭内尔的感化而成为虔敬主义者。担任哈雷大学教授后，即以哈雷大学为中心倡导虔敬主义运动，与正统主义及启蒙主义的怀疑主义相对抗。弗兰克强调信仰的具体实践，特别是要唤起教育方面的生气，并创设起以哈雷为中心的各种神学，对于德意志的国民教育影响甚大。——日注

　　德文的"职业"(Beruf)一词，最初乃来自马丁·路德所翻译的《新约/旧约》。现世内的职业道德(Berufstugend)乃唯一神意所喜的生活态度，这种积极的评价从一开始即为路德派的核心问题。然而，在路德派，"业"(Werke)并不像天主教那样被视为灵魂得救的真正依据，也不像禁欲的新教一样，为个人之复活提供了认识的依据。反之，救赎的确证对路德派而言，乃来自在上帝之善意与恩宠里找到庇护的一种熟悉的感觉。因此，路德派教导(一如其对现世的态度)，对现世之秩序采取一种有耐性的"顺应"。就此而言，路德派的态度恰与其他宗教——特别是新教教派——形成强烈的对比；其他宗教所要求的救赎确证或许是一种特殊有条理的生活态度，要不就是功德，例如见之于虔敬派的"有效的信仰"(fides efficax)[1]以及伊斯兰教哈瓦利吉派(Khawärij)的"实践"(amal)[2]；路德派同时也与禁欲诸教派的达人宗教形成强烈的对比。

　　路德派对于任何社会革命或政治革命以及一切理性的改革手段，皆缺乏原动力。它要求个人(不管是在现世之内或其外)努力维持信仰的救赎财，而非对此世作任何理性的、伦理的转化。只要上帝的话已被纯正且清楚地告知，路德派的基督徒即已拥有

1　"有效的信仰"为加尔文在萨伏伊宣言中所用的语句。韦伯说："为了给'救赎之证'提供确实的基础起见，信仰必须用其客观的效果来证明。就是说，信仰必须是一种'有效的信仰'，救赎的召命必定是一种'有效的召命'。"见张汉裕译，《新教伦理与资本主义精神》，54 页。——中注

2　哈瓦利吉派(Khawärij，德文为 Charidschiten)为伊斯兰教最早期的一个分派。此派人因为不满第四代哈里发·阿里总督穆阿威叶的内乱采取稳健的手段而脱离阿里阵营，哈瓦利吉即"脱离者"的意思。哈瓦利吉在思想上是极端派，主张无时无地都无条件地遵行伊斯兰教徒所被规定的义务行为，并且，若有参加了自己的阵营而不一起参与行动者，即被视为非真正的伊斯兰教徒，将之斩杀是每个人的义务。以上的主张化为行动，亦即唯有"实践"(amal)才是真正救赎的确证，为哈瓦利吉派所固守。——口注

所需的一切；至于现世之外在秩序的形成、乃至教会的形成，都是无所谓的一种"广教主义"（Adiáphoron）[1]。当然，信仰的这种感情性格——对于现世抱持一种（相对而言）漠视的态度，不过较之于禁欲主义却又要"开放"些——是逐渐发展出来的。从这样一种感性的信仰，很难激发出反传统主义的、合理的生活态度，也缺乏任何导向理性地制御现世与改造现世的驱动力。

见之于早期伊斯兰教与耶和华宗教等战士宗教的"信仰"，呈现出一种素朴的对神或先知忠顺的形态，这可说是所有与拟人化之神的关系的原始性格。顺（神）则受赏，逆则受罚。然而，当救赎宗教的担纲者成为和平的教团，或者（特别是）成为市民阶级的成员时，上述这种与神的人格性关系的性质即有所转变。一直要到此时，作为救赎之手段的信仰才会带有感情的性格以及对神或救世主的**爱**。这种转变在俘囚期与后俘囚期阶段的犹太教已相当明显，而在早期的基督教——特别是耶稣与约翰的教诲中所显示出来的——则更为显著。上帝现在表现得像个慈爱的主人或像个家父。不过，如果根据（一般而言为闪族的）沙漠民族之神祇乃"创造"（schaffen）人而希腊神祇则"生"（zeugen）人的论辩，认为耶稣所示知的神之所以具有**父**的性质是非闪族的宗教因素渗入的结果，自然是一种一般性的误解。因为基督教的上帝从来就不曾被认为是诞生**人**的，所谓"被生而非被创造"（gennethénta me poiethénta）这句话，是为了显著区隔经过三位一体神格化的基督与人类之不同而来的术语。再者，虽然基督教的上帝以超人间的爱来怀抱人，他可绝非一个近代的慈祥的"爸爸"，而是个满怀

1　Adiáphoron 意指：凡非《新约／旧约》所禁止的行为或信仰，概予容忍。——中注

好意却也会动怒，严格且像个王者的家父长，就像犹太人的神一样。

　　总之，一旦信仰型宗教的信徒视自己为神之子（而非如禁欲的观念视自己为神之工具），此种宗教的感性成分即有进一步发展的可能。其结果则可能强烈地倾向，在主观感情的因素以及内在地信赖神的情况下（而非在一种持续地、伦理的救赎确证之意识下），追求个人生活态度的统一。这种倾向甚至会更进一步削弱信仰型宗教之实践的、理性的性格。德国典型的路德教会讲道时所用的哀调（经常吓跑许多大男人）——随着虔敬主义之复兴而来的"迦南人的话语"——即意味着此种诉诸感性的强调。

　　当人与神或救世主的关系流露出一种激情性献身的性格以及（随之而来）当信仰带有一种潜在或清楚的性爱色彩时，一般而言，信仰型宗教对生活态度即会产生一种全然反理性的影响。这种例子可见之于各式各样的苏非派的对神之爱，圣罗贝尔及其信徒之雅歌式的神秘主义，圣母玛利亚及耶稣之圣心的崇拜[1]，其他类似的献身形式，以及（最后）路德派内的虔敬主义——例如亲岑道夫的运动——之感情陷溺的特殊呈现。然而，最显著的例子应该是印度宗教特有的信爱的（Bhakti）虔敬，这种信仰自五六世纪以来即彻底取代了（高傲与贵族知识主义的）佛教，而成为印度最流行的大众救赎宗教，尤其是各种形态的毗湿奴信仰的救赎论。在印度这种爱的宗教性里，对黑天——他已从《摩诃婆罗多》

---

[1]　耶稣之圣心的崇拜是在天主教会中对于耶稣基督的爱，特别是作为其特征的耶稣之心脏（圣心）的崇拜。其由来大约始于中世纪所流行的对于十字架上耶稣之侧腹伤痕的崇拜。耶稣会特别奖励此种崇拜，并组织圣心会以普及之。——日注

（*Mahabharata*）神化为救世主的身份[1]——的献身，以及（更特殊的）对幼童黑天的献身，被提升至一种带有性爱意味的献身。这一过程透过四种层次的冥想而完成：即经由主从爱、友爱与亲子之爱，而至最高层次的、仿效歌比（Gopi）之爱（黑天的情人对他的爱）的、带有明显性爱意味的献身[2]。由于这种宗教所要求的、获得救赎之必要的这种过程，本质上有悖于日常生活事务，因此经常要以某个程度的、秘迹的与祭司的——例如"导师"或"法师"——恩宠媒介为前提。就其实际影响而言，这种宗教是性力宗教（Saktireligiosität）——流行于印度社会最下阶层、献身于女神的一种宗教[3]——经过升华的一种形式。性力宗教非常接近狂迷型的宗教，经常带有性爱狂欢的仪式，这一点使其彻底远离纯粹的信仰型宗教——例如基督教，对上帝之意旨具有永恒且无可动

---

1 《摩诃婆罗多》为古印度两大民族史诗（叙事诗）之一（另一者为《罗摩衍那》），并且也是印度教的圣典。意指："歌颂婆罗多族之战争的大史诗"，是部由十万颂偈所构成的庞大叙事诗。据传为毗耶娑仙人所作，实际上是长期累积扩大而成，至4世纪左右完成现今所见版本。其内容：以被推定为公元前10世纪左右之雅利安人部族间之战争（婆罗多战争）为舞台，展开包括与战争相关的神话、传说、哲学、宗教、道德、社会风俗等要素的无数叙说。包含于其中的《薄伽梵歌》（*Bhagavad Gita*）为一宗教诗，是印度文学史上不朽的篇章，内容是叙述驭者黑天（实际上是作为薄迦梵——幸运者——的毗湿奴神）向婆罗多战争中的一方之雄阿周那讨论正义之战争的必要，同时教他信仰神之伟大恩宠对于赴身沙场的重要性。《薄伽梵歌》为今日印度教圣典中，人们最爱唱的一首。——日注
2 歌比是指在黑天传说中饲牛的女子们。青年时代的黑天与许多这类的女性谈恋爱，其中尤其是牧女罗陀，其后成为黑天的妃子。参照第七章124页注2。——日注
3 印度的女神崇拜逐渐地发展成为对毗湿奴及湿婆之后妃神（配偶神）的崇拜，这些女神所具有的生产力与活动力即为性力（sakti）。在原初俗信的地母信仰之基础上，这些女神被认为即是大地之生产力的象征，其后，女神本身展现为非活动的主神之活动面，变成世界之间展与个我之救赎的原动力。此种女神—性力崇拜流行于湿婆派当中（即被称为性力派的派别），根据其宗教仪式中以性的欢愉来求得解脱的倾向，以及性力崇拜与生殖器崇拜的结合，形成其独特的宗教性。——日注

摇的信赖。印度的救赎宗教里，个人与救世主的关系之带有性爱的色彩，基本上也许可视为献身之实践的一种技术性的结果；这与基督教的神意信仰之为一种卡理斯玛、必须由信徒**意志**的贯彻才能确保的情况，恰成明显的对比。

十二　由预定恩宠而来的救赎

最后，救赎也可能被视为一种神之完全自由的、无从解释的恩宠赐物，他为何做此决定是无从究明的，由于他的全知，他的决定必然也不会有所改变，而且绝对超越任何人类行为的影响。此即"**预定恩宠**"（Prädestinationsgnade）。此种概念无条件地以一个超世俗的创造神为其前提，因此不存在于任何古代与亚洲的宗教。它也不存在于战士的英雄宗教，因为这种宗教奠基于一种超神性的宿命观上，而预定恩宠论则认定世界的秩序或统治，从神的观点看来是合理的，尽管从人间的观点看来并不一定合理。此外，预定恩宠论去除了神的善意，而使之成为一个苛酷的、威严的王者。面对这样的一个神，一切个人的力量皆无能为力，救赎仅能取决于自由的恩宠。尽管如此（或许也正因如此），预定恩宠论——与宿命信仰一样——反而能在其信徒身上孕育出高洁与严肃的情操。

根除一切激情、严正的伦理人，例如贝拉基（Pelagius）[1]，也

1　贝拉基（约 360—420），英格兰（爱尔兰？）的修道士、神学家。他于 5 世纪起求学于罗马，以丰富的学养与严谨的修道生活而负盛名，博得许多追随者。其后远渡非洲，再赴巴勒斯坦。据贝拉基的说法，人生来原本无善无恶，是意志使其成为善者或恶者。以此，他否定亚当之堕落的原罪之说，并认为人可以不靠神的恩宠而凭着自由意志以获得救赎，主张禁欲主义及严格的道德主义。此见解引起圣奥古斯丁站在基督教信仰的立场上激烈的辩驳，最后，贝拉基主义被 418 年的加尔塔古宗教会议定为异端加以排斥。——日注

许会相信自己的业已足以使自己得救。不过在先知与创教者当中，预定论则成为下面这些人的信仰：有些人，例如加尔文与穆罕默德，受到一种理性的、宗教的权力冲动的鼓舞，他们对于自己使命的确信，主要乃来自世界的状况与神的意志，而非个人人格的高超；另外一些人，例如奥古斯丁与穆罕默德（同样也是），之所以信仰预定论，是他们感觉到控制自己强烈激情的必要性，同时也体认到这种控制——如果可以达成的话——势必要透过一种超乎个人之外及之上的力量来运作才有可能。同样的，当马丁·路德处于刚与罪恶苦斗过后的极度兴奋阶段时，也相信预定论，不过当他逐渐走上现世顺应之道时，此种信仰即退至无足轻重之处。

　　预定论提供给这种恩宠的持有者最大可能的救赎确证，**只要**他能确信自己属于那个获选的、极少数的救赎贵族阶级。不过，此人必须要能发现某些征兆（Symptome），以便确定他是否拥有这种无比重要的卡理斯玛，因为他无法长久忍受自己救赎之全然不确定的状态。因为神已俯允，对于那些符合他旨意的行为，至少给予某些积极诫命的启示；准此，上述的征兆即必须取决于——不管是在此处，还是其他任何宗教性积极的卡理斯玛的例子——是否能够决定性地证明他可以成为履行神之诫命的工具，而且这种证明也一定是持续性且有方法的。原因在于，有人总是拥有恩宠，而有人却根本没有。再者，个人之救赎以及是否继续保有恩宠的最根本确定，也不会受到当事人任何个别过失的影响，因为即使是预定得救的人，也跟所有其他有罪的被造物一样会犯错。因此，尽管有这些个别的过错，个人还是会知道，他的行为是符合神意，且来自一种基于恩宠之神秘本质的内在关系——简言之，救赎乃基于一种具有核心性与持续性的人格性关系。准此，预定恩宠——

虽然似乎可视为宿命论之"逻辑的"结果——即在其最彻底的信徒身上引发出遵照神意而行的最强烈的动机。

当然，这种"符合神意的行为"会因宗教预言基本内容的差异而有不同的性质。例如对伊斯兰教最初世代的信仰战士而言，预定论的信仰即常导致他们为了实践征服世界这一圣战之宗教诫命而奋不顾身；对于受基督教伦理约制的清教徒而言，则常会导致伦理的严格主义、法条主义与合理的生活方法论（rationale Lebensmethodik）。宗教战争时所建立的纪律，自然是伊斯兰教骑兵与克伦威尔的骑兵之所向无敌的泉源；同样的，现世禁欲以及在一个符合神意的职业上有纪律地追求救赎，也是清教徒所特有的、营利练达性的泉源。任何首尾一贯的实践的预定恩宠论，都无可避免地会导致——在神的至高意志下——一种彻底且从根本上贬斥所有巫术的、秘迹的以及制度性的恩宠授予，而且只要是预定恩宠论以最纯正的形式呈现、且维持其力量之处，此种贬斥即会出现。截至现今为止，这种对巫术及制度恩宠最为强烈的贬斥，乃来自清教。

另一方面，伊斯兰教的预定论不知有所谓的"正反圣定"（doppelte Dekret）[1]；它不敢赋予阿拉惩罚某些人入地狱的预定力量，而只能让他剥夺给予某些人的恩宠，这样的信仰"容许"人类的不完美与不可避免的过错。再者，作为一个战士宗教，伊斯兰教带有某种希腊之"命运"（moira）的色彩，因此，不管是"世

1　圣定是指全能全知的神在人的意志之先已为万事万物预定好了。以《新约/旧约》，尤其是《新约》（就中以保罗的书信为著）为基础，圣奥古斯丁、路德、加尔文等人为此说的代表人物。所谓正反圣定是指特别在加尔文主义中所说：神据其自由的恩宠，给予某些人救赎，其他人则被毁灭，此种二重预定即所谓的正反圣定。——日注

界支配"（Weltregiments）之特有的理性要素，抑或是彼世之个人宗教命运的特殊决定，都缺乏充分的发展。伊斯兰教的主要支配性观念是：预定论所决定的并非个人在彼世的命运，而是此世之非日常性的事件，例如（尤其是）一个信仰战士是否会死于沙场这类问题。个人在彼世的命运，至少根据较古老的观念，是由个人之对阿拉与先知穆罕默德的信仰来确保的，因此没有必要从生活态度上取得救赎的确证。任何日常生活之合理的、禁欲的体系，从一开始就与这种战士宗教无缘。伊斯兰教的预定论是在宗教战争——所谓"救世主（Mahdi）战争"[1]——中才能展现其力量，并且也随着伊斯兰教的"市民化"而渐次失却其影响力。之所以如此，乃因伊斯兰教的预定论并没有像清教的预定论一样树立一种日常性的生活方法论。对清教而言，预定无疑地会决定个人在彼世的命运，因此个人的"救赎确证"主要乃取决于**日常生活之**德性的确证。以此，随着加尔文派的日益市民化，预定论的信仰即（较之原本的见解）愈形重要。

值得注意的是，清教的预定论信仰皆被任何权威当局视为对国家有危险且反权威的，因为它使得清教徒怀疑一切现世权威的正当性。有趣的一个对比是，在伊斯兰教，伍麦叶（Umayyad）家族的成员——他们因所谓的"现世主义"而受到抨击——却是预定论的信奉者，因为他们冀望自己以不正当手段获得的统治权，

1　Mahdi 在阿拉伯文中意指：被神正确引导的人。在《古兰经》里虽然找不到这样的指称，但什叶派（Shi'a）是以此作为对阿里及其子胡笙的一种称号。后来什叶派内的过激分子卡依生派，据胡笙的异母兄弟之说，生前被称为 Mahdi 的穆罕穆德之死，只不过是一时隐去身影，在最后审判日来临时会再度现身，以此，Mahdi 变成"隐遁的弥赛亚"之意。在伊斯兰教（特别是什叶派）的历史中，后来也出现号称 Mahdi 者，在信仰战争与改革运动中，逐渐扮演起领导者的角色。——日注

能因阿拉的预定意志而得到正当性。显然，任何利用预定论来决定具体的现世事件，而非用来确保个人在彼世的命运，即会导致预定论失却其伦理的、理性的性格。对于早期伊斯兰教的质朴的信仰战士而言，预定论信仰实际上一直有着禁欲的作用，然而伊斯兰教在有关道德的领域所要求的主要是外在性与仪式性的，因此，禁欲作用在日常生活中即受到抑制，由于缺乏理性的性格，伊斯兰教的这种预定论在群众信仰中很容易转化为宿命论的性质，易言之，即"命运"（Kismet）——因此，也无法根除民间宗教里的巫术性格。

最后，配合其儒家伦理性格的中国家产官僚制，一方面认为"知天命"是具有高贵心志（Gesinnung）的保证，另一方面却也容忍天命在巫术性的大众信仰里带有某种宿命论的色彩，虽然在有教养阶级的信仰里，天命大致说来是介于神意与"命运"（moira）之间的。正如需要勇气来面对的"命运"培养出战士之英雄式的矜持，预定论也孳育出英雄式的市民阶级之禁欲的（"法利赛的"）矜持。然而，在清教徒之预定恩宠的有效范围内，没有一个宗教能像清教那样，预定得救的救赎贵族之矜持是如此密切地结合于职业人，且结合于**理性**行为的成果乃神之祝福的明证这一观念；因此，也没有任何一个宗教能像清教那样，禁欲的动机会对经济心态（Wirtschaftsgesinnung）产生如此强烈的影响。

预定恩宠也是一种宗教达人的信仰，只有他们能接受永恒的"正反圣定"的思想。然而，随着这种教义渐次渗入日常生活与大众的信仰，其阴郁的严肃面令人愈来愈无法忍受。此种思想最后在西方的禁欲清教中所留下来的只是一点"残渣"（caput mortuum）：此种预定恩宠论对合理的资本主义之心态以及对个人之营利生活中有方法的职业确证之观念所曾有过的贡献。克伊波（A. Kuyper）的新加尔文主义[1]，不再主张纯粹的预定恩宠的教义。然而，这种教义却也从未完全自加尔文主义中消失；只是变更形态罢了。不管在任何情况下，预定恩宠的决定论仍然是达成"信念伦理"（Gesinnungsethik）之最大限度的体系化与核心化的有效手段。

"上帝的预选"，而非当事人的任何个别行为，提供了我们今日所谓的"整体人格性"之永恒的价值基点（Ewigkeitswertakzent）。相对于这种宗教性的信仰评价，还有一种非宗教性的、基于现世决定论的评价。这种独特的"羞耻感"以及（可以这么说）与神无关的罪恶感之所以成为近代人的特质，主要乃来自他自己的、体系化的信念伦理（不管此一伦理的形而上学基础为何）。他**是**如此，他**能够**做到这点，并非他已做到这点，而是基于他本身无从改变的特质（他对此无法置喙）。这就是他所背负的幽暗的苦痛，同时也是其他人——站在他们（现在已转变成决定论的）"法利赛主义"的立场上——所责备于他的。这是一种"无情"的态度，因为其间并无丝毫"宽恕"、"悔改"或"报偿"等充满意义的可能性，这与宗教的预定论信仰如出一辙，只不过从后者至少尚能体认到某种隐秘的神之理性（ratio）。

1　克伊波（1837—1920），荷兰的加尔文派神学家，政治家。身为改革派教会牧师的克伊波，于 1880 年在阿姆斯特丹创设加尔文派的自由大学，并于 1901—1905 年担任首相之职。克伊波一方面站在独立的改革派教会（基于严格的加尔文主义）的立场上，排斥神学上的自由主义；另一方面在政治上则反对社会主义，且以实现加尔文主义的理想社会为目标。以此，他的立场被称为新加尔文主义。克伊波著述甚丰，就中以在美国的演讲稿 *Calvinism*（1898）最为著称。——日注

第十一章

宗教伦理与"现世"

一 宗教信念伦理与现世的紧张关系

救赎宗教愈是循着"信念伦理"（Gesinnungsethik）的途径体系化与内化，与现世的关系就愈是紧张。然而，只要这个宗教具有仪式化或律法化的形态，其与现世的紧张性就会显得不太一致，也比较不会是个基本问题。在早期阶段，救赎宗教通常会采取与巫术伦理同样的形式，并发挥同样的作用。换言之，一个救赎宗教刚开始时，通常会赋予其所接受的习惯一种不可侵犯的神圣性，因为神的所有信徒都关心的是，避免神的愤怒，以及惩罚任何违犯神之规范的人。因此，一个命令一旦成为神之诚命，它就超脱出可变的习惯之列，而拥有神圣的地位。自此之后，宗教所规范的即被视为——就像整体宇宙秩序的安排一样——具有永恒之妥当性，可以再诠释，然而不能被变更，除非神又启示了新的诚命。

在这个阶段，宗教对整个法律制度与社会习惯的领域发挥了定型化的作用，就像象征主义定型化了某些特定内容的文化要素，以及巫术禁忌的规定定型化了与人类及财物之关系的具体形态一样。印度教徒、伊斯兰教徒、印度之祆教徒、犹太人以及中国人的圣书或经典对待法规的态度，与它们对待祭典与仪式的各种规范的态度完全一样。法即"圣法"。法律的支配性之为宗教所定型化，构成了法秩序之理性化——以及由此而来之经济理性化——的最重要的限制之一。

另一方面，当伦理的预言打破了被定型化的巫术或宗教习惯诸规范时，突发的或渐进的革命即可能出现，甚至出现在生活的日常秩序之中，而特别是在经济的领域。我们当然也得承认，不管是在日常生活还是经济的领域内，宗教的力量都有其限度。当宗教力量与上述的社会变革发生关联时，它也绝非一直都是决定性的要素。再者，宗教也无法创造出某种经济状态，除非在既存的关系与利害的情势中有导致——甚至是强大的驱力——这种经济变革的某些可能性。我们无法提供任何一个通则，可以简要说明涉及这样一种变革之诸种因素的实质力量的相对关系，或者可以简要说明它们彼此互相"调适"的方式。

经济生活的各种需求则经由对神圣诫命的再诠释，或者是决疑论式的迂回方式呈现出来。有时我们也会遇到以忏悔、恩宠之教会裁量权的方式，简单而实际地废除宗教规定。例子之一是天主教教会取消了有关禁止放款取息的一条非常重要的规定，亦即"良心之法庭"（in foro conscientiae）——有关这点，我们稍后会再述及——的规定，然而并没有任何明确的宣示，因为那是不可能的。同样的过程或许也曾出现在另一个被禁止的行为，"夫妇间的自慰"（onanismus matrimonialis），亦即规定每一家庭至少得有两个子女。

当面对新的问题与实践（如上述例子）时，宗教规范之本质上经常是多种意义或全然缄默的性格即导致（当应用到任何具体事例时所呈现出的），绝对不可变动的形式定型化：一方面是极端的自由诠释，另一方面却又是真正的妥当性之完全不可测度。因此，在研究伊斯兰教之"圣法"（Shar'iah），当涉及任何个别事例时，根本就无法确定何者在今日具有实践上的重要性。所有具有形式化仪式主义与决疑论色彩之性格的圣法及道德戒律，都有同样的情况，尤其是犹太教的律法。

然而宗教义务之基于**"信念伦理"**的体系化，则会产生本质上完全不同的情况。这种体系化会突破个别规范之定型化，以便能为整体生活态度之配合宗教救赎的目标带来一种"有意义的"关系。再者，信念伦理并不承认任何"圣法"，而只承认一种可以在不同的情况下认可不同行为准则的"神圣的信念"，它因此相当有弹性且容易调适。它可以——视其所形塑的生活态度而定——自内部产生革命性的影响，而非发挥一种定型化的作用。然而此种能力之获得，其代价是一连串更尖锐且"内在化"的问题。存在于宗教主张与世界现实间的固有矛盾，并不因此而减弱，毋宁说是更深化了。随着共同体关系及其实质内容之渐增的体系化与合理化，借由神义论之教化所提供的外在补整作用，乃被个别生活领域之固有法则性与宗教之要求间的冲突所取代。宗教需求愈是强烈，"现世"愈成为一个问题。现在就让我们来分析某些主要的冲突，以阐明此一现象。

宗教伦理介入社会诸领域的程度各有不同。决定性的要点并不在于宗教伦理与巫术、仪式或其他一般的宗教性格结合的程度，而是取决于其对世界所持基本原则性的态度。一个宗教伦理愈是将此世界（从一宗教性观点）组织成一个体系化、理性化的宇宙，其与此一世界诸秩序间的伦理性紧张似乎就显得更尖锐与更基本；当世俗秩序（Ordnungen）依其固有之法则性体系化时，尤其如此。这样的一种宗教伦理，其取向是拒斥现世的，就其本质而言则完全缺乏任何与圣法结合在一起的、定型化的特征。这种宗教伦理所导致的、存在于人与此世各种关系间的紧张性，在社会演化过程中，的确扮演了一个强力而积极主动的要素。

二　作为宗教伦理之基础的邻人伦理

此处不拟讨论那些单纯由世俗生活之一般德目所形成的宗教伦理。这些一般德目自然包括了家族内的各种关系，诚实、信赖以及尊重他人的生命与财产（包括妻子）。不过，各种德目的着重点，在各宗教间有其本质上的差异。儒教极端强调孝道。这种强调乃出自巫术信仰以及对祖先灵魂的重视，实际上则是由一个家父长与家产官僚支配组织来推动。据说孔夫子曾有如下格言："不从顺比凡庸的心志更低劣"，在这句话里，他清楚说明了对家内权威者的恭顺是一切社会与政治资格的最主要标准。恰好相反的例子可见之于致力于消解任何家庭之纽带的教团性宗教里那些比较激进的类型。不能憎恨其父亲者，即不配为基督的门徒[1]。

强调的德目有所不同的另一个例子是，印度教以及祆教伦理对真诚的重视，相形之下，犹太教与基督教传统里的十诫则只在法庭证人供词的场合才强调此一德目。与印度教及祆教对真诚的要求相去更远的是儒教的中国官僚制之身份伦理，在与祭典之妥

1　见《新约·马太福音》（10：34—39）。——中注

切的要求对比下，对真诚的要求就整个消退了。祆教信仰禁止虐待动物，这是受到其创教者反狂迷式宗教的影响。印度宗教在这一点上远超过其他任何宗教——绝对禁止屠杀任何生灵，这是基于其泛灵论的灵魂轮回的观念。

　　超越个别巫术禁制与孝道的、任何宗教伦理的内涵，主要是由下述两个单纯的动机所决定的，它们制约了在家族以外的一切日常行为，亦即，对侵害者正直的报复与对亲近邻人的友爱协助。两者皆带有报应的意味：侵害者"该"受罚，惩罚之执行可缓和怨气；反过来说，邻人则"该"协助。一个敌人所造下的恶必须报之以恶，这在中国、吠陀以及祆教的伦理中都是毫无疑义的，犹太人一直到俘囚期为止也抱持此观念。的确，这些社会的整个社会秩序似乎是奠基在正直的报应之上。准此，及其顺应现世的特性，儒教伦理拒斥爱敌人的观念，这在中国来说，是半神秘主义与半基于社会功利之动机的，而与国家理性有所冲突。俘囚期后的犹太人，根据迈赫德（Meinhold）的解释，已经接受了爱敌人的观念，不过这是具有特殊意义的：即经由犹太人所展现的仁慈态度，使敌人蒙受更大的羞辱。此外，他们还加入了另一个重要的保留条件（这点基督教也还维持着），即复仇乃神的特权，人愈能控制自己不亲自遂行复仇的手段，就愈能确定神会去执行。

　　教团性宗教给其同信仰的教内兄弟，加上了类似存在于血族、盟友与氏族间的、基于宗教性基础的互相救助的义务。说得更精确些，教团性宗教在同宗教的弟兄间，建立起类似血族成员的关系。不能舍弃其父母者，不配作基督的门徒。这也是耶稣所强调的，他之所以来此，"并非要叫地上太平，而是要叫地上动刀兵"的意义与关键处。由此产生"同胞爱"（Brüderlichkeit）的诫命，尤其是在教团性的宗教，主要是因为它有助于最彻底地自政治性团体解放出来。即使在早期基督教，例如在克雷芒的教义里[1]，同胞爱就算在其最大范围也仅限于教内弟兄，而不及于外人。

同胞间相互救助的义务，如我们所知，乃源自邻人团体。"最接近的人"帮助邻人，因为他可能有一天也会需要邻人的帮助。只有当各个政治共同体与种族共同体已经有相当程度的混合，以及神祇也已自政治团体分离开来，而成为普遍性的力量之后，普世之爱的观念方有出现之可能。然而，当不同的宗教团体已成为竞争对手，彼此皆主张其神乃唯一之真神时，将爱延伸至包括异教之信徒在内即愈为困难。佛教传说中曾叙述过，当佛陀令其门徒一视同仁地施予耆那教僧侣食物时，这些僧侣大为感到惊讶。

随着经济分工的过程，邻人间在工作与急难时的相互救助习惯乃转化为社会阶层间互相救助的习惯。这种过程很早就反映在宗教伦理上。最先脱离土地的"职业"——祭典歌手与巫师——依赖富人的赏赐过活。结果是，那些与宗教人物共享财富的有钱人，不管何时都会受到他们的赞许，否则就会被讥评为既贪且吝。在早期自然农业的经济环境下，尊贵的身份并非只凭财富就能取得，还得要有一种慷慨好客的生活态度，我们稍后即将述及。因此，

1　克雷芒（Clement of Alexandria，约 150—215），亚历山大城的神学者。生于雅典，改宗基督教后遍游各地。190 年左右抵达亚历山大城，成为教授长 Pantaions 的弟子，尔后继其师业。在早期基督教思想家中，克雷芒是在对大希腊文化及学艺方面保持最自由心态的一个。克雷芒认为，基督教不应停在单纯只是一种信仰的地境，而应发展到对灵的完全认识（灵知），必须要达到认识"道"（Logos）——在基督里被实现的大道——的境界才能为止。以此，基督教之前的、包括律法及哲学的、人类的所有精神活动，在他看来都是基于神的、为了导至对大道之完全认识的人类教育的过程。其留传下来的著作有：*Protreptikos*（《劝告》），*Paidagōgos*（《教育家》），及 *Strōmateis*（《绒毯》，意指最高的真理认识）。——日注

施舍（Almosen）可说是任何伦理性宗教之普遍而最早的成分，虽然新的施舍的动机可能会显得更重要。耶稣偶尔也会利用上述报应的道理来劝使人们施舍给穷人。此一观念的要旨在于，由于穷人是不可能回报对他的施予，更可以确定神会在彼岸给予施舍者报偿。在此观念之外，又加上了教内兄弟友爱的原则，在某些情况下，这种同胞爱有可能进展到接近"爱之共产主义"的地步。

在伊斯兰教，施舍是信徒应遵从的五个诫命之一。在古印度教、儒教与早期犹太教，施舍皆被视为"善行"。在早期佛教，施舍原先根本就被认为是虔诚的俗众唯一的业绩。最后，在古代基督教，施舍几乎具有一种秘迹的尊贵地位，直至奥古斯丁的时期，不履行施舍的信仰仍然不被认为是纯正的信仰。

贫穷的伊斯兰教圣战士、佛教僧侣以及早期基督教（特别是耶路撒冷的教团）内贫困的信徒，都依赖施舍维生，先知、使徒以及（相当多的）救赎宗教的祭司亦如此。在早期的基督教以及迟至例如教友派教团的新教教派里，施舍被视为一种护持宗教的手段，也是维持教团之宣教与结合的重要经济因素之一。因此，一旦教团性宗教丧失其原初之驱力，施舍即或多或少失去其意义，而带有机械化的仪式主义的性格。尽管如此，施舍的原则依然存在。就基督教而言，即使在其大为扩张之后，施舍仍被认为是富人要达到救赎的绝对必要条件，穷人则在实际上被视为教会中一个独特且不可或缺的"身份团体"。因此，病人、寡妇与孤儿一再地被视为具有宗教性价值的伦理行为的对象。救助当然是远超过施舍的范围，以前存在于朋友与邻人间的关系，例如急难时的无息贷款、必要时无偿代为照管他人子女等，现在也成为教内兄弟互相间的期待。在美国，许多取代了教派的俗世组织，对其成员仍有类似的要求。更要紧的是，教内贫苦弟兄期望能从有权势者及其支配者那里得到这种协助与慷慨好施。的确，在某个限度内，有权势的恩主由于自己的利益，使得他得保护自己的依附者，并向他们显示自己的慷慨好施，究其实，由于缺乏理性的控制手段，他的收入之保障还是得依赖依附者的善意与合作。另一方面，由于有可能从有权势者得到协助与保护，促使穷人——特别是圣赞者——努力寻找这样的人物，并赞扬他们的慷慨好施。只要其社会构成是取决于家父长式权力关系的地方（尤其是东方），预言式宗教即能够——在与上述纯粹实际的情况结合下——提供某种"弱者（妇女、孩童、奴隶等）之保护"，摩西与伊斯兰教的预言尤其如此。

　　这种保护也会波及阶级间的关系。无节制地利用个人特殊的阶级地位，用前资本主义时期典型的手法来对付较弱小的邻人，例如无情地迫使负债者成为奴隶，以及兼并土地（两者其实是同一件事），或者是尽量利用自己的财力囤积消费物资，以便在匮乏时可以借机剥削处境较差的人，这些行为都会遭到强烈的社会谴责与宗教上的非难，因为它们会损害团体的凝聚力。另一方面，古代的军事贵族则习惯视任何依靠赚钱而崛起的人物为暴发户。因此，上述的那种"贪欲"，不管在哪儿，从宗教观点看来都是可憎的。印度、古代基督教以及伊斯兰教的律书皆如此认为。在犹太教，对于此种贪欲的反感导致大赦年这种具有特色的制度出现，在那年里，债务被勾销、奴隶被解散，以改善教内兄弟的处境。这个制度后来被解释为"安息年"，其实是一种神学上以及纯粹出身于城市的虔诚教徒之误解的结果。所有循着信念伦理途径的体系化，会将上述这些个别的要求结晶为一种被称为"慈善"（caritas）的独特的宗教情操或境界。

三　宗教对贷款取息的排斥

几乎所有企图规范生活的伦理体系里，排斥收息似乎都是来自这一中心信念（慈善）。在各种宗教伦理中，除了基督新教外，就只有那些已成为纯粹适应现世的伦理——例如儒教——才完全缺乏对收息的禁止；古代巴比伦与地中海沿岸的宗教伦理中，城市公民——更具体地说，住在城内且仍保有商业利益的贵族——也妨碍了一个彻底的、慈善伦理之发展。印度的宗教法典则禁止（至少是最高的两个种姓）收取利息。犹太人也禁止向"部族成员"（Volksgenossen）收息。伊斯兰教及古代基督教，最初只禁止向教内兄弟收息，不过随后即转变成全面性的禁止。虽然禁止取息一事在基督教原先或许并非那么要紧。凡是无风险的借贷情况，上帝是不会给予报偿的——在耶稣看来，这一诫命亦可解释为借贷给无资产者。这句话在随后的误读与误释中被解释为禁止取息：mēdena apelpizontes（什么人也不指望）的 mēdena（什么人）被译为 mēden（什么东西），在拉丁文《新约／旧约》中（*Vulgata*）[1]则被译成 nihil inde sperantes（什么也不指望）。

彻底禁止取息的最早根据，一般而言，乃是一种救助同胞的原始习惯，准此，"同胞间"的取息被视为严重违背提供救助的义务。禁止取息在基督教（在相当不同的情况下）变得日益严格一事，部分乃是由于许多其他的动机与因素。禁止取息并非如唯物

1　*Vulgata* 是西方最普遍使用的《新约／旧约》之拉丁文译本。大部分为希罗尼穆斯（Hieronymus, 即 Jerome, Saint 哲罗姆，圣约为 330—420）所译。在 1546 年的特伦托宗教会议（Council of Frent）中被公认为唯一正确的《新约／旧约》。此处所引经句见《新约·路加福音》（6：35）。——日注

史观者所认为的，乃是在自然经济的一般状况下，资本缺乏利息的一种"反映"。相反的，基督教会及其圣职者（包括教皇）毫无顾忌地收取利息，这可是在自然经济的中古早期。还有，他们当然也宽恕了其他取息的人。毋宁说，教会的禁止贷款取息实际上倒是与资本主义之交易形态——特别是海外贸易的营利资本——的发展并肩而行的。就此而言，所涉及的是一种存在于伦理之理性化与经济领域之理性化过程间的、原则上的冲突。正如我们所知，一直要到 19 世纪，在某些无可挽回的事实的压力下，教会才会被迫放弃我们前面所提到的禁令。

憎恶取息之宗教性的基本缘由，乃更深地存在且关联于宗教伦理对理性营利法则的态度。在早期的宗教，即使是那些高度肯定拥有财富之价值者，纯粹的营利业务实上还一直是被批评的对象。这种态度也不全然只限于军事贵族影响下的自然经济。这些批评通常出现在商业流通已相当发达之际，实际上也引发了对商业有意识的对抗。

我们首先或许会注意到，每一种交易营利的经济理性化都会削弱支撑圣法权威的传统。单就这一因素，追求金钱——合理的营利欲求的典型目标——就足以受到宗教的怀疑。结果是，祭司阶级倾向维持一种自然经济（正如埃及的例子），只要神殿自身的特殊经济利益——置于宗教保护下从事存款与借贷业务的银行——不会导致太多不利于自然经济的影响。

不过，也就是这种纯粹业务关系的、**切事**且经济上合理性——也因此在伦理上不合理——的特质，激起了伦理性宗教的怀疑，虽然未尝明言，却可强烈感受得到。因为任何纯粹的人与人之间的个人关系，都有可能置于伦理要求的制约与伦理性规范之下，不管这是什么样的一种个人关系——即使是最彻底的奴役关系也一样。之所以如此，是这些关系的结构基于参与者的个人意志，这就使得慈善的德行有开展的余地。不过，经济理性化的关系领域里却非如此，个人的控制在那儿，是与经济结构的理性分工程度成反比的。一个银行抵押持有者与从银行贷款的承受押人之间、国债证券持有者与付税者之间、股东与工人之间、烟草进口商与国外的农场劳工之间、工业原料使用者与矿工之间，不管在实际上还是理论上，都不可能出现任何慈善的关系。在市场利益社会关系（Marktvergesellschaftung）的基础上，经济随其自身的法则性而日益切事化，无视这一法则即会导致经济的失败，最终则为经济的没落。

合理的经济利益关系经常会带来切事化，而且不可能经由对特定个人的慈善诉求来控制一个工具理性行为的世界。资本主义之切事化的世界绝对无法为此慈善的取向提供任何支撑。在此世界中，宗教性慈悲的诉求被瓦解，不仅是由于（普遍存在的）具体个人之抗拒与无力感，更因为它们已完全丧失了意义。宗教性伦理正面临着一个切事化关系的世界之冲击，这样的一个世界根本上就**不可能**适合宗教伦理的原有规范。结果是表现出一种独特的两面性，一方面祭司阶级又再度有机会保护家父长制以对抗非人格性的依存关系（当然也为了传统主义的利益），至于先知型宗教则瓦解了家父长制的结合关系。无论如何，当一个宗教性的关怀愈是意识到它是如此对立于经济的合理化，此宗教的达人阶层（Virtuosentum）就愈容易走上一种**反经济的现世拒斥**。

四　宗教伦理的生活理性化与经济的生活理性化之间的紧张关系

当然，各种宗教伦理自有其不同的命运，因为在现实世界里，妥协总是无法避免的。自古以来，为了理性的经济目的，宗教伦理即曾被露骨地利用过，特别是为了债权人的经济目的。当债务的问题在法律上只涉及债务人的**自身**的时代，尤其如此，因为这样的话，债权人就得诉之于债务人之继承者的孝心。这种方式的一个例子是，在埃及，债权人会扣押死者的遗体。其他的例子可见之于亚洲的一些宗教信仰，他们相信任何人如果无法守诺（包括清偿债务的承诺），特别是当此诺言是经过誓词保证过的，此人在阴间即会受刑，而其子孙的安宁也不免会受到邪恶巫术的骚扰。正如舒尔特（A. Schulte）指出的[1]，在中世纪，主教的信用价值特别高，因为他如果违背诺言，特别是在誓词之下的诺言，就会被逐出教会，这足以毁灭他的整个存在。这点倒是提醒我们，我们（德国）的少尉与加入兄弟会的学生也是比较注意信用的。

由于一种奇特的吊诡，禁欲主义实际上却导致一种矛盾的处境，这我们在其他一些地方已经提过，亦即，正是其理性禁欲的性格导致积累财富。禁欲之独身者的劳力，较之已婚的男性劳工家计所需的最低工资还要便宜，这是中世纪晚期修道院营利活动得以扩张的主要因素。在此一时期，市民对修道院的排斥，主要即基于这种由教友所提供的"苦力"的经济竞争。同样的，

1　舒尔特（Aloys Schulte, 1857—1941），德国史学家，历任弗莱堡、布雷斯劳、波恩等大学教授，特别以中世纪之商业及交通史的研究知名。主要著作为：*Geschichte des Handels und Verkehrs zwischen West-deutschland und Italien*（2 Bde, 1900）。——日注

修道院所提供的俗世教育，价格也较已婚教师所能提供的来得便宜。

　　一个宗教的态度，经济可从经济利益的角度来理解。拜占庭的僧侣与其偶像崇拜间有经济性的联结，中国的和尚则对他们的工场与印刷厂的产品有兴趣。最极端的一个例子可见之于近代修道院的制造酒精性饮料，这简直就是对宗教的禁酒努力的一个嘲弄。类此的因素总是会与任何首尾一贯的、宗教性之反经济的现世拒斥对立起来。任何组织，特别是任何制度化的宗教，都需要经济力量的资源。"基督要求其真正弟子一无所有"，这一教说具有圣典的权威，且为圣方济教团的严格派分子（Franziskanerobservanten）所彻底实践。然而，的确也很少教说像这个一样的受到教皇可怕诅咒的攻击，特别是在教会有史以来最伟大的财政组织者，教皇约翰二十二世的手中时[1]。从阿诺德（Arnold von Brescia）以来几个世纪[2]，不少圣徒为此教说而牺牲。

　　我们很难估量基督教对取息禁令的实际成效，更搞不清楚基督教有关商业经营之经济利得的教义："不为上帝所喜"（deo

1　教皇约翰二十二世（1316—1334 年在位），毕生未离开阿维尼翁，握有政治─神学论
　　争的指导权。在圣方济教团的清贫论争中，他指斥主张修道团一无所有、谨守使
　　徒之清贫的严格派，并将意大利政治思想家马西利乌斯（Marsilius von Padua，1290—
　　1342）——以其所著《和平保卫者》中否定教皇的绝对权威、认为宗教会议才是教会的
　　最高权威——处以破门律。——日注
2　阿诺德（Arnold von Brescia ／ Brixiensis，约 1100—1155），意大利的教会改革家、殉教者。
　　在巴黎时成为阿贝拉（Pierre Abelard，1079—1142）的弟子，回到故乡布雷西亚后成为
　　奥古斯丁修道院院长。阿诺德站在严正的道义立场，高唱改革世俗化的教会，发起反对
　　出身罗马的教皇之支配世俗的运动。以此，被教皇处以破门律，在神圣罗马皇帝腓特烈
　　一世的命令下由罗马总督引渡而被处死。——日注

placere non potest）这句话的实际效用如何[1]。取息的禁令导致各种钻法律漏洞的行为。经过艰苦斗争之后，教会终于被迫允许如"贫民当铺"（montespietatis）慈善机关的公开收息[2]，只要贷款是为了贫民的利益；而在教皇利奥十世（Leo X，1513—1521）时[3]，正式成为定制。再者，中产阶级之固定利息的紧急融资，也在中世纪时得到允许由犹太人来经营。

我们得注意的是，在中世纪，当商业信用涉及风险极大的经营时，特别是海外贸易（在意大利，这类契约还利用到被监护人的财产），企业契约极少按固定的利息计算。更普遍的做法是，实际参与某一经营的风险与利润，"委托，乃依契约分配海外贸易的利润"（commenda，dare ad proficuum de mari），因此，附带有各种条件，有时也附带有累进的收益率，如见之于比萨（Pisa）的"利益协定"（Constitutum Usus）。不过，大商人行会还是得保护自己以免于"不当暴利"（usuraria pravitas）的指控，这包括逐出行会、杯葛或列入黑名单——处罚手段类似于我们证券交易规则中对违约者所采取的。行会同时也关心其成员个人灵魂的救赎，提供他们赎罪券（例如佛罗伦萨卡理玛拉商人行会），以及无数的在遗嘱

1　此句全文为 Homo mercaror vix aut nunquam potest Deo placere（商人的经营固然无罪，总非上帝所喜）。原为阿里乌教派（Arianismus，4世纪初近东基督教支派，否定耶稣的神性，在尼西亚宗教会议被判为异端）所留传下来对商人的见解，后来收录于 Decretum Gratiani（《Gratiani 教会集》）。——中注

2　贫民当铺为15世纪中叶，圣方济教团为救助贫者的经济急难而创设的低利慈善金融机构。类似公营的当铺。1515年为教皇利奥十世所承认，以此获得教皇国与教区的支持，在法国、西班牙、日耳曼地区广为流行。——日注

3　利奥十世（1513—1521年在位），为了扩张教皇势力及增强美第奇家的权益，他与各地领主与国王交涉，逐步策划各种交易。在与布兰登堡大公的交涉中，他认可其就任美因茨（Mainz）及马格德堡（Magdeburg）的大主教，其代价是将领地内贩卖赎罪券收入的一半缴给教皇国，此即路德提出"九十五条论纲"的契机。——日注

里提供的善财及捐赠。

经济生活中不得不采取的手段与基督教理想之间的鸿沟，还是经常可以深刻感受到。不管如何，这种伦理的鸿沟使得最虔诚的团体以及所有那些具有最体系性发展之伦理的团体，都远离贸易生活。尤其是，它一再企图为企业精神烙上伦理的印痕并抑制其成长。自经济领域内茁长出一种首尾一贯、体系化且伦理的生活方法论，完全受阻于中古制度化教会的权宜手段：根据宗教性卡理斯玛与伦理的召命来设定宗教性义务，以及施予恩赦。负有严格伦理标准的人就是不能从事营利事业，这一事实并不因赎罪券的恩赦，或是反宗教改革后耶稣会之概然论的伦理下极端松弛的原则，而有所改变。只有那些在其伦理思考上得以放纵的人，才适合从事牟利。

基督新教的现世禁欲最先创造出一种资本主义的伦理，虽然是非意图中的。因为它为最虔诚及最严守伦理的人打开了通往营利事业的道路。特别是，新教将企业的成功归之于采取一种理性的生活态度的结果。的确，新教（特别是禁欲新教）将取息的禁令缩小范围至仅限于具体的全然自私的场合，不过由于此一原则，罗马教廷所曾经——基于现实考虑——容忍的、例如"贫民当铺"一类的融资给穷人的措施，即被新教抨击为冷酷的不当利得行为而回避。值得注意的是，基督教与犹太商人对于长期与这样的教会角逐，已感到厌烦。极为不同的是，新教认为利息是提供资金者借出资金所该得的业务利益，因此是正当的，特别是借给富人与有权位者的信用贷款，例如贷给君侯的款项。这种态度的理论化则在萨尔马修斯（C. Salmasius）

手中完成[1]。

加尔文教最主要的经济影响之一，乃在于其彻底摧毁了慈善的传统形式。首先它排除了无计划的施舍。的确，迈向慈善之体系化的第一步，早在中古晚期的教会，随着采取固定规则来分配主教的基金以及中古济贫院的设立，即已展开——就像伊斯兰教的贫民救济税使得施舍合理化与集中化。只是无计划的施舍，仍被基督教视为一种"善行"。伦理性宗教的无以数计的慈善机构，实际上却经常导致乞讨的出现与养成，而且，不管怎么说，慈善机构总会把慈善弄成一种纯粹的仪式身段，就像拜占庭修道院每日施予贫民固定的餐点数量，或者中国公式化的施粥日。加尔文教对此打上休止符，特别是要排除对乞讨的善意。因为加尔文教认为上帝的意志是不可测度的，人间的财物分配不均必然有其道理。它一再强调的是，人只能由其职业劳动中得到神意的确证。因此，乞讨乃清楚地被责难为违反了爱邻人——在此指乞丐所乞讨的对象——的戒律。

再者，所有清教的牧师皆采取如下观点，此即，有工作能力的人之所以失业，是其自业自得。不过，另一方面，清教也认为有必要为那些无工作能力者（例如孤儿或残障人士）——基于为上帝之荣光——有条理地来组织慈善事业。这种观念经常导致一些醒目的景象出现：例如让孤儿院的儿童穿上制服（就像小丑的华丽服装），在阿姆斯特丹（Amsterdam）街道上游行——尽可能

1　萨尔马修斯（Claudius Salmasius, 1588—1653），出生于法国的古典学者。在巴黎求学时转向加尔文派。他刊行 14 世纪驳斥教皇至上主义的小册子，表明其新教主义的立场。1632 年就任莱顿大学教授，其后主要居住在荷兰。他主张高利贷与基督教信仰并非绝对不能并存。著有 *De usuris liber*（1638），*De modo usurarum*（1639）等。——日注

摆排场——到教堂去做礼拜。照顾穷人的目标乃在于吓阻怠惰的人。这个目标在英国清教的社会福利政策中十分清楚，恰与英国国教形成对比，李维（H. Levy）对此有极佳叙述[1]。不管怎么说，慈善德行本身变成一种理性化的"经营"（Betrieb），其宗教性意义乃因之被消除，或甚至转化为相反的意义。这就是彻底禁欲的、理性化宗教的情况。

　　神秘主义的宗教在有关经济之理性化方面，则必须采取一条完全相反的道路。同胞爱的原则，在与理性化之后、经济世界的冷酷现实冲突下所遭受的挫折，反而导致邻人爱的扩大，而要求一种绝对的、无选择的"善心"。这种善心不问绝对自我献身的理由与结果，不问要求救助的人是否值得，也不问他自助能力之有无。它要求的是，当有人向你乞求斗篷时，就该立即连衬衫都脱给他。在神秘主义宗教看来，要求你为他牺牲的这个人是谁，终极而言并不重要，而且是可替换的；他的个人价值是无关紧要的。所谓的"邻人"也只不过是我们在途中偶然碰到的人；他之所以对我们有意义，也只不过是因为他的困穷与乞求。结果则是一种独特的、以无具象化与爱之自我献身的方式表现出来的、神秘的现世逃避，这种献身并非为了人，而是为了献身本身——正如波德莱尔（C. Baudelaire）所说的："灵魂之神圣化的卖春"[2]。

1　李维（Hermann Levy），德国经济学者。生平不详，唯知著有 *Die Grundlagen des knomischen Liberalismus in der Geschichte der englischen Volks Wirtschaft*（1912）一书。

　　　　　　　　　　　　　　　　　　　　　　　　　　　　——日注

2　波德莱尔（Charles Baudelaire, 1821—1867），"灵魂之神圣化的卖春"，见其散文诗集《巴黎的忧郁》中《群众》一诗。——日注

五 宗教爱之无等差主义与政治之暴力性

任何一种奠基于宗教之无等差主义的爱，以及实际上任何的伦理性宗教，在大致相同的处境与原因下，都曾与**政治**行为的世界出现过紧张的关系。一旦宗教发展成与政治团体具有平等地位的事物时，紧张即随之而来。

的确，古代地方性的政治神，即使他已是个伦理性且强大的神，基本上也只是为了保护其信徒团体的政治利益而存在。即使基督徒的上帝，就像古代城邦的地方神一样，还是被称为"战神"及"父祖之神"。我们得注意到，有好几百年，北海沿岸的基督教牧师还祈祷："赐福海岸"（为了无数的海难）。另一方面，祭司阶级一般而言，或直接或间接的，都依附于政治团体。在今天 些接受国家支持的教会里，这种依附性更为强烈。更值得注意的是，这些祭司是统治者的宫廷或家产制官吏，或是拥有土地的贵族：换言之，即印度的宫廷婆罗门（purohita）或自君士坦丁大帝以来拜占庭的宫廷主教。当祭司本身是拥有采邑且掌握俗世权力的封建领主（例如西方中古的教士），或者是贵族祭司家族的后裔时，也会出现同样的依附性。在中国、印度以及古以色列，圣颂——不管哪儿，这些作品实际上都已编入圣典——都歌咏英雄式的死亡。根据婆罗门的圣典，对于刹帝利种姓成员而言，在到达"看到儿子之子"的年纪时，能有一个英雄式的死亡，乃是一种理想的种姓义务，也就像婆罗门成员在到达同样年龄时，即遁世隐入森林中冥思一样。当然，巫术性宗教并没有"宗教战争"的观念。不过，对巫术性宗教（甚至对古代耶和华宗教）而言，政治的胜利——特别是对敌人的复仇——是神所赐予的真正报偿。

祭司阶级愈是企图将自身组织起来成为独立于政治权威之外的一个力量，而且当其伦理愈趋理性化时，上述的情况就变得愈厉害。存在于祭司教诲之间、存在于教内兄弟的同胞爱与颂扬对外战争之间的矛盾，通常并未给武德与英雄的地位带来决定性的作用。之所以如此，是"义战"与"不义之战"可以清楚区分开来。只是，这种区别是法利赛主义的产物，而未见之于古老纯正的战士伦理之中。更为重要的是，在祭司控制之下且政治上被剥夺权力的民族——例如犹太人——之中，教团宗教的出现；以及一些日渐重要的庞大阶层（虽然这些人相对来说并不好战）的出现（当祭司阶级发展为一独立的组织时，其权力地位之维持即日益依赖这些阶层）。祭司阶级毫不迟疑地拥抱这些阶层人民的固有德性：淳朴、耐心地忍受困穷、卑屈地顺服于既存权威以及在面对不公道时的宽大为怀与不抵抗，尤其是因为这些德性对于确立一个伦理之神的权威以及祭司自己的权威极有用处。这些德性同时也有补于权势者的基本宗教德性，亦即宽大慈悲（caritas），因为这些家父长式的救难者要求接受他们保护的人具有忍受与卑屈顺服的美德。

一个宗教愈是"教团性"的，政治环境就愈有助于被支配者之伦理的宗教性转型。以此，犹太人的预言，在承认现实外在的政治情境下，即教示其人民忍受强权的支配，视之为上帝所安排的命运。外来统治者则将驯服大众的任务交付给祭司，波斯人是最早有系统推动此事的，稍后本土的统治者亦遵循此一方式。随着宗教的日益大众化，这种驯服为被统治者（基本上是妾妇之道）的美德之赋予宗教性价值，提供了更坚实的基础。再者，大众本身的行为特性是非战斗性的，至于妇女（不论何处）对宗教性的刺激都特别敏感。不管怎么说，在道德领域内这种"奴隶的反叛"——由祭司所组织的——并非安定的唯一内在力量。除此之外，所有从传统解放的、个人之禁欲的救赎追求（特别是所有神秘主义的），皆依其固有的法则性而采取此一方向。某些典型的外在情境亦有助于这种发展。虽然，在与普遍主义的宗教与（相对而言）统一的社会文化（如印度）相形之下，小规模且短暂的政治体的兴亡似乎是没什么意义的，然而，它与刚好相反的历史过程——世界帝国兴起所带来的大一统及所有权力斗争的终止，以及特别是所有政治领域的官僚化（如罗马帝国）——皆有助于同样的发展。

由于政治及社会利害关系所引发的武装权力斗争以及社会阶级冲突，在上述因素的影响下，顿时失去依据，由此激发一种反政治的现世拒斥，而有利于一种反暴力的、同胞爱之宗教伦理的发展。脱离政治的基督宗教之爱的力量，并非来自对"社会改革"的兴趣，亦非来自如"无产阶级的本能"一类的事物，而是由于它完全缺乏此类世俗的关怀。这也是所有的救赎宗教与教团性宗教自罗马帝国时代（一二世纪）开始日趋重要的缘故。这一反政治的救赎宗教之担纲者，并非只由——他们甚至还不是最重要的——带有**道德主义**之奴隶反抗色彩的被支配阶层来担任，而是由有教养的阶层来担任，他们由于失去影响力或厌烦，而对政治再也没有兴趣。

一般经验显示，暴力孳生暴力，社会或经济的权力利益有可能与最理想化的改革运动或甚至革命运动结合在一起，利用暴力来对付某些特定不义之事，最终的结果不但不会导向更多的正义，反而会导致更大的暴力或狡猾；这点至少对于缺乏政治兴趣的知识分子而言，是相当清楚的。这种认知则激发了最彻底的同胞爱伦理的要求：不该以武力抵抗邪恶，这是佛教与耶稣共同的一个教诲。不过，同胞爱的伦理要求也是神秘主义宗教固有的特质，因为它们独特的救赎追求培育出一种谦卑与自我放弃的态度，之所以如此，是此种救赎追求将现世的活动缩减到最小幅度并坚持隐姓埋名的必要——因为这乃是唯一确证救赎的方法。实际上，从纯粹心理学的观点而言，神秘主义宗教——由于其特有的无时空区分、无对象差别的爱——势必会得出此一结论。所有的纯粹知识主义，本质上皆有这样一种神秘主义之转化的可能性。

　　另一方面，现世的禁欲主义也可与既存的政治权力秩序达成妥协，亦即，视之为推动现世内理性化的伦理变革与抑制罪恶的手段。值得注意的是，无论如何，这种共存关系并不容易达成，至少不如涉及经济性营利兴趣时那么容易。政治活动的取向是一般人的人类资质，是妥协、谋略，是去利用其他在伦理上值得怀疑的手段与人，以此而导致所有目的的相对化，因此，较之于私人营利行为而言，政治活动会导致严格伦理要求的更多的让步。准此，令人惊讶的是，就在马加比王朝（Makkabäer）盛世，当解放战争的最初狂热已成明日黄花时，从最虔诚的犹太人之间兴起了一个党派，他们倾向支持一个外力支配下的本族王朝。这个例子倒是有点类似一些清教徒的做法，某些清教教派较倾向由不信教者来支配教会，他们认为宗教的纯正性只能在这样的教会中得到确证。上述这些情况其实主要是受到两种因素的影响。其一是认为纯正的宗教认同仅能从殉教中得到确证；其次则是一种原则性的考量，他们认定纯正的宗教德性，不管是毫无妥协余地的理性伦理，还是无等差主义的同胞爱，皆不可能来自政治的权力机构之内。这是现世的禁欲主义与主张国家控制程度应缩减至最小的意见——"曼彻斯特学派"的自由放任学说可视为代表[1]——两者之间，具有亲和性的泉源之一。

禁欲伦理（包括神秘主义的同胞爱）与支配机构（这是任何政治制度的基础）之间的冲突，导致了变化最为多端的紧张性与妥协。的确，宗教与政治之间的紧张关系，在儒教里可减低到最小的程度，因为在儒教，宗教可说是一种精灵信仰，或者说根本就是巫术信仰，而伦理则只不过是有教养的士人的一种精明的现世顺应。宗教与政治之间也可以没有任何冲突，例如早期的伊斯兰教，宗教将强力弘布真正的预言视为义务，而且有意地放弃普世改宗的要求，并将归顺的异教徒纳入一个有力的修道团的支配下，此修道团专心致意于宗教战争，因为这是它信仰的基本义务，至于归顺者的救赎问题则不在他们考虑之列。因此这显然不是普世的救赎宗教。压制的方式并不构成问题，神似乎比较欣赏信仰者对渎神者的强力支配，而渎神者一旦顺服，即可被容忍。

现世内的禁欲主义，例如激进的加尔文教，对于宗教与政治之关系这一课题，也有类似的解决之策。它代表了神意来支配这个罪恶世界，目的乃在由属于"纯粹"教会的宗教达人来控制。这是新英格兰神权政治的基本观念，如果没有明确说出，至少实际上是如此的，虽然免不了要多方妥协。另一个宗教与政治间完全没有任何冲突的例子可见之于印度的知识主义救赎论，例如佛教与耆那教所抱持的，它们切断了所有与此世及此世之行动的关

---

[1] 在英国的自由贸易运动史上，曼彻斯特学派是提出主张并展开最活泼的活动的一个团体。1830年代，此活动以曼彻斯特为据点而展开，科布登（R. Cobden）与布赖特（J. Bright）二人为其代表。在经济上，他们主张撤废一切法律限制，强烈反对国家的系统保护，并推动经济自由主义与自由贸易。——日注

系，采取暴力以及抵抗暴力都是绝对禁止的，而且也是空虚无意义的。具体的国家要求与具体的宗教诫命之间，只有在下述情况时会出现事实的、个别的冲突：当此宗教是一个被剥夺政治平等权利（然而仍相信其宗教预言所许诺的、神将恢复其种姓地位）之团体的贱民宗教。这是犹太教的情况，他们从未——至少理论上——排斥过国家及其权力，相反的，他们还期待着弥赛亚——他们自己的政治统治者——的到来，这一期待至少一直持续到耶路撒冷的神殿为罗马皇帝哈德良（Hadrian，117—138）所摧毁为止。

一旦教团性的宗教拒斥所有暴力的行使，视之为神所憎恶之事，并设法要求其成员远离暴力，但是在此同时却又无法首尾一贯地归结出彻底地逃离现世时，宗教与政治间的冲突即会导向殉教，或强力支配下一种消极反政治的忍受态度。历史经验显示，宗教的无政府主义一向都只是个短暂的现象，因为只有在个人（因此也是短暂的）卡理斯玛的领导下所出现的强烈信仰，才可能足以支撑宗教的无政府主义。不过，仍有些独立的政治组织存在，它们并非奠基于一种纯粹的无政府主义之上，而是一种首尾一贯的和平主义。最重要的例子厥为美国宾州的教友派社群；与邻近所有其他的殖民地形成对比的是，此一社群历两个世代之久成功地与印第安人比肩共处，而且欣欣向荣，其间并无须诉诸任何武力。此一情况一直持续到殖民地诸强权间的冲突使得和平主义成为具文为止。最终则为美国独立战争，这次战争以奉行教友派的基本原则为名（虽然正统的教友派教徒由于不抵抗主义的原则并未参与），而从根本上严重损害了此一原则。再者，由于采取宽容的政策准许宗教异议分子移至宾州，带来了"选区分划制度"

(gerrymander)，使得当地的教友派教徒更感痛苦，最后则导致他们退出管理政府的共同职责。全面而被动地疏离政治领域的典型（尽管动机各自不同），可见之于纯正的孟诺教派、大部分的洗礼教派以及存在于各地（特别是俄国）的许多其他教派。绝对弃绝使用武力使得这些团体与政治权威产生尖锐冲突，只要是个人被要求履行军事义务的话。

的确，即使是各宗教教派也没有教导绝对疏离政治的态度，因此，对于战争的态度在个别的情况中亦有所不同，要看这个战争是否为了保护信仰免受政治权力之压迫的自由而战，还是纯粹为政治目的而战。对于这两种类型的战争，出现两个极端相反的主张。一方面是一种对外来暴力的全然被动的忍受以及避免任何个人的参与暴力之行使，最后则以殉教收场。这显然是（在绝对疏离现世之态度下的）神秘主义式疏离政治的立场，同样也是抱持和平主义之原则的各种现世禁欲主义的立场。不过，就算是一个纯粹个人的宗教信仰，只要它不相信会有任何为神所喜的合理的外在世界之秩序以及神所指望的合理的现世支配，也经常会导致政治的疏离与殉教。准此，马丁·路德完全否定宗教革命与宗教战争。

另外一个可能的立场是武力抗争，至少在宗教遭受到武力压迫时。宗教革命的观念与支配现世的禁欲理性主义——认为神意所喜的神圣秩序是存在于此世的——可说是最为一致的了。在基督教之中，加尔文教即持这种观点，它认为以武力来保护信仰免受暴政压迫是一种宗教义务。当然，我们得说明，加尔文认为这种抵抗只有在正确的权威机构——相应于其制度化教会的特质——的发动下才能进行。发动宣教战争的诸宗教，以及它们所衍生的教派——例如救世主信徒（Mahdist）及其他伊斯兰教支派[1]、锡克教徒（sikh，印度教支派，原先是和平主义者，受伊斯兰教影响而转变为折中派）——自然会将有助于信仰的革命宣扬为一种义务。

　　上述两种相对立的观点的代表者，在面对与宗教毫无关系的纯政治战争时，有时会采取实质上正好相反的立场。将伦理的、理性化之要求施之于政治领域的宗教，比起那些将现世之秩序视为"既定"而接受，且相对上较不关心价值问题的宗教而言，对于纯粹政治性的战争会采取基本上更为消极的态度。号称无敌的克伦威尔之军队要求国会废止强制征兵，理由是，基督徒应该只参加那些经过自己良心确认为正义的战争。就此观点而言，佣兵制毋宁可视为一个（相对）较道德的制度，只要佣兵在决定选择此职业之前，能先跟上帝及自己的良心打个商量。国家之行使武力，也只有在此武力是用来控制罪恶、荣耀上帝与对抗宗教性罪恶——简言之，只有在为了宗教性目的——的情况下，才能得到道德上的认可。另一方面，马丁·路德（他是绝对否定宗教战争与宗教革命，以及任何积极主动的反抗）则认为，只有俗世的权威才有责任决定一个政治战争的正当性，而此俗世权威的领域是不包括在宗教合理的要求事项内。因此，作为国家的一个成员，没有道理只因为积极地服从俗世政治权威（从事战争以及所有其他任务）——这些并不会破坏他与上帝之间的关系——就得让自己良心背负起这个责任。

1　参照第十章 253 页注 2。

六　基督教对国家态度的转变

古代与中世纪的基督教在面对国家时，其立场整体而言是摇摆不定的，或者，说得更精确点，其重心是摇摆于几个显著不同的观点之间。最初是对既存的罗马帝国——被认为是在反基督者的支配下——抱持一种纯然憎恶的态度。对古代世界的人（包括基督教徒）而言，罗马帝国的存在（一直到其末日来临为止）可说是被视为当然的。第二种观点是对国家的完全疏离，因此对武力的使用总是消极地忍受，因为，不管在哪种情况下，使用武力总是不对的。这点意味着积极顺从所有国家交代下来的强制性义务，例如缴税——这是不会直接危害到宗教救赎的。《新约》里"恺撒的归于恺撒"此句话的真正意义，并非如近代调和观所解释的，意味着一种积极的承认付税的义务，而毋宁是一种对所有世俗事物绝对疏离的态度。

此外，尚有两种可能的立场。一种是远离政治团体中任何具体的行动，例如皇帝崇拜，因为参与这种行动势必导致罪过。然而国家的权威仍旧得到积极的肯定，因为它到底是上帝所设定的，尽管有时掌握在无信仰者的手中，尽管它天生就是罪孽深重的。国家权威，就像世间所有其他的制度一样，都是神意所定的、由于亚当之堕落给人类带来的罪恶的惩罚，身为基督徒就只能顺服承担。最后一种观点是，即使是由无信仰者所掌握的国家权威，亦可赋予积极的评价。由于我们所处原罪的状态，国家权威——以神授予宗教上尚未启蒙的异教徒的天生知识为基础——倒是可作为控制该受斥责的罪孽的一种不可或缺的手段，而且亦可作为神意所喜的、所有世上存在事物的一种普遍性制约。

在这四种观点中，首先提到的两个主要是属于末世论期待的年代，不过，在以后的时期偶尔也会突显出来。就最后一种立场而论，古代的基督教基本上从未真正超越过此种观念，就算它已被承认为国家宗教之后依然如此。实际上，一直要到中古教会时期，基督教对国家的态度才有重大的转变，特勒尔奇（E. Troeltsch）的研究已精彩地证明了这点 [1]。不过，基督教所面临的这个问题——虽然不是只有基督教才碰到——却引发了它特有的、一连串的问题，这些问题一部分是来自宗教内部的因素，另一部分则来自宗教之外。这些问题一方面涉及所谓“自然律”与宗教启示的关系，另一方面则涉及“自然律”与现实的政治体制及其行动的关系。

七 “有机的”职业伦理

我们还是再简短回到这个问题，不管是在讨论宗教共同体诸形态时，还是在分析支配的类型时。不过此处我们得先谈一下当个人伦理面对这些问题时理论层面的解决之策：当一个宗教在政治团体中拥有支配性地位或特权身份，而且也是一个制度恩宠的宗教时，它通常会根据下述一般模式来解消存在于宗教伦理与（现世之国家与经济权力秩序下）生活中各种非伦理或反伦理之要求间的紧张关系，此即，将伦理相对化与分化为“有机的”（organisch）

1　特勒尔奇（Ernst Troeltsch, 1865—1923），德国的神学家、哲学家，海德堡、柏林大学教授。在神学与宗教哲学方面，他企图综合历史的与现代的事物，特别是在宗教哲学与历史哲学上留下丰硕的成果，尤以 *Die Soziallehren der christlichen kirchen und Gruppen*（1912，已有中译本）一书最为著名。——日注

职业伦理——恰与"禁欲的"（asketisch）职业伦理形成对比。

　　基督教的教义，如阿奎那（Thomas von Aquinas）所归纳的，在某个程度上即采取了这种"有机的"职业伦理的观点。这种观点在有关灵魂及彼世的泛灵论信仰中早已相当普遍，亦即认为人类之间已存在着纯粹自然的差异，而与任何罪孽的影响丝毫无关，这种自然的差异决定了个人在此世与彼世的身份命运。不过，特勒尔奇已正确地指出，这种观念与见之于斯多葛学派及最早基督教的观念——所有人类皆处于无政府式之普遍平等的原始黄金时代与至福状态——大不相同。

　　然而，在此同时，宗教亦以一种形而上学的方式来诠释世间的权力关系。人类注定要忍受暴力、悲惨、苦难、仇恨以及（尤其是）在此世之阶级地位与身份地位的差异，不管这是因为负有原罪、个人之业的果报，还是因为从一种基本二元论推论出来的世界之堕落。种种职业或种姓莫非神意所定，而且每一种皆被赋予某些神意或非人格性之世界秩序所指定的、特定且不可或缺的使命，因此每一种职业也都承担了不同的伦理义务。准此理论，职业与种姓的分化可拟之于一个有机体的各个构成部分。以此方式出现的各种权力关系即被视为神意所定的权威关系。准此，任何对这些权威的反抗或甚至大声疾呼地要求（除非出自那些具有适当身份者），皆被视为违逆神意，因为这些行为代表了被造物的自大与傲慢，是会摧毁神圣的传统的。宗教达人——不管他们是禁欲型，还是冥思型的——在此有机秩序中，亦被赋予特定的任务，正如君侯、武士、法官、职工与农人皆负有特定的功能一样。之所以赋予宗教达人任务，是希望能创造出一个额外的功德宝库，制度恩宠即可能据此来授予。

个人在此秩序下借着委身于启示的真理与正确的爱之情感，即可获得此世之幸福与彼世之报偿。

　　对伊斯兰教徒而言,这种"有机的"观念及其整个相关的问题，就显得疏离多了，因为伊斯兰教徒拒斥普世救赎论，认为理想的身份是包含了信仰者与无信仰者（或者贱民），而由前者来支配。以此，伊斯兰教徒在所有与宗教无关紧要的事务上，完全放任贱民民族自己去料理。当然，在伊斯兰教里，的确也有神秘主义的救赎追求及禁欲的达人宗教与制度化的正统派之间的冲突。同样的，伊斯兰教也有圣法与俗世法的冲突，当实证的圣法规范开始发展后，这种冲突就会出现。最后，伊斯兰教在神权政治的体制下，的确也会碰到某些关于正统的问题。然而，伊斯兰教却从来无须面对宗教伦理与现世秩序之关系此类根本的问题，这是宗教与自然律的问题。

　　另一方面，印度的法典则确立了一种有机的、传统主义的职业伦理，其结构类似中世纪天主教的教义，只是更为首尾一贯，比起路德派有关"圣职的身份"（status ecclesiasticus）、"政治的身份"（status politicus）与"经济的身份"（status oeconomicus）的薄弱理论来说，当然就更彻底了。正如我们所提过的，印度的身份秩序实际上是结合了一种种姓伦理以及一种独特的救赎论。换言之，它认为个人在来世轮回里之是否能上升，取决于他是否已履行自己此世之种姓义务，不管这些义务在社会上看来有多么卑贱。这种信仰导致对现世秩序之最彻底的接受，特别是最低下的种姓，因为他们在任何的灵魂轮回中收获都最多。

　　此外，从印度的神义论观点看来，中古基督教的教义——如但丁的《神曲·乐园篇》（Paradiso）中贝雅特里齐（Beatrice）此

一角色所呈现的 [1]——简直是荒诞不经，因为基督教竟然会认为个人在此世之短暂生命过程里的身份差异，可以在彼世成为某种"永久性"的存在。这种观念无疑会从印度教的有机的职业伦理之严格的传统主义中、夺去所有对未来的无限希望——这种希望为虔诚的印度教徒所抱持，他们相信灵魂轮回以及在来世提升至更好的生活形式的可能性。因此，即使纯就宗教观点而言，基督教的这种理论为传统的职业分工所提供的基础，比起灵魂轮回论所包含的各种不同的宗教许诺为种姓制所提供的、像钢铁一般稳固的基础而言，就显得太过脆弱了。

中世纪基督教与路德派的传统主义的职业伦理，实际上是——与儒教伦理一样的——基于一个（已日渐式微的）普遍性的假设：在经济与政治领域里的权力关系具有·种纯粹人格性的特征。在执法与（尤其是）行政的领域里，存在着一整套个人依附关系的、有组织的结构，支配这种关系的是兴之所至与恩宠、愤怒与爱以及（更重要的）模仿家族关系而来的、存在于支配者与被支配者之间的相互敬爱与依赖。因此这种支配关系具有一种性格，个人可对之加以伦理的要求，就像他可以对任何其他纯粹人格性的关系加以伦理的要求一样。

不过，正如我们稍后可看到的，近代无产阶级的"无主人的

1　贝雅特里齐是诗人但丁一生中最挚爱的女人，他的诗作大半皆献给她，虽然两人初次见面是但丁 9 岁时。根据考证，贝雅特里齐原名 Beatrice Portinari，出身佛罗伦萨贵族家庭，嫁给西蒙·德巴尔迪（Simone de'Bardi），死于 1290 年 6 月 8 日，年方 24 岁。但丁在 *La vita nuova* 一书中详细记载了他与这位女子的交往（当然是柏拉图式的爱情）。在《神曲·乐园篇》里，贝雅特里齐被安排为引导但丁游历乐园的天使。——中注

奴隶状态"（瓦格纳语）[1]，以及（更重要的）国家理性制度的整个领域——浪漫主义所极其痛恨的"顶着国家之名的恶棍"（Rackers von Staat）——的确已不再具有这种人格主义的性质。在一个人格主义的身份秩序里，一个人显然要根据其对象身份之不同而决定自己的举止。唯一偶尔会出现的问题——就算阿奎那也会碰到——就是要如何来推断。然而，今日的"政治人"（homo politicus）与"经济人"（homo oeconomicus）在"不过问当事人之身份"的情况下，最能好好执行自己的职务，"无恨亦无爱"（sine ira et studio），无偏袒因此亦无恩宠，纯然只根据其职业所要求的非人格性的责任，而非考虑任何具体的个人之关系的结果。如果他能尽可能遵照现代权力秩序的理性规则行事，就能最理想地执行自己的职务。现代的法院将犯人处死，并非为了个人的愤怒或复仇的欲望，完全超越于人格关系之外，而仅着眼于客观的规范与目的，只是为了完成内在于司法本身的理性且自主的法则性。这点倒是较为类似印度之非人格性的业—果报的观念，而与耶和华激烈的复仇渴望形成对比。

在政治团体内部暴力的行使，愈来愈趋向采取客观化的"法治国家秩序"（Rechtsstaatsordnung）的形式。然而，从宗教观点看来，这只不过是残酷的一种最佳模仿。所有政治皆导向客观化的"国家理性"（Staatsräson）、实务主义，以及维持内外权力分配的自主

1　瓦格纳（Adolph Wagner，1835—1917），德国经济学者，历任弗莱堡、柏林等各大学教授。尔后加入基督教社会党，成为其总裁，后当选下议院、上议院议员。瓦格纳提倡"新经济学"，他既排斥曼彻斯特学派的自由主义，也拒斥社会民主主义的思想，而认可国家对于经济活动的干涉与援助，逐步接近国家社会主义。主要著作有：*Grundlegung der politischen ökonomie*（1876），*Finanzwissenschaft*（1877—1901，4 Bde）等多种。"无主人的奴隶状态"（herrenlose Skaverei）一词则不知所出何处。——日注

性目的。这些目标，从宗教观点看来，必定还是全然无意义可言。不过，只有以此方式，政治体才能获得其特有的一种理性的神秘魅力。这种独特的魅力（拿破仑曾经精彩地陈述过）与理性化的经济制度一样，完全有别于任何同胞爱伦理。

今日之教会伦理如何来适应这种情况，在此无法详述。基本上，当每种具体的情况出现后，即会产生（反应之后的）妥协。尤其是（也特别是）天主教的例子，此种适应涉及抢救教士自身权力利益的问题，这些权力由于利用了俗世机构所使用的现代工具，已日益客观化为"教会理性"（Kirchenräson）。

权力结构的客观化，连带其理性伦理的结果所产生的一连串问题，只有一种东西可在精神上与其相比拟，亦即，现世禁欲的职业伦理。不同程度及形式的、日益严重地遁入疏离政治之情绪的非理性的倾向，是暴力之理性化的实际影响之一；当暴力的行使已远离英雄之人格性的取向，当整个共同体已走向一个民族"国家"时，上述非理性的倾向即会展现。此一疏离政治的情绪可能会遁入神秘主义及一种绝对之"善"的无等差主义的伦理，也可能遁入宗教之外的感情的非理性，特别是情感。的确，性爱领域的力量会与救赎宗教陷入特殊的紧张关系。此点尤以情爱里最重要的力量——性爱——为然。因为性爱、"真实的"或经济的利益以及追求权力与威望的社会驱力，乃是人类共同体行为之实际过程中最根本与最普遍的构成要素。

八　宗教与性

宗教与**性**有极端密切的关系，虽然有些是有意识的，有些则无，而且也有直接与间接的不同。此处我们将集中讨论这种关系中有社会学之意义的一些要素，至于其他诸如性与巫术的观念、与泛灵论的观念以及象征符号之间的无数关系，由于与我们探讨的主题无甚关联，在此暂且搁下。

首先，性的陶醉是狂迷（Orgie）——一般信徒之原始的、宗教的共同体行为——的一种典型的构成要素。甚至在比较体系化的宗教里，也还保持了性之陶醉的功能，有时还相当直接与有意的。印度的性力宗教（Saktireligiosität）即是如此，仍然保持着古老的阳具崇拜以及支配再生产——不管是人类、动物、家畜，还是谷物种子——的各种功能神的祭典。然而，宗教里出现的性爱的狂迷更经常只是个非意图性的伴随现象——为了得到忘我所采取的一些其他的狂迷手段（特别是舞蹈）而导致的。在近代的教派里，克律斯特派（Chlysten）的舞蹈狂迷即是如此 [1]。这是去势派形成的诱因，正如我们所知，他们希望能铲除这种对禁欲主义形成极大妨碍的情欲副作用。许多制度，例如神殿卖淫，经常被误解为与狂迷的祭典有关。实际上，这一制度只不过是为那些在神殿保护之下的行商提供个妓院罢了。以其性质而言，就算在今天，行商也还是妓院的最典型的主顾。将本来是一种原始的、氏族（乃至部落）之日常生活中族内婚的"杂婚制"，归类为非日常性的性狂迷，是毫无道理的。

性的狂迷陶醉，如我们所知，可以（或明或暗）升华为对神或救世主的情欲之爱。不过，从性之狂迷、神殿卖淫或者其他巫

1　克律斯特派为俄国一个狂热的神权主义小宗派。农民菲立波夫于 1645 年所创立，他自
　　称为"万军之主"，其子则称为基督。其男性信徒若有神的灵驻进，则能成为基督，而
　　女性信徒则能因此成为神之母。——日注

术的实践中，仍然可能产生性的自我献身是具有宗教性之功德的观念。只是我们此处不拟详论。另一方面，各种各类的反性爱的宗教性（不管是神秘主义，还是禁欲主义）的相当成分，无疑可视为一种受性欲所制约的生理需求之替代性的满足。宗教对性欲的这种敌视里，真正令我们感兴趣的并非其神经学上的关系（这种关系的一些重要问题上尚有甚多争议），而是赋予性欲的"意义"究竟是什么。因为在一现实例子中，这种构成宗教对性之敌视基础的"意义"，即使在神经学的因素皆保持不变的情况下，也会导致在实际态度上的极大差异（虽然这些差异在目前讨论中并非那么要紧）。最有限的、基于宗教缘故而对性采取敌视的形式，可见之于祭典的净洁，亦即祭司或祭典参与者在秘迹授予之前暂时的节制性行为。此种暂时节制的主要缘由通常与禁忌规范有关——为了巫术以及敬畏神祇的动机而用来控制性欲领域的禁忌规范。相关的细节暂时无法在此详论。

另一方面，卡理斯玛型祭司与宗教达人的永久性禁欲，主要乃来自此一观念，亦即守贞——极端非日常性的行为模式——不但是卡理斯玛资质的一种征候，同时也是忘我能力的一种泉源，这种资质及能力都是用来（巫术性）强制神的必要手段。稍后，特别是罗马教会，祭司独身制形成的主要因素是，圣职者的伦理成就绝不能落于禁欲的达人（僧侣）之后；另一方面则是教会为了防止其圣禄成为世袭。

到了伦理宗教的阶段，另外两种重要的对性欲敌视的态度，取代了各种巫术的动机而展开。其一为神秘主义的遁世观念；这种观念认为性欲——最稳固地将人类缚着于动物层次的冲动，可说是人世间最强烈的诱惑——的节制，是经由冥思性的遁世而得神秘主义的救赎追求中最为核心与不可或缺的手段。另一种观念则为禁欲主义的；这种观念认为，理性的禁欲觉醒、自制以及有条理的生活，最容易受到性行为之特殊的非理性所妨碍，因为只有性行为，归根结底而言，绝对无法成为理性的。这两种动机经常配合导致在特定的宗教里对性欲的敌视。所有纯正的宗教性预言以及非预言型之祭司组织化的宗教，毫无例外地都从我们上述的动机来思考性欲，而一般皆归结为对性欲采取敌视态度。

宗教期望能铲除性之狂迷（如犹太教祭司之抨击"性的放纵"），以符合上述预言型宗教对狂迷的一般态度。不过宗教还进一步努力根除所有自由的性关系，以维护宗教所规制化及正当化的"婚姻"。甚至穆罕默德都曾做过这种努力，虽然在他个人的生活里，以及在他有关彼世的宗教性布道里，对信仰的战士许诺了毫无限制的性自由。如众所周知，在《古兰经》的一节里，他为自己所能拥有的妻子数目制定了一个特殊的配额[1]。在正统伊斯兰教确立以前，合法的、各式各样的婚外情及娼妓制度，皆为伊斯兰教所禁止，其成功的程度殆为其他地方所罕见。

基督教与印度类型的出世禁欲主义，对性欲自是采取拒斥的态度。带有绝对冥思性遁世色彩的印度的神秘主义预言，当然是把拒斥所有性关系视为完全救赎的先决条件。不过就算采取绝对

1　伊斯兰教规定教徒最多可娶四个妻妾（《古兰经》，4：3）。对先知（穆罕默德）则几乎无限制。"先知啊，我确已准你享受你给予聘礼的妻子，你的奴婢，即真主以为你的战利品的，你的从父的女儿，你的姑母的女儿，你的舅父的女儿，你的姨母的女儿，她们是同你一道迁居的。信道的妇女，若将自身赠予先知，若先知愿意娶她，这是特许你的，信士们不得援例。"（《古兰经》，33：50）——中注

顺应现世之立场的儒教伦理，也视不正规的性爱为一种无价值的非理性，因为在这方面的不规矩会妨碍了君子内在的平衡，此外，妇女也被视为难以控制的非理性动物。摩西的十诫、印度的圣典，乃至相对主义的、印度僧侣预言中一般信徒的伦理，都禁止通奸。耶稣的传道，由于坚持绝对且不可离婚的一夫一妻制，使得他对合法与正当的性关系限制的程度，超出所有其他宗教之上。在基督教早期，通奸与性放纵几乎被认为是唯一绝对的死罪。"一夫制"（Univira）被视为古代地中海核心地区基督教团的特色[1]，该地在希腊人与罗马人的影响之下，原先是接受准许离婚的一夫一妻制的。

　　各式各样的先知对于女性（以及她们在教团之地位）的态度，自然有甚大差异，主要得看他们预言的性格，特别是要看预言与女性特有的情绪性之对应的程度而定。有些先知（例如佛陀）会高兴看到聪明的女性伏于其足下，有些先知（例如毕达哥拉斯）会利用女性来传道与弘教，然而这些事实并不就都必然反映出他们对所有女性的评价。个别特定的妇女也许可被视为"神圣的"，只是女性整体还是被视为罪恶之器。不过在实际上，所有的狂迷与秘仪式的宗教布道（包括酒神的祭典），都会至少暂时及相对性地促进女性的"解放"，除非这种布教受阻于其他的宗教倾向，或对歇斯底里之女性布教的特别排斥，就像佛陀的子弟或者保罗时代的基督教所做的一样。允许女性拥有平等的宗教身份亦受阻于修道士的女性恐惧症，最极端的例子就是利古奥里（Alfons von

---

1　一夫制（Univira）是指女性一旦结婚，在其丈夫死去后，不得再婚的制度。总之，女性不论在怎样的条件之下，终生仅能有一夫。——日注

Liguori）的性神经衰弱症[1]。歇斯底里或具有秘迹特质的女性，在教派性的精灵信仰崇拜中最具重要性，中国极多这方面的事例。在一个宗教的弘教阶段，要是女性没有扮演什么角色，例如祆教与犹太教，那么情况从一开始就有所不同。

合法规范的婚姻，不管是从先知型的伦理，还是祭司型的伦理看来，都不具有"情欲"的价值，而只是——配合所谓"原始民族"的冷静观点——一个经济制度，用来生育子女以补充劳动力，及作为死者祭典的担纲者。这也是希腊及罗马伦理的观点，实际上也是所有曾经思考过此问题的、世间所有伦理的一致观点。古犹太经典中所保留的，认为年轻的新郎应该暂时免除政治与军事义务，以便可以享受一下爱情的滋味的观念，是极为罕见的。的确，不但犹太教拒绝接受任何逃避性生活之自然结果（生育）的性爱，《旧约》即诅咒"性交中断"（coitus interruptus）的罪过，罗马天主教会对性欲也采取同样严格的态度，而视生育控制为罪大恶极。所有倾向现世禁欲的宗教，尤其是清教，皆将正当的性生活限制在上述再生产的理性目的之内，显然是极可理解的。无法则性与半狂迷类型的神秘主义，在其普世之爱的感情的引导下，则会偶尔暂时地放弃其对性欲之基本的宗教性敌视态度。

最后，先知型伦理乃至祭司的理性伦理对正规与正当的性交——因此亦即宗教与生物现象之间的根本关系——的评价，始终没有过一致的见解。古犹太教与儒教普遍认为子孙是重要的，

---

1 利古奥里（1696—1787），意大利圣职者、神学家。他原本为法律家，而后成为神父，在那不勒斯成立赎世主会派（Redemptoristen）的修道团，特别是为贫民而活动。作为一名道德神学者，利古奥里成为基于耶稣会之精神的当代代表人物，具有极大的影响力。著有 *Thologia Moralis*（1748）等。——日注

吠陀经典伦理与印度教伦理亦如此，这种观点部分源自泛灵论，部分则来自后起的观念。所有这种观念汇集而为直接的宗教性义务——生育子女。另一方面，法典时期的犹太教与伊斯兰教则有（相对上）较积极的鼓励结婚的命令，其动机就像东正教将未婚的教士排除于低等的圣职俸禄之外，似乎（至少部分而言）是基于此一概念；此即，性冲动对一般人而言是难以抗拒的，因此最好还是给他们一个合法规范的发泄管道。

认为性行为无可避免这一信念，符合保罗的立场，同时也符合印度冥思型救赎宗教里相对化的俗众伦理——禁止优婆塞（Upāsakā [在家信徒]）通奸。保罗在一种神秘主义的动机影响下（对此我们暂时不拟评论），将绝对的禁欲评价为宗教达人的纯粹的个人卡理斯玛。天主教的俗众伦理亦遵循此一观点。再者，这也是马丁·路德所采取的立场，他认为婚姻中的性行为只不过是为了避免性放纵的一种较小的罪过；在他看来，婚姻可说是上帝被迫"视而不见"的正当性的罪过，因为它乃是由原罪所产生的无可抗拒之情欲的一种自然结果。这种观点——相对而言，类似于穆罕默德的观点——可以部分说明路德最初反对（虽然不是非常强烈）修道院制度的缘由。在耶稣的上帝国度里（注意！即地上的未来国度），将没有性的存在，而且所有官方的基督教理论皆强烈反对将性欲之内在感情层面，视为"情感"与原罪的结果。

尽管普遍认为对性之敌视是基督教的特有性格，我们还是得强调，没有任何一个纯正的救赎宗教在此问题上会采取其他的立场。其理由如下：首先是由于性本身在实际生活中——由于生活条件之理性化的结果——逐渐进化的性质。在农民的阶段，性行为乃日常现象；许多未开化民族并不认为这一行为有任何特殊之

处，他们的确也可能在旅行者眼前进行此事，而不觉有丝毫可耻
之处。他们并不认为这种行为有任何超日常性的意义。关键性的
发展——就我们所关心的问题而言——乃在于性行为升华而为"性
爱"，由此成为一种特殊刺激的基础，并因此而产生其独特的价值
且**超越于**日常生活之上。由于氏族内部经济的利益以及身份习惯
所导致的对性交日增的妨碍，是促成性欲升华而为性爱的两个最
重要的因素。性关系不管在其演化的任何阶段，的确从未能真正
摆脱宗教或经济的规范；不过最初却极少受到习惯的束缚，这些
习惯逐步依附于最初的经济约束上，一直到最后成为对性行为的
最主要束缚。

近代对性关系之"伦理的"约束的影响——通常被归咎为娼
妓制度之起因——几乎一直都被误解。异性与同性的职业性娼妓
（例如女同性恋者的训练），即使在最为原始的文化中都可发现，
而且不管哪儿，对娼妓都有某种宗教、军事或经济性的限制。不过，
全面性的禁娼则一直要到 15 世纪末才出现。随着文化的日趋复杂，
氏族愈来愈要求对未婚女性成员的生育子女提供安全保障，同时
也希望能保障年轻已婚夫妻的生活水平。以此，另一个发展要素
即必然重要起来。一种新的、持续理性化的整体生活样式，自素
朴的农民生活的有机式循环中蜕变而出，此一现象深入影响到伦
理态度的形成，却不太为人所注意。

九 同胞爱伦理与艺术

正如伦理性宗教（特别是传布同胞爱者），会与个人生命中最
强烈的非理性力量（性欲）陷入最为深刻的内在紧张关系，伦理

性宗教与**艺术**领域的关系亦有两极化的现象。宗教与艺术原先的关系是很密切的。宗教可说是艺术表现之无穷尽的源泉，这一点可由各式各样的偶像与圣像以及作为一种引发忘我、伴随着除魔、解危等祭典行为之手段的音乐得到证实。宗教曾激发巫师与圣赞者的艺术活动，寺院与教堂（最大的艺术品）之建筑，以及各种各类（艺术与工艺之主要对象）的宗教饰物与教堂用品。然而一旦艺术在世俗教育的影响下，成为一个有其自主法则的领域，就愈容易形成其自己的一套价值序列，而与宗教—伦理领域所构建的价值序列大不相同。

　　所有不带成见地接纳艺术的态度，皆始自艺术内容的有意义性，这一点可以导致共同体的形成。然而**有意识**地去发现艺术特有的美学的价值，则得留待知性主义文明的出现。这一发展会导致艺术中某些要素的消失，而这些要素却是有助于共同体之形成以及艺术与宗教救赎意志之亲和性的。事实上，宗教强烈排斥现世内的救赎——这是"为艺术而艺术"宣称能提供的——并视之为罪过。伦理性宗教与真正的神秘主义敌视所有此类来自现世之伦理的非理性的救赎。艺术与宗教的这一冲突，在纯正的禁欲主义里最为尖锐，因为这种禁欲主义认为任何对纯粹艺术价值的献身，都会严重妨碍到生活态度之合理的体系化。这种紧张性随着知识主义的进展而日益加深，因为知识主义亦可视为拟美学的。在知识主义时代呈现出来的是，排斥对伦理判断的责任以及恐惧受到传统的束缚，结果则是原先以伦理为基准的判断转变为美学的判断。最典型的例子是从"该受谴责的"评价转变为"没品味"。这种所有（有关人类之关系的）判断之无争论余地的主观性，确实出现在艺术家阶层的崇拜里，从宗教看来，显然是最深的一种形式的（结合了怯懦的）特殊冷酷。在美学的立场与宗教—伦理的规范间，的确有尖锐的矛盾；因为就算一个人拒斥伦理规范，他仍然能从自己之被造物性的（人类共通的）知识中体验到，当他在判断一个特定的事件时，他还是会以某些此种规范作为自己以及他人行为的基准。再者，宗教—伦理规范的正当与否及其后果，原则上还是值得讨论的。总而言之，美学的立场对于彻底的同胞爱伦理没有提供任何支持，而此种伦理反过来则具有一种强烈的反美学的取向。

宗教贬斥艺术，正如它同样贬斥巫术、狂迷、忘我以及仪式主义等成分，而倾向禁欲、灵性主义以及神秘主义的要素，这一立场更因圣典宗教里祭司与俗众教育中理性与文字的性格而得以强化。不过，归根结底还是纯正的预言影响了对艺术敌视的态度，这有两个方向：第一，预言明白地拒斥狂迷的作为，同时也普遍排斥巫术。因此，犹太人原先讨厌"形象与圣像"，认为它们是被巫术所制约，后来才由犹太预言给予一种属灵的解释——将之转化而与一个绝对与超俗世之神的概念联系起来。其次，顺此方向出现了（以伦理及宗教为中心取向的）先知信仰与"人类业绩"之间的紧张关系，从先知的观点看来，人类业绩仅能提供虚幻的救赎。先知所宣扬的神愈是被理解为超世俗与神圣的，宗教与艺术之间的紧张关系就愈是无法相容与解决。

另一方面，宗教却又不断被迫承认艺术创作之不可否认的"神性"。特别是大众宗教得经常、直接倚赖"艺术的"手法，以达到其所需要的强烈的效果，因此它倾向容忍大众的需求——普遍对巫术与偶像崇拜的需求。除此之外，有组织的大众宗教也经常由于经济利益的缘故而与艺术有所结合，例如拜占庭僧侣的圣像买卖，这些僧侣是政教合一制度下皇权的最主要敌对者，因为支持皇权的军队是反对圣像崇拜的——士兵皆来自邻近伊斯兰教的边区，而伊斯兰教在当时仍然是强烈坚持灵性主义的。拜占庭皇权，反过来，则想切断僧侣这一经济来源，希望能借此摧毁这个最危险的敌对情势（僧侣）的经济力量，以遂行其支配教会的心愿。

同样的，所有的情绪主义的狂迷或仪式性宗教，以及所有宣扬爱而其目的则在个人超脱的神秘主义宗教——至于其间所涉及的终极"意义"的差异暂且不论——也很容易以主观心理的方式通往艺术。狂迷的宗教最易导入歌唱与音乐；仪式性宗教倾向造型美术；宣扬爱的宗教则有利于诗与音乐的发展。这种关系，就我们了解所及，可证之于印度的文学与艺术，苏非派完全开放的欢愉的抒情诗，圣方济的赞美歌，以及宗教象征主义（特别是出自神秘主义情绪的）之无可衡量的影响。不过，经验宗教的个别形态对艺术则持有基本上不同的态度，即使在同一宗教中，不同的阶层、担纲者与构造形态也会呈现出对艺术不同的态度。就对艺术不同的态度而言，先知有异于秘法传授者与祭司，僧侣有异于虔敬的俗众信徒，大众宗教有异于达人教派。禁欲主义的达人教派，较之神秘主义的达人教派，原则上对艺术自然是更为敌视的。只是我们此处无法详论。总而言之，一旦脱离了巫术与纯粹仪式主义的阶段，就其终极（主观意图的）意义而言，宗教立场与艺术立场之间就愈难达到任何真正的内在的和解。

所有这些里面，对我们而言极为重要的事实是，那些（就我们特定意义的）理性的宗教明显地拒斥所有特殊艺术性的手段，有何重要意义。这些宗教有犹太教、早期基督教以及稍晚的禁欲清教。它们排斥艺术，是宗教对合理化之生活态度的影响日渐加强的一个征兆，或是一个手段。断言摩西十诫中的第二诫是犹太人理性主义之决定性基点（就如具有重大影响的犹太教改革运动之某些代表所言者）[1]，或许是太夸张了。不过，毫无疑问的，在虔敬的犹太教与清教徒团体内有系统地禁止无拘无束地献身于艺术之特殊的造型价值，曾有效地控制了这些团体内艺术创作的程度与范畴，而有助于知识主义的、合理的生活方法论之发展。

1　摩西十诫的第二诫为："不可为自己雕刻偶像，也不可跪拜那些像，也不可事奉他，因为我耶和华你的上帝是忌邪的上帝，恨我的，我必追讨他的罪，自父及子，直到三四代。爱我守我诫命的，我必向他们发慈爱，直到千代。"《旧约·出埃及记》，27：4—6。——中注

第十二章

文化宗教与"现世"

一　犹太教的现世取向

犹太教在俘囚期之后，特别是在法典化形态下，可以归入那些就某种意义而言"顺应现世"的宗教里，至少也可算是"现世取向"的，因为它并没有全盘否定现世，而只是否定现世存在的社会秩序。

我们先前已就犹太教的整个社会学的结构与态度略作考察。犹太教的宗教许诺（就这个词最通行的意义）亦适用于此世，而其有关冥思的或禁欲的遁世思想相当淡薄，就像中国的宗教及清教一样。犹太教与清教唯一不同之处仅在于相对的（一直都如此）缺乏体系化的禁欲主义。早期基督教的"禁欲"成分并非源自犹太教，而是主要来自保罗传道之后出现的异邦人的基督教教团。遵守犹太的"律法"与"禁欲"无关，就像奉行任何仪式或禁忌的规范与禁欲无关一样。

再者，犹太教对财富与性行为的态度，非但谈不上禁欲，甚至还可说是高度自然主义的。财富被视为上帝的恩宠，性冲动的满足（当然得在合法的范围内）也被认为有绝对的必要，《法典》

（*Talmud*）中甚至认为超过一定年龄而未婚者道德上有可疑之处。将婚姻视为一个生育子女的经济制度，举世皆然，犹太人亦不例外。犹太教严格禁止不正当的性关系，而且对虔敬的教徒相当有效，只是伊斯兰教以及其他所有先知型的宗教（包括印度教）也都有此禁令。再者，大部分仪式主义型的宗教跟犹太教一样，都有斋戒期（停止行房）的制度。根据上述理由，犹太教实在谈不到对性的禁欲有任何**特殊**强调之处。桑巴特所引用的性行为的规制，实无法远溯至 17 世纪的天主教的决疑论，而且不管怎么说，在其他许多禁忌的决疑论系统里，都有其类似者。

犹太教亦不禁止尽情地享受生活、甚至奢华，只要不抵触"律法"的个别禁令与禁忌即可。预言书籍（例如诗篇、箴言及后续的作品）里对财富的公开抨击，乃是社会不公正所激起的，随着财富的取得以及违反摩西律法之精神，社会**不公正**的现象即常出现在犹太人同胞之间。财富之所以受到谴责，也是因其傲慢地轻视上帝的诫命与许诺，以及受到诱惑而松懈履行律法义务。想摆脱财富的诱惑并不容易，也因此更值得赞扬，"向有钱而无可责备的人致敬"。再者，由于犹太教没有上帝预定论的思想，也没有类似而可导致同样伦理效果的观念，无休止的工作及企业的成功无法被认为（或解释为）得到救赎的"确证"，而这种观念在加尔文派的清教徒却是最为强烈的，就某个程度而言亦可见之于所有的清教教派，如卫斯理有关的见解。当然，某种认为个人经济上的成功，乃神之恩宠的指标，这一想法的确存在于犹太教，正如存在于中国的一般佛教徒以及普遍而言所有的宗教——只要它不是拒斥现世的。这种观念似乎特别容易出现在一个像犹太教那样的宗教，因为犹太教面对着一个超世俗上帝的非常特殊的许诺，以及这位上帝憎怒其选民的、极为明显的征候。因此，一个人在奉行上帝之诫命的同时又能获得经济上的成功显然就可以——实际上也必然会——被解释为此人被上帝所接受的一个征兆。这种情况的确一再发生。

然而虔敬的犹太教徒从事营利事业的状况与清教徒截然有别，此种差异对犹太教在经济史上所扮演的角色而言，有其实际的影响。下面我们即来考量此一角色是什么。在针对桑巴特作品的论争里，有一个问题还未曾认真地探讨过，那便是（桑巴特所言）犹太教在近代资本主义制度之发展中所扮演的角色[1]。不过，桑巴特作品中的这个论点说得还不够精确。所谓的犹太教在中世纪及近代的**卓越的**经济成就究竟是什么？我们可以很容易地表列如下：借贷，从当铺经营一直到大国家的融资；某种类型的商品交易，特别是零售商、行商以及特殊的农村产品的收购商；某些行业的批发商，有价证券的交易，尤其是股票经纪。除此之外，还可加上：货币兑换，以及通常附带的通汇或支票兑现等业务；政府业务与战争的融资，以及殖民地事业的建立；包税（那些掌握在罗马人手中的税收自然是不包括在内的）；（包括信用贷款等）银行业务；以及公债资金的募集。

在所有业务里，只有一些——虽然是非常重要的一部分——不管是在法律层面，还是经济层面上，呈现出**近代**西方资本主义（相对于古代、中世纪以及东亚早期的资本主义）所特有的**形态**。所谓特殊的近代法律形态包括了有价证券业以及资本主义式的结合

1　桑巴特生平，见本书第七章 134 页注 1。此处所提到的著作，应是指其 *Die Juden und das Wirtschaftsleben*（1911）一书。对此提出反论的，为古德曼（1913）。关于后者，见本章 316 页注 1。——日注

体社会关系的形态（Vergesellschaftungsformen），这可不是犹太人原先所特有的。犹太人介绍了这些形态的某些成分到西方来，不过这些形态本身的起源却可能是东方（巴比伦）所共有的，并且是透过希腊与拜占庭的媒介而对西方产生影响。不管如何，犹太人与阿拉伯人同样都有这些。此外，这些特殊近代形态的制度里，甚至还有一部分是西方中世纪所创造的，夹杂了一些日耳曼人所特有的因素。在此若要列举详细的相关证据，未免离题太远。不过，我们倒是可以举例说明：作为一个"商人之市场"的证券交易所乃是基督教商人的发明，而非犹太人。再者，中世纪法律概念得以适用于理性化经济经营之目的的特别方法——例如合资公司（Commandite）、海上合资公司（Maona）[1]，各式各样的特权公司，以及最后创设的合资股份公司——完全不是依靠特殊的犹太人的影响，不管犹太人后来在这些理性化经济经营的形成里扮演了多么重要的角色。最后我们得注意到，满足公众与私人之信用需求的一些近代所特有的原则，乃是萌芽于中世纪城市的基础上。这些中世纪的金融的法律形式（某些部分是十分非犹太人的），稍后为近代国家（为了解决经济须求）以及其他想取得信用（贷款）者所采用。

尤其是，在上述广泛的犹太人经济活动的一览表里，明显地——虽非全然地——缺少了近代资本主义所特有的一个要素。此即家内工业、手工业与大工场制度下的营业劳动的组织化。当

---

1 Maona 是十三四世纪于意大利，特别是热内亚成立的一种合资公司形态的殖民企业体。根据韦伯本身的说明，Maona 这种海上合资公司，是脱离一切氏族关系与个人关系，仅以资本主义的利益关怀为准的结合形态（相当于股份公司），于中世纪开始出现。参照《经济与社会》，第二部第三章第六节。——日注

犹太人聚落（Ghetto）已出现许多无产阶级，当只要付出适当的金钱报酬即可获得领主的特许与特权来兴办各种产业，而且部分产业活动尚未被行会所控制的时代，却没有一个虔敬的犹太人想到兴办产业来雇用那些聚落区的虔敬犹太劳工。相形之下，许多虔敬的清教徒企业家则与虔诚的基督徒、职工合作以兴办产业。我们要如何来解释此一事实呢？还有，尽管（大致）在近代初期已出现了大规模的、贫困的犹太人职工阶级，却没有任何一个具有重要性的、出自犹太人的近代特有的**产业**资产阶级来雇用这些犹太劳工以从事家内工业，我们又要如何来解释此一事实？

数千年来在世界各地，典型的资本主义式利用财富的方法不外乎下列几种：包揽国家事业、包税、军费融资、殖民地事业（包括建立大农场）的融资、贸易以及高利贷。我们发现犹太人所从事的就是这些活动，这可见之于所有时代及地区（古代尤然），正如犹太人亦曾采用那些中世纪时期——并非犹太人——所发展出来的法律与经营的形态一样。另一方面，近代资本主义特有的、新的经营形态，亦即劳动的合理组织，特别是工厂类型的产业"经营"（Betrieb）里生产的合理组织，则较少（甚至完全不）见之于犹太人。犹太人所展现出来的经济心态（Wirtschaftsgesinnung）对于所有真正的商人——不管是古代世界、东亚、印度、地中海沿岸，还是中世纪的西方；也不管是小生意人，还是大金融家——而言，都还是具有代表性的：有决心与机智地、冷酷地利用任何赚钱的机会，"为利扬帆赴地狱，不顾炼火烧灼"。然而这种心态与**近代**资本主义的特色（相对于**其他时代**的资本主义）相去甚远——严格说来是正好相反。准此，不管是近代经济**体制**里创新的部分，还是近代经济**心态**上突出的特色，其根源都不是特别来自犹太人的。

近代资本主义制度所特有的一些成分，不论就其起源或发展而论，皆与犹太人无甚关系，其间根本理论上的缘故实可归之于犹太人宗教的独特性，以及犹太人之为一个贱民民族的特殊性格。贱民的身份导致他们在加入产业劳动组织时，遭遇到纯粹外在的困难。犹太人在法律上与事实上不确定的身份状况，使得他们很难经营具备固定资本的、持续且合理的企业，而只能从事贸易以及（尤其是）货币交易。另一个具有基本重要性的因素则为犹太人的内在伦理的状况。身为贱民民族，犹太人仍然保留着双重道德的标准，这是所有共同体的原始经济行为所具有的特色：禁止施之于同胞者，可施之于异邦人。无疑的，就要求犹太人对其同胞抱持"扶助"的立场一事而言，犹太伦理显然是彻底传统主义的。虽然律法学者——正如桑巴特已正确指出的——对这些事务有所让步，甚至包括与同胞进行商业交易的事项，不过这些让步顶多只能算是略为放松，任何人要想从中获取利益，就犹太人企业伦理的最高标准来看，还是远不合格的。总之，一个犹太人显然是无法借此种行为以确证其宗教功德。

然而，对犹太人而言，与异邦人经济来往的方式——特别是那些禁止施之于同胞的方式——则是个与伦理毫不相干的领域。这种态度实际上可见之于所有民族的原始经济伦理中。犹太人的经济伦理中仍保留这种态度显然是不足为奇的，因为就算在古代世界，异邦人几乎也一直以"敌人"来看待犹太人。尽管律法学者一再告诫，要求犹太人以诚信对待异邦人，仍然无法改变下述事实：律法禁止犹太人向其同胞收取利息，却准许向异邦人收取。律法学者的忠告也改变不了下列的事实（这点桑巴特也已指出）：

例如在一个利用对方的错误以牟取利益的案件里，律法所要求依**规定**办理的程度，会因对方是个异邦人（敌人），还是个犹太人而有所不同。总而言之，我们已无须再举证说明，犹太人由于（上述）耶和华之许诺所导致的贱民身份，以及因此而来的犹太人之受到异邦人无止境的蔑视，必然会使得犹太人在对待异邦人及同胞时分别遵循不同的经济道德。

二 天主教徒、犹太教徒与清教徒对营利生活的态度

首先让我们简述一下，天主教徒、犹太教徒与清教徒在经济营利生活上，所处境遇的相互关系。

虔诚的天主教徒在从事营利生涯时，会发现自己不断处于（或濒临于）一种违反教皇诫令的状况中。他的经济活动只有在"特定事项"（rebus sic stantibus）的原则下，才不会在告解室里遭到盘问；也只有在一种松弛的、模棱两可的道德基础上，这些活动才可能被允许。因此，就某个程度而言，营利生涯本身不得不被视为该受谴责的，或者，最佳的解释也不过就是上帝并不积极鼓励而已。

天主教徒的这种处境，无可避免地会鼓励虔诚的犹太教徒来到天主教徒间从事营利活动，如果他们在犹太教徒间从事这些活动的话，不免会被犹太人社会视为明显违反律法，或至少是值得怀疑的——就犹太人的传统而言。就算在最好的情况下，这些交易也只有在对犹太宗教法典作一个比较宽松的解释的基础上——因此，也只有在与异邦人的经济来往上——才能获得许可。这些绝不会与积极的伦理价值产生混淆。因此，犹太人的经济行为是

上帝所认可的，因为它与犹太律法并无任何形式上的抵触，与道德也不相干，而且也因为这些行为只不过是与社会上经济生活里的一般恶行差不多而已。认为犹太教徒之合法性基准较诸其他教徒为低的说法，就算是真确的，也不过是基于上述缘故。准此，上帝若让这种经济行为得到成功，对于犹太商人而言自然是个征兆，那就是他并没有在此一领域做出明显令人非议或被禁止的事，而且在**其他**领域他也确实遵守了上帝的诫命。然而，借着近代特有的营利活动以确证自己的伦理业绩，对犹太人而言，仍非易事。

这正好就是虔诚清教徒的情况。他可以借着经济活动来确证自己的宗教功德，因为他并没有做出任何伦理上该被谴责之事，他无须依赖任何对宗教法典较宽松的解释，或诉诸双重道德的标准，他也无须采取一种与伦理无涉或甚至就伦理之妥当性的一般范围而言该受谴责的态度来行事。恰好相反，就是借着经济活动，清教徒才能确证其宗教功德。他以最佳良心经营企业，而且由于在企业活动里他的行为准则是切事的、合乎法条的，在此"经营"下，他实际上也客观化了整体生活态度之合理的方法论。他亲眼目睹（而且实际上也在其教内兄弟间）自己伦理态度的正当化，其程度强烈到他的经济行为是无可怀疑的——绝对性的（而非相对化的）无可置喙。没有任何一个真正虔诚的清教徒——这是关键所在——会认为得之于高利贷、利用对手之失误（这在犹太人是可允许用来对付异邦人的）、交易中讨价还价乃至耍诈、介入政治或殖民地的掠取等等的利益，乃神之所喜。教友派与洗礼派信徒相信他们的宗教功德可在全人类眼前得到确证，因为他们采取不二价的政策，而且对任何人皆维持绝对可信赖的企业关系——完全地遵守法条且毫无贪婪之念。他们相信，正是这些措施促使无信仰者宁愿和他们做生意，宁愿把钱存在他们（教派信徒）开设的信托公司或有限责任公司，而不愿跟自己人做生意或存入自己人的公司，这样的结果当然使得这些教派信徒富有起来，就有如他们的企业行为也使他们得到上帝的确证一样。

相反的，推广及于异邦人的犹太律法（实际上还是个犹太人的贱民法），却使得犹太人——尽管还有甚多保留——可以从事与非犹太人的交易，虽然这种交易的本质在清教徒看来是必须坚决拒斥的，因为它显示出十足小生意人本性的营利欲。然而虔敬的犹太教徒却可以将此种态度与最为严格的合法性、完全遵守律法、所有的宗教灵性、对其家族与教团牺牲奉献的爱以及对所有上帝之造物的怜悯与慈悲等统合起来。在他们的实际生活里，犹太人从不认为在被认可的、妥当的法律范围内赚异邦人的钱，是一个可以用来确证个人是否真正服从上帝诫命的行为。虔诚的犹太教徒从不以经济领域内认可的行为为标准，来衡量自己的内在伦理。就像在儒教徒真正理想的生活里，一个君子在接受过有关礼仪之美与文献教养的通盘教育后，仍终身研读经典，犹太教徒也将精通律法与决疑论的学者生涯——孜孜不倦地埋首钻研圣典及其批注，而将生计置之度外（通常是交给妻子料理）的"知识人"——列为生命的理想。

耶稣所反对的，就是真正晚期犹太教的这种知识主义，以及典籍律法学者的倾向。他的批判，并非如某些人所言，乃来自其"无产阶级"的本能，而是来自其虔敬以及遵守律法的模式（两者皆符合乡间职工或小镇居民的身份），并且构成他对律法知识达人——他们乃成长于耶路撒冷这座大都市的土壤上——的基本反对点。这些出身都市律法阶层的成员问道："拿撒勒乡下能产生出什么好东西？"——任何古代都市的市民都可能发出同样的疑问。
耶稣的律法知识以及对律法的遵从，都代表了从事实际劳动的人
的一般律法水平，这样的人可是无法坐视他的羊掉在坑里而不予
理会，就算是安息日也不行[1]。另一方面，真正虔诚的犹太教徒对律
法知识的义务，以及他们年轻人所受的律法教育，不管质或量都
要凌驾于一切坚持以《新约／旧约》为准的清教徒之上。对于虔诚
的犹太教徒而言，律法知识之为一种义务，其程度唯有印度人与
波斯人之有关礼仪的戒律可与比拟，不过犹太律法由于包含了伦
理的诫命而远远超越了（印度与波斯之）仅有礼仪与禁忌的规范
之上。

　　犹太人的经济态度即是在这些律法伦理规范所允许的范围内，
循阻力最小的方向行动。这点实际上意味着，见之于**所有**阶层与
民族（程度有所不同）的"营利冲动"，在此主要是导向与异邦人——
通常被视为"敌人"——做生意。即使在约书亚（Joshua）的时代
（后俘囚期则是可确定的），虔诚的犹太人乃是城市居民，整个犹
太律法的取向自然也是这种城市身份。由于正统的犹太人在宗教
仪式上需要屠夫的服务，因此他无法孤立生活，而必须与教团生
活在一起。直到今天，跟改革派的犹太教徒（例如美国的犹太教
徒）对比之下，群居仍为正统犹太教徒的特色。同样的，安息年——
就其现存的形式来看，可能是后俘囚期城市律法学者的创作——

1　犹太教规定安息日不能有所作为，耶稣到犹太会堂，有个人枯干了一双手，求他治病，
　有人问耶稣说：安息日治病，可以不可以。意思是要控告他。耶稣说：你们中间谁有一
　只羊，当安息日掉到坑里，不把他抓住拉上来呢，人比羊何等贵重呢。所以在安息日做
　善事是可以的。于是对那人说：伸出手来。他把手一伸，手就复了原。见《新约·马太
　福音》12：9—14。——中注

也使得犹太人无法从事有系统的集约农业。一直到目前（1910年代），德国的犹太律法学者仍力图将安息年的规定施之于巴勒斯坦锡安派的殖民运动中，果真如此，则这一殖民运动注定是无法成功的。在法利赛派全盛时期，被称作"农夫"的犹太人实际上即为第二等的犹太教徒，因为他并不（实际上也无法）完全遵守律法，犹太律法也禁止犹太人出席行会的餐宴，其实他们根本就被禁止与任何非犹太教徒同桌共餐；而在古代以及中世纪，同桌共食乃是任何与周遭世界同化之不可或缺的基础。另一方面，犹太人的嫁妆制度——东方世界所共通的一种制度，最初乃基于将女儿排除于遗产继承之外的考虑上——则有利于协助犹太新郎在结婚时即可自立为小商人。此种习惯的遗绪仍可见之于比较缺乏"阶级意识"的犹太店员身上。

三 犹太教的律法宗教性与传统主义

在所有其他（以及上面所讨论过）的活动里，犹太教徒就像虔敬的印度教徒一样，仍然受到律法的制约。正如古德曼（J.Guttmann）已正确指出来的[1]，专心致志地研读律法一事最容易与金融业的工作结合，因为后者所需的持续劳动相对而言要少得多。律法与知识主义教育的结果，厥为犹太人之"生活方法论"与"理性主义"的出现。法典中规定："一个人绝不应改变习俗"。只有

---

1 古德曼（Julius Guttmann，1880—1950），犹太教与犹太哲学的研究者。原任柏林犹太研究所所长，后来被耶路撒冷的希伯来大学所聘，殁于此。以 *Die Philosophie des Judentums*(1933)一书知名，但此处所提的言论，是指他于1913年寄去给《社会科学杂志》，反驳桑巴特关于犹太人之经济生活的研究的讨论文字。——日注

在与异邦人之经济来往的领域里，传统才会稍留一个相对上较不
涉及伦理问题的空间，除此之外别无其他。支配着与上帝有关之
重要事项的整个领域的，实际上是传统以及因解释传统而来的有
系统的决疑论，而不是理性的、源自"自然律"并且（不预设前
提的）导向有方法之行动的目的行为（Zweckhandeln）。

犹太人对律法之恐惧的"理性化"，其效果十分深入，却也是
间接的。自我控制——通常伴随着"警醒"、冷静与从容——可见
之于儒教徒、清教徒、佛教徒与其他类型的僧侣、阿拉伯的长老
（Sheik）、罗马帝国的元老以及犹太教徒。然而自制的基础及其意
义，则依情况而有所不同。清教徒之警醒的自制，乃是为了要压
制所有被造物的冲动，置之于一合理秩序与方法论的支配下，以
此而（或可）确保自己之得救。对儒教徒而言，自制之必要乃在
于身为一个接受经典教养、且受过礼仪与品味之陶冶的君子、对
庶民之非理性的轻蔑。古代虔敬的犹太教徒之讲求自制，乃因其
专心致意于律法（他曾受过这方面的训练），以及必须一直关心是
否严格遵守律法之结果。由于虔敬地履行律法，虔敬犹太教徒的
自制乃获得其独特的色彩与效果。犹太人相信只有他自己及他的
民族拥有这一律法，而且也就是为了这个缘故，他们才会遭到举
世的迫害与污蔑。然而，他们终究已被此律法所约束；而且总有
一天，上帝会一举——随时都可能突然发生，只是也没有人能让
它提早——倾覆现存的秩序，为那些仍忠实信守其律法的人创造
出一个弥赛亚的王国。虔敬的犹太教徒都知道，他们已等待了无
数个世代，而且，尽管遭受各种嘲笑，他们仍将等待下去。这点
导致虔敬的犹太教徒产生某种焦虑的"警惕感"，而且既然他还得
空等下去，他也只好以一种戒慎恐惧地遵守律法——就只为了遵

守律法此事——的态度来培养自己的自尊心。最后（并非最不重要），虔敬的犹太教徒必须随时维持警觉，绝不允许在强大而又冷酷无情的敌人面前泄露出自己一丁点儿的激情。这种抑制无可避免地与前面述及的"怨恨"——来自耶和华的许诺，以及随之而来的，此民族所遭受的前所未闻的苦难——所产生的作用结合起来。

　　这些处境基本上决定了犹太教的"理性主义"，不过这并不是我们所说的"禁欲"。犹太教当然也有"禁欲"的成分，只是并非核心所在；禁欲乃是律法的副产品，或者是由于犹太人虔敬之独特的紧张性产生出来的。无论如何，禁欲的成分在犹太教而言，就像这一宗教任何神秘主义的发展一样，是次要的。此处我们无须再多讨论犹太人的神秘主义，因为不管是喀巴拉派（Kabbala）、哈西德派（Chassidismus）[1]，还是任何其他形式的神秘主义，对于犹太人在经济领域的行为，都无法提供任何有意义的动机——且不管这些神秘主义对他们而言，具有何种征兆意味的重要性。

1　喀巴拉派为犹太的神秘主义的一个形态。"喀巴拉"在希伯来语中原为"承传"之意，此处是指关于犹太教的神与人之关系的神智学神秘学说。其信奉根据在弟兄间继承传授的秘仪的《新约/旧约》解释，相信解释出关于神创造世界与人类之被隐去的秘仪，而逐渐成为一种追求与圣灵之交感的秘密集团。其起源虽不明确，但可视为与诺斯替派相近的倾向而发展出来，自中世纪后至文艺复兴时代大大盛行，亦影响到基督教世界。
　　哈西德是18世纪左右在波兰南部与乌克兰的犹太人间广泛流传的宗教运动。此名称来自公元前2世纪时犹太教内部的哈西德（"虔敬的人"）一派。此派所抱持的是：素朴的敬神心情比对犹太法典的认识更重要，并且在一切事物之中都可发现神的一种泛神论的思想；另一方面，若是点燃被赋予在人身上的"神的火花"，那么即可在日常生活中实现与神的合一，并且可以在自然的世界中享有神的一种神秘主义的立场。美名大师托夫（Baal-Shem-Tov，约1700—1760）为其领导者，其众多弟子甚为活跃。至晚近具代表性的犹太思想家布伯（Martin Buber，1878—1965）对此一思想之再评价，是世所周知的。——日注

　　虔敬的犹太教徒之所以对美的事物采取"禁欲式"的憎恶，原先乃是基于摩西的第二诫，这点的确曾防止当时正盛行天使论的犹太人走上艺术形式之途；另外一个憎恶美之事物的重要原因是犹太教堂做礼拜时所坚持的，纯粹教说与诫命的风格，尽管远在神殿祭典被破坏之前，犹太人尚在离散状态时确曾采取艺术的形式。不过就算在那时，犹太先知实际上也已经从祭典中排除所有人为的成分，有效地剔除了狂迷的、音乐的与舞蹈的色彩。有意思的是，罗马的宗教与清教在有关美的事物上也采取类似的态度，虽然它们的动机与犹太教的大为不同。因此，对犹太教徒而言，雕刻、绘画与戏剧缺乏与宗教的结合点，而这在其他宗教却是相当普遍的。这是为何世俗的抒情方式以及（特别是）性欲的升华会显著衰退——与较早所罗门之歌（《旧约·雅歌》）所呈现的充满肉欲的色彩对比之下——的缘故。这是犹太教在面对性欲之伦理问题时采取自然主义之态度的缘由。

　　所有上述这些犹太教的特性都呈现出一个整体性的主题：怀抱着无言、信心与怀疑期待着自地狱般的现实生活中得到拯救的一个民族（他们已为上帝所选定，而且不管目前处境如何，这点是确切不移的），归根结底必然会再集中注意力于早先的许诺与宗教律法。另一方面，他们认为（律法学者也有与此相应的言论），任何无所限制地投入以艺术或诗歌的形式来荣耀此一世界的作为都是徒然的，而且也容易使犹太人偏离了上帝的道路与目标——何况，即使是世界创造之目的，在马加比王朝末期也曾经有犹太人质问过。

四　犹太教徒与清教徒

总之，犹太教所缺乏的是"现世禁欲"这一决定性的特质，换言之，亦即缺乏由个人之救赎确证（certitudo salutis）的观点所产生出来的一种与"现世"的统一关系，这点是所有其他一切行为的生命力所在。就此而言，最后决定性的关键仍在于犹太教的贱民性格与耶和华的许诺。

禁欲式的统治现世（例如加尔文教派所表现出来的），是传统虔敬的犹太教徒要到最后才想到的事。犹太人无法想象有条理地来控制现世，因为现世已经由于他们自己的罪孽而搞得一塌糊涂，而且也无法经由任何人为的努力来矫正，只有某种自由的神迹才可能办到，但这又是急不来的。他不可能将下列观念视为其"使命"与其宗教"召命"（Beruf）之所在：为了荣耀上帝及作为自己得到救赎的确证，将现世及其深重的罪孽置于启示过的神意之合理的规范下。较之于一个已可确信自己将被"选登"彼岸的清教徒而言，虔敬的犹太教徒还得克服一个远为苛酷的内在命运。此即，只要上帝容许现存的世界如其所然，这个世界就会仍然维持其背离上帝之许诺的状态，而个别的犹太人就有义务要与此种状态妥协。犹太人的责任就在接受世界之背离上帝之许诺的事实，并从中得到满足——如果在他与其民族的敌人（异邦人）从事交易的时候，上帝能赐予他恩宠与成功的话。对待异邦人时，他的举止必须冷静且遵守法条，以符合律法学者的要求；换言之，在对待非犹太人时，他必须保持客观或"切事"的态度，无爱亦无恨，全然根据所容许的来行动。

一般人通常都认为，犹太教只要求表面上的遵守律法，这其实是个错误的观念。一般性的趋势虽然是如此，真正对宗教的虔敬要求还是非常高的。无论如何，犹太教徒在其律法熏陶下，倾向在彼此间比较个人的行为，并且计算所有这些行为的净效益。个人与上帝的关系就像个簿记运算，在不知总数的情况下计算个别的善行与恶行，这样的一种观念——偶尔亦可见之于清教徒——虽然不一定就代表犹大教官方的见解，不过，配合上犹太教的双重道德标准，却已足以妨碍一种（以清教为指标的）有条理及禁欲取向之生活态度的发展。因为在犹太教（天主教也一样），个人之履行特定宗教诫命的行为即相当于对自己救赎可能性（Heilschancen）的确信。然而，不管在犹太教还是天主教，上帝的恩宠仍是需要的，以补足人类的不完美性，虽然这种对上帝恩宠的依赖性在犹太教——较诸天主教而言——并非普遍被承认的。

犹太教的教会制度恩宠，在古老的巴勒斯坦告解制度衰微之后，即远不如天主教来得发达。这点导致犹太教徒对自己负有更大的宗教责任。这种自我负责以及缺乏任何中介的宗教代理人的结果，必然使得犹太人实际上的生活态度——较诸一般天主教徒而言——更为体系化与个人责任化。尽管如此，犹太教在有条理地控制生活方式一事上，仍有其局限，理由在于缺乏清教徒所特有的禁欲的动机，以及基本上仍维持不变的、犹太人对内道德的传统主义。犹太教的确包含有许多导向（我们或可称之为）禁欲行为的个别的动机，然而来自一种根本上禁欲的宗教性动机的统一力量则付之阙如。犹太教徒最高形态的虔敬乃见之于宗教性的"气氛"（Stimmung），而非行动。对犹太人而言，现世根本就是倒错、敌意的，而且不可能经由人类的行动来改变，这点他们自从哈德良皇帝（Hadrian）的时代就知道了[1]。在此结论下，犹太人怎么可能会觉得透过赋予现世以合理的新秩序，就能成为上帝之意志的执行者？对于具有自由精神的犹太人来说，这点或有可能，虔敬的犹太人则显然是无法想象的。

　　清教徒一直觉得自己与犹太教徒有内在的亲和性，不过也感到有其局限。存在于基督教与犹太教之间的这种亲和性（尽管这两个宗教有诸多差异之处），基本上也还存在于清教与犹太教之间，就像其曾存在于保罗之信徒与犹太教徒之间一样。不管是清教徒、还是早期基督教徒，都视犹太人为（一度的）上帝之选民。不过，保罗史无前例的举动，对于早期基督教有其意义深远的影响。一方面，保罗将犹太人的圣典列为基督徒的圣典之一——刚开始时，甚至是唯一的。以此，他树起了一道坚强的屏障，抵拒了希腊（特别是诺斯替派）知识主义的入侵，这点温勒（P. Wernle）已特别指出[2]。另一方面，保罗却也利用辩证法——当时只有律法学者才懂得的——从各处突破了犹太"律法"中最独特、也是最有影响力的部分，亦即禁忌规范与影响深远的救世主诺言。由于这些禁忌与诺言是犹太人整个宗教尊严之所以会与其贱民的地位结合在一起的关键，保罗的突破自然带来致命性的结果。由于耶稣基督的

1　Publius Aelius Hadrian，罗马皇帝（117—138 年在位）。132—135 年间，趁着犹太人内乱机会，进行第二次犹太战争，耶路撒冷神殿即于此次镇压行动中被摧毁。不过，他在位期间励精图治，重用法学家，奖励文学艺术，颇得人心。——中注

2　温勒（Paul Wernle，1872—1932），瑞士的基督新教神学者。巴塞尔大学教授。隶属于宗教史学派的《新约》学者，以对福音书之资料批判的分野及对保罗的研究而活跃学界。尔后转向教会史的研究，留下有关宗教改革的研究著作，如 *Der Christ und die Sünde bei Paulus*（1897），*Anfänge unserer Religion*（1901），*Die Quelle des Lebens Jesu*（1904）等。——日注

降生，古老的弥赛亚诺言可说已部分实现（剩余的部分则已失效），这是保罗的论释并以此达成突破。他胜利地指出令人印象深刻的证据：早在犹太人的禁忌与弥赛亚诺言出现以前，以色列的族长即已根据神意生活，这点显示出他们是依靠信仰——能得选于上帝的保证——而得至福的。

潜藏于保罗伟大传道事业背后的动力乃在于，他带给犹太人一种重大的解脱，一种由于意识到可以逃脱贱民之命运的解脱。此后，犹太人可以在希腊人之间当个希腊人，也可以在犹太人之间当个犹太人，并且是在承认信仰之吊诡的情况下意识到这一点，而非采取一种启蒙的、敌视信仰的手段。这是保罗所带来的激昂的解放感。保罗的确已从他的上帝之古老许诺中解放出来，因为连他的救世主（基督）都相信自己是被这个上帝弃之于十字架上。

随着这条（将犹太人牢牢束缚于其贱民地位之）坚固锁链的断裂，产生了许多现象。其一为处于离散状态的犹太人对保罗这个人极度憎恨，这是足可确认为事实的，其他现象中值得一提的还有：原始基督教团的彷徨与困惑；雅各与（被称为）教会的"柱石使徒"企图结合耶稣自己的一般人的律法观[1]，来建立一个对所有人皆妥当且具普遍约束力的、"最低限度之伦理"的律法；以及最后，犹太人基督徒的公开敌对关系。从保罗作品的字里行间，我们可以感受到他那一份狂喜之情——救世主所流的血已将他从绝望的"奴隶法"下解放出来。总之结果就是基督教世界布道之可能性的出现。

1　雅各、彼得与约翰在当时被称为"教会柱石"。见《新约·加拉太书》，2：9。——中注

　　清教徒就像保罗一样，拒斥犹太法典乃至《旧约》里犹太教特有的仪式性律法，不过同时却也汲取、并且也认为受到《旧约》里所证示的、其他许多上帝意志之呈现的约束（虽然有其弹性），就像他们一直结合了源自《新约》的诸规范，甚至连细节都不放过。真正受到清教徒国家——特别是美国——欢迎的犹太教徒，并非虔敬的正统犹太教徒，而是已放弃正统教义的改革派教徒，例如目前出身于"教育同盟"的犹太教徒，以及洗礼派的犹太教徒。这些团体的犹太人原先就没有多大问题，现在则更为容易，因此他们的融入相当彻底，几乎已完全消除任何区别的痕迹。清教徒国家的这种状况恰与德国的形成对比，尽管历经数个世代，德国的犹太教徒仍然是"同化的犹太教徒"。这些现象清楚地显示出清教与犹太教之间实际存在的"亲和性"。然而，促使清教在创造近代经济心态的过程里扮演一个特殊角色者以及促使上述融合改宗犹太教徒一事——这在其他（非清教）宗教倾向的国家是无法做到的——之得以实现者，却正是清教中非犹太的成分。

五　伊斯兰教的顺应现世

　　伊斯兰教可说是近东一神论较晚的一个产物，而且深受《旧约》、犹太教与基督教诸因素的影响，它的"顺应现世"，在意义上与犹太教有极大差异。在最初的麦加时期，穆罕默德的末世论宗教是在虔敬的城市信徒秘密集会中传布的，带有出世的倾向。然而，接下来在麦地那（Medina）的发展，以及早期伊斯兰教教团的演进中，此一宗教即从其原来的形式转化为一个国家的与阿拉伯的战士宗教，稍后甚至更转变成一个极端强调身份定位的战士宗教。那些皈依伊斯兰教并且因此而使得先知穆罕默德的事业得到决定性成功的信徒，无一例外皆出身于强大的氏族。

　　圣战的宗教诫命并非以迫使异教徒改宗为首要目标，相反的，主要目的乃在于以战争迫使"他们（其他圣典宗教的信徒）恭顺地奉上贡纳（jizyah）"，换言之，战争的目的乃在于从其他的宗教榨取贡纳，而使伊斯兰教在现世社会的秩序中居于首位。这当然不是唯一使得伊斯兰教成为支配者之宗教的因素。战利品在习俗、许诺以及（尤其是）期望里所扮演的重要地位，成为伊斯兰教（特别是初起时）的主要特色。即使其经济伦理的根本要素也是纯粹封建式的。最为虔敬的第一代伊斯兰教徒都成为最富有的人，或者更精确地说，利用战利品（最广义的）而使得自己成为比其他教内成员更为富有的人。

　　由战争掠夺以及政治扩张而来的财富，在伊斯兰教所扮演的角色，恰与财富在清教所扮演的角色形成极端的对比。在伊斯兰教的传统中，有关虔敬教徒的华美服饰、香水以及精细的胡须修饰之叙述，语气都极为愉悦。据说穆罕默德曾向一群打扮得衣裳褴褛，而其实是非常富有的人说道："当神以财富赐福于人时，他希望能从这个人的身上看到"，这句话完全背离了任何清教徒的经济伦理，而彻底符合于封建的身份概念。穆罕默德的这句话，用我们的话来说，也就是：一个富人有义务要"过符合其身份的生活"。《古兰经》所见的穆罕默德完全拒斥任何类型的修道院生活（rahbaniya），虽然并非针对所有的禁欲主义，因为他对斋戒者、祈祷者与忏悔者还是表示尊敬的态度。穆罕默德之所以反对守贞，或许来自类似马丁·路德——他的著名批判里已清楚反映出他个人之强烈的感性本能 [1]——的个人的动机；换言之，他确信（亦可见之于犹太法典），任何到了一定年龄而仍未婚者，即为罪人。不过，如就一个伦理性的"救赎宗教"而论，我们不得不承认伊斯兰教圣徒列传里的一些例子的确相当独特；例如穆罕默德的格言里就曾经对一个禁绝肉食达四十日的人的伦理性格表示怀疑 [2]；此外，一个被颂扬为救世主（Mahdi）的人物——也是早期伊斯兰教著名的栋梁人物——在被询问为何他（不像他的父亲阿里）要用发油时答道："为了对女人更有办法。" [3]

伊斯兰教从来就不是个真正的救赎宗教，伦理意义的"救赎"观念对伊斯兰教而言，实在遥远。伊斯兰教的阿拉是个具有无限能力——虽然也是个慈悲——的上主，不超越人类力量的极限即是遵从他的旨意。所有伊斯兰教的重要习俗皆带有（本质上）政治的性格：消除内部争斗，以增加团体对抗外敌的冲击力；禁止不正当的性关系，遵循严格家父长制的方向来规范正当的性关系（根据离婚的方便以及继续维持侍妾制度与女奴来看，实际上只不过是为有钱人制造性特权）；禁止"高利贷"，征收战争与扶助贫民的税捐。伊斯兰教特殊的宗教义务也具有同样浓厚的政治性格，

1　路德在其题为《关于修道士的誓愿之审议》（*De votis monasticis indicium*，1521）一书中，对于修道士的誓愿及禁欲独身制发出率直的质疑，并以此对修道院制度进行彻底的批判。——日注

2　此处所引用的出于 al–Tabarsi; Makārim al–achlāk，66。关于此一部分的论述，亦可见于 Ignaz Goldziher: *Vorlehsungen über den Islam*（1. Aufl., 1910）一书第四章 "Asketismus und Sufismus"（页 150）中。韦伯此处所据的应该就是 Goldziher 的这本书。——日注

3　阿里应是指第四代哈里发中什叶派之依玛目（教主）的阿里。因此，此处所说的人物应是指阿里的儿子穆罕默德。关于这部分，和前注一样，可参见 Goldziher 前揭书，页 146。原文引自 *Klassenbuch des Ibn Sa'd* V, 85.5（此书为关于早期伊斯兰教领袖之生涯的传记集录）。另参照本书第三章 55 页注 1 及第十章 260 页注 1。——日注

见之于其唯一要求的教条:阿拉为唯一的真神,穆罕默德为其先知。此外,一生中至少得到麦加朝圣一次,斋戒月禁止白天进食,一周礼拜一次,以及每日祈祷。最后,伊斯兰教对日常生活也有一些规定:例如衣着(直至今日,当未开化的部落归依时,此一规定仍有其重要经济影响);禁止某些不净的食物,戒酒,戒赌。禁止赌博的规定在此一宗教对投机事业的态度上,显然有重要影响。

早期的伊斯兰教根本无所谓个人之救赎追求,亦无任何神秘主义。最早期伊斯兰教的宗教许诺是属于现世的,财富、权势以及荣誉都是世俗性的,即使彼世在伊斯兰教亦被描绘为士兵之感官性的乐园。再者,原初伊斯兰教"罪"的观念也有类似的封建取向。将伊斯兰教的先知描写为"无罪者"乃是晚期的神学构建,极难符合见于《古兰经》的穆罕默德的真正性格——强烈的感性激情与极易被小事所激怒。同样的,在他移住麦地那以后,我们也看不到他有任何罪恶的"悲剧感"。原先封建式的"罪恶"的观念,在正统伊斯兰教里仍居支配性地位,就此而言,"罪"乃是指仪礼的不净、宗教冒渎(例如 shirk,即多神崇拜),不遵从先知的积极的诫命,以及由于违背习俗或礼仪而导致身份品位的丧失。其他的一些特征亦可看出伊斯兰教所保留的一种特殊的封建精神:毫不质疑地接受奴隶制度与人身隶属制度;一夫多妻制与轻视及压抑女性;本质上为仪式主义性格的宗教义务;以及最后,极为简单化的宗教性要求,与更为简单化的有限的伦理要求。

伊斯兰教并没有因为此后的一些发展而在某些关键点上与犹太教及基督教更为接近;这些发展影响的范围相当广泛,包括:神学与法学之决疑论的兴起;虔敬主义与启蒙主义的哲学派别的出现(这是在源自印度之波斯的苏非教派传入以后的现象);以及苦行修道团（Derwisch-Orden）的形成（直至今日仍在印度人强烈的影响下）。犹太教与基督教都是独特的市民—城市的宗教，而城市在伊斯兰教则仅有政治上的意义。伊斯兰教官方祭典的性质及其有关性行为与宗教习惯的诫命，也可能会导出某种严谨的生活态度。小市民阶层是托钵修道团最主要的担纲者，此教团传播极广，势力日渐扩大，最终则凌驾于官方教会的宗教之上。这种类型的宗教（托钵修道团）具有狂迷与神秘的色彩，基本性格则为非理性与非日常性的，在正式的日常生活伦理上又是全然传统主义式的，然而由于其高度的素朴性，极易传布。它所导出的生活态度，其轨道恰与见之于清教徒——实际上可说是任何一种企图驾驭现世的禁欲主义——的有条理的控制生活的方式形成对比。伊斯兰教与犹太教相反，并不要求一种广博的律法知识，也不要求（孕育出犹太教之"理性主义"的）有关决疑论的思考训练。伊斯兰教的理想人格类型乃是武士，而非文人（Literat）。再者，伊斯兰教没有任何有关弥赛亚王国之降临的许诺。而此种结合于谨守律法的弥赛亚之降临的诺言——同时也结合了犹太祭司有关其民族之历史、上帝的选拔、罪与离散的教诲——乃是犹太人宗教之具有宿命性的贱民性格之决定性要素。

伊斯兰教当然也有禁欲的教派。早期伊斯兰教的武士阶层大部分即有要求"简朴"的特质；这点促使他们从一开始就反对伍麦叶王朝（Umayyad）的统治。此一王朝愉悦的现世享乐与军营内严格的纪律相形之下，可说是个堕落，这些军营是开国君王欧麦尔一世（Umar）在征服地区设立以屯驻伊斯兰教战士的；现在取而代之的是一个封建的贵族阶层。不过，他们的禁欲乃是一种战士阶层、武士军事纪律性质的禁欲，而非修道者的禁欲，更不是一种市民的、体系化的禁欲生活态度。再者，它只有在一段时期内能发挥作用，而且就算在此时期也极易转化为宿命论。我们已经讨论过在此种环境下，由一种神意之信仰所导出的极为不同的作用。伊斯兰教则由于圣物崇拜，乃至于最后巫术的渗透，而完全远离任何真正的生活方法论。

六　原始佛教的逃离现世[1]

与专注于控制现世之经济事务的宗教伦理体系形成强烈对比的，是纯正原始**佛教**之最极端的现世拒斥的伦理（开悟的神秘主义性的专注）——当然是不包括见之于中国西藏及其他地区，以及日本之民间宗教里的完全变形的佛教。

就算是这种最为拒斥现世的伦理也可说是"理性的"，因为它导致了一种对所有本能的冲动之持续的、警觉性的控制，尽管其目标与现世禁欲主义的目标全然不同。追求救赎，并非只为逃离罪恶与苦难，同时也为了逃避人世之无常——换言之，救赎的目的乃在脱出业与因果之"轮"而跻于永恒之寂静。这种追求乃是各人自身之业，而且也唯有如此才能达成。没有命定论，也没有任何神之恩宠、祈祷与做礼拜。任何善行与恶行的果报，乃是宇宙之报应机制根据业与因果自行为之；这种果报通常是比率性的，因此永远有其时间上的限制。只要个体仍然为生之渴望所驱使，他就得以各种方式在其不断更换的人间存在里，亲身品尝其行为的后果；不管他此刻的存在是属于动物界、天上抑或地狱界，他

1　在初版中为"原始佛教的拒斥现世"。——日注

都必须要为自己在来世开拓新机缘，最为高贵的热情跟最为卑劣的感官欲求都同样的重复导致在此一个体存在之锁链里的新的存在（将此种过程称之为"灵魂轮回"是极为错误的，因为佛教的形而上学里并不承认有灵魂存在）。只要生之"渴望"（不管是在此世或彼世）没有完全根绝，只要个人仍然在为自己的存在及其附随的一切幻影（尤其是认为有个一致性的灵魂或"人格"的妄想）而无力地挣扎，此种个体存在的过程就会持续下去。

所有结合于现世之利益的、理性的目的行为皆被视为背离救赎之道，专注冥思的内心活动——空虚自己对现世之渴望的灵魂——自然是个例外。只有少数人能得救赎，就是那些决心过着身无一物、纯洁与无业——因为劳动也算是一种目的行为——之生活，因此也就是托钵为生的人。他们必须不断地游历（除了雨季外），解脱所有个人与亲族及现世的绊索，实践正道（法［dharma］）之诫命以求达到神秘之开悟的目标。一旦得到救赎，伴随此种开悟而来的深沉喜悦以及温柔、无限的慈悲，即可赋予他此世之至高的净福，而进入永恒的涅槃境界（Nirvana）的无梦之眠——唯一不生不灭的状态。此外所有其他的人亦可因为尽量遵从生活之戒律，避免犯下在此世的重大罪孽，而在来世能有较佳的机缘。根据业与因果的教义，此种来世之存在是无法逃脱的，因为伦理的账尚未清算完毕，而生之渴望也尚未（可以这么说）"消散"。因此，对绝大多数人而言，当此生结束之后，必然会以某种形式的新生个体存在，真正永恒的救赎仍然是无法企及的。

在这样一种（也是唯一的）首尾一贯的遁世态度与所有的经济伦理或理性的社会伦理之间，无任何通道可言。遍及所有被造物的这种普世性的"悲悯之情"，不可能成为任何理性行为的担纲

者，毋宁说反而导致背离的方向。这种悲悯之情乃是体认到所有
生物——因此，也就是无常的存在者——之间，由于共通的业与
因果关系而来的连带关系的、冥思性神秘主义之立场下的逻辑结
果。在佛教，这种普世悲悯之情的心理学基础来自这一宗教之神
秘性的、病态快感的、普遍及无等差之爱的感觉。

佛教可说是印度一般受教育阶层之知识主义所曾创造出来
的——不管是在佛教出现之前或之后——最为首尾一贯的救赎论。
像上述那种冷然而高傲地将个人自生命轮回中解脱出来的方式，
绝不可能成为一种大众的救赎信仰，因为实际上要求个人自力而
度。佛教的影响力之能够跨越受教育的阶层,得归功于"沙门"——
禁欲者，具有巫术性及人类崇拜的色彩——从以前就享有的巨大
威望。一旦佛教成为一个传道性的"大众宗教"，它当然就转化为
一个基于业之报应观的"救世主宗教"，并以祈祷的技巧、祭典与
秘迹恩宠，以及慈悲的行为来保证在彼世的期望。这样的佛教当
然也会倾向包容纯粹巫术性的观念。

在印度的上层阶级里，佛教财给了奠基于吠陀经典的、再
复兴的一种救赎哲学；一般大众方面，它也遇到来自印度教之救
世主宗教的竞争，特别是各式各样的毗湿奴信仰，包括坦陀罗派
（Tantris）巫术[1]、狂迷的秘仪宗教，尤其是"信爱"（bhakti［对神

---

1 坦陀罗派是印度教的一个流派，以被称之为坦陀罗（tantra）的一系列文献为圣典。坦
 陀罗作于六七世纪左右，一般为数69种，依内容可分为：（1）修尼阿纳（理论的教
 义），（2）瑜珈（得魔力的修业法），（3）克利亚（神殿与神像的制作方法），（4）加利
 亚（礼拜礼仪）等四部分。属于湿婆派、崇拜卡利女神的性力派（参照第十章256页
 注3）以坦陀罗为圣典，因此亦为坦陀罗派，自7世纪以来即以孟加拉为中心而盛行，
 成为以特殊的秘仪与瑜珈为特色的密教。以此，后来即以坦陀罗派来称呼密教，与佛
 教的密教相互影响。——日注

的爱]）的虔敬。在喇嘛教，佛教变成神权政治下一个纯粹修道僧的宗教，这种神权政治以一种全然巫术性质的宗教力量来控制一般信徒。不管佛教传播到东亚哪个地区，其原有的特质必然经过剧烈的转化，例如它与中国道教的竞争，乃至多样化的结合，最终成为此地区典型的大众宗教，这个宗教着眼于超越此世生命与祖先崇拜，并且赐予恩宠与救赎。

不管如何，从佛教、道教或是印度教的虔敬里，都无法产生出导向一种理性的生活方法论的推动力。尤其是印度教的虔敬，正如我们所详述过的，维系了传统主义所可能有的最强的力量，因为印度教的基本前提可说是社会"有机论"的一种最为彻底的宗教呈现。从一种按照功过比率而予以报应的机械式运作——根据个人在前世的功过来分配此世的权势与幸福——的观点而言，现世的既存秩序是绝对无条件的正当。

所有亚洲这些大众宗教都留给了小商人的"营利冲动"、职工对"生业"的关心，以及农民的传统主义之生存空间；同时也不干涉特权阶层的哲学性思考及其习惯性的身份取向的生活样式。其结果在日本则呈现出封建制的性格；在中国则为家产官僚制——因此也常带有强烈的功利主义的特征；在印度则糅杂了骑士、家产制以及知识主义的成分。然而，这些大众的宗教却没有一个能提供为了根据上帝之诫命来**合理地**、伦理性地转化此一被创造的"现世"所必要的动机与方向。相反的，对它们而言，这个世界乃是个确定的既存事实。因此，也是所有可能有的世界里最好的一个。提供给哲人（亦即具有最高程度之虔敬者）的选择只有：使自己顺应于"道"——这个世界之非人格性的秩序，同时也是唯一特殊神圣的事物；或者相反的，进入唯一永恒的存在（涅槃境界的无梦之眠）——透过自己的作为将自己从冷酷无情的因果锁链中拯救出来。

七 诸文化宗教与资本主义

"资本主义" 存在于所有这些宗教，就如西洋古代及中古时期有过的一样。然而却没有任何导向近代资本主义的发展，甚至连**萌芽都没有**。究其实，乃因缺乏禁欲的新教所特有的"资本主义精神"。但是，就此认定印度、中国或伊斯兰教的巨贾小商、职工或苦力的"营利冲动"比诸禁欲的新教徒要来得微弱，则显然远离事实的本来面目。反过来说似乎倒还差不多，因为清教的特殊之处正是对"营利欲"之理性的、伦理的限制。无论如何，没有任何证据可以说明，在这一点之所以会有此实际上的差异，是技术、经济的"理性主义"的自然"禀赋"比较差。今天，所有上述的民族皆已将这种"商品"（技术、经济的"理性主义"）视为西方世界最重要的一种产品而加以输入，如果其间有任何障碍存在，这个障碍乃来自严固的传统（就如我们中世纪时所曾经有过的一样），而非由于任何能力或意志的缺乏。对理性的经济发展的这种障碍，其原因主要求得求之于宗教领域，而不能只限于纯粹政治性的各种制约（亦即"支配"的内在结构，有关这些稍后会再讨论）。

只有禁欲的新教彻底铲除了巫术与超自然的救赎追求（知识主义、冥思型的"开悟"可说是这种救赎追求的最高形态）。只有新教单独创生出这样的宗教性动机——从专心致意于一己之现世"志业"（Beruf）以求取救赎。新教徒这种强调要有方法、**理性**地履行自己的职务，恰与印度教之严格的、传统主义的职业观形成极端的对比。对于亚洲的各种民间宗教而言（恰与禁欲的新教形成反比），这个世界还是个巨大的魔法花园，想在此世或彼世寻得自己的方向与安全，最实际的办法就是设法崇拜或役使"精灵"，借着祭典、偶像崇拜或秘迹的方式来求得救赎。从亚洲的非知识阶层的巫术性宗教，是没有道路通往一种理性的生活方法论的；就像从儒教的顺应现世、佛教的拒斥现世、伊斯兰教的支配现世以及犹太教的救世主期待与经济的贱民法无法导向有条理地制御现世一样。

八　早期基督教的拒斥现世

第二个拒斥现世（就这个词的特殊用法而言）的大宗教是早期的**基督教**，当然基督教仍在摇篮期，也就是巫术及魔鬼信仰都还存在的时期。它的救世主基本上是个巫师，巫术性卡理斯玛仍为其独特的使命感之不可欠缺的支柱。不过，这种独特的使命感却受到两个因素的制约：其一为世所仅见的、犹太教的宗教许诺（我们得知道，耶稣出现时就是弥赛亚期待最狂热的时期）；其次则是对犹太教的最高虔敬里所呈现出来的、知识主义律法学识之性格的排斥。基督教的福音即在反对此种律法博学的立场上——以一个非知识人对其他非知识人（"思想上贫乏者"）的宣示——出现的。尽管耶稣并不想废掉"律法"的一点一画[1]，他理解"律法"的方式却与低下阶层、无识者、乡间及小镇的虔敬信徒——他们以

1　《新约·马太福音》，5：17—19："莫想我来要废掉律法和先知。我来不是要废掉，乃是要成全。我实在告诉你们，就是到天地都废去了，律法的一点一画也不能废去，都要成全。"——中注

自己的方式并根据自己职业的需要来理解“律法”——的方式相同，而与希腊化的、富有的上层阶级以及受过决疑论训练的律法学者与法利赛人的理解方式形成对比；例如在有关宗教习惯的规定上，尤其是安息日的禁令，他的解释就比较宽松，不过在其他一些地方，例如有关离婚的要件上，却又比较严格。在此已可预见日后保罗的观点：摩西律法的各种要求乃是针对所谓虔信者的罪过而设的。无论如何，当遇到这样的情形时，耶稣是会以自身的诫命来与古老的传统相对抗的。

　　耶稣所具有的独特的使命感，乃是由于他知道自己为通往上帝的必经之路（因为他是圣父的独子），而非来自任何例如“无产阶级本能”之类的事物。他的使命感是基于他了解：自己虽然不是个律法学者，却拥有远超过任何律法学者与法利赛人的、支配魔鬼与卓越布道的能力所需的卡理斯玛。这种使命感还涉及一个信念的问题，即他的驱魔本事只能行之于信仰他的人（即使是异教徒亦无妨），而无法行之于他的故乡、他的家族以及地方上的富人、名门与律法学者、律法达人——因为从这些人身上，他无法得到给予他巫术性的力量以显现奇迹的信心。倒是从穷人、被压迫者、税吏与罪犯，甚至罗马士兵那儿，他得到了这样的一种信心。我们必须记住，**这种卡理斯玛力量**正是耶稣之弥赛亚使命感的决定性构成要素。同样的，这种力量也是他痛斥加利利（Galilee）诸城以及愤怒诅咒那棵不顺他心意的无花果树的根本主题[1]。他对于自己这种力量的感觉也可以说明：为何以色列人之为上帝的选

1　痛斥加利利诸城，见《新约·马太福音》，11：20—24。诅咒无花果树，使其枯干，见《新约·马太福音》，21：18—19。——中注

民这件事，对他而言，愈来愈成问题；为何神殿的重要性对他而言愈来愈可疑；以及他之所以愈来愈确信法利赛人与律法学者已为上帝所拒斥这件事。

耶稣只承认有两种绝对的"死罪"。一种是"亵渎圣灵"[1]，这是蔑视卡理斯玛及其承载者（耶稣）的律法学者所犯的。另一种是无同胞爱的傲慢，例如当知识分子以"汝，愚者"这样的话来斥责他的兄弟时，所表现出来的对思想上贫乏者的傲慢。这种反智主义倾向的、对知识分子之傲慢、希腊化与律法学者之智慧的排斥，是耶稣之布道里唯一的——也是非常突出的——"身份的"色彩。一般而言，耶稣的布道远非仅只是对世上所有的人以及所有的弱者的一个宣示。的确，轭并不重，但也只对那些能再度成为赤子的人是如此[2]。实际上，耶稣提出了最为苛酷的要求，他的救赎教义具有真正贵族的特质。再也没有比"上帝的恩宠是普遍的"这样一种观念更远离耶稣之思想的了。在他的整个布道里，耶稣就不断在反驳这样的观念。只有**极少数**被选拔的人能通过那道（救赎）窄门、能悔改信耶稣。至于其他的人，上帝则冷酷其心肠以妨其救赎之道，傲慢者与富人显然最容易陷入此一命运。这自然不是个新观念，其他的预言早已有之。有鉴于当时地方上有权位者的傲慢，早期的先知即说过：弥赛亚是王，他将骑着穷人用的驮兽（驴）进入耶路撒冷[3]。这并非意味"社会主义平等"。耶稣食宿于富人家

---

1 《新约·马太福音》，12：31—2："所以我告诉你们，人一切的罪和亵渎的话，都可得赦免。唯独亵渎圣灵，总不得赦免。"——中注

2 见《新约·马太福音》，11：25—30。——中注

3 《旧约·撒迦利亚书》，9：9："耶路撒冷的民哪，应当欢呼。看哪，你的王来到你这里，他是公义的，并且施行拯救，谦谦和和地骑着驴，就是骑着驴的驹子。"另参见《新约·马太福音》，21：1—6。——中注

中，这点在律法达人眼中看来是该受礼法谴责的；当耶稣吩咐那个富有的年轻人施舍财富时，他也说明只有当那个年轻人想成为一个"完全人"——亦即他的门徒——时，他才会如此要求。解脱世间一切绊索、亲人及拥有的物品，例如佛陀与其他类似的先知所教诲的，是只要求于门徒的。虽说对上帝而言，一切皆有可能，继续依附于"财神"（Mammon）却是想得到拯救进入上帝之国的最主要障碍[1]，因为它会使人转离了宗教救赎之道——世间唯一值得关怀的事物。

耶稣并没有明示，执著于财富会导致缺乏同胞爱，不过，这样的一种观念确实存在着，因为他所昭示的诫命明确地包含有素朴的互助伦理，这是身份较低的人所构成的邻里团体所具有的特色。其间的主要差异乃在于，耶稣的诫命中互助伦理已体系化为一种有关同胞感情之爱的"信念伦理"（Gesinnungsethik）。互助的诫命亦可被理解为"普遍性的"、延伸至每个人的，"邻人"也就是在你身旁的人。基于"唯有上帝能，且将行报应"此一命题，互助的观念乃被扩大为一种无等差主义的吊诡。无条件的宽恕、无条件的施与、无条件的爱（甚至敌人）、无条件地甘受不义而不以暴力来对抗邪恶，这些宗教性的英雄主义的要求可能就是一种基于神秘主义的、无等差主义之爱的产品。然而我们也别忽视（虽然经常如此），耶稣是将无等差主义的爱与犹太人的报应观结合在

1　玛门（Mammon），财神之意。从希腊文Mamonas而来。耶稣说过："一个人不能事奉两个主，不是恶这个爱那个，就是重这个轻那个。你们不能又事奉上帝又事奉玛门。""我实在告诉你们，财主进天国是难的。我又告诉你们，骆驼穿过针的眼，比财主进上帝的国还容易呢！"（《新约·马太福音》，6：24；19：23—24）耶稣吩咐年轻人施舍财富一事，见《新约·马太福音》，19：16—22。——中注

一起的。唯有上帝终有一天会报应、报复与报偿。人最好不要因履行任何上述之爱心行为，而自夸其善，因为他的夸耀已取得他该得的报偿。想积聚财宝于天上，人就必须在此世借贷给那些无法期之归还者；否则此一行为即无功德可言。耶稣极力强调命运之会有公正的调整，可清楚见之于拉撒路（Lazarus）与其他地方的传说。单就此点而言，财富已可算是个危险的礼物。

然而一般而言，耶稣认为对救赎最为决定性的是一种绝对的、与现世及其相关事物的疏离。天国，一个在地上的、根本上无苦无厄的乐园，已近在眼前，这个世代是不会在尚未见到它之前就已过去。天国的降临就会像个贼在黑夜里突然而来；在人间已有迹象可寻。叫人从财神的依恋中解脱，而非紧抓不放；叫人将恺撒的归于恺撒——这些事物又有何利可图？叫人祈求上帝赐予当日粮食，而不为明日忧虑。人的作为不能使天国提早来临，然而人要为其来临预备好自己。尽管这些宣示并没有正式废弃律法，它却完全将重点置于宗教感情上。律法及先知所言的整个内容被浓缩为单纯的爱上帝及爱邻人的诫命，除此之外又加上一个影响深远的观念；此即，真正的宗教情操要由其果实、其确证（Bewährung）来加以评断。

耶稣复活的幻觉——无疑受到当时流传甚广的救赎论神话的影响——刺激了下列事物的急遽成长：卡理斯玛之灵的呈现；以及从耶稣自己家族（他们原先并非信徒）开始的、教团的形式。此外，影响重大的保罗的皈依，导致了与保持古代犹太预言之连续性的贱民宗教的决裂，而展开对外邦人的传道事业。这些发展的结果，决定了基督教布道教团对"现世"的新态度：一方面是期望基督的再临，另一方面则是认识到"圣灵"之卡理斯玛赐物的极端重要性。因此，现世将维持其现状，直到主的再临；而个人也被要求固守其现状及其"职业"(Beruf)，并服从政治权威——除非此权威要求他犯罪[1]。

1　根据手稿的备注，此章尚待继续完成。——德注

译名对照表

abalienatio mentis　精神错乱

Abraham　亚伯拉罕

absolute Paradoxie　绝对的悖理

Achan　亚干

Achaemenide　阿黑美尼德

adhvarya　（印度）行祭者

Adiáphoron　广教主义

Aeschylos　埃斯库罗斯

Agamemnon　阿伽门农

agnidh　（印度）点火者

Ahimsâ　（佛教）不杀生戒

Ahura Mazda　阿胡拉·玛兹达

Aisymnetes　仲裁者

Aitoler　埃托利亚人

akosmismus　无等差主义

al-Ghazâlî　阿尔·加扎利

Alltagsreligiosität　日常性宗教

amal　实践

Amenhotep　阿蒙霍特普

Am-haãrez　（犹太教）律法无知者，乡民

Amon　阿蒙神

Amos　阿摩司

Andacht　皈依

Animismus　泛灵论

Anomismus　无规范主义，脱序状态

Anselm von Canterbury　安塞姆

Anstalt　机构，制度

Anstaltsgnade　制度恩宠

Antioch　安提阿

Antisthenes　安提西尼

Antreibens　鼓舞之神

Apollo　阿波罗

Apologetik　基督教护教论

Archimedes　阿基米德

arhat　阿罗汉

Arminian　阿明尼乌斯教派

Arminius, Jacobus　阿明尼乌斯

Arnold von Brescia　阿诺德

Artaxerxes　阿塔薛西斯

Arte di Cailmala　卡理玛拉商人行会，毛

织品商人行会

asrama　（印度教）修行期

Assur　亚述神

Athanasius　亚大纳西

Atharvaveda　《阿闼婆吠陀》

Augenblicksgötter　瞬间之神

Augustales　奥古斯都崇拜团

Augustin　奥古斯丁

Augustus　奥古斯都

Ausgleich　报偿

auspex　鸟占

auspicium　宗教命令权

Avesta　袄教圣典

Bartholomae　巴索罗梅

Basileus　波斯王

Baudelaire, C.　波德莱尔

Baxter, Richard　巴克斯特

Beatrice　贝雅特里齐

Bekehrung　改宗皈依

Benedictus　本尼狄克

berith　圣约

Bernhard von Clairvaux　圣罗贝尔

Beruf　职业，志业，召命

Berufsethik　职业伦理

Betrieb　经营

Bewährung　确证

Bhagavad Gita　《薄伽梵歌》

bhakti　信爱（对神的爱）

Bosnia　波斯尼亚

Bousset, Wilhelm　布杰特

Brahma　梵天，祈祷主

Brahmanas　《梵书》

Brautmystik　灵交神秘主义

Breysig, Kurt　布莱吉希

Brüderlichkeit　同胞爱

Buchreligionen　圣典宗教

Butler, Samuel　勃特勒

Caitanya　查伊塔尼亚（卡他巴札派始祖）

Camillus　卡米卢斯

Canaanite　迦南

Caput mortuum　残渣

caritas　慈善

certitudo salutis　救赎确证

Chaberim　（犹太教）同志

Chalcedon　查尔西顿（宗教会议）

Charisma　卡理斯玛

Charondas　卡隆达斯

Chassidim　哈西德人

Chassidismus　哈西德派

Chlysten　（俄国）克律斯特派

Cilicia　西里西亚

Cistercian　西多教团

Citeaux　西多

Clement of Alexandria　克雷芒

Clovis　克洛维

Cluny　克吕尼

coge intrare = compelle intrare　强制加入

coitus interruptus　性交中断

commenda, dare ad proficuum de mari
　　委托，依契约分配海外贸易的利润

Commodus 康茂德（罗马皇帝）

Condé 孔代

Congregationalists 组合派，会众派

Constitutum Usus 利益协定

Coptic 科普特（教会）

Credo, non quod, sed quia absurdum est. 我相信它，不是因为它悖理，而是完全因为它悖理。

Cynic 犬儒学派

Cyrus 居鲁士

Daimonion 天才（苏格拉底的）

Dāmiourgos 狄米尔格

Dante, Alighieri 但丁

Decius 德西乌斯

Deismann, A. 戴斯曼

Demagogue 群众煽动者，群众领导者

deo placere non potest 不为上帝所喜

Derwische （伊斯兰教）苦行僧

Deus absconditus 隐身之神

dharma （佛教）法

Diaspora （犹太人）离散期

Didache 《十二使徒遗训》

didaskaloi 传道者，教师

dii certi 确定之神

Dike （希腊）黛可神

Diocletian 戴克里先

Dionysus（Bakchos）（希腊）酒神，巴克斯，狄俄尼索斯

Dogmen 教义

Donatisten 多纳图教派

doppelte Dekret 正反圣定

Dordrechter 多德雷赫特

Du ut des 施与受

Dualismus 二元论

dvija 再生族

Dvořak, Max 德沃夏克

Eckhardt,Meister 爱克哈特

Egidy,Moritz von 冯·艾吉迪

Eigengesetzlichkeit 固有法则性

ekajati 一生族

Ekstase 忘我

Eleusinischen Mysterien 谷神祭典

Elijah 以利亚

Empedocles 恩培多克勒

Entlastung 免责

Entrückung 恍惚状态

Entzauberung 除魅

Erastus,Thomas 埃拉斯都

Erleuchtung 开悟

Erlösungsreligionen 救赎宗教

Erlösungssehnsucht 救赎憧憬

Erschauen 观照

Esoterik 秘义

ethische Prophetie 伦理型预言

Ethos 精神

Euphorie 病态的快感

evocaie Deos 呼神

exemplarischen Prophetie 模范型预言

ex opere operato 因其作为

extra ecclesiam nulla salus 教会之外无救赎

Ezekiel　以西结

Ezra　以斯拉

fides explicita　信仰之宣示

fides implicita　信仰之默示

fides efficax　有效的信仰

filioque　（圣灵出自圣父）及自圣子

Fox, George　福克斯

Francke, A. H.　弗兰克

Franz von Assisi　圣方济

fratres arvales　阿尔瓦列斯神官团

Freimaurer　共济会

Friesland　（荷兰）弗里斯兰

ga'al, pada　赎取

Gallia　加利亚人（高卢人）

Gebietskörperschaft　地域团体

Gebrochenheit　意气沮丧，脆弱

Gefühlspietismus　感性虔敬主义

Geheimkult　秘仪

Geisterglaube　精灵信仰

Geistzwang　精灵强制

Gelegenheitshandeln　随机性的社会
　行动

gemara　（犹太教）革马拉

Gemeinde　教团，共同体

Gemeindereligiosität　教团的宗教性

Gemeinschaft　共同体

Gemeinschaftshandeln　共同体行为（行
　动）

genius　守护神

gennethénta me poiethénta　被生而非被
　创造

gens　氏族

gerrymander　选区分划制度

Gesetzgeber　立法者

Gesinnungsethik　信念伦理

Gesinnung　心态，信念，心志

Ghetto　（犹太人）居住地

ghibellini　吉伯林党，皇帝派

Gideon　基甸

Glaubenskämpfer　信仰战士

Glaubensreligiosität　信仰型宗教

glückliche Borniertheit　幸福的顽迷

Gnadenanstalt　恩宠机构

Gnadengewissheit　恩宠确证

gnosis　灵知

Gnostics　诺斯替教派

Gnostiker　灵知者

Gokulastha　（印度）哥古拉萨

Gopi　（印度教）歌比

Gosain　（印度教）法师

Gottesbegriff　神概念

Gottesdienst　崇拜神

Gottesvorstellungen　神观

Gotteszwang　强制神

gratia infusa　恩宠注入论

Gregor der Grosse　格列高利（一世）大
　教皇

gregorianische Kalender　格列高利历法

Gregory VII　格列高利七世

Guru　（印度）导师

jizyah　贡纳

Josephite　（俄国）圣约瑟夫派

Joshua　约书亚

Julianus　尤里安（罗马皇帝）

Juno　天神朱诺

Kabbala　（犹太教）喀巴拉派

Kabir　迦比尔（那纳克之师）

Kadijustiz　卡迪审判

kanonische Schriften　圣典

Kapila　（印度）迦毗罗

Karma　业报，因果报应

Kartabhajas　（印度）卡他巴札派

Kasuistik　决疑论

Kautsky, Karl Johann　考茨基

Keni　开尼人

Khawärij　（伊斯兰教）哈瓦利吉派

Kidderminster　基德明斯特

Kirchenräson　教会理性

Kismet　命运

Konfession　教派

Konföderation　联盟

Kontemplation　冥思

Korinth　哥林多

Krishna　（印度）黑天

Kshatriya　刹帝利

kultus　祭典

Kuyper, A.　克伊波

Kybele　奇碧莉女神

Laiengemeinde　信徒教团

Lainez, Diego　赖尼兹

Lazarus　拉撒路

Lebensführung　生活态度

Lebensmethodik　生活方法论

Lehre　教说

Lehrer　传道者

Lehrsätze　教理

Leibbursche　指导学长

Leistungen　业绩

Liguori, A.　利古奥里

Lilburne, John　利尔伯恩

Levy, H.　李维

Lokalgott　地方神

Lombardia　伦巴底

Loyola, Ignatius de　罗耀拉

Lykos　（希腊）列克斯神

Maat　（埃及）玛亚特神

Mahabharata　《摩诃婆罗多》

Mahavira　大雄

Mahdi　（伊斯兰教）救世主

Makkabäer　马加比王朝

Mallinckrodt, H.　马林克罗德

Mammon　玛门（财神）

Mandaismus　曼达教

Mani　摩尼

Manu　摩奴

Maona　海上合资公司

Marcionitismus　马西昂思想

Marduk　马尔杜克神

Maschiach　弥赛亚

massa perditionis　堕落的团块

Mecca　麦加

mēdena apelpizontes　什么人也不指望

Medes　米底人

Medina　麦地那

Megiddo　美吉多

Meinhold, Johannes　迈赫德

Merovingians　墨洛温王朝

Metánoia　悔改

metoikoi　（希腊）外籍居民

Midianites　米甸人

mishnah　（犹太教）密许那

Mithra　密特拉

Moira　命运

Monolatrie　单神崇拜

Monotheismus　一神信仰，一神教

Montanus　孟他努斯

montespietatis　贫民当铺

Münster　明斯特

mufti　（伊斯兰教）传法者

Müller, Max　缪勒

musar = Paideia　教养

Mu'tazila　（伊斯兰教）玛塔吉拉派

Mystagogen　秘法传授者

mythologisches Denken　神话论的思考

nabi　先知

Nächstenliebe　邻人之爱

Nanak　那纳克（锡克教始祖）

narodniki　（俄国）民粹主义者

Nationalgott　民族神

Neapolitan　拿坡里人

Nicaean　尼西亚（宗教会议）

nihil inde sperantes　什么也不指望

Nirvana　涅槃

Novatianus　诺瓦提阿奴斯

numina　神祇，精灵

Oldenberg, Hermann　奥登堡

onanismus matrimonialis　夫妇间的自慰

ordo equester　（罗马）骑士阶级

Orgie　狂迷

Orphics　奥菲斯

Osiris　（埃及）俄赛里斯

paganus　异教徒，乡野人

Pali　巴利圣典

Pantheon　万神殿

Pariavolk　贱民民族

Parsee　帕西教（印度的祆教）

Pathos　激情

Patres　（罗马）族长

patriciate　（古代城市）贵族

Patrimonialherrenreligion　家产领主宗教

Pausanias　保萨尼阿斯（斯巴达王）

Pelagius　贝拉基

penta moi eksestin　凡事我都可行

Pericles　伯利克里

perseverantia gratiae　恩宠不移

Pharisäer　法利赛人

Pharisaioi = Peruschîm　（犹太）分离者

Philistine　非利士人

Philo　斐洛

phratry　氏族

Pietismus　虔敬主义

Pisano, N.　皮萨诺

Pistiker　信心者

Pluto　（希腊）财神普路托

Pneuma　（圣）灵

Podesta　（意大利）治安首长

podestas　权职

Polynesia　波利尼西亚

Pompey　庞培

Port Royal　皇家港

Prädestinationsgnade　预定恩宠

Predigt　布道

Prinzeps　罗马元首

Psychiker　心灵者

Puritanismus　清教

purohita　（印度）宫廷祭司（婆罗门）

Pythagoras　毕达哥拉斯

Quietismus　寂静主义

Rabbi　拉比，犹太律法学者

Rackers von Staat　顶着国家之名的恶棍

Radha　（印度）罗陀

rahbaniya　修道院生活

raison d'etat　国家理性

raison d'eglise　教会理性

Ramanuja　罗摩奴阇

rebus sic stantibus　特定事项

Rechabiten　列卡比人

Rechtfertigung　义认制

Rechtsstaat　法治国家

Reformed Churches　改革派教会

relegere　再思索

religare　再结合

Rentner　坐食者

Ressentiment　怨恨

Richter　士师

Rigveda　《梨俱吠陀》

Rita　（印度）天则

Ritasua gopa　规律之王（米特拿）

Ritterorden　骑士团

Rohde, Erwin　罗德

Robertus　圣罗贝尔

Roy, Ram Mohan　罗伊

Rudra　楼陀罗（印度瘟疫之神）

Sabbath　安息日

Sabbathjahr　安息年

Sachlichkeit　即事性，切事性

Sadduqi　撒都该

Sakramentsgnade　秘迹（圣礼）恩宠

Saktireligiosität　性力宗教

Salmasius, C.　萨尔马修斯

Salmeron, Alfonso　撒梅隆

Sāmaveda　《娑摩吠陀》

Samnites　萨谟奈提人

Sanhedrin　（犹太）最高法院

Sankhya　（印度）数论派

Scheich　长老

Schiitismus　（伊斯兰教）什叶派

Üergöttlichkeit　超神性

Überweltlichkeit　超世俗性

Uddalaka　（印度）郁陀罗伽

Umar　欧麦尔一世（哈里发）

Umayyad　（阿拉伯）伍麦叶王朝

unfreie Deisidämonie　奴隶性的敬畏神祇

unio mystica　神秘的合一

Univira　一夫制

Unreinheit　不净

Untertanen　子民

Upanishad　《奥义书》

Upāsakā　优婆塞（佛教在家众）

Urfrevel　原罪

Usener　乌杰尼尔

usuraria pravitas　不当暴利

Vallabha　伐腊毗

Vānaprastha　（印度）隐遁者

Varuna　伐楼那

Vasilii　瓦西里

Veda　吠陀

Vedanta　吠檀多派

Veii　维爱人

Veralltäglichung　日常化

Verband　团体

Verbandsgott　团体神

Vergeltung　报应

Vergeltungsreligiosität　报应的宗教

Vergeltungsglaube　报应的信仰

Vergeltungsmechanismus　报应机制

Vergemeinschaftung　共同体关系

Vergesellschaftung　结合体关系，利益
　社会关系

Vesali　吠舍离

Virtuose　达人

Virtuosenethik　达人伦理

Vishnu　（印度）毗湿奴

Volksreligiosität　民间宗教

Vorsehung　神意

Vorsehungsglaube　神意信仰

Vulgata　《拉丁文新约／旧约》

Wagner, Adolph　瓦格纳

Walhall　英灵殿（北欧神话）

Weltablehnende Askese　拒斥现世的禁欲

Weltablehnung　拒斥现世

Weltanpassung　顺应现世

Weltflucht　逃离现世，遁世

Weltgott　世界神

Weltregiments　世界支配

Weltschmerz　厌世倾向

Wergeld　杀人偿金，人命金

Wernle, P.　温勒

Wesley, John　卫斯理

Wiedergeburt　再生

Wirtschaftsgesinnung　经济心态

Xenophon　色诺芬

Yajurveda　《耶柔吠陀》

Zand Avesta　晚期的祆教圣典

Zarathustra 琐罗亚斯德

Zauberei 魔术

Zebaoth 万军

Zeus Herkaios 家神，祠堂

Zionismus 锡安运动

Zinzendorf 亲岑道夫

Zungenrede 异言

Zweckverband 目的团体

Zwingli, Ulrich 茨温利

索 引

宗教与世界

康　乐　简惠美　译

宗教与世界：韦伯的宗教社会学

本文译自 Julien Freund, The Sociology of Max Weber, tr. Mary Ilford（London, 1968），Ch. 4, B."The Sociology of Religion,"（pp.176-217）。本文由简惠美译出，经康乐修改定稿。

一　宗教社会学的范围

　　社会学所要研究的并不是宗教现象的本质，而是因宗教而激发的行为，因为此种行为乃是以特殊的经验及宗教特有的观念与目标为其基础。因此，基于宗教意识的有意义行为方是社会学家所应加以研究的。这其中并不涉及对种种教义或相匹敌的神学或哲学之个别成就的考量，甚至也无关乎对他世信仰之正当性的追索，研究的指涉范围仅限于作为现世的（diesseitig）一种人类活动的宗教行为：一种根据日常目的、以意义为取向的行为。至于实证主义式的研究取径——一般而言，根本上对宗教采取否定或蔑视态度的一种研究取径——之不受采用，那更不在话下；社会学家必须致力于理解宗教行为对于其他领域，诸如伦理的、经济的、政治的或艺术等领域的活动之影响，并且明白确认出各个领域所秉持的各种异质性的价值之间所可能产生的冲突。

在此定义下，对于宗教的社会学研究同时也就是对于经济或政治、特别是伦理的社会学研究。虽然韦伯的社会学研究生涯是以经济领域的省思为起点，然而若以吾人所知的韦伯作品为断，宗教社会学乃是其晚年的研究中心所在。

韦伯的研究重点首在宗教行为对于伦理与经济的影响，其次则在于对政治与教育的影响。虽然在以一般经验法则为依据的观点看来，宗教或巫术的行为并不如手段—目的关系那样理性，然而至少相对而言是理性的。这就是为什么没有理由要将之排除于有规律的目的取向行动系列之外的缘故。

不过，我们还是要弄清楚下面这个重要的区分：亦即一般说来，在某方面与世界相敌对且以救赎为其取向的信念宗教（Gesinnungsreligion）[1]，另一个是接受现世且试图适应现世的纯粹仪式性或律法的宗教。关于后者，最特出的一个类型是中国的儒教，从某方面来说，信奉犹太法典的（Talmudic）犹太教也算是（虽然后者拥有某种内在的共同体道德情操，而另外不太严谨的那一个则指向于外在的世界）。这些都是讲究秩序与定型化习律的宗教；律法是"神圣的"——虽然有时候是基于异于寻常的精微推论。适应世界可能导致一种纯粹官僚体制式的道德伦理形式，儒教就是个显著的典型，此因一切的超越都彻底不再为其所挂怀。传统

---

[1] "Gesinnung"一字的字根是"gesinnt"，泛指某种心态、心境、看法。关于此字的中译，详见《学术与政治》之《政治作为一种志业》注释。——中注

的势力是如此之强，以至于将道德行为限定于一连串实用的训示与法则上。关于世界的意义就此成为次要的问题，实用主义摒挡了一切禁欲主义与一切的神秘主义。某些救赎宗教也走上了同样的道路，这是基于两种情况所造成：一是当它们落入到仅作为人文主义知识分子的宗教意识的层次时，一是它们失去了所有先知预言的、卡理斯玛的特质而落入教士阶层的领导下，这些教士成为教权制权威与既定秩序及顺应于此一秩序的一套伦理法规的功能运作者。

救赎宗教所信奉的不是"神圣的律法"，而是神圣的信念。因此，在伦理层次上，它们往往基于支撑它们的预言与卡理斯玛要素而采行一种革命性的步调。生命态度本身是没有任何意义的，除非是完全奠基于宗教所赋予世界的意义。置身于此种宗教信仰类型的人通常享受不到内心的安宁，因为他们会一直不断地受到内在紧张性的侵扰。基于此种信仰而兴起的可以是素朴的救赎宗教，像是佛教，也可能是救世主宗教——当它们所宣扬的是对一位救世主的仰望。

就前者而言，其对伦理行为的影响全是基于被认为能够有益于救赎的事功。这些事功可以是：1. 纯粹仪式性的行为或典礼：这能够使拥有个人性卡理斯玛的人跃入神秘主义的境地；由于有关神圣的诸事被赋予如此大的重要性，以至于仪式主义遂与理性的行为背道而驰。2. 社会性事功：例如基于爱他人而促成的行为，在某些情况下，这可以导致"善行"的伦理性系统化。3. 个人的自我完成：根据某种救赎的方法可以使信仰者达到个人神格化的形式——只要他自己相信能够通过狂迷忘我或陶然迷醉的方式而具体化身为超感官的存在。

这些都是宗教灵魂基于想要"拥有"神圣的欲望而衍生出来

的极端例子。一般而言，宗教人所追求的不过是成为"神的工具"
或者被神所"充满"，如此一来，将会促使他鄙视所有非神圣的事物，
结果是鄙视一切日常生活的事务，而达到视这些日常事物为阻隔
他与神或阻挡在神所应许之路中的绊脚石的地步。救赎的系统化
与理性化因此而导致日常生活与非日常性宗教生活之间的严格分
野。在此情况下，问题便首在于如何抵拒世俗的拉力而找出一条
永远可以处于神圣恩宠状态的途径。

　　这类信仰对于道德行为的影响，很明显地，因此而变得相当
巨大——端视一个人是否认为救赎是确实笃定的。救赎的确定感
往往会导引出一种明显的宗教性受选意识（religiöse designation）；
在某些情况下，这将会产生出"达人伦理"（Virtuosenethik），就
像是佛教僧侣、法利赛人、奥玛（Omar）时代的伊斯兰教徒[1]、禁
欲的基督新教徒、或者像圣方济（那样一个具有非现世之善性的人）
等所奉行的伦理。

　　同样地种种面相当然也可以在救世主宗教里看到，只不过救
世主信仰里多出一个独特的面相。救世主宣称自己乃是人与神之
间的一名超俗世的中介者，并且通常自命是与神合一的。神秘现
象的十足意义便在此显现出来，因为救世主乃是恩宠的施予者。
而信仰——不再光是神圣的概念——才是中心所在；它不再以神
圣的学识或灵知为其基础，而是奠立于一种真实不伪的纯真、一
种对于救世主之启示及其许诺的信心上。无论信仰的本质为何，
也无论信仰是基于传统、经典或教义，信仰总是构筑于对意义——

1　奥玛（Omar Khayyam, 1048？—1122），波斯诗人、数学家、天文学家。曾对伊斯兰教
　　世界文化产生重大影响。——中注

信仰者于某种公认的知识之导引下在内心里所赋予生命及世界的意义——的坚信上，信仰者的行为举止莫不以此为依据。我们稍后将再回到这个论点上。

韦伯将他的主要关怀集中在宗教与其他活动之间的紧张性这个问题上。在《经济与社会》（*Wirtschaft und Gesellschaft*）一书，特别是《宗教拒世》（Religious Rejections of the World）这篇论文里 [1]，他详尽地探讨了这一问题。这类紧张性在纯粹适应现世的伦理宗教里很少发现到，然而在基于救赎理念的信念宗教里却十分尖锐。

由于后面这种宗教类型所具有的先知预言性格，紧张性首先必然表现于此类宗教与既有的共同体之冲突上。例如耶稣基督即宣称凡是不能离弃父母与家庭而跟随他的人就无法成为他的门徒。救赎宗教几乎无不带有一种社会革命的性格，因为它总是切望一个建立于某一原理或新标准上的新的共同体。因此，基督所教给他的门徒的，是一种普遍无差别的慈爱，以这种慈爱来打破有内、外伦理教条之分的二元论——无论团体的关注点为何。在慈爱的光辉下，任何一个人都是自己的邻人。这种非现世性的爱的共同体思想，所包容的不只是受苦难者与不幸的人，也包括敌人。此训示所具有的革命性格是无可争议的，而其无条件性则使所有奠立于地方性或领域性基础上的社会结构遭到质疑的威胁。

此种紧张性的第二个方面，是与经济事项间的冲突。宗教采取了各式各样的对抗方式，诸如：反对取息与高利贷，鼓励施舍与将需求减至最低的生活方式，反对不能"取悦于神"的商业往来；

1　收于 H. H. Gerth & C. Wright Mills: tr. & ed., *From Max Weber: Essays in Sociology*。中译文见本选集第三章：《中间考察——宗教拒世的阶段与方向》。——中注

而其中特别是一种隐而不显的对立，亦即存在于非现世性的爱的原则与现代基于企业经营的经济生活的理性化之间的对立。因为现代的经济生活乃是一种利益的角逐，若无市场上的竞争，理性的计算即无可能。的确，资本主义的概念直可说是救赎宗教之冥思、禁欲取向的敌对者，因为利润的追求打从内里地翻覆了宗教人的生活。甚至连儒教这样一个讲求实际的宗教都还是理性的资本主义的一道障碍。不过宗教一般而言还是与经济事项达成了某种妥协——制度性的教会无可避免地会成为此种妥协顺应的一股力量；惟有清教伦理竭尽首尾一贯的方式成功地克服了这种矛盾冲突：它舍弃了无差别主义之爱的原则，而将劳动本身转变成为一种对神的服侍。

宗教与政治因素间的紧张性亦如上述，因为政治是与绝大多数宗教所宣扬的同胞之爱相敌对的。佛教与基督教二者皆宣扬不抵抗恶，依宗教立场看来，一般经验所教给我们的是：暴力只会引发暴力，随着暴力而来的顶好也不过是改造与革命，因此，奋力争取正义最终并不是建立起更大的正义，而是更大权势的追逐。因为武力的胜利端靠——不管我们是否乐意——权势的均衡，而不在于正义的伦理价值。因此纯正的神秘论宗教意识几乎尽是非政治的——如果不是反政治的话。

以此，同样地，暧昧与妥协往往带来更大的紧张性，这不只是因为宗教有时就某些方面而言会变成政治势力，而特别是因为其与国家之间的关系难以界定清楚。例如连早期的基督教里都出现了诸多极端歧异的态度：从拒斥罗马帝国为反基督者的态度或无视于实际政治现实的态度，到正面认定支配概念的态度。这种矛盾到了民族国家战争的时代还是一样明显：各个交战国的教士都分别向同一位上帝祈求保护己方参战的军队。历史也向我们展示了类似的问题，诸如伊斯兰教的"圣战"、十字军，以及宗教改革后的宗教战争。从教义上来说，路德的立场不同于卡尔文，因为前者拒绝以战争护卫信仰的理念，而后者已准备默许诉诸暴力反抗暴君以维护信仰。但无论如何，救赎宗教在理论上的普世救赎主义终究是难以跟政治行为的个殊排他主义兼容的。

另一个紧张形式则起自于宗教与艺术间的关系。神秘的宗教意识一般而言与审美活动，诸如舞蹈、歌咏、音乐、偶像——总之，一切能够导致狂迷忘我、被魔或陶醉忘形的活动——有着极亲密的关系。其他类型的宗教也各以极其不同的方式大大借助于艺术，诸如：仪式、祭典、礼拜、基于某种建筑原理而建的教堂、音乐、雕塑、祭坛装饰等等。因此，吾人应可承认宗教与艺术之间存在着一种基本的亲和性。

然而随着为艺术而艺术的观念之兴起，问题的性质即有了改变。这种观念来自于理性化与知性化文明本身自觉到艺术创作乃是一种人间性的活动。以此，宗教开始怀疑起艺术，特别是对严格的教派而言，纯粹外在的审美现象被视为纯属被造物崇拜的领域。这种敌对的态度反映在意义与形式的区分上，后者被认为是臣服于偶然性与人为造作之下而牺牲了由宗教行为所表达的切深实在。一旦艺术成为一种自主且自觉的事象并且企图创造出本身的价值，而此种价值或可以一种内在解放的方式给个人带来救赎之时，宗教与艺术之间的紧张关系也就进一步加剧了。此时，艺术被视为一种"被造物的神性化"，一种欺人耳目、甚至是渎神的匹敌势力，足以推翻宗教的特权地位。

不过，还有一点必须一提：反审美的立场较为贵族主义式的宗教所取，大众宗教通常还是倾向于对祭典、礼拜、仪式的审美事象或其他艺术媒介的感官领受。对于总是自称为大众宗教的基督教而言，这是特别受到关注的问题之一。

韦伯在其社会学论述中给予性爱一个极显著的地位，以其为人类生活中最为非理性的力量之一。这就难怪他会认为性爱是与宗教发生紧张关系的第五项因素。在巫术的层次上，这两个领域间显见一种深刻的亲近性。性爱是许多极端重要的象征现象的源头，诸如某些仪式（阳物崇拜、酒神崇拜及其他种种）、狂迷忘我与陶醉忘形等，包括寺庙周遭及其他圣殿中的卖淫。并且还有许多爱神与爱之女神。再者，对造物者的神秘之爱有时可说是一种性爱的升华。相反地，宗教性禁欲则在根本上与情爱相敌对并且将舍弃性关系作为自制的一个条件。因此，许多宗教都力求尽可能严格地对婚姻加以规制。顺带地说，天主教绝非惟一不赞同性爱的——例如规戒神职者守贞；舍弃性关系也是佛教的特色之一，甚至儒教都谴责性的淫乱。从社会学的观点看来，所有这些问题都明显影响到一直备受争议的妇女社会地位。

韦伯所分析的最后一种紧张关系是关于知性的问题。我们再次发现，历史上的某些时期里教士非但是文化的代理人，甚至是创发者。这要不是因为他们具有读与写的能力而成为政治支配者所需求的对象，就是因为他们掌握了某种教育上的独占性。此外，随着宗教逐渐放弃其巫术与神秘的层面而成为一种"教义"，一套神学或护教的理论体系也就有跟着发展出来的趋势。然而随着奠基于数学的实证科学之发展，特别是一种独立自主的哲学之发皇，某种极剧烈的转变便油然而生了。宗教是有办法排解形而上学的问题，然而对于祛除世界一切迷魅的专门学科则很难有兼容的余地。这不只是因为这些学科通常并不理会意义的问题，而且还因为它们产生出一种纯粹机械性的技术以及一种对问题采取理性研判的取径，这使得宗教愈来愈被贬斥为要求"理智的牺牲"的一种非理性或反理性的力量。宗教则试图反驳道：宗教特有的知识与纯粹科学知识的层次并不相同，宗教知识毋宁是以直观或卡理斯玛式的启发为其基础，而非论证。

　　然而，神义论的问题毕竟与人类朝向进步与完美的文化发展大异其趣。问题的重点不再是苦难与邪恶，而毋宁是集中在注定要沦为罪恶渊薮的世界之不完美上。这使得某些宗教对文化发动真正的攻击，在此过程中挑战某些人类最尊贵的价值。确实，随着试图解释历史发展的世界观——自十八世纪起——之兴起，宗教就已失去其解释存在之终极"意义"的独占权。

　　且置一切细节不论，我们应注意到韦伯极其专注神义论的问题；他除了在其他著作的诸多片段里提到这个问题，并且就在《宗教社会学》（*Sociology of Religion*）[1] 里另辟专章来详加论述。他相信神义论问题已成为一神论宗教的中心所在，并且也是大多数弥赛亚末世论及有关来世之善报罪惩的观念之根底基盘；认为善与恶必相互斗争直到未来某一未定时刻为止、善必大获全胜的宗教二元论，以及上帝预选说信仰，也都以神义论为其根基。

二　概念及其衍绎

　　韦伯是通过神灵（the divine）而非神性（the divinity）的概念

1　Max Weber, *The Sociology of Religion*（Boston: Beacon Press, 1963），p.138.

来进行其宗教社会学的研讨，因为他觉得前者是较为根本的。例如巫术性或泛灵论的宗教并不认得神（God），而只认得慈善与邪恶的灵（spirits）——一般说来是一种实质的却又看不见的存在，不具人格性但又拥有某种显灵的意志，会在事件的过程中显现出来。主要的救赎宗教，例如佛教，也同样并未意识到神的概念。至于众神，它们可能并没有名称而且只不过是（根据 Usener 的名言）"一时的神"（gods of the moment）；换言之，人们相信某一特定事件发生时是有它们在其中插上一手，但事后便为人所遗忘了，除非类似的事情再度发生，人们才会再回想起它们。诸神可能是具有普遍性性格的，也可能仅仅是特属于某一城市的地方神或专司神。有多神论宗教，也有一神论宗教。就前者而言，万神殿里可能就住满了不计其数的众神，有时它们是臣服在一位最高神底下，但这最高神并不必然是人们信仰里最为灵验或最重要的。诸神可能是创造者，也可能服属于宇宙秩序之下。根据韦伯的说法，世上仅有两个纯正的一神论宗教："犹太教与伊斯兰教。"限于篇幅，我们不拟再细谈韦伯对于各个不同类型的神的分析。

宗教社会学所着重的是人类的宗教活动或行为与超自然力量的关联。既然这些力量远超出正常的观察视野，人们因此必须创造出一些象征符号来跟它们取得联系，并且也为自己描绘出它们以及了解它们的行动。因为如果人相信在日常生活事务背后隐藏着某些不直接显现在眼前的力量，那么就必须找出一些手段来显示出它们的意义，象征符号即是这些手段。并且既然神并不直接现身，象征符号即成为与神沟通的惟一手段，而这方面少有真实可言。换言之，象征符号是某种无言之语的工具，能够让人类领会到那些并不言语的存在之意旨。我们可别忘了，就在那样的关系下，第一张纸钞是作为一种象征性手段用来付给死者的，而不是付给活人。因此我们可以理解到譬喻，特别是寓言，乃是宗教语言的基本表现。

对于宗教行为之分析同样重要的是被归结到神或诸神身上的"竞争"，因为在这个领域里可以看到相当惊人的专司化（诸圣者也是一样）。典型的例子是印度的万神殿。梵天（Brahma）或"祈求者之主"（Lord of prayer）为（或似乎为）婆罗门教士（the Brahmans）所独占；结果所幸有这些教士，梵天借此垄断了所有自然的灵验效力并且成为（如果不是惟一神的话）至少是至高无上、无比重要的一位神。在此专司化与职能分配的基础上，信奉者每次分别向不同的神祈求，希望因此能较易于影响到它们。如此一来，每次的祈求都必须要找到最合适的卡理斯玛手段，特别是找出比这位被祈求的神更强而有力的手段来，因为目的在于使这位神的意愿偏向于信奉者的企求。以此观之，"对神的事奉"（Gottesdienst）往往变成一种"强加于神的义务"（Gotteswang）。

巫术性要素几乎总是留存于祈祷与祭祀之中，特别是留存在日常的行事里。根据某些观念，祈祷必须附带礼品以取悦神，因而更有效地影响神。就像超自然力量的代理人（巫师或教士）一样，神显然也得尽其所能来证实其力量，以免教士把未能成事的责任归咎到他的身上，然而另一方面，教士的声望也终归会随着神的声望之低落而沦丧。

这些当然都是神人同形同性论的宗教观念，然而由于它们无时不在流通着，因而成为宗教社会学的精髓所在。虽然韦伯将思考的重点主要放在过去的非理性宗教上，但从他所举的某些例子里可以看出他也计及（或许）每个时代里的实际风尚。

专门化导致众神之间在性质上的分殊化，此种分殊化对于信奉者的生活样式间接产生各式各样的影响。例如某些神被赋予其他的神所不具的道德特色。吾人只要思量一下法律的缘起便可得知。印度的伐楼那（Varuna）、埃及的玛亚特神（Maat）、希腊与意大利的黛克（Dike）与忒弥斯（Themis）原先在万神殿中都不是大神。他们之所以成为法律的守护神，并不是因为人们相信他们拥有什么特殊的伦理美德，而是因为他们乃是和平时期里某些愈来愈具重要性的特殊行为的守护者，而所谓和平时期乃是以更具理性的经济，以及人与人之间更和谐秩序的关系为其特色。这些神之成其为大神，原因在于人愈来愈清楚地意识到某些义务的意义——这些义务带有伦理与法理职责的性格。任何道德训示都是以某种秩序及某些标准为其前提条件，随着这种秩序逐渐为人所追求，这些神也就被赋予他们原先所未有的重要性。

对于秩序的需求也可以用来解释禁忌的概念。韦伯在对这个概念的简要分析里将其略为某种神圣事物的宗教意涵不谈，而仅考量其道德与真正实在的诸面相。在本质上，韦伯将禁忌视为经济与社会层面之理性化过程的反映，因为禁忌的基本目的是在于护卫林地与狩猎的地盘，或者健康，或家庭及其他制度。总之，在韦伯看来，若就宗教的观点而言，禁忌乃是一种次发性的现象，其目的主要是经济性、教育性与实际性的。同样地，韦伯认为图腾信仰不过是同胞关系的一种象征，而否认它作为解释一切宗教与组织的普遍原理之地位；以此，他是在辩驳与他同时代的社会学家中非常流行的一个理论。

随着信仰的理性化，有可能强制神的观念随之没落，代之而起的是通过礼拜而对神的崇拜。其结果是对宗教之伦理性格更加强调，因为举凡违反禁制戒规的行为就此被认为是对神圣意旨的触犯。因而出现了原罪的概念：此一概念在巫术性与非理性的宗教里实际上无关紧要（对于希腊人与罗马人而言，就像对孔子而言一样，这概念是挺陌生的）。

与原罪的概念俱来的是一个大转变：祈祷与祭祀之不灵验已不能再归咎于神的无能，而是要归咎于人类触犯神、招来神怒的错误行径。以色列的先知不断地揭示出犹太人所触犯的更多的罪行，向他们解释为何神会抛弃他的选民。道德上有罪的观念唤醒了人类的良知，并且使善与恶、首要与次要的分际有了不同的安排，同时也使人睁眼看清生命悲剧性的一面。在这样的脉络上，信念的（而不只是礼仪性的）宗教以及救赎宗教才得以形成。

随着信念宗教而来的是紧紧附随于先知或救世主的门徒、随从与使徒，这与古老宗教所生成的非个人性组织形成对比。同时，宗教活动也有了新的性格：它成为传教性的，换言之，其目标已不再只是形成某种零散的组织，而是形成一种具有共同体形式（或后来那种教区）的永久组织。这种共同体的目的在于：将神的启示或新的许诺贯注到日常生活里，从而确认神宠之恒在——最终则通过经济的手段。

与卡理斯玛型的信仰召唤者并起的是一种新的组织关系之发展——俗众的组织。共同一体的宗教情感是由俗众产生出来的，只要此种情感能够引发行动或者造成积极性的参与，便能够导致永久性组织的形成。这些共同体的外形原先是相当变异不拘的：在东方与伊斯兰教地区是如此，甚至中古的教会亦是如此；直到晚近它们才成为具有领域划分的团体而处于一名教士的裁量之下。随着教派的兴起与增殖，这些团体便成为封闭性的、特别是地域性的组织。然而共同一体的宗教情感却也导致教士与俗众之间的歧异关系：教士发现自己必须根据共同体之趋向——趋向传统主义或改革主义或其他（有时甚至是先知预言）——而与俗众信奉者相妥协。一般而言，宗教共同体的缔建会导致宗教的官僚体制化，而成为部分自有其规则与程序可循的行政事务。

新的宗教一旦确立，教士的工作便是要促使新的教义更为人所理解，维护它以抵挡相敌对的先知预言，且界定出神圣的与世俗的各个领域。这种发展一般而言会导致对神圣经典的精致阐述与教义的肯定。此处我们必须要讨论一下我们前面提及的神圣知识（beiliges Wissen）与信仰（Glaube）之间的分别。神圣知识一般而言是指经书圣典及教义的知识，经典所包涵的是启示与神圣传统，而教义则是教士及教权制理解下的经典诠释之清楚界定。神圣知识有其奥义的一面，也有其通俗的一面。就前者而言，诸如对于新加入圣坛者的卡理斯玛训练、试炼以及圣职授任里的威严与品位等要求，一般而言这会造成教士与俗众之间极为显著的分野。就后者而言，宗教在本质上仍维持着以经典为其基础，经典成为教士与俗众之教育的根本。这会导致其卡理斯玛层面的没落，而奠基于经典的教育则终将发展成一套纯粹文艺性与学术性格的教育。

除了解释经典、与敌对教义斗争的职责之外，教士还必须防止俗众对宗教漠不关心。现今此职责一般而言所采取的是传道与司牧（Seelsorge）的方式。传道是一种对于宗教与道德主题的集体性指示，这是先知预言宗教与启示宗教所特有的；在别的情况下则不过是一种模仿罢了。随着巫术性要素之渐失重要性，传道也就逐步重要起来；在基督新教身上这尤其明显——其重点特别在于语言。司牧则是个人性的灵魂照料，并且也是启示宗教的产物。司牧意指当人对于职责有所怀疑时给予实际的忠告、慰勉与精神上的支持。传道在先知运动的时代最为有效，而当它成为一种日常宗教生活的表达时，便降低了效用。反之，司牧是教士在承平时期里最为有效的手段，并且随着宗教之伦理性格的增强而扩展其规模。然而，这两项要素却因为卡理斯玛要素的陨落，而势必与俗世的理性主义相冲突。

信仰亦是一门知识，只不过是非常特殊的一种类型，并且本质上是救世主宗教所特有的。就理论上而言，它与实践规范的遵从没有丝毫关联，而毋宁是一种对于启示真理与教义的接受。这意指信仰本质上并非可验证的或纯粹理性的一种知识。此外，就信仰足以移山这则格言观之，信仰实赋予信奉者某种力量。随着知性化的增长，信仰逐渐失其力量，并且（就部分而言）成为一种神学式的信仰。

不过，信仰在本质上仍与单纯只是理解或接受神学教义的真理有所不同；它具有一种个人性的特色，这使得它不仅仅是一种学习的形式，而是一种对上帝之许诺的信心——吾人但观亚伯拉罕身上所显现出来的信心充满便可得知。在圣保罗的书信里我们也可发现同样的特色，虽然例如他的致罗马人书不断地引起各种不同的解释。就某种程度而言，信仰可以从下面这句著名的话里充分显示出它的特色来：**我相信它，不是因为它悖理，而是完全因为它悖理**（credo, non quod, sed quia absurdum est）。这句话里暗示了信仰者之无条件地舍身于上帝的眷顾与慈悲。

三　宗教类型

　　和其他各处一样，韦伯试图孤立出各种宗教活动的特殊类型。首先是巫师的宗教活动：巫师即使在今天都还是一个典型的人物。不过韦伯并没有单就巫师本身来加以研究，而是将之与教士作比较对照。我们亦循此途径来讨论。

　　分辨教士（祭司）与巫师的办法有很多。后者是以巫术手段来影响鬼神，而前者是以其作为祭典上的职司而试图荣耀神祇。不过，这只是个相对性的判准，因为在某些宗教里祭司职务也包含了巫术性要素。我们还可以这样分别这两者：教士是一种恒常的、有法则制定的事务之执行者，而巫师的活动则是断续无常的，因为它是就个别不同的情况来为个人服务的。或者，我们也可以说教士是一个由众多成员与一个行政体所组合而成的组织团体（无论其内部结构如何）的一名职司者，而巫师则是个自由的从业者。以上这些区别都只是假设性的，若转置到现实的层面上，则仍有诸多出入。最后，我们还可以说这两者的区分在于：教士乃是在知性上足具资格来从事一门特殊的知识体系，以及一套概念精微的教义的人。当然，有学识非常渊博的巫师，也有不学无术的教士；然而最后这一则判准似乎较前面几项要来得完备——虽然并不足以涵盖所有类型的教士。

　　若采取最后这项判准为我们的出发点，而仍然保留其他几项里还算有效的部分，我们是有可能建立起社会学上恰当的区分。因为巫师的知识本质上是经验性的，并且相关联于非理性的手段，而教士的教育却是以理性的训练、理性的宗教思想体系、体系化的伦理训诲为基础。

此区别与宗教活动有某种关联。教士是一些特定的人所举行之祭典的职司者，祭典自有规则可循，成员也在固定的时节、特定的地点聚集。虽然祭典未必定有专司的教士，然而有祭司就必定有祭典。不过，没有教士的祭典或没有礼拜的宗教——例如掌握在巫师手里的宗教——一般而言缺少了一项要素，亦即一套理性化的形而上学与独特的宗教伦理。再者，举凡没有有组织的教士层存在，即无理性化的宗教生活可言。

第三类人物是先知。所谓"先知"，韦伯指的是那种纯粹以个人之身负有卡理斯玛灵性的人，他基于本身的使命而揭示一套宗教教义或神圣的命令——在本质上是非物质性的，无论他所揭示的是一种古老的启示，或形态一新的古代启示，或者一项彻底全新的讯息；他可能是一宗教的创建者或一名改革者。就概念上而言，他的行动并不必然就会造就出新的共同体，或者他的门徒就必然地附从于他个人或只听从于他的训示。其中的决定性因素，在于他个人的召唤（vocation）。

准此，他首先就与教士大不相同。教士所谨事的是一套神圣的传统，而先知则是带来个人的启示，且基于一套新的律法而树立起权威的人。再者，先知很少出身于教士阶层，而通常是个俗人。进一步来说，教士是履行他所属的组织性救赎经营大业所托付给他的责任，而先知则如巫师般是凭其个人的禀赋，以纯粹卡理斯玛的风格来行事。先知之不同于巫师者，则在于他所揭示的是一种启示，其内容并非巫术性的法术，而是一套教义或某种义务。当然，巫师也可能利用神谕与预言，而先知也可能会诉诸如此这般的巫术法术来树立其权威，不过，有一点是绝对根本不移的：先知是为己之故而推展其理念，从不计较任何的报酬。其活动完全是自发无偿的。

视情况之不同，先知可能会具有立法者的性格，或者仅只是一名教义的导师（Lehrer）。就前者而言，其行动驱向于通过新型法律的创立来影响社会关系。他甚至可能以僭主的姿态推翻政治当局而缔建一个新的体系，就像穆罕默德那样。就后一情况而言，他原则上是一种新的生活样式或新的伦理规范的宣扬者，然而并不以一新的哲学派别之创立者的姿态出现，因为他仍然以一奠基于启示的救赎真理之传达者自居。以此观之，印度的宗教改革者，如商羯罗（Shankara）或罗摩奴阇（Ramanuja）[1]，欧洲的宗教改革者，如路德、卡尔文、茨温利（Zwingli）或卫斯理（Wesley）等，都并不真正是先知，因为他们所揭露的并非一个新的启示，甚或并非凭着得自上帝的一项特殊的使命，这与犹太人的先知或摩门教的创立者恰成对比。我们也可以依据：先知本人只是希望他人过着一种新样式的生活，或者是将自己作为他人的模范人物，来区分出使命的先知预言（如袄教始祖琐罗亚斯德）与模范的先知预言（如佛陀）。最后，先知预言也可能沦落为秘法传授者之类。

宗教行为也可能导致典型的达人现象（virtuoso phenomena）：禁欲的与神秘论的。禁欲是与以下这个意识俱来的一种伦理的、宗教的行为：行为乃是受到上帝的引导，因此个人感觉自己乃是上帝意旨的工具。韦伯也承认禁欲一词尚有其他意涵，不过他著作里所指的是上面所述的这层意义。禁欲进一步可分为两种形式。一方面，禁欲可采取逃离现世的形式，斩断一切家庭与社会的纽带，

---

[1]　商羯罗是公元八世纪印度哲学家与神学家，罗摩奴阇（1017—1137）亦为印度哲学家与神学家。二人皆为印度教之复兴极有贡献的人物。——中注

弃绝一切个人的拥有及一切政治、艺术与情爱的关怀，以此，个人或许才能够惟服侍上帝一事是顾。这就是韦伯所说的出世的禁欲，天主教的僧侣即是此一类型。另一种形式是入世的禁欲，以清教徒为例：此中人亦认为被造物乃是上帝的工具，并寻求通过个人的职业行为来荣耀上帝，例如过一种模范的家庭生活，在生活的任何领域里都行止严谨、将一切个人的职务都当成是上帝所命的职责而敬事履行。基于这一理论，若个人严格奉行这宗教概念，那么事业上与职业经营上的成功也就成为个人受到神的赞许甚或拣选的征兆。

神秘论者不认为自己是神的工具，而毋宁是神的容器（Gefäss）。此处，已不再有任何从事此世活动以符合神意的问题，问题在于如何达到一种类似于神的状态。因此，个人将舍弃现世且背对现世的诱惑。惟有当一切被造物的利害关心都归于寂灭之时，神才能够向灵魂发话。这与其说是逃避现世，倒不如说是彻底舍弃现世。其目的在于安息于神的怀中。显然这一切也都会连带着禁欲，不过，是性质特殊的一种禁欲：个人必须避免一切行为，最终则去除一切思考，让一切尘俗之事尽去以使自身虚空，因而达到一种神秘的合一（the mystical union）的境界，某种全新而殊异的知识便会随之而来。

此种知识越是深邃也就越是无法传达，然而还是号称为一种知识。它并不是由新的确实材料之发现所构成，而是由对于世界之不二意义的感知所构成，以此，它甚至可号称为神秘论者所谓的"实在的"（practical）知识。纯粹的冥思表面上看来是逃离现世，然而惟有上焉者方得以借此支配现世。不过，吾人必不可将冥思视为纯属幻觉之境的耽溺，因为它所要求的是对真理的专心一意——比光是能够验证的真理更加非比寻常的专心贯注。

　　除了禁欲者自认是神的工具，而神秘论者自认是神的容器这项事实外，在韦伯的分析下，禁欲与神秘论在其他许多方面皆背道而驰。对禁欲者（清教徒这个类型）而言，神秘的冥思是一种怠惰与放纵的形态，就宗教的立场观之则是徒劳无益、且该被斥责为被造物崇拜式的寻欢取乐；彼等只在乎一己的狂迷忘我，而不是去努力工作以荣耀神且致力于实现神的意旨。反之，对神秘论者而言，置身于现世当中过活的禁欲者乃自溺于无谓的紧张关系与斗争，并且，或许还可能是沉陷于终将把自己与神隔离的妥协里。只要救赎能够以事业的成功来肯定，则禁欲者是得以确定本身的救赎的，而神秘论者却从未能确定其本身是否得到教赎。

　　因此，我们可以这么说：禁欲主义者内心里对于世界之看法自有其分寸，然而相反，这一意义却盘踞了地神秘论者的整个心神——虽然这意义并无法以理性的手段来加以理解，因为它已超乎感官的真实之外。事实上，不管是禁欲主义者还是神秘论者，都未真正地接受现世；对前者而言，现世不过是个功成名就的舞台，但此亦非彼个人之功，对后者而言，此世的成就与救赎丝毫无关，而且甚至会成为令人无法得到救赎的诱惑。最后，禁欲者在伦理要求的带动下可能会走向先知预言或一场社会关系的革命性翻转，而路线类似的神秘论者一般而言是转变成一名秘法传授者，或者成为某种千禧年革命福音的倡导者。

　　正如我们可能感到遗憾的，在对于宗教概念的分析上，韦伯忽略了考察有关神圣的（the sacred）与世俗的（the profane）之间这层紧要的关系，是以我们屡次说明他的类型学里（包括其他著作中的一些散论）实仅涵盖了些许对于宗教改革典型人物的论述。我们或许可以理解为什么他对于圣本笃（St. Benedict）、圣伯纳（Bernard of Clairvaux）或罗耀拉（Ignatius of Loyola）等人不太感兴趣，但是为何他对于像路德、卡尔文和卫斯理等他如此熟稔的人物未作一番概念性的、有系统的深入刻画，却令人大惑不解。确实，他的宗教社会学并未完成，因此，他的类型学或许也是如此。

四　各社会阶层对于宗教现象的态度

韦伯在他的分析里不断地回到俗众的问题上；他甚至为此课题特辟一大专章来讨论，其中的重点即各个社会阶层对于宗教现象的态度。

由于农民或可说是较为直接且经常地接触自然，因此显得比较能够接受带有巫术性格的超自然形式。不过，说农民是较为虔敬且为神所喜爱的这个看法则是相当晚近的；此等尊荣只不过在一、二古代家父长式的宗教类型里或袄教里有之。反之，佛教则对农民有所疑忌。对早期的基督教而言，乡野人（paganus）即是异教徒。一般说来，宗教本质上是都市的产物。

军人阶层原则上对宗教怀有敌意，诸如原罪、救赎或谦卑等概念皆与他们扞格不入。军人之与宗教发生真正的关系，端在于某些宗教发出为信仰而战的口号，特别是当那些别有信仰或不信者可以被当作是政治上的敌对者时。这一转变基本上可以归功于伊斯兰教。圣战的观念在古希腊并非全然没有，只不过并没有真正为人所接受，直到救赎宗教出现后方才改观。

同样地，官僚阶层一般而言也不太在乎宗教；这是由于其本身的理性主义所致。惟有当宗教成为社会秩序的一个要素或法律规制的一个要项时，方才为其所重视。上个世纪的德国（或者应该说是普鲁士）的虔信派公务人员即可印证这项说法。

　　商人阶层的态度就较为歧异。他们的活动原本就远比其他涉及此世事务的阶层更不拘泥于先入之见。以此，情况似乎是：商业贵族的势力愈是壮大，它也就愈是不会在乎身后来世的问题。然而，历史告诉我们，情形恰好相反。资产阶层通常都是最为虔诚的人，而此种虔诚惟于资本主义之兴起以及逐渐强调宗教伦理之际，方才发扬张显起来。最能突显出此一特色的例证，是教派精神与前几个世纪的工商业发展之间的相互关联——一股驱动力，不仅来自卡尔文派或清教教派，同时也来自于浸信派、孟诺派、卫理公会派、教友派，以及虔信派等等。以此，正如我们下面就要讨论到的，在基督新教伦理与资本主义精神之间有着某种亲和性。同样地，较低阶层的中产阶级与职工阶层一般而言也都被吸引到宗教上来，不过或许是以一种较不那么正统的风格，因为从这些圈子里产生出了最分歧多端的宗教思想趋势与潮流。

　　社会低阶层的奴隶或役匠，至今为止未曾产生过任何一种独特的宗教情操，这或许是因为他们的生活环境不容许他们建立起共同体的缘故。在基督教早期，奴隶的重要性曾备受强调，不过撰诸史实与文献，这现象似乎被故意夸大了。近代的普罗阶级则以几乎完全漠视宗教——如果不是断然拒斥的话——为其特色。这无疑是因为宗教太常被利用来正当化社会上层的地位。因此，虽然社会的下层或许曾指望救赎宗教会带给他们解放的可能性，不过一般而言，他们在救赎宗教里却只发现一种排解怨恨的托词。

　　最后，则是知识分子这个阶层。宗教的命运长期以来无疑曾受到知识领域里各种发展的强烈影响。只要是知识阶层都还几乎毫无例外地由教士与僧侣所组成——他们所关怀的不只是神学与道德，也包括形而上学与科学——那么，学问与宗教情操也就密不可分。随着知识阶层越来越独立出来且逐渐世俗化，二者间的关系也就自然而然地趋向极其多样化的转变：知识阶层要不是包容所有的信仰——如人文主义者所采取的态度；就是对宗教漠不在乎，或者甚至起而攻之——就像启蒙时代那样。另有两种新的现象使得情势更加复杂：一方面是无产的知识阶级之兴起，另一方面则是许多科学家与著述者，凭其本身的省思力量，相当独立地起而诠释世界的意义。不过，我们也该注意，虽然他们背离宗教，有时甚至表现出强烈的反宗教情绪，然而知识分子却也不断间接地受到这些问题的困扰，特别是为末世来生的问题——经常是在一种革命的外貌下。

五　基督新教与资本主义

韦伯在宗教社会学方面最著名的著作还是《新教伦理与资本主义精神》（*The Protestant Ethic and the Spirit of Capitalism*）一书。在此我们将不涉及此书在过去半个世纪来所引起的无穷尽论战、辩证、争论与辩驳，亦不着意于其所使用的方法，以及某些诠释与结论；相反，我们将致力于呈现此书的主旨，并且尽可能使韦伯的用意明白显现出来。不过，我们似乎还是有必要提醒读者提防某些太过简单化的诠释，这些诠释暗示着韦伯认为基督新教乃是资本主义的惟一肇因。此书在某种程度上是对马克思主义的形上设定的一种驳斥，亦即驳斥后者认为一切的文明事务都可以化约到一个单纯的起因——经济的下层结构——之主张。韦伯认为如此片面性的理论是无法与科学研究兼容的，亦即不该在事情未经分析之前就率尔妄下结论。

在巴比伦、罗马、中国与印度的社会里早有资本主义的萌芽，然而这些因素并未在任何一处促成现代资本主义发展特色独具的理性化——此乃西方社会特有的现象。问题是为什么这些资本主义的胚芽惟独在西方发展成为现代的资本主义形式，而其他各处皆不然？以经济的内在律动为本的解释并不足以说明此种独特性。吾人还必须考虑到第一代欧洲资本主义企业经营者所特具的那种精神（ethos），并且了解到这正是其他文明所缺乏的。

为了避免误解，韦伯特别说明基督新教与资本主义之间的关系断然不可被认为是一种机械性的因果关系。新教的精神是生活理性化的资源之一，而生活理性化则有助于创造出我们所谓的“资本主义精神”。是以基督新教并非资本主义的惟一、甚至充分的因素。“近代资本主义扩张的原动力问题”，他写道，“不在 [供资本主义使用的] 资本额从何而来，最重要的，在于资本主义精神的发展”[1]。换言之，如果在理论上将基督新教这个因素——作为客观可能性与适当因果律的范畴之一——排除在外，无疑将无碍于资本主义的发展，不过，这必然令吾人对此一发展有不同的观感。

阿隆（R. Aron）极其清楚地说明了韦伯的立场：

> 基督新教并非资本主义的**惟一**因素，而是因素之一，甚至可以说只是资本主义的某些层面的因素**之一**……推究因果关系的起点，并不是对某一历史现象——如资本主义——的

1　Max Weber, *The Protestant Ethic and the Spirit of Capitalism*, p.68.

全体综观，而是仅仅着眼于某些独特的面貌。就资本主义而论，韦伯选出了那些对他而言似乎是西方资本主义独具的特征……显然，所采的资本主义概念不同时，其原因自然相异[1]。

那么，造就出资本主义精神的诸多理念之背景为何？韦伯将之归于某些基督新教团体——卡尔文派（主要指荷兰）、虔信派、卫理公会派与浸信派；这些以禁欲为其生活样式之特色的教派被冠以一"极为暧昧的称呼"——清教派[2]。虽然这许多教派的神学教义并不相同，然而其伦理规式却是大同小异的。韦伯所感兴趣的并不是包含在道德神学典章里的理论性与官方性教条——对于其他方面的研究，这些或许是重要的——而是那源于宗教信仰与实践的心理动机。

韦伯是以一种理念型（ideal type）的形式来阐明这些心理动机；理念型必须尽可能地全体通贯，而非细密反映出历史真实。他试图运用这种理性的乌托邦手法来理解这些动机如何实际地运作以形成资本主义精神。因此，当韦伯提到卡尔文派时，他所指的不过是十七世纪末叶某些卡尔文教派圈子所特具的伦理，而自然不是活在 [在此之前] 一百五十余年的卡尔文本人的教理训示。因此，引用卡尔文本身的著作来驳斥韦伯的论旨是颇为不得要领的；这么做只会偏离韦伯所讨论的主题。

这些教团特有的精神风貌之理念型或许可归结为以下诸端：凡事背后莫不有着一番对上帝预选的诠释——一个宗教的信念。

1　R. Aron, *German Sociology* （ N. Y. ：The Free press,1964 ）, p.95.

2　Max Weber, *The Protestant Ethic and the Spirit of Capitalism*, p.96.

上帝的意旨既非人类所能透测，也没有变更的可能，所以，一旦被赐予恩宠，就不可能会失去，正如一旦被拒绝便再也无法获得一样。以此，新教徒必然被抛回到一种内心的生活里，因为惟有在一己的内心中才能够理解到上帝的话语与己身之被拣选的征兆，而非通过其他人的媒介。这说明了为何新教徒会拒斥那些可能帮助他找到或发现恩宠的神职者与（特别是）圣典仪式。基于这一信念，通过不断增长的理性化，最后使一切巫术皆扫除尽净，世界得以完全解除魔咒。

不过，个人怎么知道他就是属于被拣选的这一边？什么是被选的征兆？由于真正的虔信是可以经由某种足以促使基督教徒增进上帝荣耀的行为类型来加以认定的，是以教徒相信这可以在一种严谨遵从神圣命令的个人生活里以及在符合上帝意旨的社会成就里觅得。此种社会成就包括个人在职业工作上的成功。因此，最足以彰显上帝荣耀且成为受选之征兆的有效工作，是奠立丁一种禁欲的生活方式上。换言之，事业的成功会加强个人的召命，并且可以被解释成一种被拣选的保证，因为惟有那受选者真正拥有**有效的信仰**（fides efficax）[1]。因此，救赎可能无法因功德或圣典仪式而获得；要确定获得救赎惟有通过信仰的效验，而此种效验则是经由个人事业上的成功来加以印证的。如此一来，社会成就只会更加强个人行为的严谨敬慎，并且使禁欲成为保证恩宠状态的方法。准此，测试个人信心的办法，不是冥思性的拒斥世界，而是在此世竭力地从事一项职业。

---

[1]　卡尔文在萨伏伊宣言中所用的语句。如韦伯所述："为了给'救恩之证'提供确实的基础起见，信仰必须用其客观的效果来证明。就是说，信仰必须是一种'有效的信仰'，救恩的召命必定是一种'有效的召命'。"参见前书，p.114。——中注

　　禁欲有助于生活各层面的理性形塑，这被认为是符合上帝意旨的。通过个人意志有条不紊的努力，不断地自制会导致个人生活行为（甚至是企业行为）的理性化。是以，清教徒变成特别善于筹组企业，同时也长于理性化经济行动。不过，事业的成功一般而言是反映在财富的不断增加上，这与顺服上帝命令过清简的生活一事两相矛盾，清教徒岂不因此而犯下了首尾不一之罪？一点也不。该受谴责的并不是对财富的追求，而是沉溺于财富，享用凡金钱所能买得到的物质，以及因此而致的怠惰与肉体的淫逸等等。因此，个人必不可浪费光阴，因为工作方能荣耀上帝；另一方面，个人财富的享用必须只限于为了维持个人生存、提供一种清简且服从神圣律法的生活所绝对必要的物质。

　　以此，工作上最大可能生产力与生活上对奢侈的拒斥，导致一种生活样式，直接影响到资本主义精神——创造出资本主义发展的适切氛围。事实上现今的资本主义者已不再具有此种精神意态，但这并不能改变清教的禁欲——入世苦行的一种禁欲——原先是抵拒财富的享受，另一方面并且将经济道德从营利欲与利润追求的传统局限中解放出来的这个事实。为了使工作仍保有其彰显上帝荣耀的性格，利润必须运用在必要且有用的目的上，亦即，以投资的方式再投入工作中。因此，清教徒便毫不止歇地累积起资本。

　　准此，我们所得出的并不是资本主义的肇因，而是近代资本**主义精神**的根本要素之一——奠立于理性的行为与企业组织的基础上。

　　清教的精神风格只不过是有助于解释资本主义发展的因素之一：以其将某种氛围导入经济的领域。为了澄清其写作《新教伦理与资本主义精神》的用意，韦伯在此书的结论中写道：

> 我的目标当然不在以片面的唯心论的文化、历史因果观来代替同等片面的唯物论的文化、历史观。这两者均是同样的可能，但每一种，倘不用作研究的准备工作，反而充作研究的结论，则对于历史真相的了解，是同样地一无所成[1]。

　　若要透彻地理解此书的意识，我们必须谨记韦伯在其解说理念型概念的环节上所发展出来的片面性（one-sidedness）理论。吾人并不排斥一个社会学家从一个片面性的观点，不管是唯物论、唯心论或者是其他任何观点，来看待问题。有时这样的方法不只是有用的，而且还是必要的。但是，惟有当社会学家警觉到此种方法的相对性本质，并且理解到这只不过是研究领域里的一种纯粹方法学上的妥当（methodological validity）时，片面的解释方才具有科学的有效性。因此，这只不过是通往真相的一个取径，而不是对事件真实过程的一种全盘描述。

　　同时韦伯也试图经由这样的分析来厘清另外一点：意图将宗教或政治置于经济的支配之下，或者反其道而行，这类的教条主义，在经验科学里是无法立足的；同样地，宗教社会学也不能将其本身限定在仅对宗教现象作解释的层次上。其目的是要找出宗教行为如何在某些方面因应或影响其他的人类活动，并且受这些活动的影响。经济社会学、政治社会学与法律社会学等等，也都是如此。因为在真实生活里，比方说伦理行为，从来就不是一个与政治或

1　同前书，p.183。

经济行为平行而不相交错的封闭领域。恰好相反，某种相类的行为无不反映出与其他一切活动类型之间的相互关联、交相互惠或冲突。对于清教与资本主义关系的分析，实在只不过是此一根本事实的一种发人深思的解析，因为其中显示出一项以宗教为其根源的态度如何决定了某种道德行为类型，而此种行为类型又如何被实践于世俗活动的领域里。

六　世界诸宗教的经济伦理

韦伯在其关于世界诸宗教的经济伦理这部不朽的杰作里，又再次回到同样的主题上来。所谓世界诸宗教，他所指的是那些成功地将一批信仰群众集结起来环绕着一个中心的宗教理念或伦理的宗教：儒教、印度教、基督教与伊斯兰教。若计及影响力，他则再加上犹太教——虽然犹太人总是个少数民族，并且通常还是个贱民民族。关于世界诸宗教的这部著作也是尚未完成的，因为他还没来得及写出有关伊斯兰教的研究；他在这个主题上所留给我们的，是不计其数但杂乱无章的札记。

我们当然无法巨细靡遗地检阅这部庞大的作品，我们所能做的不过是指出其大致的轮廓。而首先我们必须得弄清韦伯的意图所在。他的目标不在陈述这些宗教的道德神学理论，而在了解作为人类一般活动（以及特别是经济活动）之实际动机的心理性与现实性因素。他在导论中说道：经济心态并不单纯只视经济组织的形式而定，而另一方面它也从未纯受宗教所制约。这意指：决定这样一种心态的诸多因素之中，基于宗教制约下的生活样式所表现出来的态度，只不过是因素之一。因此，不能单就道德伦理或宗教来解释经济，这是毋庸置疑的，同理，也不能单就经济或道德伦理来解释宗教；韦伯的用意在于理解人类行为中各种不同的要素之间的交互作用，而不是将所有的因素都化约为单一的一个——被形上地视为决定性的那一个。

准此，社会学研究就不只限定于宗教现象的研究。在分析中国人的宗教情操时，韦伯花了很长的篇幅仔细地探讨了生活的物质条件——财政制度、都市现象以及农民或商人的地位。他也细察了封建政体、国家结构、中央政府与地方政府之间的关系等方面的性格，以及军队构造与官僚体的本质。他检视了多次的改革。同时，他总是将他所探讨的社会结构联结到相关的宗教观念上，不管这些观念的性质是巫术的、卡理斯玛的或是理性的；并且特别是基于学者在中国所享有的重要性这点来加以观照。他认定这些学者具有人文主义的讲求仪式与技术的性格，行事则以和平主义与传统主义为取向。中国的官僚体系之所以能够源远流长，乃因它是一种阶层等级制，特别是此种等级制带有教权制的意味。这一层面之所以不可或缺，则由于传统因袭的文化里完全没有自然法的义理、通贯的逻辑系统与实证的科学思想体系。

在检验这些结构对于中国人日常生活的影响之时，韦伯也同时强调了那些足以骚扰中国人之引人注目的和谐或"麻木"的冲突。这些冲突一方面起自于异端道教与多少带有神秘色彩的教派之间，另一方面则来自于外来的影响，特别是佛教。

韦伯也基于同样严谨的社会学立场来研究印度的宗教情操，详细地探讨印度教的义理与仪式，婆罗门的地位及种姓制度的组织与戒律。并且，这部著作既然也是着意于比较宗教社会学，韦伯于作品中即拿婆罗门与中国及希腊的知识阶层作比较。不过，这次也不例外的，令他感兴趣的还是异端教派，因为此一因素较能解释个人的道德行为及其渴切与盼望。他探讨了耆那教（Djanaism）[1] 的现象，讨论佛教与诸教派如大乘教、喇嘛教与毗湿奴信仰（Vishnuism）[2] 的重要性以及印度"导师"（Guru）的秘法学。

他也以同样的方式来探讨古代犹太教。在分析过地理与天候的条件之后，他再探讨城市、农民的地位、司法制度、礼拜与祭典形式以及辅佐祭司（Levites）的问题。他对犹太人在巴比伦之囚前及其间的状况做了一番彻底的分析。在巴比伦之囚后，发生了巨大的内在转变，这是由于诸教派的兴起（其中包括形式主义教派 [the Pharisees] 及禁欲或神秘教派 [the Essenes]）所造成的结果，特别是因为犹太律法学者（rabbis）的影响力逐渐增长。犹太教的特色是其对巫术的敌视，这为往后几世纪的理性主义运动铺下了道路。韦伯无疑也对伊斯兰教用心地下过一番工夫，以便能写出有关此一主题的计划中的著作。

不过，最让我们感兴趣的是韦伯自己在所有这些社会学的分析关联里所提出的问题。虽然还有些关于这些宗教及比较宗教社会学的其他著作（经常是很不错的），然而若就韦伯所提出的引领生活行为的所谓"精神驱力"而论，个中实在少有人能如此透彻地针对这些历史现象的文化意涵提出这样全盘性的问题。

1　弗洛伊德此处用了 Djanaism 一词，不知何所指，遍查韦伯《印度的宗教》一书亦无此词。不过韦伯在《印度的宗教》第四章确曾讨论印度的异端宗教——即佛教与 Janism。Janism 中译为耆那教，创于公元前六世纪（创教人为 Mahavira，中译"大雄"或"大勇"），一度曾拥有相当势力，成为印度教主要竞争对手。或许 Djanaism 即为 Janism 之误。——中注

2　毗湿奴（Vishnu）为印度三大主神之一。其他两个为梵天（Brahma）、湿婆（Siva）。毗湿奴信仰为印度教重要支派。——中注

　　总之，韦伯的目标似乎包含着两个层面。一方面是借基督新教之外的其他宗教来检视物质环境对于宗教信念与思想的影响，反之，检视后者对道德行为以及（间接地）对经济取向的影响（篇幅所限，不容我们再详述他的分析）。另一方面，则在于间接地肯定西方文明的独特性：惟有西方文明产生出合理的经济体系、合理的法律行为、合理的艺术等等。其他的文明里并不是没有理性化现象，只不过彼等之理性化已证实不足以创造出科技性的工具，并且提供其本身再向前发展所必要的精神装备。不过，这其中有件无论如何都必须加以避免的事，那就是价值判断的陷阱。当韦伯说到西方的理性主义之独特性时，他一点也没有要意味其绝对的优越性。

　　因为，理性的概念表面看似简单，其实不然。事实上，没有任何事本身就是非理性的，除非从某一特定的理性观点来看。对享乐主义者而言，禁欲是非理性的；而禁欲主义者对享乐主义者的看法也是如此。理性在此应被视为一种"历史概念"，每次都必须以其与某种特定的非理性或其他理性类型的对比来加以厘清，因为生活行为是可以根据最极端不同的种种终极目的、并且朝着同等极端差异的诸方向来加以理性化的。

　　随其社会学考察的进展，韦伯继而强调其他种种现象，其中某些部分已预示了当代哲学的中心问题。谈到苦难的神义论，他解释此问题为何会引起人的罪恶感：幸福的人很少仅满足于拥有幸福，因他感觉有必要为他所享有的幸福辩护，将之正当化为他所应有的权利。一般而言他会在他所属的社会阶层所持的判准里找到这样的正当性，因为正当化所涉及的并不只于宗教因素，还牵涉到伦理的、特别是法律方面的考虑。因此，支配阶层不只倾向于独占社会的利益，并且也意图垄断精神上的恩典；此外，为了巩固他们的权力，他们致力将其他人规制于某种道德行为类型之下，或更通常是规范于某种生活态度里。

因此，斗争这个普遍现象在宗教领域也自有其一席之地——不论隐藏在教义背后的原始动机或宗教的原初信念有多么纯洁。是以为了保持优势地位，儒教文人必须与巫师、道教神秘家及佛教僧侣开战；婆罗门必须向耆那教、佛教及其他教派挑战；而犹太先知则必须对假先知（nabis）、卜者及某些犹太辅佐祭司的团体开火。所有这些不同的教派或教团所起而抵御护卫的，除了他们特殊的宗教信念之外，无非就是物质上与精神上的利益。为求独占正当性的这种斗争在救赎宗教里甚至更成为典型，因为救赎宗教所界定的是信奉者会（或者可能会）"从何处"（wovon）得到解救，解救之后又到"何处去"（wozu）。

所有这些或明或暗的斗争，在显示出宗教信念之得为种种不断地工作、斗争、认命或仰望某些事的个人所用。斗争的本质则在于：从宗教的观点看来，世界的意义究竟从何而来？并且，当各个不同阶层的知识分子致力于理性化生活行为之时，他们其实正是在为强化这一意义而努力。借此（以及从各种不同的宗教里），韦伯发现到结局的悲剧性吊诡，而此一感受则深深影响到他的政治观念与历史见解；他看到宗教信仰者所造就的结果往往与他们原初的意图恰好相反。任何选择都有其代价；为了自己所珍视的价值，势必要牺牲对他人而言也同等珍视的价值。儒教徒对传统的固执固然阻碍了经济的发展，而清教徒则缔造出不断增加的财富——基本上，也是韦伯个人所不欣赏的。

这种结局的吊诡内在于任何一种斗争之中，不管斗争是发生

398　宗教与世界

在哪一个领域里。斗争一旦展开，最终势必失落了原先所护卫的价值之意义。因为斗争要求一种起码的坚持，它的发展有时会促使人采取一系列违反其信念或原始意图的行径。这些人极少自其所护卫的原因中得出合乎逻辑的结论，并且试图达成和解；从理论上说来，这是为了保全其信念的有效性，但实际上却往往在不知不觉中出卖了它们。

　　韦伯也在宗教活动本身当中发现到某种极为深刻的紧张性。因为宗教本身所追求的目标并非经验世界里的真实事物，并且也因为它所诉诸的力量既非自然的也非日常惯习的；这牵涉到存在于日常事物与非日常事物之间的对反，并且使得日常生活与非常例的宗教生活现象之间产生裂痕。这种紧张关系并因以下这个事实而更加扩大：并非每一个人都具有同等的资质以达到获得救赎所必需的最佳状态；因此，在一般信仰者与宗教达人（禁欲者、神秘论者及其他具有宗教卡理斯玛禀赋的人）的宗教实践上便往往存在着一道鸿沟。结果是，就像我们前此所见的，人们在宗教资格上的差异，因此，存在于日常生活与宗教要求之间的距离也就愈来愈大。并且，经济活动既属于日常生活的领域，我们因而更能理解为何宗教达人会加以鄙视，有时甚至到达视其为罪恶与堕落之源头的地步。

　　如此一来，宗教现象在俗世世界里究竟真正能有什么作为呢？宗教达人有时不也给人一种与其说是顾念他人倒不如说更顾念自己的印象吗（虽然可能是个错误的印象）？卡理斯玛确实与宗教生活同其久远，并且无疑将时时伴其同在。然而，因卡理斯玛所造成的分裂——日常生活与至高的宗教经验之间的隔阂——至少部分解释了许多个人之所以对宗教冷漠的缘故，除非宗教能够转向一种行为上的道德理性化。并且，惟有当冥思不再被认为是最佳的救赎之道，获得恩宠的手段全都剔除了巫术与秘法的性格之时，这才有可能。而这正是某些基督新教团体的成就。不过，要注意，他们的禁欲是一种俗世性的禁欲，并不是教人要像神秘主义者那样逃出现世，而是教人摒弃现世的某些层面，但仍生活于现世里。俗世的禁欲是接受日常生活的，只不过是拒绝恰恰违反神圣命令的奢华。上帝的荣耀因此成为推动理性化的凭借，为此，就像其他任何选择一样，势必牺牲某些对他人而言同等珍贵的价值。

无论所提供的选择是什么，宗教生活必然仍是游移于日常界与非日常界之间，不过具有采取任何转变与组合的可能性。因为人不只是一种逻辑性与心理性的存在，而更是有血有肉地存活于历史之中的个体。能够确循前提条件而担当起一切后果的理性行为，与其说是人类的一般习性，倒不如说是一种例外。这也同样适用于特别看重宗教达人之卡理斯玛特质的救赎宗教。那就是为何宗教社会学无法确切地描绘出经验真实的缘故；迫于现实条件，它不得不根据研究对象的本质，择取某种片面性的观点来刻画出某些典型的现象。历史总是比任何学说体系丰富得多，故而，此处所择取的观点，亦即世界诸宗教之经济伦理这个观点，也只不过是对宗教现象的社会学研究的取径之一。

第一章

资本主义精神与理性化

本 文 译 自 Max Weber, "Vorbemerkung" *Gesammelte Aufsätze zur Religonssoziologie*（Tübingen, 1978）7th ed., pp. 1—12。这 篇 文 章 实 乃 韦伯为其宗教社会学论著所写的一篇总序，英文最先由 Talcott Parsons 译 为 "Author's Introduction" 列 于 *The Protestant Ethic and The Spirit of Capitalism*（New York, 1958）一书之前，极易使人误解为韦伯专为此论文所写的前言，特此说明。中文原有张汉裕译《著者补论》，收于氏译《基督新教的伦理与资本主义的精神》一书（台北, 1960），89–98 页；译文稍有删节。今由康乐参照张译本、Parsons 英译本及以下版本予以重译：W. G. Runciman ed., E. Matthews tr., "The Origins of Industrial Capitalism in Europe," *Weber: Selections in translation*（New York, 1978）,pp. 331–340；大冢久雄、生松敬三编译，《マックス·ウェーバー，宗教社会学论选》（东京，1972）之一《宗教社会学论集·序言》（ 5–23 页）。必须说明的是，原文最后几段有关运用史料的部分，兹不赘译。此外，本文篇名及各段落小标题皆中译者所加。

身为近代欧洲文化之子，在研究世界史时，应当提出如下的问题：即在——且仅在——西方世界，曾出现（至少我们认为）具有普遍性意义及价值之发展方向的某些文化现象，这到底该归诸怎样的因果关系呢？

一　各文化领域的理性化

只有在西方，**科学**才发展至我们今日视为**可靠**的程度。其他的文明，特别是印度、中国、巴比伦与埃及，也有经验的知识、对世界及生命问题的反省、极深奥的哲学及神学智能（虽然只有基督教——在大希腊化思想的影响下——才圆熟地发展出来一套系统的神学，至于伊斯兰教与某些印度的宗派则仅有些许迹象），以及极端精微的学说与观察。然而巴比伦的天文学——就像其他文明的一样——缺少了希腊人首次发展出来的数学基础：质实言之，此一事实更突显出巴比伦天文学的特殊发展。印度的几何学则没有理性**验算**的概念——这也是希腊人天才的另一产物，同样的天才也创造出力学与物理学。印度的自然科学，就经验观察的角度而言，确有高度发展，然而并没有理性实验的观念，而此一观念虽已出现于西洋古代世界，基本上仍为文艺复兴时的产物。同样地，近代的实验室并不存在于印度，其结果则为印度的医学——虽然在经验与技术层面有高度发展——缺乏生物学、尤其是生化学的基础。除了西方外，没有理性的化学。中国的史学，尽管复杂精微，却缺乏修昔底德（Thucydides）式就事论事的研究方法。马基雅维利（Macchiavelli）确有其印度的先行者，但是从亚洲的政治思想里，我们找不到任何类似亚里士多德的分类法或一般的理性概念。理性法律体系所必备的、严谨的思想论证及形式，为罗马法的特色（西方法律亦源自此），却不见于他处，尽管印度的弥曼差(Mimámsa)学派[1]、范围极广的法典编纂——特别是近东，无数印度以及其他地区的法律文书——稍有迹象可寻。教会法(Canon Law) 的结构，亦仅见之于西方。

同样的现象亦可见之于艺术。在历史上，其他民族对音乐的敏感似乎比我们有更高度的发展，至少不比我们差。各种形式的多声乐存在于世界许多地区；由一些乐器及伴唱所构成的合奏，可见之于其他文明。我们音乐中所具有音符间合理的节拍，其他民族亦曾计算出来并熟用之。但某些特色则仅见之于西方音乐：例如合理的合声乐，包括对位法及合音；基于三和音（以及第三阶音）的音符组织法；自文艺复兴以来，我们的半音阶或更短的音符的和谐演出，是以理性的形式取代了空间式的休止符。我们的管弦乐团也是西方所特有的，以弦乐四重奏为其核心以及管乐器的整体组织；我们的连续音；有了我们的记谱法后，近代音乐的创作、演出以及其持续存在，才成为可能；我们的奏鸣曲、交响乐或歌剧（虽然标题音乐、韵诗、音符及半音阶的变奏曾以各种变形存在于音乐传统中）；以及最后，所有演奏这些的必要工具，我们基本的乐器——管风琴、钢琴及小提琴。

作为装饰之用的尖形拱门亦见之于西方古代世界与亚洲各地；亦有人认为尖形拱门及十字型拱形圆顶的结构曾出现于东方。但在

---

1 Mimámsa 弥曼差，印度古代六派哲学之一，婆罗门教最初有哲理的探讨，后来日趋下流，尊重祭祀，讲求繁琐的仪式。经年既久，就产生一种对抗的潮流，逐渐形成一宗。到了公元前二世纪，就产生了《弥曼差经》，专门注意理性的探讨，经的作者相传为耆米尼(Jaimini)。见季羡林译，《五卷书》，233 页 注 10。——中注

其他地区我们找不到理性运用哥特式拱形圆顶以分散张力，并利用弓形跨越空间——不管其采用形式为何。哥特式拱形圆顶成为——更重要的——宏伟纪念建筑物的结构原则，并延伸成为某种雕刻与绘画风格的基础，如我们中世纪所流行者。同样地，虽然此技术之基础来自东方，然而除了西方外，我们从其他地区找不到用以解决拱形圆顶方法之遗迹。我们也见不到此种所有艺术"古典式"合理化的现象，例如绘画所用的直线及空间透视法——这是我们的传统在文艺复兴时期所产生的。印刷术的成品曾见之于中国，但只有在西方，才发展出一种只设计为印刷而发表——也只有通过它才有可能——的文学体裁，直截言之，即"刊物"与"报纸"。

各种形式的高等教育机构，包括与我们大学或学院表面上极类似者，皆曾见于中国与伊斯兰教世界。但只有在西方，才发展出一种理性的、有系统的专业化知识，以及一群受过训练的专业人才，他们在今日文明中已踞有一种重要的几近支配的地位。毕竟只有在西方，我们才能发现到专业性的官员——近代西方国家及经济的基石。尽管此群体在其他地区亦曾萌芽，但从未构成社会秩序中如此必要的部分——如他们在西方所扮演的。许多文明区的确早有"官吏"——甚至具有专门职务的官吏——存在；可是没有任何时代、任何国家，我们的整个生存——生活中政治、技术及经济的基础——如近代西方一样，以如此绝对而无可避免的方式纳入受过训练的专家所构成的官僚组织的罗网下：社会生活上最重要的日常运作，以同样方式掌握在受过技术、商业、尤其是法律训练的政府官吏手中。这在其他地区是找不到的。

根据身份团体而构成政治及社会组合，是很普遍的现象，但只有在西方，才出现基于身份的——"王与王国"（rex et

regnum）——独特形态的国家[1]。同样地，由定期选举人民代表所组成的国会、群众领导者以及由政党领袖担任"部会首长"向国会负责的统治形态，也是西方特有的制度，虽然为了获取或影响政治权力而形成组织，这种意义上的"党派"亦曾见之于世界其他地区。

一般而言，"国家"——也就是基本上具有合理制定的"宪法"、合理制定的法律，以及由根据合理制定的法规或原则办事的专门官吏所负责的行政等特征的政治形式——仅知之于西方，尽管他处已有萌芽。

二　资本主义与"营利欲"

同样情形可见之于我们今日命运最具影响力、存在于近代生活中的力量：**资本主义**。

"营利"（acquisitiveness），或"追求利润"，追求金钱以及尽可能聚集更多的金钱，就其本身而言，**与资本主义完全无涉**。此一现象，无论过去或现在，皆可见之于侍者、医生、车夫、艺术家、娼妓、贪官、军人、盗匪、十字军、赌徒以及乞丐——或者可以说：不管在任何时代、任何国家，苟有客观机会可以牟利，则此现象即可见诸"各式各样的人士之间"。因此，在文化史的初步课程里，我们就该断然放弃此种 [关于资本主义的] 幼稚定义。贪得无厌的欲望与资本主义**并无类似之处**，更非其"精神"所在。反之，资本主义实际上或能抑制——至少是合理地缓和——此种非理性

1　早期日耳曼民族的政治理论认为：国家的权力是基于"国王"（rex）及"身份"（regnum）的二元化结构，regnum 即指包含"等级"在内的人民，故此处译为"王国"。——中注

的冲动。资本主义制度不外乎利用合理的资本主义的持续"经营"
（Betrieb）以追求利润或"利润率"（profitability）[1]。资本主义制度
必须如此。在整个经济已完全资本主义秩序化的情境里，个别的
资本主义企业若不以利润的营得机会为其行动方针，则必定失败。

三　合理的资本主义

现在且让我们先下一个较通常所用者更为精确的界说。我们
认为"资本主义"的经济行为应该指：

第一，基于利用交易机会而追求利润的行为。换言之，即形式
上和平的营利之机会。诉诸形式上及实际上之暴力的营利，有其独
特的法则，将其与最终目的在从交易中获取利润的行为归诸同一范
畴，是不确当的，虽然我们无法禁止人家如此做[2]。其次，在合理地
追求资本主义营利之处，营利行为是以资本的"计算"（calculation）
为依准。换言之，它是以这种方式安排的：有计划地运用作为营

1　"利润率"指的是投入的资本与获取的利润之间的比率，这表示营利是在一个理性可估
　　量的（calculable）基础上进行。——中注

2　就此一问题而言（其他问题也一样），我的意见是与我们所钦佩的教师布伦塔诺（Lujo
　　Brentano, *Die Anfänge des modernen Kapitalismus*）相左的。这种差异主要是在用语上，
　　不过内容方面亦有所不同。依我看来，将劫掠之利得与经营工厂之利得这两种异质的事
　　物归入同一范畴，是没有意义的。将所有追求金钱的努力通称为——与其他营利方式
　　对立的——资本主义的"精神"，更是没有意义。因为就我看来，在后一情况下，将失去
　　所有概念的精确性；而在前一情况，则将失去所有可以了解西方资本主义（与其他形式
　　的资本主义相较之下）特殊本质的机会。西美尔（G. Simmel）的 *Philosophie des Geldes*
　　一书里，"货币经济"与"资本主义"也被过分地混为一谈，以致妨害到他对事实的讨
　　论。桑巴特（Sombart）的著作，特别是他最新一版有关资本主义的大作，*Der moderne
　　Kapitalismus*，至少就我的问题的观点而言，合理的劳动力组织——西方资本主义的特
　　征——过分被忽略，而强调了世界各处普遍皆具的发展因素。——原注

利手段的财货或个人劳务，以期在个别企业最后决算的损益平衡表上，收入——资产之货币价值（如果是一家持续性的企业，则为定期估算的资产之货币价值）——能超过"资本"，也就是超过平衡表上估算的、用来交易营利的物质手段的价值（就持续性而言，则意味超出应继续增加）。至于此一过程是否将收集来的原料商品交给一个行商，再易回其他的原料商品（如"康曼达"[commenda]）[1]，或一制造工业——构成要素包括厂房、机器、现金储备、原料、半成品、成品以及债权——则无关宏旨；关键点在于以货币形式计算资本，不管是以近代簿记方式或较原始及幼稚的计算方式。因此当企业开始运转时，即有最初损益平衡表：每次个别交易进行前，皆经估算；为了评估企业运转情况而进行检核时，即再经估算；企业结束时，则有最后的损益平衡簿记，以确定所得"利润"。例如在"康曼达"，期初平衡表的制作可据以决定有疑义的资产货币价值而为各参与企业者所同意——只要资产尚未具货币形态；期末的平衡表则可用来估算盈亏，据以分配红利或分摊损失；只要其运转是合理的，则在"康曼达"企业之合伙者间每次个别交易皆以计算为基础。一直到今日为止，在所有资本主义企业形式里，如果其环境并不需要完全精确的计算，则计算或估算即从未真正准确，而采取推测，或更简单的只是某种传统性或习俗性的方式。但这只不过是影响资本主义营利之合理的**程度**而已。

---

1 "康曼达"是欧洲中古时期相当流行的一种贸易组合。简单说来，外出营商的人（称为 tractator）负责将本地货物运到东地中海沿岸地区销售，至于购买本地货物所需的资金则全部（或部分）由当地资本家供给，销售所得再采购东方货物回本地卖；经营所得则由外出商人与提供资金者依契约分享。参见康乐编译，《经济与历史 支配的类型》，第十一章131页注1。——中注

从纯粹概念性的观点而言，最重要的不外乎：经济活动实际上是取决于货币形式的收益与支出的比较这一事实，而不论其计算方式有多么幼稚。就此意义而言，"资本主义"及"资本主义企业"，甚至某一程度的资本计算之合理化，根据我们所知的经济文献，确曾存在于世上所有的文明国家；中国、印度、巴比伦、埃及、古代地中海、西洋中古以及近代。而且这些企业并不都只是各自孤立的事业，也有持续性的个别企业与持久的"经营"。虽然就贸易而言，长久以来的确未具我们今日这样持续经营的形式，而只是一连串个别的事业；首次在一个特别部门缓慢地朝向持续性运作的步伐是由大商人踏出的。总之，资本主义企业与资本主义企业家（不管是临时性还是持续的），都是非常古老且普遍的现象。

四　近代西方资本主义的特色——合理的自由劳动力组织

然而，西方世界却赋予了资本主义他处所未曾有过的重要意义，这是因为西方世界发展出了他处所没有的资本主义的种类、形式及趋势。世界各处皆曾有商人：批发商、零售商、住商及行商；有各种各样的放贷者，以及具备多种功能的银行（至少近似于我们西方十六世纪时的银行）；海外贸易贷款[1]、"康曼达"、有限连带责任的公司及组合曾经非常普遍，甚至采取持续经营的形式。不

---

[1] "海外贸易贷款"，欧洲中古时期用于海外贸易的经营方式。它是"一种用来保障海外贸易风险的办法，而不致违反了（当时）禁止高利贷的规定……当要进行某些风险性的海外冒险时，某人或资本家会为其船货募集一笔钱，如果船只损失了，贷方不能要求还钱，要是安全抵达则借方就要付出相当可观的利息，通常在 50% 左右"。Henri Sée, *Modern Capitalism*, p.189.——英注

论何处，只要政治团体具备有货币财政，例如巴比伦、希腊、印度、中国或罗马，即有放债者：他贷款给战事、海上劫掠以及各式各样的契约与营造；他曾在海外政策中扮演殖民地企业家而大出风头；拥有大农场，役使奴隶或（直接或间接）利用强制性劳力来工作；他承包领地、官职以及（更重要的）税收；他资助政党领袖竞选，也资助内战的佣兵队长（condottieri）；最后，在任何可以赚钱的机会中，他都是"投机者"。这种企业人物，也就是冒险资本家，曾出现在世界各处。除了贸易、借贷及银行业务等少数例外，这些人追求的主要机会要不就是纯粹不合理性的投机，否则即为凭借暴力攫取的利得，特别是战利品的利得，不管是表现为真正战争的方式，还是在财政上长期剥削其臣民。

即使在今天西方，公司创办人、大投机者、殖民者及现代金融家的资本主义就连在平时，也还有上述的烙印，与战争有关的资本主义活动更为显著。大规模国际贸易的某些部分（也只有这些部分），就像过去一样，仍有类似的特性。然而，除此之外，近代西方还有一种完全不同的资本主义形式，是世界其他地区所未曾有过的；此即（形式上）**自由劳动力**的合理资本主义式组织，在其他地区则只有初步萌芽而已。就算是不自由的劳动力，其组织也只有在大农场才达到某种程度的合理化；古代世界作坊的合理化更是极其有限；至于近古时期雇用隶属民或农奴的劳役农场、工场或庄园中的家庭工业，其合理化的程度甚至更低。在西方之外，真正雇用自由劳动力的"家庭工业"寥寥可数，这是已告确认之事；论日计酬之劳工的雇用，固为普遍现象，然除极少数例外（且其组织亦与近代持续性经营的组织大异其趣，例如国家独占的企业），并未导向工场工业，也未导出见之于西洋中古的合理的学徒组织。

然而，追求市场——而非政治权力或不合理的投机——所提供的机会而又合理的有组织的经营，并非西方资本主义惟一的特征。如果没有下列两项重要的发展因素，近代合理的资本主义经营组织恐怕是不会出现的：此即**家计与营业的分离**（现代经济生活完全以此为原则），以及与此有密切关联的合理**簿记**的采行。做工或做生意的场所与住家在空间上的分离，也曾见之于他处，例如东方的市场与其他文明区的作坊。远东、近东及西洋古代世界，也可发现具有独立会计部门的资本主义组合。然而，较之于近代商业经营的独立性而言，这些都还只能算是初步阶段。之所以如此，乃是因为这种独立性的内在基础——不管是合理的簿记，还是事业与个人财产在法律上的分开——要不就完全缺乏，要不就还在萌芽阶段[1]。营利企业之成为君侯或领主大家计（或"庄宅"

---

[1] 其间的对比当然并非完全绝对的。从古代地中海世界、近东、中国与印度的政治取向的资本主义（尤其是包税制）中，产生了合理的、持续经营的企业，它们的簿记（我们所知仅为一些碎简残篇）或许也有某种"合理"的特色。再说，在现代银行的早期发展史中（甚至英格兰银行），政治取向的"冒险家"资本主义与理性的资产阶级资本主义之间，亦曾有过密切的接触，最初通常是来自有关军事政策的交易。在这方面，有意义的是例如佩特森（Paterson）这位典型"创始人"的人物与英格兰银行理事之间的差异，这些理事负责制定长期发展方针，而且很快就被视为"格罗斯大殿的清教放贷者"。同样地，我们也知道这个最可靠的银行在"南海泡沫（公司）"时离谱的政策。以此，两种角色逐渐合而为一；不过，其间还是有区别的。合理的劳动组织之创立极少是大企业发起人及金融业者的成就，亦非金融、政治资本主义的典型代表者——犹太人——的成就。这一成就，典型而言，乃属于另一种十分不同的人。当然，这也只是就一般情况言之，个别的例外还是有的。——原注

　　William Paterson（1658—1719），英格兰银行创始人。该银行设立于1694年。

　　"南海公司"一案发生于十八世纪初，为英国有史以来最严重的金融诈欺案。

　　有关英格兰银行之成立及其与"南海公司案"的关系，参见周宪文编译，《William Paterson 的历史与事业——英格兰银行的创办》《英格兰银行与南海公司》，收入《西洋经济史论集（Ⅰ）》（台北，1982）。——中注

[oikos]）)¹的一部分，是任何地方都看得到的发展趋势；这种发展，如罗伯贝图斯（Rodbertus）所注意到的，尽管表面上有类似之处，本质上却是非常不同，甚至完全相反的。

西方资本主义的这些特征之所以具有今日的重要性，乃是由于其与资本主义劳动组织的密切关联。甚至一般所谓之"证券化"（Komerzialisierung）——证券交易所的有价证券之发展及投机之合理化——也与此有关。要是没有这种合理的资本主义劳动组织，上述一切特征，甚至证券化的发展，就算还有可能出现，也绝不会如此重要。特别是就西方之社会结构以及与其相关的、一切独特的近代西方的问题而言，尤其如此。正确计算是其余一切的基础，然而这也只有在自由劳动的地方才有可能。再者，正如近代西方以外的世界没有任何合理的劳动组织，因此，也没有合理的社会主义。

的确，正如世界各地皆有过城市经济、城市粮食供应政策、君侯之重商主义与福利政策、配给、经济管制、保护主义以及（如中国之）自由放任理论一样，世界各地也曾有各种不同的共产主义与社会主义经济；基于家庭、宗教或军队的共产主义，（如埃及的）国家社会主义，独占性的卡特尔以及各种各样的消费者组织。尽管世界各地也都曾有过城市的市场特权、行会、自治体以及市镇与乡村间在法律上的种种差别，然而，在西方以外并没有"市民"

---

1 "庄宅"，根据韦伯，Karl Rodbertus（1805—1875）是最早用此词来称呼古代"大规模家计"的学者。在"庄宅"中，需求基本上是以自给自足为标准的。家计所需要的物资大部分皆由徭役及实物贡纳的方式来提供，此种供应方式可见之于西洋古代世界的农庄与皇室的家计（特别是新王国时代的埃及，前1400—前1000），亦可见于中国及印度，中古欧洲亦有之，从查理曼的《庄园管理条例》（*capitulare de villis*）即可看出。参见 M. Weber，《经济与社会》，vol. I, p.124。——中注

的概念[1]，"资产阶级"这一概念也不存在于近代西方以外的地区；因此，西方之外也没有"普罗阶级"，而且不可能有，因为缺乏以自由劳动之合理组织为基础的企业存在的缘故。"阶级斗争"早就以各种可能的形态出现于世界各处——债权者与债务者，地主与无地者、农奴或佃农间、商人与消费者或地主等等。然而存在于西洋中古之批发者与其雇工间的斗争，在其他地区却尚处于萌芽阶段。出现在现代西方之大企业者与自由工资劳动者的冲突，更是无迹可寻。因此，像现代社会主义那样的问题也就谈不上了。

由此可见，一般文化史的核心问题，即使是从纯粹经济观点而言，归根究底也并不在如上所述只在形态上变化的资本主义活动的发展，不管这种资本主义活动是冒险家型的、商人的，还是凭借战争、政治、行政等机会以获取利得。我们所要探讨的核心问题毋宁是基于自由劳动之合理组织的资产阶级经营的资本主义（bürgerliche Betriebskapitalismus）的出现。用文化史的角度来说，也就是西方资产阶级与其特质之形成的问题；此一问题虽然与资本主义劳动组织的兴起有密切关系，却也并不就是同一回事。因为作为一个特殊身份团体的"市民阶级"，早就存在于西方特有的资本主义形态发展之前，虽然是只有西方才有。

五　近代西方资本主义的特色——合理的技术、司法与行政

近代西方特有的资本主义发展的必要条件之一，显然是技

1　有关西方的"市民"，参见康乐编译，《经济与历史　支配的类型》，第四篇第二十章。——中注

术能力的进展。如今其合理性的基本条件是由于一些技术上具决定性因素的可计性，这些技术上具决定性的因素又构成精确计算的基础。换言之，它乃是有赖于西方科学的独特性，尤其是基于数学以及精确而又合理的实验的自然科学。而反过来，这些科学及以这些科学为基础的技术做经济性的应用时，其发展则又受到资本主义机会的巨大刺激。当然，西方科学的起源是不能归功于这种利得机会的。代数与进位法的计算，曾为印度人所用，他们是进位法的发明者，然而只有在西方，这种计算才首次有助于资本主义的发展，而在印度却没能导出任何现代计算或簿记的制度。同样地，数学与机械学亦非源自资本主义营利心。当然，科学知识的技术应用——此点对我们西方大众的生活有决定性的影响——确实是受到经济因素的鼓励，西方的经济因素特别有利于科学知识之应用。然而，此种鼓励是来自西方社会秩序的特殊性格。因此，我们的问题应该是，这一特殊性格究竟是源自社会秩序的哪些成分？因为，无疑地并非所有成分皆具同等重要性。

法律与行政的合理结构无疑当为一个重要因素。因为基于合理经营的近代资本主义，不但需要可以估量的生产技术手段，而且还需要可资估量的法律体系以及按照正式规则办事的行政机构；缺乏了这些条件，冒险的及投机的商业资本主义、或者各种依赖政治的资本主义也许还可存在，然而任何具有固定资本与确实计算的、合理的私人经营却是绝对无法生存的。只有在西方，才可能将经济生活的准则植基于如此一套——不管是法律技术还是程序上皆十分明晰的——法律与行政制度上。我们要问的是：这种法律从何而来？撇开其他因素不论，资本主义营利心确曾为（受过合理法律专门训练的）法律家身份团体铺平了支配司法与行政的坦途，这是所有研究都可证明的。然而营利心却绝非导致此一发展的惟一抑或最特殊的因素。而且它也没有单独地**创造**了此种法律。在此发展中，各种不同的力量皆曾起过作用。再说，为何资本主义营利心在中国或印度就不曾发生同样的效用？何以在这些国家，一般而言其科学、艺术、政治以及经济的发展皆未能走进西方独具之**合理化**的轨道？

六　理性化的问题

实际上，在上述的一切例子中，问题的核心是西方文化独见的、特殊形态的"理性主义"的本质。不过，"理性主义"一词是有许多不同意涵的，这点在接下来的反复讨论中会逐渐明晰起来。例如有神秘冥想之"合理化"，换言之，一种从其他生活领域的观点看来特别"非理性"的行为方式也有其"理性"，正如经济、技术、科学工作、教育、战争、法律与行政的"合理化"一样。再者，所有这些领域皆可从许多不同的终极观点与目的上予以"合理化"；从此一观点视之为"合理"者，从彼观点看来却可能"不合理"。因此，极为不同的合理化曾存在于所有文明的各个不同的生活领域中。想从文化史的观点来区别其特征，该提出的基本问题是：哪个生活领域是合理化了的？朝向哪一方向？准此，首要任务是去认识（一般的）西方理性主义的特质，以及（特殊的）近代西方的理性主义，并解释其起源。鉴于经济因素的基本重要性，任何作此说明的尝试，皆必须先顾及经济的决定因素。不过，因果关系的另一方面亦不该忽略。因为，经济理性主义的起源，不仅有赖于合理的技术与法律，亦且（一般而言）取决于人们所采取某种实用理性的生活态度的能力与性向。一旦此种实用理性的生活态度为精神上的障碍所阻挠，则经济上合理的生活样式亦将遭遇严重的内在困境。在过去，在世界任何地区，构成人类生活态度最重要因素之一者，乃巫术与宗教的力量，以及奠基于对这些力量之信仰而来的伦理义务的观念。下面的论文便是来讨论这些力量的……

第二章

比较宗教学导论——世界诸宗教之经济伦理

本文译自 Max Weber, "Die Wirtschaftsethik der Weltreligionen——Einleitung," *Gesammelte Aufsätze zur Religionssoziologie*（Tübingen, 1978）7th ed.,pp. 237-275。这篇文章是韦伯为其列于"世界诸宗教之经济伦理"这个总目下的一系列论著所写的一篇导论。此一导论和《儒教与道教》的前半部同时发表于 1915 年 9 月的《社会科学与社会政策文库》。中译本所根据的版本如次：大冢久雄、生松敬三译，《マックス・ウェーバー，宗教社会学论选》（东京，1972）之二《世界宗教经济伦理·序论》（31–96 页）；H. H. Gerth & C. W. Mills ed. & trs., "The Social Psychology of the World Religions," *From Max Weber : Essays in Sociology*（New York, 1946）, pp. 267–301。本文由简惠美译出，经康乐修改定稿。篇名及篇中各段落划分与小标题皆为中译者所加。

所谓"世界诸宗教"，我们此处所指的是已知道如何将信徒大众聚集起来的五大宗教或由宗教所制约的生活规制体系，亦即：儒教、印度教、佛教、基督教与伊斯兰教之宗教伦理。此一看法，纯粹是基于价值中立（Wertfrei）的立场[1]。除了以上诸宗教外，我们也将处理第六种宗教，犹太教。理由是：它涵摄了对于了解基督教与伊斯兰教而言，极为关键的历史性前提，以及它在西方近代经济伦理的发展上所具有的历史性独立意义——此一意义部分基于真正的理解，部分则出于误解，近年来已有过不下数次的讨论。至于其他宗教，只有当其为历史关联性上不可或缺的榫眼时，才会被提及。关于基督教，我们将以前此所写而收于本论文集开头的两篇论文来作例证，故而实应以理解这两篇论文为前提[2]。

　　所谓宗教的"经济伦理"，其意义将随着我们论述的进行而渐次明朗起来。我们并不把考察的重点置于神学纲要的伦理学说上，因为即使这类纲要在某种情境下无比重要，我们也只不过将之作为一种认知工具。"经济伦理"所指的是行动——根植于宗教之心理的、事实的种种关联之中——的实践激活力。以下的论述容或只是提纲挈领，却也足以明示出一种具体的经济伦理通常在结构上是多么复杂，其制约条件又是多么的纷陈多面。进一步而言，也会显示出外表看似雷同的经济组织可能会与诸多极为不同的经济伦理相结合，并且，各依其经济伦理的独特性格，这类经济组织形态便又产生出各自极其不同的历史结果。经济伦理绝非经济组织形态的一个简单"函数"，反之，我们也不可能认为，经济组织形态无疑必是由经济伦理打造出来的。

1　亦即此种见解乃是与一定的价值观点相关联，并且包含了在此观点下的解释，只不过并不进行任何的价值判断。——日注

2　这两篇论文即 "Die protestantische Ethiku und der Geist des Kapitalismus" 及 "Die protestantische Sekten und der Geist des Kapitalismus"（《新教伦理与资本主义精神》、《新教诸教派与资本主义精神》）。参见本书编者说明中所列的《宗教社会学论文集》章节目次。——中注

没有任何经济伦理是全然由宗教所决定。就人面对世界的态度而言——这态度或由宗教或由其他（在我们看来）"内在的"因素所决定——经济伦理，当然，自有其高度固有的法则性。既存的经济地理与经济史诸因素最大程度上决定了此一固有法则。不过，由宗教所规范出来的生活样式，也是经济伦理的决定性要因之一——注意，只是其中之一。当然，在宗教规范下的生活样式本身也深受在地理、政治、社会与民族界限中运作的经济政治诸因素的影响。我们如果妄图巨细靡遗地阐明此等交互依存的关系，无疑如操舟于无涯大海，必将迷航。此处，我们所能做的仅只于：尝试揭露出对各自宗教之实践伦理产生最深刻影响的各个社会**阶层**（soziale Schichten）之生活样式中的指导性要素。这些要素在实践伦理上烙下此一伦理之所以有别于其他伦理的最具特色的面相；**并且**，它们对于各自的经济伦理也同时具有重要意义。

一 世界诸宗教的"担纲者"

我们当然不必仅将目光集中于某一阶层。打造出某一经济伦理之独特面相的决定性阶层，会随着历史的流转而变更。某一阶层的影响力也从来不是完全绝对的。话虽如此，我们通常还是能指出某些阶层，其生活样式对于诸宗教而言，至少是关键的。以下是我们或可举出的实例：

儒教是俸禄阶层——具有文书教养且以现世的理性主义为其性格特色者——的身份伦理。不属于此教养阶层（Bildungsschicht）者，即不算数。此阶层之宗教的（或许有人要说是非宗教的）身份伦理远比阶层本身决定了中国的生活样式。

古印度教的担纲者是一个具备文书教养的世袭性种姓阶层。他们并不出任官职，而是担负起作为个人及群体之礼仪、灵魂司牧者的功能。他们形成一个以阶层分化为取向的稳固中心，并形塑出社会秩序。只有具备吠陀经典教养[1]的婆罗门——作为传统的担纲者——才是被确认为具有宗教身份的团体成员。直到后来，方有一群非婆罗门的苦行阶层出现，与之相抗衡而并存。接着，在印度的中世纪时，又有印度教加入争衡。此乃社会下层及其平民秘教者所持的一种狂热的（inbrünstige）秘仪式救世主信仰。

佛教的宣扬者是沉潜冥思、拒斥现世、离弃家园、流转四方的托钵僧。只有这些托钵僧才是成色十足的教团成员，其余皆为宗教价值较低的俗人：亦即宗教意识之客体而非主体。

伊斯兰教在初期时，是个进行征服世界之战士——训练有素的圣战士骑士团——的宗教。与其十字军时代的基督教翻版相较，他们只缺性的禁欲。不过到了伊斯兰教中世纪时，冥思、神秘的苏菲派（Sufi）[2]，在平民阶层的狂迷法师的领导下，至少取得与伊斯兰教主流分庭抗礼的角色。由苏菲派衍生的小市民阶级的兄弟团组织，颇有类于基督教第三教团之处[3]，只不过它们远比后者有更

1　古印度有四部经典：《梨俱吠陀》、《娑摩吠陀》、《耶柔吠陀》与《阿闼婆吠陀》。这四部书在印度的地位近似中国的四书五经。吠陀（Veda）者，智识之意。四吠陀出现的时代相去甚远，约从公元前1500年到250年之间。——中注

2　苏菲是于公元八世纪起源于波斯的一支倡导泛神论神秘主义的伊斯兰教教派。由苏菲派所发展出来的一套精湛的象征手法，颇为诗人所用。——英注

3　相对于出家修行的修道士团体（修士属第一教团、修女属第二教团），第三教团（dritten Orden, 英译 Christian Tertiarians）是指从事世俗职业的俗人（不分性别）所组织的教会团体。虽然是以俗人为其成员，然而作为一个教团，它有一定的规诫、一定的服装，并且与第一、第二教团的成员处于精神的连带关系之中。第三教团的制度，是自十三世纪以来，为了将修道院精神带入到世俗世界而创设的，虽普遍见于诸教派，然以圣方济派为最盛。参见黑正岩、青山秀夫译，《マックス・ウェーバー，一般社会经济史要论》（东京，1955），下卷，253页注①。——中注

为广泛的发展。

自从犹太人在巴比伦之囚后[1]，犹太教就是个市民的"贱民民族"（Pariavolk）——其真确意义将随以下叙述的展开而清楚[2]——的宗教。中世纪时，犹太教转而由一个受过犹太教特有典籍与礼仪之教育的知识阶层来领导。此一阶层代表的是一个愈来愈无产化、理性主义的小市民知识阶层。

最后，以基督教为例。其初现时，乃一游走四方的技匠职工所执持的教义。在其所有的内在、外在巨大发展之时，无论是古代、中世纪也好，新教之时也罢，它始终不失其为独具一格的都市的、尤其是市民的宗教。西方的城市——与世界各地的城市相较之下，自具独特性质，观诸惟西方才衍生出市民阶级的观念一端即可得知[3]——正是基督教的主要舞台。举凡古代的圣灵虔信教团信仰、中世纪盛期的托修道士团，宗教改革时期的诸[新教]教派以至虔信派、美以美派，率皆如此。

二　阶层利益、宗教需求与神义论

我们并不主张：宗教特性只是阶层——宗教特有的担纲者——之社会状况的一个简单"函数"，或者宗教所代表的是阶层的"意识形态"，或者宗教乃阶层之物质或理念的利害状况之"反映"。

1　犹太人于公元前六世纪被俘虏而囚禁于巴比伦，史称"巴比伦之囚"（the Exile）。

——中注

2　关于韦伯对贱民的解说，见《经济与社会》（*Economy and Society*），第 II 部第 6 章第 6 节（p.493），以及《经济通史》（*Wirtschaftsgeschichte*, 1923），pp.305–307（前引黑正岩与青山秀夫之日译本，243–245 页）。——中注

3　参见 M. Weber, *Wirtschaftsgeschichte* 第四章第六节；此书由郑太朴译，《社会经济史》（台北：商务，1977），相关页次为下册330–354 页。——中注

相反，再也没有比这类论述的立场犯了更根本的谬误。

　　无论来自于经济与政治制约下的社会影响，在个别情况下，有多么的深刻，宗教伦理主要还是由宗教资源本身形塑而成，其中最为首要的成因无过于宗教的宣示与许诺。承续宗教的最先前一代，往往在根本上重新解释这些宣示与许诺。重作解释是为了使宗教启示适应宗教教团的需求。一旦如此，那么实情通常至少可说是宗教教义被调整适应**宗教需求**。其他领域的利害关系只不过是次要的影响，虽然这类影响往往相当显著，有时甚至极为关键。

　　我们会发现，在社会上具有决定性的阶层之交替，对任何宗教而言，通常是至关紧要的。从另一面来说，宗教形态一旦塑成，便会对所有异质性阶层的生活样式产生相当广泛的影响。对于宗教伦理与利害状况之间的关系，人们曾试着以前者不过是后者的"函数"来加以解释，虽然各家手法自异。这种解释出自于所谓的历史唯物论——此处我们不拟议论——不然便是出自一种纯粹心理学的观点。

　　宗教伦理受到阶级关系全面性制约这个相当抽象的见解，可以由"怨恨"（Ressentiment）理论导引出来，这一理论从尼采的精彩讨论以来即闻名于世，尔后则有心理学者才气纵横式的发挥。如众所周知，这一理论认为：人的同情心与同胞爱之伦理的圣化，是那些处于不利之境的人——无论是其自然资质使然，或是其生活制约下的坏运如此——在道德上的一种"奴隶的反叛"。因此，"义务"伦理被认为是一种为求报复的"压抑性"情操的产物——那些无力的、被压抑的、注定要劳动与营利的职人工匠，在怨恨毫无义务负担的支配阶层的生活方式之下，"转置"他们的感情。情形果真如此，则宗教伦理之类型论里最重要的问题，显然便有了一道极为简明的解答。对于怨恨之心理学意义的这种发现，无论多么令人庆幸且成效卓著，我们还是必须十分小心评价其在社会伦理上的效用程度。

下面我们会讨论到，对生活样式之伦理"理性化"的诸多不同形式具有决定性的**动机**本身。大体而言，这些动机与怨恨一点关系也没有。不过，宗教伦理中对于**苦难**（Leiden）的评价，有典型的变迁，则是毋庸置疑的。此种变迁，如果加以正确理解的话，便会显示出由尼采首先开展出来的理论尚具某种妥当性。对待苦难的原始态度，再没有比共同体进行宗教祭典之际，对疾病缠身或蒙受连绵厄运的人所采取的办法，更能具体地表现出来。不断处于苦难中的人——悲痛的疾疫或者遭受其他不幸的——依其种种不同的苦难类型，要不是被认为有恶灵附身，就是被认为冒犯了神明而为神所报复。让这些人共处其中，会给祭祀共同体带来不测。无论如何，他们不准参加祭典餐饮与献祭，因为神不会高兴看到他们，有可能会被此事激怒。献祭聚餐是欢庆的场合——就连在围城时的耶路撒冷也不例外。

将苦难视为为神所恶的征兆，并且是隐密罪过的印记，宗教便相应了心理上极为广泛的需求。幸运者很少只满足于自己就是幸运这个事实。除了幸运，他还要求确认他有**权利**（Recht）幸运。他希望确信他"值得"，尤其比起别人来值得享有幸运。他但愿能就此相信，那些没有他这么幸运的人只不过是蒙受他们该得的待遇。幸运也必得是"正当的"（legitim）幸运。

如果"幸运"一词的一般意涵概括了一切声誉、权力、财产、快乐等"资财"，那么它也就是正当化——宗教不得不为一切支配者、有产者、胜利者、健康者的内在、外在利益加以正当化——

最管用的公式。换言之，宗教为幸运者提供幸运神义论（Theodizee des Glückes）。此种神义论是根植于人类极顽强的（"法利赛式的"）欲求，因此倒也易于理解，虽然其效果往往没有受到十足的关注。

相形之下，这种对苦难的负面评价却导致苦难之宗教性圣化的过程复杂得多。形式不胜枚举的苦行：断绝日常饮食、睡眠及性交，皆用来唤起，或者至少使人较易激发出卡理斯玛——到达狂迷忘我、幻视灵见、歇斯底里，简言之，一切被评价为"神圣"的非正常状态。产生出这种状态因此便成为巫术性禁欲（magische Askese）的目的。这种苦行所具有的威信，是以下这个想法所造成的：由苦行所导致的某种受苦及异常状态，乃是通往获得超人的，亦即巫术的，力量之大道。古老的禁忌规定以及为了保持宗教性洁净的禁欲——由恶灵信仰产生——都与此种思虑同道。在这些规定、禁欲与洁净目的之外，则又再加入"救赎"崇拜（Erlösungs Kulte）的发展。基本上，这类崇拜在面对个人苦难方面，采取了一种独树一格且全新的立场。原初的祭典，尤其是政治团体的祭典，都将一切的个人利益置之度外。无论部落神、地方神，还是城市神、国家神，都只照拂全体的利益。包括诸如降雨、日照、狩猎获物与克敌制胜。因此，在共同体祭典里是以此种全体为一的方式向神祈求。为了避免或驱除自身的灾害——尤其是疾病，个人并不祈于共同体祭典，个人所依赖的是最古老的个体性"灵魂司牧者"——巫师。个别巫师的威信，以及他们奉其名以行奇迹的鬼灵、神祇之威信，为他们换来供养——不拘于地方或部落的归属关系。在有利的环境下，这就导致宗教"共同体"（Gemeinde）的形成，独立于部族团体之外。某些，尽管并非所有，"秘教"（Mysterien）即循此途径产生。它们许诺个人：将个人分别由疾病、贫困以及各种困境与危难中救出。以此，巫师本身就蜕变为秘教者，亦即属于世袭传承的秘教者之一，或者属于在一位领袖治下——领袖是根据某些既有规则而产生——训练有素者的组织。这名领袖或者被认定为一个超人的化身，或者只被认为是一名先知，亦即神的传话人、执行者。针对个人的"苦难"本身，以及为了将个人由此"救"出的宗教共同体之制度化（religiöse Gemeinschaftsveranstaltung），即依此方式开创出来。

　　宗教的宣示与许诺自然是针对那些有救赎需求的大众而发，这些人及其所关心的种种也就发展成专司"灵魂救治"的组织之核心，这些组织实际上即因此而产生。巫师与教士的典型工作变成去确定遭受苦难的原因，亦即"罪"——起初是违犯宗教惯习的规诫——的告白。巫师与教士同时也提供如何行止方能去除苦难的劝诫。基于物质与理想的关注，巫师与教士因此的确是愈来愈趋向于为各式各样**平民的**（plebjisch）动机服务。当"救世主"信仰（"Heilands"Religiosität）在典型且反复出现的挫败之压力下开展出来时，可说是又朝着这条轨道向前迈进一步。救世主信仰是以救世主神话、因而（至少相对而言）以一**合理的**（rationale）世界观为前提；苦难又再次成为最重要的主题。原始的自然神话则经常为此一信仰扮演了开端发绪的角色：支配着植物之生来死去与支配极关乎四季的星辰之运行的神灵，成为有关苦难、死亡、复活之神的神话的理想担纲者——对处于困苦状态下的人而言，这神保证此世幸运的再来，或他世幸福不虞。再者或是一名出身英雄传说而广受人们喜爱的人物——例如印度的克利许纳，被附以童稚、爱、战斗等神话；这类人物成为热烈的救世主崇拜的对象。对于像以色列人这类受到政治压迫的民族而言，"救世主"（Moshuach）的名衔原先是附于英雄传说中处于政治困境者（如勇士 Gideon 及士师 Jephthah）之类的救难者身上；"弥赛亚的"（messianischen）许诺即由此确立。对这样一个民族，而且彻彻底底就这么个以色列民族，在其他诸多极为特殊的条件配合下，所冀望于宗教救赎的，与其说是单一个体的苦难，毋宁说是整个民族**共同体**的苦难。通惯的办法是这样：救世主同时具有个别的与普遍的性格，他会保证**个人**与凡仰望他的**所有**个人得到救赎。

救世主有种种不同的印记。在袄教的后期形态里，由于经历繁多的抽象化，为求救赎的精简起见，乃由一个纯粹虚构出来的人物来担任起传介者与救世主的角色。恰恰反其道而行的是：通过奇迹与灵视再现而取得正当性的历史人物，跃升于救世主的地位。凡此极为相异的可能性之以何种方式实现，纯粹的历史因素具有决定性地位。不过，大体而言，总是有某种受难的神义论（Theodizee des Leidens）自救赎渴望中蕴生出来。

救赎宗教的许诺，起初是与仪式的前提条件而非伦理的前提条件联结在一起。举例来说，古希腊的谷神祭典（eleusinischen Mysten）中，不管是此世还是彼世的利益，都端视仪式的纯净与祭典弥撒的参与与否而定。一旦法律的重要性增长，诸神就扮演起更加吃重的角色：他们成为司法诉讼的守护者，承担保卫传统秩序、奖善惩恶的工作。

举凡宗教发展深受先知预言决定性影响之处，"罪"自然不再只是一种巫术性的触犯，而毋宁是不信先知及其诫命的一种标示。罪被认定是不论何种不幸的根本因素。

先知本身并不必然出身于被压抑阶级或是此等阶级的代表人。我们会看到，情形通常恰好相反。先知义理的内容也大多并非出自被压抑阶层的观念世界。不过，通常，那些被压抑者，或至少是些受到困境威胁的人，才会需要一位拯救者与先知，而那些幸运者、有产者与支配者阶层则无此需求。因此，在绝大多数情况下，经由先知预言所宣示的救世主信仰是以较处劣势的社会阶层为其长久的着根处。以此，它若非完全取代了巫术，无论如何也给巫术作了合理的补充。

凡是先知或拯救者的许诺未能充分合乎社会上较劣势阶层的需求之处，通常另一个大众的救赎宗教就会在官方教义底下发展出来。在救世主神话中，包含着合理世界观的幼苗，因此，在惯常情况下，一种合理的不幸神义论（Theodizee des Unglücks）便会借此世界观为范型而开展出来，同时，此种合理的世界观也往往同样会赋予苦难本身一种原本相当生疏的"正面"意义。

随着奖善惩恶的伦理性神祇的出现，自愿经由苦行而产生的苦难便有了不同的意义。原先，以祈文祷词来强制神灵的巫术力量，通过苦行——达到卡理斯玛状态的根源——而被增强。这类强制力量仍然存在于祈祷者的苦行与仪式性的禁欲规制里。即使为了强制神灵而施行的巫术性祝祷已转变为祈求神恩后，情形依然如此。忏悔苦行也被列入成为悔改以息神怒、自惩以豁免自己招致之罪罚的一种手段。许许多多的禁欲原先是丧礼的一部分（这点尤以中国最为明显），用以去除死者的嫉妒与愤怒。这些禁欲很容易被转换成对应各类神祇的关系；自制苦行、最后是不自觉的安贫寡欲，变得比尽情享受此世财货要更讨神的欢心。财货的享受，确实，使追求享乐的人较难受先知或教士的影响。

所有以上这些个别因素的力量，在某些环境下，会大幅度地增强：

幸运资财（Glücksgüter）在人世间的分配，到底有何伦理"意义"？对此问题加以解释的要求，随着世界观里合理性成分的增加而升高。当宗教——伦理观的合理化增长，而原始、巫术的观念被排除之际，受难的神义论便面临愈来愈大的困难。对个人而言，"不当得的"不幸，实在太常见了；不是"善"人而是"恶"者功成利就——即使"善""恶"的标准是依支配阶层的尺度而非"奴隶道德"来衡量。

对于苦难与不公平的解释，原因可以是：个人在前世所犯的罪业（灵魂轮回之说）；祖先的罪过——罪及三代、四代以下的子孙；或者——最根本的说法——一切被造物本身的堕落。与此相应的悔罪许诺，则可以指望：个人在来世过比此世更好的日子（灵魂轮回），子孙会过得更好（弥赛亚的领域），或者彼世会有更好的生活（天堂）。

关于神与世界的形上观念——相应于神义论中无可解消的要求而产生——总共也只产生出一些（如我们以下所见，仅有三个）思想体系。这三个思想体系对于命运与功绩之不一致的根由这个问题，提出能够满足所问的合理解答：印度的业报（kharma）说、袄教的二元论、隐身之神（Deus absconditus）的预定说。这些合理且首尾一贯的解答，以其纯粹的形式出现者，不过是些例外。

对苦难与死亡之神义论的合理需求，带来极为强大的影响。事实上，这种需求形塑出诸如印度教、袄教、犹太教以及某种程度上保罗及其后的基督教等这类宗教的重要特性。甚至直到1906年，在为数甚可观的无产普罗中，仅有少数人以近代科学理论所导出的结论来作为他们不信仰基督教的理由；而其中的大多数则径指俗世秩序之"不公正"这一点——当然，本质上是因为他们相信在现世中一次革命性的重新分配。

怨恨是可以为受难的神义论添色；然而，就人在此世命运不济而要求补偿的这点而言，一般说来，怨恨并未成为决定性的基本色调。要求报复，当然与下面这种信仰特别相近：不义者而能在此世享福，只不过是因为地狱已在后头为他们准备好了；永恒的至福是保留给虔信者的；罪过——毕竟这是连虔信者也时而会犯的——必须在此世加以清赎。然而，我们很可以确信，即使连这种时而会有的思考方式，也并非总是基于怨恨的，并且也绝对不必是受压抑的社会才有的产物。我们将会看到，由怨恨来决定其基本特色的宗教，只有少数一些例子，而这些例子中，仅有一个发展成熟。总之，我们能说的只是：怨恨**可以**是，并且往往到处都曾经是，影响社会上劣势阶层之宗教的理性主义的种种重要因素之一。它之所以具有这般重要性——在极为纷杂且往往是细微的程度上——是根据各个不同宗教所宣示的许诺之性质而来的。

无论如何，试图概括地以怨恨作为导出"禁欲"（Askese）的起源，是大错特错的。一般而言存在于纯正救赎宗教里的那种对于财富与权力的不信任，通常主要是以救世主、先知与教士的经验为基础。他们了解到，那些在现世里"饱满餍足"且受惠有余的阶层很少渴望被救——无论是哪一种救赎。因此，这些支配阶层较不"热衷于"宗教救赎信仰。理性的宗教伦理之发展乃奠立于那些社会里遭受蔑视的阶层上，并以这些阶层的内在状况为其稳固坚实的根基。

稳稳地握有社会荣耀与权力的社会阶层，通常以如下的方式来建构起他们的身份传说：他们自有一种独特而与生俱来的资质，往往是血统上的；他们以其实际上或自我宣称的**存在**（Sein）来喂养他们的尊荣感。至于那些在社会上受压抑的阶层或身份上受到负面(或至少非正面)评价的阶层,则最易于以这样的方式来滋养他们的自尊心:他们相信自己被赋予某种特殊的"使命";他们的价值由一种伦理上的**当为**(Sollen, ethical imperative)或其自身功能上的**业绩**(Leistung)所构成并受到保证。因此,他们的价值被推往超越己身之外的某处去,推向由神置诸其前的"任务"(Aufgabe)。伦理的先知预言在社会劣势阶层里具有理念上的力量,原因之一即在于此一事实。作为一种杠杆,怨恨并不特别必要;如上所述的这种在物质上与理念上之补偿的合理关心,即已充分具足了。

无疑的,先知与教士的传教活动也有意或无意地利用了大众的怨恨。但实情并非总是如此。这股本质上属于负面的怨恨之力,就吾人所知,从来就不是使各救赎宗教独具特性而本质上为形而上学思想的泉源。再者,一般而言,宗教许诺在性格上,无论外在、内在,也绝不必然或主要只是阶级利害的传声筒。

我们下面会看到,大众本身一直被深深卷入自太古以来原始且粗野的巫术中,世界各处皆然——除非揭示特殊许诺的先知预言将之横扫于一场具有伦理性格的宗教运动中。此外,伟大的宗教——伦理思想体系之特性,与其说单只决定于支配与被支配阶层间的对立,倒不如说是由远具有特殊个性的社会诸条件所决定的。

三 宗教许诺与救赎的心态

为免覆沓,就此先进一步讨论一下这些关系。对经验科学的研究者而言,各个宗教之许诺所提供的各色救赎资财(Heilsgüter),

绝对不只是被理解为"彼世的"，他们甚至不愿做此理解。并非每一宗教、每个世界诸大宗教都意识到有一个"彼世"（jenseits）作为其明确宗教许诺的落点；实情远非如此。无论是原始的还是文化的，不管先知预言的也好，非先知预言的也好，各色宗教所提供的救赎资财原先大多是此世的实质好处——健康、长寿、财富。除了基督教与其他一些禁欲信仰之外，中国的宗教、吠陀信仰、祆教、古犹太教、伊斯兰教等，无不许诺这些实质好处；腓尼基、埃及、巴比伦、古日耳曼等地宗教，以及印度教、佛教所给予俗人信徒的宗教许诺，也同样是如此。只有苦行者、修道士、苏菲［伊斯兰教的神秘主义教派］、托钵僧（Dervisch）等宗教达人（religiöse Virtuose）才致力追求"现世之外的"（Ausserweltlich）——与此世的健康、长寿与财富等实质好处相较之下的——救赎资财。而这些现世外的救赎资财绝对不只是**彼世的**而已；甚至当参与其中的人认为就是如此时，也尚有可议。就心理上而言，人在寻求救赎时，主要是以此时此地的心境为第一要义。清教的**救赎的确定性**（certitudo salutis），一种基于感觉"已自我证实"（Bewährung）的永恒恩宠状态，在心理上是这个禁欲宗教诸多救赎资财中惟一具体的标的。确信将涅槃的佛教僧侣，寻求一种普遍博爱的情感；虔信的印度教徒寻求巴克提（Bahkti, 融入神的狂炽之爱）或无感的忘我；［俄国］克律斯特派（Chlyst）的狂舞（radjeny）与舞蹈的托钵僧僧侣寻求的是酒神式的狂迷状态；另外尚有寻求融入于神而驻神的状态、求爱于圣母玛利亚或救世主的情感、耶稣会士的圣心礼拜、寂静派的祈祷境界、虔信派对幼年基督及其"受创血流"（Wundbrühe）的慈爱柔情、追求克里希那神（Krishna）的性爱或半性爱的迷醉、伐腊毗教团（Vallabhacharis）精心洗练的

祭典宴飨、诺斯替教派礼拜时的自慰行为、各式各样的**神秘的合
一**（unio mystica）及冥思性地没入那全有独一者（All-ein）——
所有这些状态之所以被企求，无疑地最主要是为了它们直接提供
给信徒如此的情感价值。在这方面，它们事实上与酒神或苏摩
（Soma）礼拜祭典中宗教的狂迷陶醉、图腾式的食肉狂祭、食人者
的宴飨、古代带有宗教神圣意味的使用大麻、鸦片、尼古丁，以
及一般而言所有的巫术性迷醉，全然相同。它们之被视为特别神
圣化及具有神圣性，是因为此种状态在心理上的非日常性，以及
为它们所制约的各种情状之独特内在价值。甚至最为原始的狂迷
都未完全欠缺一种自有其意义的解释，只不过仅有合理化的宗教
才在救赎财的直接配给之外另赋予这类特殊的宗教行为一种形上
的意义——合理化的宗教将狂迷升华为"圣礼"（Sakrament）。然而，
狂迷具有一种纯粹是泛灵或巫术的性格，其中并不包含丝毫普遍
性的、有秩序的救赎实践（Heilspragmatik），有的话也不过是一点
萌芽；而这种救赎实践是所有宗教的合理主义所特有的。

　　不过即使当这种将狂迷升华为圣礼的过程发生之后，救赎财
对于信奉者而言，最先入为主仍然是在心理上的**此时此地**的状态，
这点确实并未改变。此种状态主要是存在于感情性的心神态度，
而此种感情性心态则借由各自特有的宗教（或巫术）行为、有条
理的禁欲、冥思等，直接导引出来。

　　宗教状态，就其为非日常性的心神状态，无论在性格上或外
观上，都只能是一时的。这当然原本是世界各处皆然。区别"宗
教的"状态与"世俗的"状态之道，除了指认前者的**非日常性**之外，
别无他法。借着宗教手段所到达的一种特殊状态，是可能被当作
一种"救赎状态"（Heilszustand）来追求的，换言之，永远持续特

殊状态的效果、涵摄住整个人及其命运的状态。从一时的到永恒的状态，其间的转换是流动不居的。

被升华了的宗教救赎论中的两个最高概念是"再生"（Wiedergeburt）与"拯救"（Erlösung）。再生原为上古巫术的宗教财，此指以一种狂迷的动作或通过有计划讲方法的禁欲来获取一个新的灵魂。人可以在狂迷状态中短暂地获取新的灵魂，但若是以巫术性禁欲为手段，他就可以设法永远持续地拥有。年轻男子若想以英雄的姿态加入战士团体、或参与此种祭祝共同体的巫术性舞蹈或狂迷，或者凡是想在祭典宴飨中与神祇有所交通者，就必须有一个新的灵魂。以此，英雄式及巫术性的禁欲、成年礼的仪式，以及在个人及集体生活的重要时节里所举行的再生的圣礼习俗，都是极为古老的。这些行为所采取的手段各有不同，其目的亦复如此：易言之，对于"为什么我要再生？"这个问题，有种种不同的解答。

在宗教上加盖其心理特征印记的种种宗教性或巫术性状态，可以根据极为不同的观点来加以系统分类。此处我们并不打算做这种系统化的工作。我们只想就上述的关系脉络来指陈出如下相当笼统的论列。

被某一宗教当作最高价值来追求的（此世的）至福或再生状态，显然根据这种宗教意识最主要担纲阶层的性格，而必然有诸多不同样式。就此而言，骑士战士阶级、农民、工商，以及具有文书教养的知识阶层，当然自有不同的宗教倾向。下面将会明白显示出，这些倾向本身并不就决定了宗教的心理性格，不过部分带给宗教一种相当深远的影响。其中，战士与农民阶级间、知识与工商阶级间的对比，特别重要。在后二者中，知识人无论如何总是较为

理论性的理性主义的担纲者；而工商阶级（商人与职工）至少是
较为实践性的理性主义的可能担纲者。这两种理性主义带有非常
相异的特征，但是往往都对宗教态度产生重大的影响。

四 "世界图像"的合理化

在这一点上，特别是**知识阶层**的特性，在过去历史上曾对宗
教发挥过最重大的影响。然而今天，这在宗教的发展上已不再重
要。不管现代的知识分子在所有其他各种的感觉之外，是否还感
到有将"宗教的"状态作为一种"体验"来享受的必要——为的
是要拿保证既真且古的行头来装点他们内在别具品味的摆设。宗
教的革新从来就不曾以此为活水源头。在过去，将拥有宗教救赎
[的状态]升华为"救赎"信仰，正是知识分子的事。若是我们将
救赎理解为从困苦、饥饿、旱魃、疾病，以及究终由苦难与死亡
中挣脱而得的解放，那么此一观念可说是非常古老的。然而，只
有当救赎的理念所表示的是一个有系统且合理化的"世界图像"
（Weltbildes），并且代表一种面对世界的态度时，这种观念才具有
独特的意义。这是因为救赎的意义及其心理性质——无论是意图
的还是真实的——都有赖于这样一个世界图像与态度。直接支配
人类行为的是物质上与精神上的利益，而不是理念。但是由"理念"
所创造出来的"世界图像"，常如铁道上的转辙器，决定了轨道的
方向，在这轨道上，利益的动力推动着人类的行为。人们希望"自
何处"（wovon）被拯救出来、希望被解救到"何处去"（wozu），
以及——让我们也别忘了——"要如何"才能被拯救，这些问题
的解答全在于个人的世界图像。

　　在这方面，有许多极为不同的可能，诸如：

　　·人可能希望自政治、社会的隶属状态中被拯救出来，而被引领到一个此世的弥赛亚未来王国去；或者可能希望从因仪式不净所致的污秽或滞溺于肉体的不净被拯救出来，而渴望达到一种灵块、肉体皆美的存在或一纯粹精神性的存在。

　　·人可能希望自人类激情及欲望永无止境的无聊儿戏中被拯救出来，而冀求清净观想神圣的寂静境界。

　　·人可能希望自其恶根性及原罪之轭下被拯救出来，而仰望徜徉于父神之怀永恒的自由祥和里；也可能希望由根据星辰天象的占星之法所推定的宿命枷锁中被拯救出来，而引领企盼自由的尊严与分润隐密之神的本质。

　　·人可能希望自表现为苦难、悲哀与死亡的有限性之障，以及吓人的地狱刑罚中被拯救出来，而盼望在地上或天堂里的来世永远的至福。

　　·人可能希望自伴随着前世作为挥之不去的因果报应而来的再生之轮里被拯救出来，而冀求永恒的寂灭。

　　·人可能希望自毫无意义的烦恼与人事流转中被拯救出来，而渴望一无所梦的长眠。

　　当然，还有许许多多举之不尽的可能。凡此种种可能的背后，总有一面对现实世界——特别让人感觉到"无意义"的——的态度；相应于此所隐含的要求则是：世界秩序整体无论如何会是、可能是、也应该是个有意义的"秩序界"（Kosmos）。此一要求，纯正的宗教理性主义的核心要求，彻彻底底是知识阶层的产物。这种对有意义宇宙的形而上学需求的妥当之道、其结果与影响程度，极为多样，不过，还是能做出某些一般性的论断。

　　世界图像与生活样式的近代形态，在理论上与实践上、知性上与目的取向上（zweckhaften）全面理性化的一般性结果是：宗教——就世界图像之知性形构的观点而言——已被归置到非理性的领域里去；随着目的取向类型的理性化愈益进展，情况就愈是如此。宗教被归诸非理性领域的这种情况，肇端于诸多因素。一方面，彻底的理性主义并不是那么容易完全解析厘清的。正如音乐方面，毕达哥拉斯式的"小音程"（pythagoreiche "Komma"）之抗拒走向音响物理完全理性化的尝试。包括所有民族与时代在内的诸大音乐体系各采用不同的应对态度：它们若非隐涵或回避此种无可避免的非理性，就是反将之加以利用，使调性丰饶化。同样的情形也发生在理论性的世界图像上，并且有过之而无不及；尤其是这似乎也发生于实际生活的理性化上。各种履行理性的、讲求方法的生活样式的重要类型，都曾因非理性的前提假设而独具特色——它们单纯被当作是"固有的"东西而受到采纳，并且并入这类生活样式中。这些非理性的前提会是什么，则取决于历史性与社会性的因素；至少在极大的程度上，是取决于那些在生活样式之形成期的决定性时代里，即为这类生活样式之担纲者的阶层所具有的特性。这些阶层的**利害状况**（Interessenlage）——受到社会外在与心理内在制约的利害状况，话说回来，又是阶层的特性之所由。

　　再者，介入现实之合理化过程中的非理性要素也成为无法抑止的知性主义（Intellektualismus）追求——追求拥有超现实的价值——被迫退而容居之处。愈是去除了非理性的世界就愈是如此。在原始的世界图像中，凡事无不为具体的巫术，这种统一性有向两端分裂的倾向：一是理性地认知与驾驭自然；一是倾向"神秘的"

体验。这种体验之无以言宣的内容，是与没有神存在的世界机械体并立的、惟一可能的"彼世"。事实上，彼世就等于是一个非实体的形上国度，个人在其中切身地坐拥神圣。只要彻底无保留地达成此一结论，个人，仅就其为个人本身，即得以追寻一己的救赎。随着知性主义的理性主义之进展，只要人类企图将世界图像合理化为受非人格性法则所支配的宇宙，这种现象即会以某种形式出现。当然，在主要是由上流知识阶层——这些阶层热烈献身于对世界及其"意义"纯粹**思索性**的理解——决定的宗教与宗教伦理中，这点表现得最为强烈。亚洲，尤其是印度的世界宗教，正是如此。对这些宗教而言，冥思成为人所可能企及的至高且终极的宗教财。冥思使人得以进入宇宙的全有惟一之至深至福的寂静、不动之境。至于其他形态的宗教情境，最多也只不过被认为是具有相对价值的代用品。正如我们会不断提到的，这对宗教与生活——包括经济生活——的关系，产生相当深远的影响。此种影响乃来自冥思意味上的"神秘"体验之一般性格以及追求此种体验的心理前提条件。

五 社会主导阶层的宗教立场

如果对宗教之发展具有决定性的阶层是现实生活中的行动者，那么情形就完全不同了。无论其为英雄战士、政治官吏、或是在经济上从事营利活动的阶级，或者，最后一种，支配宗教的某种教权制组织，事情的结果就与上流知识阶层主其事时大相径庭。

教权制组织阶层（Hierokratie）的理性主义是由专司祭典与神话、或者更可以说是由作为灵魂司牧者——亦即聆听告解与规诫罪人者——的职业性行当中蕴生出来的。无论如何，他们总想要独占宗教救赎财的授予，同时也企图将这种授予调节锻炼成"圣礼恩宠"（Sakramentsgnade）或"制度恩宠"（Anstaltsgnade）的形式；换言之，宗教财仅能通过教士阶层举行仪式来授予，而无法由个人自行获得。个人之追求救赎，或者，以冥思、狂迷或禁欲为手段追求自由的［宗教］共同体，此等尝试皆被视为极其可疑的，必须以仪式加以规制，并且特别是必须置诸教权制的统制之下。从掌权的教权阶层之利害观点而言，这是再自然也不过的了。

另一方面，**政治性的**官吏阶层则怀疑所有种类的个人救赎追求以及自由的共同体形成，将之视为逸脱于国家制度所掌握的驯化之根源。此外，他们对于与国家竞争的教权制度恩宠也抱持不信任的态度，并且，终极而言，尤其是瞧不起这些在现世功利目的之外的非实用价值的追求。对所有的政治官僚而言，宗教义务毕竟只不过是公民及身份团体的一种官方的或社会性的义务。因此，宗教礼仪是相对应于行政法规的，凡是其性质是由官僚所决定的，此宗教即带有一种仪式主义的性格。

骑士的（ritterliche）战士阶层也往往倾向于这种绝对现世的利益，而与一切的"神秘论"（Mystik）无缘。不过，这种阶层则欠缺理性支配现实的欲求与能力——一般而言，这也是英雄主义的特征。"命运"（Schicksals）的非理性，以及，在某种情况下，一种蒙昧的、决定论式的"宿命"（Verhängnisses，荷马式的"命运"[Moira]）思想，存在于那些神祇与恶魔之上及其背后，他们被想象成强壮而情绪化的英雄，对人间的英雄伸出援手或加以敌视、赐予荣耀、战利品或死亡。

农民则较倾向巫术。他们的整个经济生活特别受制于自然，这使得他们必须时时倚靠自然的力量。他们相信可以用巫术来强制作用于自然力之中或之上的神灵，或者干脆就买通神灵的善意。除了生活方式的激烈变革之外，别无他法让他们脱离这种普遍存在的、原始形态的宗教意识。这种变革的动力若非来自其他阶层，则来自以奇迹效力证实自身为施咒者的有力先知。通过麻醉剂或舞蹈所产生的狂迷——忘我的"神灵附体"状态，被骑士阶层认为有损尊严，因此与其身份荣誉始终无缘。然而，对农民而言，此种状态却取得与"神秘论"在知识阶层中同样重要的地位。

最后，我们所要讨论的是西欧观点下所谓的"市民"阶层，以及其他地方凡与此同义者；亦即：职工、商人、家内工业的企业家，及其在近代西方特有的衍生物。显然，再没有比这些阶层所采取的宗教立场更为千变万化的了——这点对我们而言特别重要。

在这些"市民"阶层中，以下诸宗教现象特别根深蒂固：作为教皇之支柱的中古城市里，罗马教会的圣礼—制度恩宠；古代城市与印度的秘教—圣礼恩宠；中东地区的狂迷—冥思的苏菲及托钵僧的宗教意识；道教的巫术；佛教的冥思；亚洲地区在秘教者的灵的指导下，仪式主义式的恩宠；从克利许纳崇拜到基督崇拜，举凡见诸世界的救世主爱与救世主信仰的一切形态；犹太人理性的律法仪式主义，以及完全去除了巫术要素的集会讲道；古代圣灵主义的教派与中世纪的禁欲教派；清教与美以美教派的恩宠前定论与伦理再生说；乃至于一切种类的个别性救赎追求。所有这些，在"市民"阶层中、较诸其他阶层，基础都更为牢固。

当然，所有阶层的宗教实际上都远不如我们所呈现的那样、毫无疑义地决定于与它们特别有亲和性的阶层之性格。虽然如此，乍看之下，市民阶层就整体而言，在这点上显得较具多方面的可

能性。不过，也正是在这类阶层里，对某一特定宗教的选择性亲
和才突显出来。在生活上倾向**实践的**理性主义，是所有市民阶层
的共同点；这是由于他们生活样式的性质所致，亦即其经济生活
已颇不再受制于自然的束缚。他们的整个生活都以技术的或经济
的计算，以及对自然对人类的支配为基础——无论采取的手段有
多么原始。其中，世代传衍下来的生活技术当然有可能——正如
各处、一再发生的情形——会僵化为传统主义的形态。尽管如此，
其中确实总是存在着足以产生一种**伦理的**、理性的生活规制的可
能性——尽管其间的差异程度颇大；之所以有此可能，即在于此
种伦理之与技术、经济的理性主义倾向相连结。这种伦理的、理
性的生活规制并非都能进步到可以和基本上已被巫术定型化的传
统相抗衡。然而，凡有先知预言为此提供宗教基盘（Unterbau）之
处，此种基盘理应即为先知预言的两种基本类型之一，这两种类
型即我们以下将不断加以讨论的"模范型"预言（"exemplarischen"
Prophetie）与"使命型"预言（"Sendungs" Prophetie）。模范型预
言是**以身示范**，通常以一种冥思性的、无所动心的禁欲生活为模范，
指引出通往救赎之路。使命型预言则以神之名颁布其对世间的**要
求**，当然，这些要求是伦理的、并且往往带有一种行动的、禁欲
的性格。

　　极为了然的是，市民阶层愈是重要，并且愈是能脱离图腾束缚、
氏族或种姓的状态，对于以使命预言为基础的宗教而言，就愈是
有利的温床。在这种情况下，行动的禁欲即成为较占优势的宗教
态度：亦即以视己为神之"工具"（Werkzeug）的感情来滋养的、
合乎神的意志的**行动**（Handeln），而不是在上流知识阶层影响下
的宗教里、被视为最高宗教价值的状态，亦即拥有神，或向内且

冥思性地归依于神。在西方，行动的禁欲态度一直保持着优于冥思的神秘论与狂迷或无动于心的忘我的地位，虽然后面这些类型早为西方所熟知。然而行动的禁欲并不只限于市民阶层。这样清楚截然的社会决定论无论如何是不存在的。针对贵族与农民的祆教预言与针对战士的伊斯兰教预言，正如以色列及早期基督教的预言与宣道，都具有行动的性格，而与佛教、道教、新毕达哥拉斯派、诺斯替派及苏菲派的布道恰成对比。不过，使命预言的某些独具的结论确实正是在"市民的"基础上建构出来的。

　　在使命预言中，虔信者感觉自身是神的工具，而不是神的容器。此种先知预言与一种独特的上帝观具有深厚的选择性亲和，亦即：一种超俗世的、人格性的、会发怒、赦免、亲爱、要求与惩罚的创世主观念。此种上帝观恰与模范型预言中的至高存在形成对比。后者的至高存在通常——虽非绝无例外——是一种非人格性的存在，这是基于人只能以冥思的静态来接近它。使命预言所持的动态性上帝观，支配了伊朗与西亚的宗教，以及由此衍生的西方宗教；模范型预言所持的、静态至高的存在，则支配了印度与中国的宗教意识。

　　此等差异绝非与生俱来的。相反，这些神观皆由世界各地相类似的、原始的泛灵论鬼神观与英雄神祇观念高度升华而来。当然，在这升华的过程中，具有强大作用力的，是神观与宗教状态——即我们先前所述被评断为救赎财而为人所致力追求的——之间的关联。这些宗教状态即根据其被视为至高无上的种种神圣境界（包括冥思、神秘的体验、无所动心的狂迷忘我、迷醉的附神状态或幻想性的感召与"诫命"等），而直截解释、推究成各不相同的神观。

　　目前，人们广泛认为应该视感情内容为第一要义，而思想只不过是其后起的表达。当然，此见解可说相当有道理。基于这一观点，我们可能会认为："心理的"因素的重要性超越"理性的"关联，而为因果关系中惟一关键所在，因此，视后者**只是**前者的解释。然而，就事实之证示，这未免言之过甚。事实上，一连串的纯粹历史动机决定了往超越性神观或往内在性神观发展的契机。这些神观回过头来又决定性地影响了救赎经验清楚成形的过程。正如我们一再得见的，这确实是发生在超俗世神观上的情形。甚至即使爱克哈特（Meister Eckhart）偶尔明白地将马大（Martha）置于玛利亚（Mary）之上，最基本的理由，是他并没有全然放弃西方创世信仰与神观里一切决定性的要因，从而未能贯通神秘主义者固有的、泛神论式的体验上帝。

宗教的理性要素——其教义——也有固有的法则性，例如：印度的业报说、卡尔文派的上帝预选说、路德派的信仰得义论，以及天主教的秘迹教义等。从上帝观与世界图像之性质归结出的、理性的宗教救赎实践方针，在某些情况下，对于实际的生活样式之形塑，有相当深远的影响。

以上所论乃基于一个前提，即：为人所追求的救赎财之性质，强烈受到支配阶层外在利害状况及相应于此的生活样式之性质的影响，从而强烈受到社会阶层化本身的影响。但，反之亦然：举凡生活态度的方向被有计划地合理化者，其整体方向即深受此一合理化所导向的终极价值所决定。准此，这些终极的价值与立场乃**宗教制约**下的产物。当然，它们并非总是或必然是决定性的；然而，当**伦理性的**理性化发生时，或至少在它们影响所及的情况下，它们是决定性的。通常，这些宗教制约下的价值会是决定性因素**之一**，并且，往往绝对是决定性关键所在。

在决定内在与外在利害状况间的相互关联之性质上，有一极为重要的因素。我们上面讨论过、由宗教所许诺的那种"最高的"救赎财，并不必然是最能普遍地被追求到的。进入涅槃、与神性冥思合一、狂迷式或禁欲式的附神状态，这些并不是每个人都能到达的境界。一种缓和的形态——将人转引入宗教的陶醉状态或梦幻状态——会是一般性民间崇拜的目标。但即使是此种形式的心理状态，也不是日常生活的一部分。

六　达人宗教与大众宗教

有个重要的经验事实是：人的宗教**禀赋**是**不平等**的，自有宗教以来即是如此。这项事实"在特殊恩宠论"中以最为严格的理性主义形式被教义化——俱现于卡尔文教派的上帝预选说上。被赋予最高评价的宗教救赎财，诸如：萨满、巫师、禁欲苦行者，以及所有种种灵媒者所具的狂迷忘我、幻觉灵视的能力，并非人人得以致之。拥有此种能力，就是一种"卡理斯玛"；某些人确实可以被召唤起这种卡理斯玛，但绝非人人皆可。以此，所有强烈的宗教意识里都会产生出一种与卡理斯玛禀赋之差异相对应的**身份性分化**。此即"英雄的"、或"达人的"宗教意识（"Virtuosen-"Religiosität）[1]与"大众"的宗教意识（"Massen-"Religiosität）之对立。所谓"大众"，我们所指的是对宗教"音盲"的人（die

---

[1] 在此诸脉络里，我们必须去除"达人"这个概念在现今所包含的每一个价值判断的层面。由于"达人"一词意思相当复杂，我倒较偏向于用"英雄的"宗教意识这个词语，不过，"英雄的"（heroic）实在太不适用于我们这里所说的某些现象。——原注

　　韦伯在无意中接受了鲍尔（Bruno Bauer）的说法。见鲍尔在其 *Einfluss des englischen Quäkerthums auf die deutsche Cultur und auf das englisch-russische Project einer Weltkirche*（Berlin，1878）一书中 "habituelle,Künstlerische Virtuosität gewordene Frömmigkeit"之概念，pp.17f.，21，60，94，99，102，140。——英注

religiöse "Unmusikalischen"），而自然不是指在世俗的身份秩序中那些社会地位低者。就此而言，达人宗教的身份性担纲者是巫师、祭舞女巫的集团、印度行者（Sramana）的宗教身份团体、早期基督教教团内部被明白公认为有特殊"身份"的"禁欲苦行者"、保罗会派以及诺斯替教派的"圣灵充满的人"、虔信教派的"集会"（ecclesiola）、所有纯正的"教派"——以社会学观点而言，指的是那些只接受拥有宗教禀赋的人加入的团体，以及世界各地的修行僧共同体。

于此，对于达人宗教及其固有自主性的开展，"教会"（Kirche）——由教阶执事者组织成一个恩宠授予机构的共同体——必然会本其教权制的、机关执事者的权威，极力加以反击。这是基于：教会，作为制度恩宠的把持者，企图组织大众的宗教意识，并将其自身根据教权所独占及媒介的救赎财取代宗教达人自主性的、宗教身份性的禀赋。教会在性质上，亦即根据其教阶执事的利害状况，必定是"民主的"，因为必须使得救赎财成为人人皆可致之之物。此即意指：教会所采取的是普遍恩宠论（Gnadenuniversalismus）的立场，主张所有在其制度权威之下的人都具有十足的伦理禀赋。从社会学的角度看来，这种平等化的过程完全对应于政治领域里、官僚体制之与贵族阶层身份性的政治特权相斗争的情形。任何全面开展的政治官僚体制，和教权制一样，都必然是——如上所述之意义的——"民主的"；换言之，即站在平等化的观点上，与其权力斗争对手（贵族制的身份特权）相对抗。

官方体制与达人之间的这种斗争，虽然不一定是公然的，不过至少也总是潜藏暗存的，例如：乌列马（Ulema）[1] 的宗教意识与托钵僧的宗教意识之争；早期基督教的主教与圣灵充满者及英雄主义信徒团之争，以及与禁欲苦行者的卡理斯玛式教主权之争；路德派的牧师公职及英国国教派的监督教会与一般禁欲者之争；俄国东正教会与各教派间的斗争；儒教的国家官方祭典与佛教、道教及一切教派之救赎追求的对立。其结果则是各种极为不同的妥协形式。为了争取和保持其理想与物质上的大众施主，宗教达人不得不调整其本身的要求以适应日常宗教意识的种种可能性。此种让步的性质，对他们以宗教来影响日常生活的方式，自然具有决定性的意义。几乎所有的东方宗教里，达人都容许大众滞留于巫术传统中。如此一来，比起已普遍地且伦理地理性化其日常生活之宗教——尽管是割舍了许多理想的要求而真正以大众为其对象——宗教达人的影响力便要小得太多了。在达人宗教意识与大众宗教两相斗争所造成的关系之上，具体的达人宗教意识本身的特性对于大众生活样式的发展，还是极具深刻意义的。也因此，达人宗教意识对于各宗教的经济伦理而言，意义非凡。达人宗教是在实践上真正具有"典范性"的宗教。根据宗教达人所奉行的生活样式之规范内容而建立起一般合理的日常生活伦理，其间有各种可能性。在经济方面，达人宗教意识与**日常生活**之间的关系，特别会因各宗教所追求的救赎财之特性，而有所变化。

举凡达人宗教所追求的救赎及其救赎手段带有一种冥思性或狂迷忘我的性格之处，宗教与现世内实际的日常行为间便无任何

1　乌列马代表受过伊斯兰教之宗教与法律训练的学者所形成的一个群体。他们乃是神圣传统的护卫者。与他们相对的是声称拥有对传统之神秘的诠释、而非知性诠释之知识的宗教领导者。——英注

架桥相通的余地。在此情况下，经济——和其他一切现世的活动
一样——被认为不具什么宗教价值，并且，间接地，从被视为最
高救赎财的那种［冥思—狂迷的］宗教态度那里，也诱导不出任何
采取现世行动的心理动机。就其最为内在的本质而言，冥思性与
迷醉忘我的宗教毋宁是特别与经济相敌对的。神秘的、狂迷忘我的、
沉醉陶然的体验，都是非日常性的心灵状态，会将人导离日常的
生活与所有合理的目的行为。以此，这般体验便被视为"神圣的"。
在这类宗教里，俗人的生活样式与达人共同体的生活样式间，便
划下了一道深隔的鸿沟。宗教共同体所出现的这种宗教达人的身
份性支配，很容易转向巫术性的人类崇拜：达人要不是直接被当
作圣者来崇拜，至少其祝福与巫术力量也会成为俗人收买的对象，
以作为提高俗世功名或宗教救赎的手段。这正如俗众之于佛教或
耆那教的比丘[1]——有如农民之于地主——的情形；最终的结果是：
前者成为贡物的来源。有了贡物，达人便可全心为宗教救赎而活，
不必亲身从事总有碍于救赎的世俗劳动。另一方面，俗人本身的
生活也仍然可以得到某种伦理的规制，原因是：达人总是他们的
灵魂司牧者，他们的告解教父，他们的灵魂导引人。以此，达人
往往对这些在宗教上"音盲"的俗人产生极大的影响力；不过，
这影响可能并不导引至他（达人）本身的宗教生活，而只是在仪
式的、礼仪的、习律的细枝末节上的影响。现世内的行动，在原
则上，与宗教无甚关联；与宗教目标之精进相对照下，行动恰恰
指向相反的方向。

　　总而言之，纯粹为"神秘论者"（Mystiker）的卡理斯玛，彻

---

1 指托钵的修道士。——英注

头彻尾只应其个人本身之用；而纯正的巫师之卡理斯玛，则应他人之用。

七　宗教达人与世界之除魅

若是具备宗教禀赋的达人集结在一起，形成一个禁欲的教派（Sekt），并且致力于以神的意志为依据来塑造现世生活的模式，那么情形就大为不同了。当然，在此事以纯正方式发生之前，尚有两个必要条件：

其一，被评断为最高价值的救赎财必须是不带冥思性的；并且，必不能与那对立于现世且永垂不朽的超现世存在合而为一，也不能是一种可以用狂迷或不动心的忘我方式来捕捉的**神秘的合一**。因为，这些方式偏离日常行事，并且这种救赎财驻诸现实世界之外的彼世，因而会将人们导引脱离现实的世界。

其二，此种宗教意识必须，至少尽可能地，抛掉纯粹是巫术性或秘仪性的恩宠追求**手段**。因为，带有这类性质的恩宠追求手段，往往贬低了现世内行为的价值——顶多也只有相对性的宗教意义；并且，与决定救赎与否有关的功德也被联结到**非理性的、非日常性**的性格。

当宗教达人已集结为一行动的、禁欲的教派时，有两个目的即被彻底达成：世界之除魅（Entzauberung），以及逃世的救赎之路的断绝。救赎之道从冥思性的"逃离现世"（Weltflucht）转向行动、禁欲的"改造现世"（Weltbearbeitung）。如果暂且不论见之于世界各地的小规模理性主义教团，那么，上述情形就只有在西方禁欲的基督新教之庞大教会与教派中才达成。西方宗教在纯粹历史性因素制约之下、相当独特的命运，即是由这两项因素合作构成。换言之，一方面，社会环境，特别是在这类宗教的发展上扮演决定性角色的社会阶层，有其影响力。然而，同样有强烈影响的是基督教的固有性格：亦即超越现世的上帝，以及历史性制约下——以色列的先知预言与律法为始——的救赎手段与救赎途径的特殊性。关于这点，部分已在前此发表的论文中加以论述，部分还留待下面的著述中再加以讨论[1]。

宗教达人能以己为神之"工具"而置身于现世，并抛却一切巫术性的救赎手段。同时，他无可避免地要通过在现世行为中的伦理禀赋——就像单只他蒙受召唤——在神前"证明"他自己。事实上，这也就等于是他对自己"证明"自己。不管这个"现世"在宗教价值上被贬得有多低，也不管因其为被造物界及罪恶的渊薮而遭到唾弃，在心理上，现世毋宁更因此而被肯定为神所欲之行为——个人现世的"召唤"（Beruf）——的舞台。这种入世的禁欲主义之所以拒斥现世，是由于它蔑视且忌讳显赫与美感、美的迷醉与美梦、纯粹世俗的权力与英雄的高傲等价值，并指斥此等价值为与上帝之国相竞之物。然而，也正因为这样的拒斥，禁欲主义才不会像冥思性的宗教意识那般，逃离现世。反之，禁欲主义乃欲以上帝的诫命为依据，将现世伦理理性化；因此，其取向是现世的，而且比起西洋古代人与天主教的俗家信徒那种人性完足的素朴"肯定现世"来，它毋宁更是一种带有较为透彻意味的独特现世取向。就此而言，具有宗教禀赋者在日常生活里证明其

1　已论述的部分是包含在讨论基督新教的论文里。下面的详论则是指《古犹太教》（*Das antike Judentum*）。——中注

自身的神宠与受选。当然，所谓日常生活，并不是指那些固有素行，而是为了侍奉神所力行的一种有条理的、合理化的日常生活。日常的生活行为被理性地提升为一种使命，成为个人恩宠状态的证明。在西方，宗教达人所形成的教派，是促使生活样式（包括经济行为）条理性地合理化之酵素。这些教派并未像亚洲那些冥思的、狂迷的、无所动心的宗教达人共同体，成为逃出无谓的现世活动之憧憬的活瓣。

　　在"模范型预言"与"使命预言"这对反的两极之间，存在着种种极为不同的转换与组合。无论是宗教还是人，都不是摊开来的书本。他们是随历史而成形，而非毫无矛盾的逻辑甚或心理的构造物。他们的内在往往有着一连串的动机，这些动机如果被一一分别开来并首尾一贯地彻底执行，那么难免会互相抵牾，甚或正面冲突。在宗教领域里，"首尾一贯"（Konsequenz）毋宁是例外，而不是通则。救赎手段与救赎道路，在心理上也未尝不是暧昧不明的。早期的基督教修道士及教友派信徒在追寻神这件事上，就还包含着非常强烈的冥思性成分。不过，他们整个宗教意识的内涵，尤其是他们超俗世的创世神，以及他们确定其恩宠状态的方式，都一再地指引他们走向行动之路。另一方面，佛教僧侣也是行动的，但他们的行动却是退出任何**在现世内**首尾一贯性的理性化；究极而言，他们的救赎追求仍指向脱出转生之"轮"。西方中世纪的教派与其他兄弟教团则致力于将宗教渗透到日常生活里。伊斯兰教的兄弟教团可说是他们的翻版，其发展甚至更为广泛。西方与伊斯兰教这种兄弟教团的典型担纲者，可以确定是小市民阶层，特别是职人工匠。然而，双方的宗教意识里所蕴含的精神却极为不同。就其外在观之：无数的印度教宗教共同体，显然也是"教派",与西方的教派无异；然而,二者的救赎财及获得救赎财的媒介方法,却指向完全不同的两个方向。

八　宗教伦理与经济理性主义

我们此处实不宜再多举例,因为,我们的目的是要一一考量一下世界诸大宗教。无论从哪一个观点看来,我们都无法简单地将世界诸大宗教整合成一条类型的锁链；每一个都意味着一个新的"阶段"。所有的大宗教都分别是具有高度复杂性格的历史个体；全体观之,在我们就无穷尽的个别因素加以考量所可能建构而成的这类历史组合里,它们充其量不过是少数的几种可能组合。

准此,以下的论述说什么也构不成一种系统性的宗教"类型学"(eine systematische "Typologie" der Religionen)。另一方面,也说不上是一种纯粹的历史研究。以下我们是以在历史的展现过程中,特具典型重要性的宗教伦理,以这类宗教伦理及与**经济的**心态形成极大对比的关联等要点为考虑的对象,而置其他方面不谈。就这点而言,我们的论述是"类型论的",并不宣称对世界宗教提出一完完整整的面貌。那些与其他宗教形成对比而为各宗教所独具的特征,同时对于我们所探讨的问题也是重要关联所在的那些方面,必须特别加以强调。若是在论述中轻轻滑过了这些特殊紧要的重音,那么往往也就会调低了我们所特别关注的那些面相的音调,这种平衡均和的论述几乎总是难以避免地要添加上一些其他的特征,并且也时时必须要更加强调以下这个事实,亦即：真实状态里的一切质的对立,最终即有可能在各单一因素的整合中被当作是纯粹量的差异来加以理解。然而，此处，极力陈说此种自明之理，毋宁是极为徒劳无用的。

　　世界诸宗教在与经济伦理的关联上具有重要性的那些特征，基本上是在以下这个特定的观点上引起吾人的关注，亦即：宗教特征与经济的理性主义有怎样的关联？详言之，我们所指的是自十六、十七纪以来即已支配着西方，成为西方世界所固有的市民生活合理化之部分现象的"经济的理性主义"。

　　我们有必要事先声明，"理性主义"（Rationalismus）一词意涵殊多。若就体系思想家之于世界图像的理性观点而言，理性主义是指：以越来越精确的抽象概念为手段，越来越能理论性地支配现实。换一个观点思考，理性主义又可以是：以越来越精确地计算合适的手段为基础，有条理地达成一个特定既有的现实目的。这两种理性主义可说是相当泾渭分明的类型，虽然究极而言它们事实上是一体相连的。甚至在思考性的真实把握上，也会有这种相似类型的分别，例如：英伦物理学与欧陆物理学之间的差异，即被试着还原到这种掌握真实的类型差异上。我们下面诸篇论文所要探讨的问题：生活样式的理性化，则有别于以上所述，在形态上变化多端。

　　儒教，就其欠缺一切形而上学，几乎没有丝毫宗教根底的痕迹而言，是理性主义的，其理性主义的高涨程度，可说是处于我们可能称之为一种"宗教"伦理的极端边缘位置。同时，就其缺乏且拒斥任何非功利的判准而言，儒教比起其他任何伦理体系更加是理性主义的、严正的——或许除了边沁（J. Bentham）的 [功利主义] 之外。不过，即使有事实上一致且显浅易见的模拟，儒教与边沁及其他所有西方的实际理性主义之间实仍有极大距离。

文艺复兴的最高艺术理想之为"理性的",在于其对一种妥当的"规准"（Kanon）之信仰；文艺复兴的人生观之为理性的，在于其拒斥传统主义的束缚而信奉**自然的理性**（naturalis ratio）之力。这种类型的理性主义尽管弥漫当时，其中杂有某些柏拉图式的神秘主义要素。

"理性的"也可意指一种"计划性的安排"（Planmässigkeit）。以此，下面这些方法也都是理性的：静修苦行之法、巫术性禁欲之法、最彻底形式的冥想之法——例如瑜珈（yoga）——或后期佛教所施用的祈祷机械［即转轮藏］。

一般而言，一切有系统地、毫不含糊地指向无可移易之救赎目标的实践伦理，都是"理性的"；其之所以是"理性的"，部分在于皆含形式的方法性，部分在于皆区分出"妥当的"规范与经验性的既有之理。最后所举的这几种理性化的过程，是我们下面诸论文所关注的对象。此处，预先尝试做一种决疑论式的概念解说，将是毫无意义的，因为以下诸论文本身即在于为此提供解答。

为了达此目的，作者非得有选择"非历史的"途径之自由不可。所谓"非历史的"，是指有系统地将各个宗教伦理叙述成本质上较具统一性的个体，而不是呈现出其实际的发展流程。活现于各个宗教里的种种对立、诸端初现的发展及多线繁生的枝叶，都必须舍弃不顾；而那些对作者而言重要的特征，则往往必须以更具逻辑一致性、且较不计及实际历史发展过程的方式呈现出来。当然，若任意如此，则此种简单化即不免是一种历史的"虚伪"。不过，实情并非如此，至少并非有意如此。作者无非是要将那些（在宗教的整体图像中）对形塑出**实际的**生活样式具有决定性的特征，以及那些足以使一种宗教有别于其他宗教的特征，加以强调突显出来[1]。

九　支配的类型

最后，在进入主题之前，我们要先对那些在下面的论述中将一再出现的特殊术语做一些说明[2]。

当宗教的结合体关系(Vergesellschaftung)与共同体(Gemeinschaft)发展成熟时，它们即属于**支配**团体(Herrschaftsverbände)类型。换言之，是一种"教权制的"(hierokratisch)团体：其支配权力来自于救赎财之授予或拒给的独占。

所有的支配权力，无论其为世俗的、宗教的、政治的或非政治的，都可以被看做是某些纯粹型(reine Typen)的变化或类似形态。这些纯粹型是根据支配必须要寻求一个**正当性**基础(Legitimitätsgrundlage)这点而被建构出来的。我们[西方]现代的"团体"，尤其是政治团体，属于"法制的"(legal)支配类型。也就是说，持有权力者下达命令的正当性，是奠基于理性地经由约同、协议或指令所制定出来的规则。制定这些规则的正当化根源，反过来又在于被合理地制定或解释的"宪法"(Verfassung)。命令是以非人格的规范之名，而不是人格的权威之名下达；甚至命令的发布

1　顺带一提，我们考察的**顺序**——由东向西——的地理性安排，只不过纯属偶然。事实上，并不是外在的地域性分布，而是为了达到论述之目的的内在理由，才是考察顺序的决定性要素。若能多加留意，这点或许便了然分明了。——原注

2　关于这些术语，韦伯在其《经济与社会》(*Wirtschaft und Gesellschaft*)的各章节里有更详细的讨论。——英注

本身即是对规范的服从，而不是一种恣意肆行的自由、恩惠或特权。

"官吏"是握有命令之权的人；他绝不能将之当作本身的权利来行使；他的权力来自非人格的"强制机构"（Anstalt）之授权。此机构是由具有特定生活方式的一些人所构成，是哪些人并不重要，不过要依规则而产生。至于他们的共同生活方式，则是由成文的法规来约束。

"权限"（Kompetenz）是以切事的方式所界定出的、一个命令之可能对象的范围，从而，也限定官吏的正当权力行使的范围。于此，有一层级结构，官吏可循序向上申诉及抗告，而有别于市民或团体的成员。现代的教权制团体，亦即教会，情形就是如此。主教或教士皆有一定范围的"权限"，此"权限"根据规则固定下来。教会的最高首长亦受此限。现今的"教皇无误论"（Infallibitität），是个权限概念；其内在意义已不同于从前——甚至早在教皇英诺森三世时即已不同[1]。

"私事领域"与"公务领域"（就教皇无误论而言，被定义为"来自圣座的"）在教会里的区分，也同样行于政治的或其他领域的公务系统中。将公职者与管理手段（无论是实物形式或是货币形式）

1　根据韦伯，罗马主教自古以来就取得不同于其他地区主教的特殊权威。但是，这一权威纯粹来自卡理斯玛，而"绝非近代意义的首位权（primacy）之义——诸如具有明确的教义上的权威（Lehramt）；也非普遍管辖权——就上诉的职权或甚至与地方权力竞争时的主教管辖权而言……只有在经过官僚化及智性化过程的近代社会，才会将管辖权转化为一种'职位性卡理斯玛'，并开始区分职务（'来自圣座的'）与在职者，此种区别乃所有官僚制之特征"。《经济与社会》，vo１.Ⅱ，p.1140。众所周知，天主教会中**来自圣座**的行为（即依据职权的行为）是与单纯个人的行为有明确区分的。教皇所发的有关信仰、伦理教义之"教皇谕令"是正确无误的。但当他仅以学者身份发表意见时，却非如此。教皇首位权的确立有长久历史，但要到1869—1870年的梵蒂冈大公会议才予以确定，"教皇无误"也在这次会议中宣告为教义。——中注

"法制地"区分开来，这个贯彻于政治或教权制团体里的事实，和资本主义经济里劳动者与生产手段分离的情形是一样的，二者完全充分相对应。

所有以上所述的这些，在遥远的过去无论曾经存在过多少萌芽的形态，其充分的发展，乃是相当近代的事。过去还有其他种种为人所知的支配之正当性的基础，这些基础就像遗制一般，一直存续到现代。此处，我们希望只用术语说明的方式来大致描述一下！

1. 在下面的叙述中"卡理斯玛"一词所指的是具有一种**不平凡禀赋**（ausseralltäglich Qualität）的人，无论这种资质是实际真有的、自称具备的，或是人们假设认定的。因此，"卡理斯玛支配"所指的是一种对人的支配（不管支配的性质主要是外在的还是内在的），被支配者是基于对某一特定**个人**（Person）之非凡禀赋的信仰，因而服从。举凡巫师、先知、狩猎团与掠夺团的领导者、战争的首领、所谓的"恺撒政治的"（Cäsaristisch）统治者，以及某种情况下，政党的领导人物等，都是这个类型的支配者，支配着他们的信徒、随从、征集的军队与政党。这种支配的正当性是奠基于人们对非凡禀赋的信仰与皈依，因为此种禀赋远非常人所能具有的，并且原先还被认为是超自然的。以此，卡理斯玛支配的正当性乃根源于对巫术力量、神启与英雄崇拜的信仰。这些信仰的泉源则来自于卡理斯玛禀赋的"证明"——通过巫术、战胜或其他成果；换言之，通过增加被支配者的福祉来证明。要是无法证明，或一旦具备卡理斯玛禀赋者显示出已失去巫术力量或见弃于神，那么以此为基础的信仰及其自称的权威便会土崩瓦解，或者至少有瓦解的危险。卡理斯玛支配并不根据一般的规范（不管是传统或理性的）来治事；在原则上，它所根据的是具体的启示与感召，就此而言，卡理斯玛支配是"非理性的"。它毋宁是"革命性的"，以其并不受制于一切既有的束缚——"法书上如是说……可是我告诉你们……"

2. 在下面的论述中，"传统主义"一词所指的是，将日常的惯习视为不可违犯之行为规范的一种心理态度与信仰。以此为基础的支配，亦即以一向素有的（无论其为实际真有、自称具有或被认为是有的）恭顺（Pietät）为基础的支配，我们称之为"传统型支配"。

家父长制（Patriarchalismus）是这种以传统为其正当性基础的支配中，最重要的一个类型。详言之，是即家中的父、夫、长辈与氏族长者对家与氏族成员的支配；是主人与领主对隶属民、农奴与解放的奴隶的支配；是主人对家仆与家臣的支配；是君侯对其宫廷或家内的官吏、有职贵族、客与封臣的支配；是家产制君主与君父（Landesvater）对其"子民"（Untertanen）的支配。

家父长制支配及其变化形式——家产制支配——的特质是：将不可违犯的规范体系视为神圣；一旦有所触犯，即会招来巫术性或宗教性的灾厄。伴随此一规范体系出现的，是支配者之专断与恩惠肆行的领域。原则上，支配者只以"人的"（persönlich）而非"事的"（sachlich）关系，为其裁断的依据。就此而言传统主义的支配是"非理性的"。

3. 奠基于对非凡事物之价值与神圣性的信仰的卡理斯玛支配，与奠基于对日常事物之神圣性的信仰的传统主义（家父长制）支配，这二者在过去划分了一切最为举足轻重的支配关系。只有经由卡理斯玛禀赋者之手，亦即先知所颁布的神谕，或者卡理斯玛式战争领袖的指令，才能够将"新"法导入传统所盘踞的领域。启示与剑，以其为两股非凡的力量，因而也是两股典型的革新之力。然而，一旦克竟其功，二者便典型地双双落入例行化的历程。

随着先知预言者与战争领袖的陨落，继承的问题便产生了。这个问题，可用遴选（Kürung）的方式来解决，原先它并不是一种"选举"（Wahl），而是端视卡理斯玛禀赋之有无的一种选拔。问题也可用以圣典坐实卡理斯玛的方式来解决：继承者经由圣职授予任命，就像教权制或使徒团里所行的继承方式。或者，由于相信卡理斯玛领袖之氏族的卡理斯玛资格，而导致一种世袭性卡理斯玛的信仰，使问题得到解决，像世袭王权或世袭的教权。由于这种例行化，某些**规则**便开始踞有支配地位。君主或教权持有者不再因其纯粹个人的资质径行支配，而是基于取得的或继承而来的资质，或者经过卡理斯玛遴选的过程而被正当化。以此，开启了例行化、从而传统化的过程。

或许更重要的是，当支配组织成为永久性时，支持卡理斯玛支配者的干部，如弟子、使徒、追随者等，也例行化为教士、封臣，以及特别是官吏。原先仰赖赠予、施舍与战利品而过着共产生活，并因此与经济活动特别疏远的卡理斯玛共同体，转变成为辅佐支配者的一个阶层。他们仰赖支配者给予土地使用权、职务酬劳或实物俸、薪俸——总之，俸禄（Pfründe）等，以维持生计。其权力的正当性，则通过极为不同的占有分配（Appropriation）阶段，如授封、授予、任命，而取得。通常，这意味着支配者权力**的家产制化**（Patrimonialisierung）：纯粹家父长制里，支配者严格控制的权力崩解，而发展成家产制。被授予官职的俸禄领受者或封臣，通常照例凭此授予而取得个人对此官职的**权利**。就像拥有经济生产手段的职人工匠一样，他们拥有行政手段。他必须从自己的职务酬劳或其他收入中，自行支付行政开销，或者只将由人民那里征收的税赋缴交一部分给君主，其余则留为己用。在最为极端的情况下，他甚至可以把官职像其他的财产一样遗赠或让渡。当支配权力的占有达到这样的阶段时，无论其源自于卡理斯玛支配或家父长制支配，我们将称之为**身份制的**家产制（Ständischer Patrimonialismus）。

　　然而，事情的发展很少仅只于此。我们无时不见，政治的或教权制的支配者与以身份团体占有方式拥有或篡夺支配权力者之间的**斗争**。二者皆试图剥夺对方的支配权。支配者越是能够使一批官僚干部附从于他自己——这些官僚干部惟他是赖且利害相连，那么斗争也就越有利于支配者这一方，而身份制的特权所有者也就逐渐会被剥夺特权。就此，支配者无不寻求拥有自己的行政手段并稳稳地操于掌中。西方的政治支配者是如此，教皇英诺森三世到约翰十二世间的进展也是如此：教权制支配者拥有自己的财政；世俗的支配者拥有自己的弹药库与仓储，用以给养其军队与官吏。

　　在剥夺身份制特权的斗争中，支配者所赖为奥援支柱的官吏阶层，在历史上呈现出诸多极为不同的性格。比方说，圣职者（见于亚洲与西方中世纪初期的典型）、农奴与客（见于西亚的典型）、解放的奴隶（见于罗马帝国初期元首统治下某种程度上的典型）、具有人文教养的读书人（见于中国的典型），最后，法律专家（见于近代西方教会与政治团体的典型）。

　　君主权力的获胜，以及分立的支配权之剥夺，无论何处都意味着行政合理化的开端肇始之可能，实际上经常也就是此种合理化的开始。不过，正如我们即将得见的，此种理性化在程度上与意涵上，有诸多极为不同的差异。尤其是，我们必须要清楚区分在家产制君主治下的行政与司法之**实质的**理性化，与训练有素的法律专家所贯彻的**形式的**理性化。就前者而言，情况犹如一个大家族的家长在面对其家族成员的情形：家产制君主试图站在功利的、社会伦理的立场上，增加其臣民的福祉。训练有素的法律专家则在于实现对全体"公民"（Staatsbürger）皆有约束力的一般法规之支配。不管其间有多大的流动性——例如：见于巴比伦、拜占庭、霍亨斯陶芬家族治下的西西里、斯图亚特王朝时的英国或波旁王朝时的法国等——然而，究终而言，实质理性与形式理性之间的区别仍然存在。并且，西方的"国家"与西方的"教会"之诞生，本质上主要是在**法律专家**致力从事下完成。此处，我们尚无余暇来讨论他们克竟此业的思想、力量来源及其技术手段。

随着**形式主义**的法学理性主义之胜利，法制型支配及各种衍生的支配类型遂于西方登场。官僚制支配虽然无论过去或现在都不是法制型支配惟一的类别，但却是最纯粹的一种类型。近代国家的官员与地方公务员，近代天主教的教士与神职人员，近代银行与大型资本主义企业的干部与雇员等所代表的，正如我们曾经提及的，是此种支配结构中最为重要的类型。

对我们所使用的专门语汇而言，下面这些特征毋宁最是具有关键性的意义：在法制型支配中，服从并不是奠基于对具有卡理斯玛禀赋的人（如先知、英雄）的信仰与归依；也不是奠基于神圣的传统、或对传统秩序所明定的支配者个人的恭顺、或者随事应时地对官职受封者及受俸者——根据特权或授予而正当化其职权为个人所有物者——的恭顺。法制型支配下的服从，毋宁是奠基于一种**非个人关系性**的束缚，束缚于被一般性地明示出来的、切事的"职责"（sachliche "Amtspflicht"）。职责，就像与其相对应的支配行使权——"权限"——一样，是依据**理性地制定出来**的规范（法律、政令、行政规则）而被明确划定的。以此，支配的正当性无非即为一般规则的合法性，此种一般规则是在以目的为取向的研考下被制定出来，并且用形式上明确无误的方式加以公布。

以上粗绘的各种支配类型间的区别，实扩及于各类型本身的社会结构及其经济意涵的一切细节。只有在一种有系统的论述下，才能够明白显现出我们此处所选用的术语与选定的区分达到多么切中目的的程度。此处，我们所能强调的也只不过是下面这样一个立场：我们并不宣称我们所取的研究途径就是惟一可行的一种，我们也不断言所有经验性的支配结构必定对应于这些"纯粹"类型的其中之一。相反，绝大多数的经验性实例都显示出它是若干纯粹类型的结合体，或承转状态。我们将被迫一再地要造出像"家产官僚制"（Patrimonialbureau kratie）这样的语词，以表明这现象有部分特征是属于理性的支配形态，然而其他部分的特征却是属于传统主义的——在此是身份制的——支配形态。我们同时也确认像封建的支配结构这种曾经在历史上遍布世界各地、极为重要的形态；然而这个结构的种种重要特征却无法顺顺当当地归类到我们所区分出的三种形态中的任一种。它们只能被理解为牵涉到诸多概念——在此诸如"身份团体"（Stand）、"身份荣誉"（Standesehre）等概念——的结合体。也有些形态必须部分用原则而非"支配"的方式来理解，而部分则用卡理斯玛概念特有的变异来理解。例如：**纯粹**民主制的运作（一方面是名誉职的轮流应任及其类似形态，另一方面则是全民投票制的支配），以及某种"名门望族的支配"（Honoratiorenherrschaft）——传统型支配的特殊形态。然而，这些形态却是历史上蕴生出政治理性主义的最重要酵素。我们此处所提议的术语用法，并不是要去对具有无穷尽多样性的历史生命施以图式化的暴力，我们只是想创造出一些概念，以利于某种特殊目的与取向之用。

十　身份团体与阶级

我们最后一则术语上的区分，用的也是同样一个标准。所谓"身份"状况（ständische Lage），我们指的是某些社会团体之获得正面或负面社会**荣誉**的可能情形。获得社会荣誉的机会，主要是取决于这些团体在**生活样式**上的差异，也就是说最主要是决定于**教育**上的差异。其次，若就与我们上述支配形态之术语用法的关系而言，社会荣誉则往往相当典型地与下面这个事实相关联，亦即，各个社会阶层得以在法律的保证下独占支配权或某些收入与利得机会的情形。以此，若所有这些特征都齐集了（当然，实际情形并非总是如此），那么所谓"身份团体"便是一个以其特殊的生活样式、其自成习律的独特荣誉观，及其受到法律保证而独占的经济机会为依据所结合而成的集团。这样的结合并不一定就组织成一个团体（Verband），但总是会形成某种结合体关系。集团间的"社会交往"（gesellschaftlichem Verkehr），亦即 Commercium，以及通婚（Connubium），是**互相评价**同属某一身份次第的典型特征；如果行不通，那么便意味着身份上的差异。

相对地，所谓"阶级状况"（Klassenlage），我们是指主要是

在**经济**制约下，取得生计与收入机会的典型状况；换言之，收入
机会是取决于一定的财产所有，或在执行所欲的工作时必具的技
艺。因此，阶级状况所指的也就是由上述经济关联归结而来的一般、
典型的生活条件，例如：必须要服从于一项资本所有者经营的工
场之纪律，这类事情。

　　"身份状况"可以是"阶级状况"之因，也可以是果，然
而，也可以是两者皆非。阶级状况本身可以主要是**受市场制约的**
（marktbedingt），无论是劳动市场，或是商品市场。当代特有、典
型的阶级状况，就是受市场制约的类型。不过，实情也并不必然
就是如此：地主与小作农的阶级状况，仰赖于市场关系的程度有
可能是微不足道的。各种不同范畴的"坐食者"（Rentner），在不
同的状况下——据其收取定期金的不同身份而定，诸如：地主、
奴隶主或债券、有价证券的拥有者——受市场制约的意义与程度
便极为不同。

　　因此，我们有必要在"有产阶级"（Besitzklasse）与主要受
制于市场的"营利阶级"（Erwerbsklasse）之间作个区分。现今，
社会的阶级分化非常显著，特别是营利阶级的分化。然而，若
就"教育"阶层之拥有独特的**身份性**威信而言，我们的社会仍
包含着一种极为判然可见的身份性分化要素。从表面看来，这
种身份性要素最明白地显示于：拥有学历者的经济独占性与较
优惠的社会机会。

　　在过去，身份性分化的意义［比现在］更具有决定性，特别是
在社会的经济结构这方面。这是因为，一方面，身份性分化以消
费的限制与规定，以及身份性独占来影响经济结构——就经济理性
的观点而言，这种独占是非理性的；另一方面，通过各支配阶层

的身份性**习律**所产生的垂范作用之效果，身份性分化对经济产生异常强大的影响。这些习律本身可能即带有**仪式主义**定型化的性格，这在亚洲的身份性分化中是极为醒目的事实。

第三章

中间考察——宗教拒世的阶段与方向

本 文 译 自 Max Weber, "Die Wirtschaftsethik der Weltreligionen Zwischenbetrachtung: Theorie der Stufen und Richtungen religiöser Weltablehnung," *Gesammelte Aufsätze zur Religionssoziologie* (Tübingen,1978) 7th ed.,pp.536-573。这篇文章是韦伯紧接着《导论》与《儒教与道教》,于同年(1915) 11 月发表的一篇"中间考察",为的是先写下"世界诸宗教之经济伦理"这个主题的初步结论,并提出进一步所要分析的问题。

中译文所根据的版本为：大冢久雄、生松敬三译,《マックス・ウェーバー宗教社会学论选》之三,《世界宗教の经济伦理・中间考察——宗教的现世拒否の段阶と方向に关する理论》(97—163 页)；H. H. Gerth & C. W. Mills ed. & tr., "Religious Rejection of the World and Their Directions," From *Max Weber: Essays in Sociology* (New York,1946), pp.323-359。本文由简惠美译出,经康乐修改定稿。此外,各段落小标题亦略作修改。

我们接下来要讨论的是印度的宗教意识 [1]，它与中国的情形恰成极为强烈的对比：在世界上曾经出现过的宗教伦理中，它是那些无论在理论上或实践上都采取最彻底现世否定态度的类型之发源地。与这种态度相对应的"技术"，也是在印度发展到最高的程度。

宗教的修行生活，以及禁欲与冥思的典型手法在印度的发展，不只是最早、而且也最为首尾一贯。此种理性化的历史过程，或许即以印度为其起点，而广及于全世界。在进行讨论这个宗教意识之前，先以一种概要及理论的方式简短说明一下拒世的宗教伦理之所以产生的动机及其所采行的方向，这或将有利于我们的行文之便；并且，借此，我们也或可厘清其"意义"何在。

一　拒世的动机：其理性建构的意义

当然，我们建构概念的目的只不过是为了提供一种坐标设定的理念型手段（ein idealtypisches Orientierungsmittel），而不在于宣示其本身的哲学。从理论上建构相冲突的"生活秩序"类型，我们只是想要借此显示出在某些情况下这样那样的内在冲突是可能的，而且"适切的"。相对地，我们并非试图表明：设法在更高的综合下将冲突解决掉的立场并不存在。正如我们即将会明白的，以下诸类型各自的价值领域，都自具一种现实鲜见的合理的一贯性。然而，它们也正因此而**得以**——确实也达到了——以其具有

1　此指《宗教社会学论文集》第二卷之《印度教与佛教》（*Hinduismus und Buddhismus*），英译本有 H. H. Gerth & D. Martindale trans., *The Religion of India* (N. Y.: The Free Press, 1958)，日译本有池田昭译，《アジア宗教の救济理论》（东京：劲草书房，1974）及池田昭、山折哲雄、日隈威德译，《アジア宗教の基本性格》（东京：劲草书房，1970）。——中注

现实及历史重要性的姿态显露出来。这样的建构使得吾人得以确定出一种历史现象在类型论上的定位。我们可以借此看出某个历史现象的各个特征或整体性格是否接近于我们的建构之一，亦即：测定出历史现象与理论性建构的类型间接近的程度。就此而言，概念的建构只不过是为求扩大视野与使用术语之便而设的一种技术性的辅助手段。不过，在某些情况下，其意义并不只如此。理性，就其逻辑上或目的论上的"首尾一贯性"而言，不管是采取知性——理论立场的理性，或采取实践——伦理立场的理性，无论古往今来都一直强烈支配着人类——尽管这股支配力在面对其他历史力量时显得多么的有限与不稳定。

在知识分子的理性意图之下所形成的宗教性世界观与宗教伦理，在在强烈地以首尾一贯性之必要为诉求。理性的效用，特别是实践要求在目的论式的导引下所引发的作用，对所有的宗教伦理而言，可以说确实是不容忽视的，并且，往往无比强烈。就个别具体实例而言，无论其宗教性世界观顺应于此种"首尾一贯性"要求的程度有多小，也无论他们将再怎么多的立场整合到他们**无法理性地导出**的伦理要求中，事实［即理性的效用］仍是如此。因此，基于这样的实质理由，我们将运用权宜建构的理性类型，以期有利于清楚叙述出非如此即无比繁杂难驭的主题。要这么做，我们就得清楚强调出根据某些确定前提所导出的实践态度之内在"完全首尾一贯的"形态。特别是，这样一则宗教社会学的试论必然是要以对理性主义本身的类型论与社会学研究做出一点成绩为目的。因此，这一篇试论是以现实所**可能**的最理性的形态为出发点，试图探求出某些理论建构下的合理结论能够在现实中实际发生的程度有多大。并且，我们或许还可以找出为什么不能够的原因所在。

二 禁欲与神秘论的类型学

我们曾在导论中谈到超越俗世之创世神的概念对于宗教伦理的重大意义。此一概念对于救赎追求里行动的、禁欲的这个方向，特别重要；而对于冥思的、神秘论的这个追求方向则不那么重要，后者与神圣力量之非人格化与宇宙遍在性有一种内在的亲和性。然而，超俗世上帝的概念与行动的禁欲思想之间——正如特勒尔奇（E. Troeltsch）一再确当明白指陈的 [1]——这层紧密关系，并不是绝对的；超俗世上帝的概念并未就此决定了西方禁欲主义的方向，这从下面这一点来考虑就可以明白。伙同其神性人形的救世主及圣灵俱现的基督教三位一体论，其中所代表的神观，与犹太教、特别是后期犹太教中的耶和华或伊斯兰教的真主阿拉比起来，基本上就较不那么具有超越俗世的性格。

犹太教发展神秘论，而几乎未曾发展西方类型的禁欲主义。早期伊斯兰教则直接排拒禁欲思想。托钵僧（Dervish）宗教意识的特色是来自完全不同的（神秘的、忘我的）根源，而不是出于与一个超俗世创世神的关系；就其内在本质而言，实与西方禁欲主义相乖隔。超俗世上帝的概念诚然重要，诚然与使命预言及行

---

1 特勒尔奇（1865—1923），是韦伯的密友，神学家与哲学家，以研究基督教社会思想史知名。韦伯在完成对西方近代资本主义文明之宗教精神基础的研究工作后，原打算再进一步探讨整个西方基督教文明中，宗教与社会经济诸关系之发展与演变，以刻画出现代西方人性格的文化源流。不过当他获悉友人特勒尔奇已开始从事基督教会的社会教育方面的研究时（按：即后来成书的 *The Social Teaching of the Christian Churches*，tr. Olive Wyon, N.Y.: Macmillan,1931），认为两人的研究可能会发生重叠，因而转以其他文明为探讨对象。这段转折经过，参见韦伯夫人所写的《韦伯传》，H. Zohn tr., *Max Weber:A Biography*（New York: John Wiley & Sons, 1975），pp.330-333, 551 ff.。——中注

动的禁欲有其亲和性，但是，绝非单独运作使然，而是与其他事件——最重要的是宗教许诺及在其制约下的救赎之道——结合运作所造成。这一点理应就个别事例详加推究。

我们一再地将"禁欲"（Askese）与"神秘论"（Mystik）当作两极的概念来使用。为使此一用语法明确起见，我们实有必要再加以详细定义。

关于拒世，我们在《导论》中曾提示两种对立的形态。一是行动的禁欲，亦即身当神的工具者的一种合乎神意的作为；一是神秘论中冥思性的充满圣灵。神秘论趋向一种救赎"拥有"的状态，而非行动；个人并非神的工具，而是神的"容器"。以此，尘世中的行动，便显然会危及绝对非理性的、彼世的宗教状态。行动的禁欲则施展于尘世生活中，以成其为世界之理性的缔造者，亦即是：试图通过此世的"志业"（Beruf）之功，以驯化被造物的堕落状态；此即**入世的禁欲**（innerweltliche Askese）。与此恰成极端对比的是，以逃离现世为其彻底结论的神秘论；此即**出世的冥思**（weltfluchtige Kontemplation）。

不过，两者的对立也可以缓和下来。情形之一是，行动的禁欲仅限定于行动者本身抑制与克服被造物堕落状态的问题。这时，对于确实合乎神意的、行动的救赎业绩之专注会激越到避免在俗世生活秩序中采取任何行动的地步，此即**出世的禁欲**（weltfluchtige Askese）。就其表面的态度观之，实接近于出世的冥思。另一种情形是，冥思的神秘论者还未得出必须逃离世界的结论，而是像入世的禁欲者一般，仍然置身于世俗的生活秩序中，此即**入世的神秘论**（innerweltliche Mystik）。

就救赎追求而言，以上两种立场的对立事实上有可能销声匿迹，而以某种互相结合的方式出现，然而，亦有可能在表面相似的帷幕下持续对立。因为真正的神秘论者仍抱持着这样的原则：被造物必须沉默，让神自己来发言。他是"居"于现世，并且表面上"顺服"于现世秩序，但这只不过是为了以对立于世俗生活秩序的态度——抵拒认真经营世俗生活的诱惑——来确保其蒙受神宠的身份。从老子身上，我们即可得见神秘论者的典型态度：一种特有的虚心谦卑（gebrochene Demut）、行为的极小化、一种宗教性的隐世埋名，以**对立**于现世、**抵拒**自身的现世行为，来确证本身的救赎状态。反之，入世的禁欲则**通过**行动来自我证实。在入世的禁欲者看来，神秘论者的做法是一种怠惰沉溺的自我满足，在神秘论者看来，（入世行动的）禁欲者的作为则是徒以志得意满、自以为是的心态，纠缠于与神无关的现世经营中。入世的禁欲以其"有福的顽强"（glückliche Borniertheit）——通常用来加在典型清教徒身上——实行积极、神圣的上帝意旨；上帝意旨的终极意义纵然隐而不显，然而就当它是现存于圣意所命的、被造物的理性秩序之中。相反，对神秘论者而言，跟本身的救赎最为紧要的是通过神秘的体验捕捉那终极的、彻头彻尾非理性的意义。至于另外两种采取逃离现世之路的形态，也同样可以用类似的对立关系来加以区分。详细的情形，我们留待分别的论述中再谈。

三　拒世的方向

现在我们要详细探讨一下存在于宗教与现世之间的紧张关系。我们将紧接着《导论》中所谈的继续探讨，不过，角度上有一些转变。

我们曾经说过，某些行为模式，一旦发展成一种有条理的生活样式时，即成为禁欲或神秘论的萌芽形态；这些行为模式起初即从巫术性的前提条件中生成。巫术的施行，要不是为了唤起卡理斯玛禀赋，就是为了防止邪灵鬼魔。就历史发展而言，前者无疑是较为重要的。因为前者甚至在初现端倪之际，禁欲思想就展现出其一体的两面：一面是拒斥现世，另一面则是借着拒斥现世而获得巫术力量以支配现世。

巫师是先知（不管是模范型预言先知，还是使命型预言先知）与救世主的历史先驱。通常先知与救世主都是通过自身拥有巫术性卡理斯玛来正当化自己。然而，卡理斯玛只不过是他们借以赢得人们承认或服从其人格具有模范意义、使命或救世主资格的一种手段。因为，先知或救世主的命令，本质在于指示出追求救赎财的生活样式。以此，至少相对而言，先知预言或命令的意义即在于将生活样式组织化与理性化；有就个别事例的组织化与理性化，也有整体生活样式的组织化与理性化。一般而言，所有真正的"救赎宗教"，亦即许诺将其信徒自**苦难**中解救出来的宗教，都是进行整体生活样式的组织化与理性化。苦难的本质越是被升华、越是内化、越是成为原理性事端，这种组织化与理性化就越是全面性。因为，重点在于将信徒置于一种使其内在得以安然抵拒苦难的**永恒**境界中。以抽象的方式来说，这就是救赎宗教的理性目标，亦即：保证被救者达到一种神圣的救赎状态，且因而永居于圣化的境地；利用此一方式以取代依靠迷醉、禁欲或冥思等方法暂时达到的那种剧烈的、非日常性的神圣状态。

在先知的召唤或救世主的布道下，宗教共同体一旦生成，生活规制的控制首先就落入先知或救世主的后继者、门徒、弟子的手中——以其具有卡理斯玛禀赋之故。尔后，在某些一再规律性地出现的条件下——关于这点，我们此处暂且不谈——控制生活规制的工作就落入世袭性或公职性教士的教权制之手。但是，一般说来，先知或救世主本身是与巫师或教士的传统性教权制势力相对立的。为了打破后者的权力或迫使他们服属于自己，先知或救世主径以其个人性的卡理斯玛对抗后者经由传统圣化而来的权威。

　　直至目前的讨论里，我们一直认定为自明的前提是：一切先知或救世主的宗教，在许多方面，特别是在历史发展上尤具重要性的这个层面，与现世及其秩序之间，存在着一种不仅尖锐而且持续不绝的紧张关系。当然，这是根据我们此处的术语用法而言，越是带有纯正救赎宗教之性格者，这种紧张关系就越是激烈。每当救赎意义及先知教示的内容一旦发展成一种伦理之际，就会产生这种情形；这一伦理原则上越是合理性，越是指向以**内面性的**救赎财为其救赎手段，紧张性也就越大。以日常用语来说，意思就是：当宗教越是从仪式主义升华为"心志的（或信念的）宗教意识"（Gesinnungsreligiosität）[1]之时，紧张性就越是剧烈。另一方面，"属世事物"（就最广义而言）之内在、外在的拥有，越是向理性化与升华的历程迈进，便会与宗教之间产生越大的紧张性。因为，人与各个价值领域——无论其为内在的或外在的、宗教的或俗世的——之间的关系，经历过理性化与自觉性升华的过程后，各个价值领域**独自内在的法则性**便油然被意识到；因此，各个领域之间的紧张性——在原先与外界的素朴关系中隐而不显——即

1　"Gesinnung"一字的字根是"gesinnt"，泛指某种心态、心境、看法。关于此字的中译，详见《学术与政治》之《政治作为一种志业》注释。——中注

不容分说地显现出来。由于现世内、现世外诸价值领域走向合理化、走向自觉追求、走向通过**知识**加以升华的发展，因而造成的这种相当普遍性的结果，对于宗教史而言，极为重要。为了使一再显现于各种宗教伦理中的典型现象得以解说明白，我们下面将对这一连串价值领域作一番探讨。

举凡根据救赎预言创建出宗教共同体之处，首先面对的冲突力量就是原生的**氏族**共同体。氏族是有理由要畏惧因先知预言而被贬低价值。凡是未能与家族成员、与父亲、母亲为敌者，就无法成为耶稣的门徒。"我来，并不是叫地上太平，乃是叫地上动刀兵"（《马太福音》，10：34）这话就是为此（并且，请注意，单单就是为此）而发。当然，绝大多数的宗教都对现世内的种种恭顺关系有所规制。然而，只要救赎目标愈是具有周延与向内反求的特性，以下这个要求便愈是不辩自明之理：信徒对救世主、先知、教士、告解神父、教内弟兄的关系，终究必须要比他们对自然的血缘关系与夫妻共同体的关系更加亲近才行。

依据先知预言创建出新的社会共同体，特别是形成一种盼望救世主降临的教团宗教意识时，自然血缘与夫妻共同体关系的价值，至少相对而言，[如上所述]便会被贬低。在氏族的巫术性束缚与排他性被打破的状态下，新的共同体内部里，宗教预言开展出宗教性的同胞伦理（Brüderlichkeitsethik）。此一伦理，便是径而取代"邻人团体"（Nachbarschaftsverband）——无论其为村落、氏族、行会共同体，或从事航海、狩猎、征战冒险事业者的共同体——所提示的社会伦理性行动原则。通行于这些原有的共同体中的两大基本原则是：一、对内道德与对外道德的二元论，二、所谓对内道德，是即"你怎么施，我怎么报"的素朴互惠原则。

根据这些原则，在经济生活方面造成如下的结果：在对内道德的范围内，有紧急援助同胞的原则性义务。具体而言，有产者与身份高的人有义务要给予贫乏者无偿的使用借贷、无息贷款、无偿的饮食供给与扶养。人们有义务要在邻人或领主的要求下，提供不求报酬而仅受饮食回馈的劳动服务。总之，这都是遵循着一个原则：今日是你有欠缺，明日说不定就是我。当然，这并不是一个理性考量下的原则，但**在感情上**举足轻重。准此，在交易或借贷上讨价还价，或例如因负债而导致被永远拘为奴隶的情形，只限于对外道德，也只行于邻人团体之外。

教团的宗教意识（Gemeindereligiosität）将这种古老的邻人经济伦理，转用到信仰的同胞关系上。从前是贵人与富者的义务，如今变成所有伦理理性化宗教的根本命令，亦即：抚孤恤寡、救助贫病的教内兄弟与施舍；特别是富者的施舍，因为神殿歌者、巫师及苦行者在经济上尤其要仰赖他们。

救赎预言里的共同体关系，是以所有信徒共同的苦难为其建构原理，无论苦难是起于现实之中，或是一种长期存在的威胁，也无论是外在的或内在的。其根本命令越是由邻人团体的互惠伦理中所揭示出来的，其救赎观念就愈发合理化，亦即愈是升华为心志伦理的形态，就外在而言，此种伦理升高到基于同胞伦理之爱的共产主义；就内在而言，则升高到博爱的心态，亦即：爱苦难的人、爱邻人、爱人类，最后，爱敌人。信仰纽带的界限以及憎恨的存在等这些被认为是现世中无来由苦难之渊薮的事实，似乎都是经验性实在里人人皆同的不完美与堕落所造成的结果，后者也是苦难的原始肇因。尤其是一切被升华的宗教狂迷忘我类型在心理作用下的独特幸福感，一般而言走的也是同样的方向。从虔敬感动，到感觉直接与神交通，宗教性狂迷忘我总是使人产生一种流出自体、到达不具对象的无差别主义之爱（objektlosen Liebesakosmismus）的倾向。在救赎宗教里，所有抱持无差别主义慈爱的达人所具的潜深沉静的至福感，通常都与其对所有人类（包括他自己）生性自然的不完美之同情的了解相互融合在一起。这种内在态度的心理基调，及其理性、伦理的解释，尽管极为纷杂，然而其伦理要求总是指向一种普遍主义的同胞意识，此种意识超越出所有社会集团的制约，也往往超越其本身信仰所属团体的制约。

　　这种宗教性的同胞意识总是与现世的秩序与价值发生冲突，并且，此种要求越是首尾一贯地贯彻到底，冲突就越是尖锐。现世的秩序与价值越是据其固有的法则性而理性化与升华，二者间的裂痕往往也就越大。这就是我们此处的重点所在。

四　经济的领域

　　同胞意识宗教与现世间的紧张关系，最明白显现于经济领域。

　　一切用来影响鬼神的原始巫术或秘法，无非都是为了个别［具体的］利益追求，例如追求财富、长寿、健康、名誉、子嗣或者来世的幸运。希腊的谷神祭典秘仪许诺这一切，腓尼基与吠陀宗教、中国的民间宗教、古犹太教与古代伊斯兰教，也都无不如此许诺；笃信印度教与佛教的俗众也得到这样的许诺。然而，被升华的救赎宗教与理性的经济之间就渐次产生紧张关系。

　　理性的经济乃是一种以货币价格为取向的、切事的**经营**（sachlicher Betrieb），而货币价格则起自于人类在市场上的利害斗争。若非以货币价格来做权衡，亦即，若没有**市场**上的利害斗争，**计算**（Kalkulation）是不可能的。货币是人类生活中最抽象、最"非人性化"（Unpersönlichste）的要素。近代资本主义经济秩序，越是循其内在固有的法则性，亦即越是合理性、越是非人性化，那么与宗教的同胞伦理之间就越不容易有任何想象得到的关系。在过去，是有可能对主人与奴隶间的人际关系——而且正因其为人与人之间的关系——加以伦理性的规制。但是存在于不动产抵押证券之变异不定的持有者与同样是变动不拘的不动产证券发行银行的债务者之间的关系，则是不可能加以规制的——至少不是过去那种**意义**上的规制，也不可能以此达到预期**效果**，因为：这其中没有任何个人纽带存在。如果硬要试图作这种规制，那么结果将一如吾人于中国所见的情形一般，亦即：妨害了形式理性的进展。这是因为，在此情形下，形式理性是与实质理性相冲突的。

如前所见，救赎宗教有一种倾向：倾向于无差别主义的独特意味上去除掉爱的对象的局限，亦即爱的非个人关系化（Verunpersönlichung）。但是，这样的宗教对于经济势力的开展，也抱持着强烈的疑虑，因为经济势力是非个人关系性的，然而意义不同，并且特别是与同胞伦理相敌对。

天主教认为：[商人的经营]总非上帝所喜（Deo placere non potest）[1]，这是救赎宗教对营利生活的典型态度；所有理性的救赎方

1　韦伯在《经济通史》（*Wirtschaftsgeschichte*）一书的最后一章《资本主义精神的发展》中说道："教会经济伦理的精神，要言之，可从（或许是）来自阿利乌斯教派（Arianismus）对商人的一句判语中看出：Homo mercutor vix aut numquam potest Deo placere（商人的经营固然无罪，但总非上帝所喜）。一直到十五世纪为止，此原则仍被视为妥当。"——中注

法论中对执著于货币、资财所提出的警告，无不强化到成为禁忌的地步。宗教共同体本身为了维持生计与宣教，无可避免地要仰赖经济手段，同时也为了适应于大众的文化需求及日常的利害起见，救赎宗教不得不采取种种妥协：禁止索取利息的历史不过是其中一例。然而，究极而言，没有任何纯正的救赎宗教曾经克服过宗教伦理与理性经济之间的紧张关系。

就外在而言，达人宗教伦理曾以最彻底的方式来对应这种紧张关系，此即：拒绝拥有经济资财。禁欲的僧侣拒斥本身的个人所有而逃离现世，完全靠着自己的劳动来维持生计，并且，相应于此，特别是将一己的欲求只限定于绝对不可欠缺之物。不过，吊诡的是：所有的理性禁欲本身无不创造出原本加以拒斥的庞大财富，这种吊诡对不管是什么时代的修道僧说来都是一成不变的绊脚石。无论何处，寺院与修道院皆成理性经济的居所。

逃避现世的冥思则建立起这样的原理原则：由于劳动会分散对冥思性救赎财的专心一意，故而无产的僧侣所能够享有的仅只于自然及人们自愿给予的东西，诸如：果实、根菜及无偿的施舍。不过，甚至这种出世的冥思也有其妥协的一面，例如印度之划分托区域。

要避免宗教与经济之间的紧张关系，只有两条原理性的、**向内反求**的大道可行。其一是清教"志业"伦理的内在反证。作为一种达人宗教的清教，弃绝爱的普遍主义，将一切此世的活动都理性地日常化为对神之意志的侍奉，及一己之恩宠状态的证示。虽然上帝意志的终极意义无人能理解，但惟有如此才有认识上帝意志的可能。以此，清教坦然接受经济秩序界——就像此被造物的堕落状态所在的现世——之例常化，认为这乃是合乎上帝意志之事，且为完成一己之义务的既有素材。推论到最后即意味：在原则上放弃认为救赎乃是人类（亦即世上的每个人）所自力能及的目标，而是毫无道理、往往不过只是被特殊命定的恩宠。究实而论，这种反同胞伦理的立场，已不再是一种纯正的"救赎宗教"。纯正的救赎宗教会将同胞伦理推展到神秘论者之爱的无差别主义境界。

回避宗教与经济间的紧张关系的另一条大道是神秘论。这一方式相当纯粹地表现于神秘论者的"慈悲"上：绝不过问是对谁或为谁而牺牲奉献，究极而言，具体的人并非其关注重点所在。只要有人问他要外套——不管这人到底是什么人，并且就只因为碰上了这人——慈悲的神秘论者会连衬衫都一并奉上。就其不论对象的这种献身方式，并非为了他人的缘故，而纯粹是为了奉献本身——用波德莱尔（Baudelaire）的话说：为了"灵魂神圣的卖淫"——神秘论实为一种独特的现世逃避（Weltflucht）。

五　政治的领域

救赎宗教首尾一贯的同胞伦理也和现世的**政治**秩序有着同样尖锐的紧张关系。这个问题对巫术的宗教意识或功能神祇的宗教而言，并不存在。古代的战神，以及保证法律秩序的诸神，都是功能神祇，他们保护日常生活中种种为人信守的价值。地域神、部族神与国家神都只关照个别团体的利益。各个共同体之间相互交战，同样的，各共同体的守护神也互相角力，并且必须在这样的斗争里证明他们自己的神力。

只有当这些地域、部族、国家的界限被普遍主义的宗教，亦即信奉惟一的世界神的宗教所突破时，问题才会产生。并且，惟有当这世界神是个"爱"的神时，问题才会十足剧烈。此一问题即：以同胞伦理为其根基的救赎宗教与政治秩序之间所发生的紧张关系，和经济领域的情形一样，政治秩序越是合理性，这个紧张关系的问题也就越严重。

官僚制的国家机构与组织于此种国家机构中的理性的政治人（homo politicus），根据国家权力秩序的理性规则，在最为理想的意味下，处理包括惩治不正等 [公共] 事务时，政治人就跟经济人一样，是实事求是地"不以当事者何人为念"，不动怒，也没有爱。借着这种非人性化，官僚体制国家在一些重要的方面，都比过去的家父长制秩序要难于遂行实质的伦理化——虽然表面上可能正相反。过去的家父长制秩序是以个人的恭顺义务为基础，家父长制的支配者也是按个别具体的情况，亦即特别是"以当事者何人为念"，来论功行赏。推而论之，最后，纵然施行的是"社会福利政策"，整个国家内部的政治机能，包括司法与行政的运作过程，都一再地难免以"国家理由"（Staatsräson）[1] 的客观实践原理来规制。国家的绝对目的无非是要维持（或变更）对外与对内的权力分配；此目的对任何普遍主义的救赎宗教而言，毕竟显得毫无意义。在外交政策上，无论过去或现在，情形更是如此。所有的政治团体在面对国外或国内的敌对者时，无不诉诸赤裸裸的暴力以作为强制手段，此乃其绝对的本质。在我们的术语用法里，正是这种暴力的诉求，才构成所谓政治团体，而"国家"就是一个要求独占

1　"国家理由"常被认为是马基雅维利政治思想的关键概念：国家在思考自身的活动时，
　　应该以本身为"理由"。关于此术语，详见《学术与政治》之《政治作为一种志业》注
　　译。——中注

正当的行使暴力（legitima Gewaltsamkeit）的团体，除此，别无他种定义。

[摩西的]山上训词说："不要用武力抵抗恶行。"相反，国家则主张："你**应该**使用**武力**帮助正人得胜，否则你也得为不义负起责任。"缺乏这个要点，"国家"就不存在，和平主义的"无政府主义"便要发芽滋长。然而，[获得正当行使暴力的国家]权力及其武力的威吓，根据一切行为在所难逃的道理（Pragma），必然无以避免再生出新的权力[亦即暴力]之行使。准此，"国家理由"，无论对内、对外，都循其固有的法则性而行。权力及权力的威吓之成功，终究完全仰赖于实力关系，而非仰赖于伦理"正义"（Recht），即使有人愿意相信是有发现此种"正义"之客观判准的可能。

与素朴、原始的英雄主义相对比，那些在权力斗争中相对峙的集团或权力把持者无不极言自身乃"正义的一方"，此乃合理的国家之典型现象。就任何首尾一贯的宗教理性化观点看来，这显然只不过是一种伦理的猴效。况且，把神牵引到这种政治的权力斗争里，简直就是徒劳无谓地戏耍神的圣名。因此，较纯净且惟一诚实的方式，便是将一切关乎伦理的考虑完全排除于政治议论之外。越是能实事求是地打算，越是能免于激情、愤怒与爱恨的拘执，就宗教理性化的立场看来，这样的政治就越是疏离同胞伦理。

当宗教与政治领域皆完全理性化时，二者间也就更加无法兼容，因为政治，与经济不同，会在决定性要点上成为宗教伦理的直接竞争对手。权力威吓的现实化是**战争**，而战争在近代的政治共同体内部创造某种热切之情（Pathos）、一种共同体情感。战争唤起了同胞间无条件奉献、牺牲的共同体情感，并使他们对穷困的人发出极大的怜悯与关爱。准此，基于上述情感而打破所有自然原生团体之壁垒的现象便大量出现。一般而言，宗教领域里足堪与此种成就相匹敌的现象，只有在坚持同胞伦理的达人共同体中看得到。

此外，战争，在其具体意义上，带给战士某种独一无二的感受：让他们经验到死亡——惟独是战争中的那种死亡——的一种神圣化的意义。在战场上的军队共同体，现今——一如往昔君侯的"家臣团"时代般——感觉自身乃一生死与共的共同体，并且是最为极致的一种。战死于沙场，跟人类共同命运的那种死亡，是不一样的。既然死亡是每个人所面对的命运，没人能解释为什么就是降临到自己，并且就非要在这一刻。当文化领域中的诸种价值不断开展，并且晋升到无以计测的高度时，这种凡常之死，通常被认为不过是为一个新的开始所画下的句点。战场上的死亡与这种只不过是无可避免的死去，有所区别：在战争中，也**只有**在战争中才见得到的这种大量生死际会的现象里，个人得以**相信**自己知道是"为了"什么而死。何以、为什么会面临死亡，对他而言通常是如此的清楚明白，以至于有关死亡的"意义"对他根本不成问题。至少救赎宗教不得不去面对死亡之意义的问题、且就其普遍意涵提出前提假设的情形，此处是没有的。只有那些"奉己身之召唤"趋赴死亡的人，方与赴死沙场的战士处于相同的情境。

此种将死亡当作是一连串意义深远且神圣化之事的定位，究终而言成为一切试图维持政治团体——以权力之行使为归依——自身权威的基础。然而，在此种试图中将死亡认定为有意义之事的方式，与同胞伦理的宗教意识里那种死亡的神义论，根本走入不同的方向。在抱持同胞伦理的宗教看来，因战争而凝聚的人类集团之同胞伦理，显然毫无价值可言：那只不过是战斗的残酷性在技术之洗练上的一种反映；将战场上的死亡当作现世内的圣化之事，显然是对同胞杀戮的一种美化。战争中的同胞关系与沙场上的战死之非日常性，和神圣的卡理斯玛、与神交通的体验之非日常性是共同的；以此，宗教的同胞意识与战士共同体之间的竞争关系升高到极点。和经济领域里的情形一样，此种紧张关系惟有两条解决之道：一是清教，一是神秘论。

清教，以其特殊恩宠论及职志的禁欲，相信那绝对无以理解的上帝所启示的确固命令。上帝的意志被理解为：这些命令必须以此世的手段，亦即暴力，强制行于被造物的世界上——因为这世界原本就沉沦于暴力与伦理的野蛮。这至少是意味着，基于神的"大义"（Sache）而对同胞伦理的义务加以限制。

另一方面，解决之道在于神秘论者根本反政治的态度，以无差别主义的慈悲与同胞伦理为追求救赎之道。在任何颇负自信的现世英雄伦理的眼中，神秘论的"不要抵抗恶行"及"把另一颊也送上"的格言，无疑是卑劣而厚颜无品的。这不外是将己身引退到任何政治行为无可避免的暴力行使之外。

除此之外，所有其他的解决之道都充满了妥协或种种前提条件，这些在纯正的同胞伦理看来，无论怎么说都是不诚实且无法接受的。不过，这些解决之道中，就类型而论，倒有两三个原则上是颇饶趣味的。

每一个具有强制性且采取普遍主义制度恩宠形态的救赎组织，无不感觉对上帝负有 [照料] 每个人——至少是所有托付于己者——的灵魂之责任。因此，这类组织认为自己有正当的权力与义务，以毫不宽贷的武力来对抗因信仰的误导所造成的任何危险，并且有责任普及其恩宠救赎手段。

当救赎贵族主义在神的命令下为了神的荣耀而去制御罪恶的现世时，所谓行动的"圣战士"（Glaubenskämpfers）现象便由此孕生出来。这在卡尔文教派中可以得见（伊斯兰教也是，但形式不同）。同时，"圣战"与"义战"也就此而与其他纯粹现世的，因而也是极为无谓的战争区分开来。义战乃是为了信仰且以遂行神的命令为目标的战争，就某种意义而言，经常就是一种宗教战争。因此，救赎贵族主义者对于政治权力争逐之战——亦即并非确实符合神的意志而真为神圣的战争、并非自己的良心所应许的战争——所发出的强制参与要求，会断然加以拒绝。采取反对强制兵役立场的克伦威尔圣战士（Cromwellsche Heer）常胜军便是如此。比起强制兵役来，佣兵制度毋宁是较为救赎贵族主义者所喜的。如果人侵犯了神的圣意，特别是假信仰之名而如此做的话，那么依照所谓人应服从于神甚于人的命题，会得出一个有利于行动性宗教革命的结论。

不过，例如路德派的制度恩宠宗教意识就恰好采取正相反的立场。它不但否定圣战，并且也拒斥对任何事关信仰的俗世强制力采取行动性抵抗的权力；认为这种强制力只不过是把救赎问题卷进暴力施展范围内的一种独断行径。在此领域中，路德教派所知惟有消极的抵抗。不过，俗世权威既是无法拒斥的，因此即使下达战争的命令，也得要毫不踌躇地服从接受；因为担负战争责任的是官方，而不是个人，也因为现世权力秩序的伦理自主性是被承认的——这点恰与内省性普遍主义的（天主教）制度恩宠形成对比。神秘论宗教意识之独特地介入路德的个人性基督教，在这方面，仅半途而止，并未推究终极。

宗教达人固有的神秘论式的、卡理斯玛式的救赎追求，无论

何处都自然而然带有非政治或反政治的色彩。此种救赎追求根本
就承认尘世秩序的自律性，只不过，这是为了指出尘世秩序之根
本的邪恶性格，或者至少在于对尘世秩序采取绝对不关心的立场。
此一态度表明于"恺撒的事归恺撒"这个命题（因为，此等事于
救赎何干？）。

　　世界诸宗教对政治行为所采取的立场，在历史上极为不同，
制约的因素诸如：宗教组织之卷入权力的利害得失及权力斗争；
另外，常见的是，与现世极度的紧张关系下，各种妥协与相对化
的结果，使之落入无可避免的虚脱状态；宗教组织之适用于大众
的政治驯化，而被加以利用；以及，特别是应既有的政治权力之
需求，为其正当性提供宗教的基础。正如我们在历史上所见的，
所有宗教组织的教义几乎全都是宗教的救赎价值（Heilswerte）及
其伦理—理性的独自法则之相对化形态。在这些相对化的类型中，
就实际情形而言，最重要的一种是"有机体说的"（organisch）社
会伦理。此一类型虽广见于许多不同的形式，然而其职业观念，
在原理上，乃是与入世禁欲的"天职"思想最重要的一种对照。

　　有机体说的社会伦理（就其为附着于宗教基盘上的建构而
论），乃是以"同胞伦理"为基础，不过，与神秘论的无差别主义
之爱恰恰相反，支配它的是含有差别性且合理性的同胞伦理之要
求。其出发点在于：宗教卡理斯玛禀赋之不平等的经验事实。并
不是所有人而是只有少数人才到得了救赎之境的事实，实为有机
体说的社会伦理所不能忍受的。因此，它试图将这种卡理斯玛禀
赋之不平等与世俗中的身份构造结合起来，成为一种各具独特功
能且合于神之圣意的职业秩序。详言之，在此秩序之中，每一个人、
每一个团体都相应于他们各自的卡理斯玛，以及他们命中注定的

社会经济地位，而被赋予特定的任务。各尽职守的这种努力，原则上是为了实现一种合乎圣意的状态（虽然实具妥协性格）。这种状态被解释为既是对社会有实利，又是合乎神圣义理的。就面对罪恶的现世而言，此状态至少有助于相对地制御罪恶与苦难；因而也会有助于为神的国度保住、救出尽可能的苦难生灵。

我们马上就要谈到一种更为激情的神义论——印度的业报（kharma）说：与上述情形正相反，它径由单单以个人的利害关心为取向的救赎实践理论立场来与有机体说的社会伦理相结合。缺乏这种特殊联结，有机体说的社会伦理所代表的，无可避免地必是顺应于此世的特权阶层之利益。至少在彻底的神秘论宗教同胞伦理看来是如此。从入世禁欲的立场来看，有机体说的社会伦理则是欠缺一种将个人生活伦理性地全面理性化的内在动力。在这方面，此种社会伦理对于为了个人自身的救赎而将生活整治得合理、**有规律**一事，并未能提供任何的诱因。

若从有机体说的救赎实践理论这一方的观点来看，入世禁欲的救赎贵族主义及其生活秩序之合理性的切事化（Versachlichung），无非是丧失爱与同胞之情的极端苛酷形态。它也必定认为神秘论的救赎贵族主义不过是神秘论者自身之卡理斯玛的升华，若就实而论，无非是没有同胞之情的一种耽溺。神秘论者毫无章法的爱的无差别主义，也只是为了追求自身之救赎的一种自私手段。入世的禁欲与神秘论，终极说来，都判定社会现世是绝对毫无意义可言的，或者至少认为关于社会现世，神的目标是人类一点也无法理解的。此种看法，不能见容于宗教性有机体论社会学说内的理性主义；因为世界即使充满罪恶，它也要试图将之理解为至少相对而言是个理性的世界，承当着至少是神圣的救赎计划的吉光片羽。然而这种相对化的意图，在达人宗教意识的绝对卡理斯玛主义（Charismatismus）看来，实在当予批驳，简直是偏离圣道。

正如经济的理性行为与政治的理性行为所遵循的是各自的法则性一般，现世内的其他理性行为也无可避免地受制于现世中的种种条件。这些条件与同胞之情两相乖离，而必然仅仅惟理性行为本身的手段或目标是事。因此，所有的理性行为遂与同胞伦理处于紧张关系之中，并且也在理性行为内部产生深刻的紧张性。因为，即使是这个最首要的问题，看来也没有解决的办法：就个别情况而言，一个行为的伦理价值，要从何得到决定？从其**成果**？或是从行为本身所具有的某种 [伦理上的] **内在固有**价值？这也就是说：行动者对后果所负的责任，是否（以及在何种程度上）圣洁化了他所采行的手段？或者，行动本身的心意（Gesinnung）所具有的价值，让行动者有理由拒绝接受对后果的责任，而将这责任转卸给上帝，或是转卸给上帝容许之下的尘世之恶与愚蠢。宗教伦理在心志伦理方式（gesinnungsethische）下的升华，使人倾向于后一选择："基督徒的行为是正当的，后果则委诸上帝。"不过，这行为本身要是真的首尾一贯，而不顾现世自身的法则性，就其结果而论，必会被宣判为非理性的 [1]。面对此事态，被升华且透彻的救赎追求，最后势必会以无差别主义为了断，并进行推究到拒斥目的理性行为（亦即一切以手段—目的关联为判准的行为）本身的地步，因为这样的行为不但是被现世所束缚的表现，因而也就是背离于神的。下面我们会看到，从《圣经》上野地里的百合花

1　在理论上，这点（我们下面会看到）在《薄伽梵歌》（*Bhagavad-Gita*）中有最首尾一贯的呈现。——原注

之譬喻，到例如佛教那种更加原理性的成式，种种不同程度的理论上的一贯性，是如何实地展现的。有机体说的社会伦理无论在何处都是一股与革命敌对的强劲保守势力。然而，在某些情况下，也可能由于纯正的达人宗教意识而造成**革命的**结果。当然，事情惟有在这样的情况下才会发生：蕴含于暴力行使的道理，无非因暴力的行使而引发更多的暴力，结果只是支配暴力者换人而已，或者最好也不过是支配暴力的方法有所改变罢了，此时，暴力行使的道理就不再被承认是一种被造物界的永恒的属性。革命性的转换，根据达人宗教的基调，有两种可能的形式。其一是出自入世禁欲的立场：只要这种禁欲能够揭示一种绝对的、神圣的"自然法"（Naturrecht）以对抗被造物堕落状态所居存的现世经验秩序，那么革命性的转变不拘何处随即应运而生。这也就是说，根据人必须服从于神甚于人这个命题（一切理性的宗教多少总这么认为），将此神圣的自然法付诸实现，变成一种宗教义务。纯正的清教徒革命就是典型的例子，当然别处也见得到同样的类型。此种态度可以说完全相对应于圣战义务的想法。

[其二] 神秘论者则另当别论。从拥有神的状态到被神所拥有的状态，是神秘论者总有可能做到的心理转换。一旦末世论调的期待——期待当下即是无差别主义的同胞关系所支配的千禧年时代之始——如火燎原之际，一旦永恒的紧张关系之信仰——相信现世及其背后的非理性救赎王国之间存在着永恒的紧张关系——也因此而被弃置之时，革命性的转变即有可能，也有意义。当此之时，神秘论者会转化为一名救世主、一名先知。然而他所宣示的命令却不具任何理性的性格。由于这些命令乃是其卡理斯玛灵性的产物，因而形态上是带有具体性质的启示，其彻底的现世拒

斥很容易就剧变为彻底的**反律法主义**（Anomismus）。世俗的命令并不适用于那些自信已为神所据的人："我被应许一切之事。"举凡是千年王国运动，一直到再洗礼派的革命，多少总是奠立于这一基础上。对那些"拥有神"的人（因而也就是已得救者）而言，自己的行为方式已与救赎无关。同样的情形我们还会在印度的**神秘的合一**（djivanmukhti）中看到。

六 审美的领域

宗教的同胞伦理与任何遵循自身法则的目的理性行为（zweckrationalen Handelns）处于剧烈的紧张关系之下。同样地，本质上属于非理性的或根本就是反理性性格的俗世生命力（innerweltlichen Mächten des Lebens）与宗教伦理之间的紧张性更是不遑多让。其中尤其是宗教的同胞伦理与审美的领域和性爱的领域之间的紧张关系。

巫术的宗教意识与审美的领域有特别密切的关系。自古以来，宗教一方面即为艺术创作无穷尽的泉源，另一方面也是将艺术创作加以传统束缚而使其风格化的一股泉源。这表现在以下诸多的事项与过程上，例如：表现于偶像、圣像及其他宗教的工艺品上；表现于巫术灵验造型的规格化上（此乃以"风格"的固定化来压倒自然主义的第一步）；表现于作为忘我、被魔、符咒等巫术手段的音乐上；表现于担任圣歌者、圣舞者的巫师身上；表现于巫术灵验的、因而也就是巫术性定式化的音调上（此乃音乐的调性之发展最最初步的阶段）；表现在作为忘我的手段、具有巫术灵验效力的舞蹈步式上（此乃音乐韵律的泉源之一）；表现在一切建筑中之最巨大者的寺庙与教堂上（此乃根据巫术灵验的效力而完全确定其目的的情况下，建筑的课题与形式的风格定型化）；表现在一切林林总总的祭典装饰品与教会用具上——实用艺术的对象。所有以上这些事项与过程都是在结合教堂与寺庙的财富——以宗教的热诚为其支柱——下，展现出来的。

对宗教的同胞伦理而言，如同对先验性伦理严格主义[1]立场而言，作为巫术效力之担纲者的艺术，不仅毫无价值，并且甚是可疑。一边是宗教伦理的升华与救赎追求，另一边则是艺术之固有法则性的开展，两者之间趋向一种日渐增加的紧张关系。所有的救赎宗教当其宗教意识被升华之际，莫不仅以意义为其投注的焦点，而不在意与救赎有关的事物与行为的形式。救赎宗教贬斥形式，认为那只不过是一时具象，带有被造物的性格，并且疏离意义。反之，就艺术这方面而言，只要艺术的接受者在意识上所关注的并不是形式，而往往总是单纯地倾注于造型的内容，那么艺术与宗教同胞伦理间的原始素朴关系便不会遭受破坏，或得以恢复。或者，只要艺术创作者感觉自己的作品是出自一种"能力"的天生禀赋（karisma，巫术性的本源）或自然天成的游艺，那么宗教伦理与艺术之间的关系也能保持和谐状态。

然而，主智主义的开展与生活理性化的进展改变了此一状态。因为，如此一来，艺术便逐渐自觉地变成确实掌握住其独立的固有价值之领域（kosmos）。艺术从此据有某种（无论在何种解释之下的）此世**救赎**的功能，亦即将人类自日常生活之例行化中——

1　此处所说的"先验性伦理严格主义"是指一种对道德原理的信仰，此种道德原理乃奠基于"自然法或依理知所推衍出来的无上命令"。斯多噶派的伦理、法国革命时期对理性的崇拜，或康德主义等都是例子。——英注

特别是处于理论的、实践的理性主义压力愈益沉重的情况下——
解救出来的功能。

以其声称具有此种救赎功能，艺术与救赎宗教就此处于直接
的竞争关系下。任何理性的宗教伦理势必对此种现世内的、非理
性的救赎采取敌对的态度。这是因为在宗教的眼里，这种救赎无
疑实属不负责任的享乐与私底下了无爱心的领域。事实上，现代
人拒绝了对道德判断采取负责任的态度，而倾向于将伦理价值判
断转变成鉴赏力判断（Geschmacksurteile）——称人"品味低劣"
而不称之为"道德败坏"。除了诉诸审美判断外，别无置喙余地。
这种将个人行为从道德评断转向审美评断的转变，是主智主义时
代的一般特色，部分起自于主观主义的（subjektivistischen）需求，
部分则源自于恐怕自己表现出一种传统主义式及无教养的识见窄浅。

伦理规范及其"普遍的妥当性"，至少只要在个人能够基于道
德理由拒斥他人的行为，而仍能坦然面对且加入共同生活的情况
下，就能创造出共同体来。只要个人明了自身被造物的缺陷，便
会置身于一般的规范之下。与此种伦理态度恰成对比的，是匿身
于审美判断之下而对必然要采取一种理性、伦理的立场一事加以
规避的态度；这就足以**可能**被救赎宗教视为反同胞伦理居心的最
低下的一个形态。然而从艺术创作者这方面来说，亦即针对在美
感方面极为敏锐的心灵而言，这样的伦理规范很可能就是加在他
们纯真的创造力及他们内在自我之上的一种暴行。

神秘的体验——宗教态度中最为非理性的一种形态，就其最
深奥的本质而言，不仅与一切的形式无缘，并且本身也无形可就、
无以言表，对形式所抱持的是一种敌对的态度。因为神秘论者所
坚信的是破除一切形式的 [神秘] 体验，并期望借此而融入置身于

一切制约与造型之外的"全有独一者"。由艺术与宗教二者内部的深刻感动体验中，可以明白看出二者在心理上的亲和性，在神秘的体验这一方看来，这只不过是艺术之邪魔性格的一种表征。特别是音乐——一切艺术之中"最不假他求"的一门，都能够用其最纯粹的形态——器乐（Instrumentalmusik）——以作为原初宗教体验之代用品的形态出现；结果器乐固有的法则性——并非真正存在 [宗教体验]"内部"的一个领域——便显然是宗教体验的一种不负责任的、欺人耳目的假造物。特伦特宗教会议（Tridentiner Konzils）众所皆知的立场，部分即或有感于此而发。这也就是说，艺术变成一种"偶像崇拜"（Kreaturvergötterung）、一种与宗教竞争的力量、一种欺瞒的幻象；其针对宗教事物的拟造与寓示，恐怕就是亵渎神的作为。

在经验性的历史现实里，艺术与宗教在心理上的这种亲和性，却导致一再地重新结合，这在艺术史上着实意义非凡。大多数的宗教都有过以某种方式与艺术结合的经验。举凡越是想要成为普遍性的大众宗教，因而越发要以对大众的诉求及激情的传道为其取向者，就越是与艺术形成有系统的联结。然而，所有纯正的达人宗教意识，无论其为行动禁欲的或为神秘论的，在面对艺术时，莫不采取疏远的态度，此乃宗教与艺术二者在内在结构上的对立所造成的结果。宗教若愈是强调神的现世超越性，或愈是强调救赎的他世性，其对艺术的拒斥也就愈形尖锐。

七　性爱的领域

救赎宗教的同胞伦理一如其与审美领域间的关系般，也与最非理性的生命之力——性爱——处于深刻的紧张关系之中。性爱越是升华，救赎的同胞伦理越是守住原则、毫无忌讳地首尾一贯发展下去，则两者间的紧张关系也就越加剧烈。

　　性爱与宗教之间的关系起初原本是相当亲密的。性交经常是巫术性狂迷技术的一部分，或者是狂迷兴奋中不经意的结果。俄国的史考布茨派（Skoptsy）——其教徒皆去势，即基于想要避免克律斯特派（Chlyst）那种狂迷舞蹈（radjney）下所引发的性交结果（他们斥之为罪恶的），而兴起的一个教派 [1]。神殿卖淫实与所谓"原始时代的乱婚"一点关系也没有，而大抵是巫术狂迷——其中一切狂奋恍惚状态皆被认为是"神圣的"——的一种遗迹。世俗的卖淫制度，无论其为异性间的或同性间的，非但自古即有，并且往往相当完备（所谓的自然民族里就有为了同性恋而训练女性扮演男方的事）。

　　从这种卖淫的状态转变到合法建构婚姻的过程中，存在着许许多多的中间形态。婚姻，基于经济上的考虑，为的是确保住妻子以及确保住孩子的继承权；婚姻也是关乎人死后之命运的一种重要的制度（因为如此则得以享有来自子孙的血食供奉）；以此，婚姻制度对于子嗣繁衍这事极为紧要。这些关于婚姻的看法，是先知预言出现以前的时代里的普遍观念。因此，婚姻本身与禁欲并无丝毫关联。性生活和其他各种机能一样，自有其守护精灵与神祇。

　　宗教与性之所以会产生某种紧张关系，只不过是因为祭司为了祀典的缘故而必须暂时守住贞洁。这种相当古老的守贞行为，很有可能是受到以下这个事实的制约：从行之有素的共同体祭典

1　此句原不在本文中而是个注解。现依英译本径置于此。——中注

严密规制化的仪式观点看来，性爱的事是特别受恶魔所支配的一项。据此，预言宗教以及祭司［教士］统驭下的生活秩序便更进一步且几乎毫无例外地意图以**婚姻关系**来规制性行为。这事并非出于偶然，因为一切合理性的生活规制与所有巫术性狂迷的手法及其他种种非理性的陶然迷醉状态之间的对立关系，可说就表现于此一事实上。

宗教与性的紧张关系，在二者各自的发展契机制约下，不断增长。从性爱这方面来说，推进紧张性的契机在于性爱之升华为"恋爱"（Erotik）；通过这种升华，性爱便就此成为**有意识地**被加以培养而具非日常性的一个领域。所谓**非日常性的**，并不必然（或只是）就其不合乎日常的习律而言，这点从恋爱与农民呆板无趣的自然主义之对比中即可看出。事实上，骑士的习律往往正是以恋爱为其规制的对象。然而，此等习律在恋爱的规制上却是以隐蔽性爱之自然的、有机的基础为其特征。此时，恋爱的非日常性之基础确实是缔建于逐渐脱离性爱素朴自然主义上。

不过，这种脱离演变的原因及其意义，牵涉到文化之理性化与知性化的全盘过程。以下，且让我们以西方为例，简单描述一下这一发展的阶段。

人类的整体生活如今已跳脱出见诸农民生活里的那种有机的循环，而逐渐拥有文化内容（无论这样的内容是被评定为知性的或者是超个体的）。为了使生命价值脱离仅仅由自然所赋予的状态，整个生活内容便趋向于将恋爱进一步提高到一特殊的地位：恋爱被高举为意识性享受（就其最为升华的意境而言）的领域。然而，正因为此种提升之举，恋爱在理性化之机制性（Mechanismen）的对照下，却显得好像是一道进入最非理性、因而最为真实的生命核心之门。恋爱的价值被强调到何种程度，以及用什么方式来加以强调，在历史上有明显的诸多变化。

对于战士阶层粗野的感受而言，为了占有、获得女性而战，可说是与为了财宝或征服权力而战无甚差别。古典时期之前的希腊人在那骑士的浪漫时代里，恋爱的挫折对于像阿奇洛克斯（Archilochos）[1]而言，诚如一种永铭心怀的重大体验；为了掠夺一名女子可以是一场英雄战争无上的理由。

悲剧作家深知性爱乃一股纯正的命运之力，而在他们的剧作中留存着神话的余韵。然而，整体说来，其中没有任何一名男性能够比得上萨福（Sappho）这位女性在恋爱的体验上的能力。希腊的古典时期，亦即重装步兵的时代，对于恋爱通常抱持着比较开明的态度。这时代的希腊人，诚如他们自己所有的证言所显示的，甚至要比中国的教养阶层更加清醒有节度。然而，若说性爱要命的火热已为这个时代所遗忘，却又大谬不然。**其实**相反的情形才是这时代的**特征**：我们只消想想——除了阿斯帕西亚（Aspasia）[2]之外——伯里克利（Pericles）的演讲，以至于狄摩西尼（Demosthenes）著名的陈述。

在这个"民主"（Demokratie）时代万分阳刚的性格看来，将与女性恋爱的体验当作（用我们现代的话来说）"人生的命运"来处理，未免太稚气且多愁善感。"战友"，亦即少年，才是所有爱的仪式上所需求的对象，这项事实卓然确立于希腊文化的中心。以此，柏拉图的爱情理论（Eros）纵然无比壮丽，也还是一种极

1　阿奇洛克斯为古希腊的诗人，约为公元前七八世纪时人。——中注
2　阿斯帕西亚是公元前五世纪中叶希腊的名女人，伯里克利的情妇，苏格拉底之友，并曾教过修辞学。由于她在政治与知识文化圈里太过活跃，经常成为当时人批评的对象。——中注

为压抑的感情。任凭**酒神式的激情**（bacchantischen Leidenschaft）有多么美，在这环节上还是无法见容于官方的。

　　带有原理性格的种种问题与悲剧论之所以可能在恋爱这个领域里被提出来，起初是由于某种明确责任感的要求——此种要求在西方则源自基督教。然而，纯粹以恋爱的情感本身为价值重点所在的诉求，最主要（且重于一切）的还是在封建的荣誉观这种文化的条件下发扬光大的。这也就是说，骑士对于领主的臣属关系之象征性表现被移转到以恋爱来升华的性关系上。在这种融合（臣属关系与恋爱关系）之下，最时时被加以颂扬的恋爱在中世纪时便与秘密恋情式的宗教意识结合在一起，或者直接与禁欲思想相结合。众所周知，基督教中世纪的骑士之爱（Ritterminne）是对女性的一种封臣式的恋爱服侍。所爱的对象并非处女，而是他人之妻；所关乎的（理论上！）是深夜之爱的抑制与某种吊诡的义务法则。于此，开始所谓男性的"考验"，只是面对的并非同性——这点和希腊人的男性主义大相径庭——而是对"贵妇人"的情爱关注。所谓"贵妇人"，完全只是基于其所具有的那种女性的 [裁断] 功能而建构起来的概念。这种封臣与"贵妇人"的关系恰与希腊的阳刚之气形成尖锐对比。

　　恋爱特有的感情性格，随着文艺复兴的习律之转移到越来越非武人色彩的沙龙文化之知性主义的过程而更为高扬。文艺复兴时期的习律与古代的习律虽然大不相同，然而就其阳刚的、竞技的基本性质而言，倒与古代颇为类似。这是由于廷臣（Cortegiano）[1]

1　此处指《廷臣》（*Il Cortegiano*）一书的作者卡斯提里奥尼（Baldassare Castiglione, 1478—1529），意大利之外交家，于 1528 年出版《廷臣》，讨论怎样才能成为一出色的廷臣，于当时发生颇大影响。——中注

与莎士比亚所处的这个时代已抛却了基督教式的、骑士风尚的禁欲作风。

沙龙文化乃建立于人们确信异性之间的对话具有创造力的价值。公然或隐秘的恋爱情怀，以及廷臣在贵妇人面前以竞技式的论战来自我证示，都成为激发这种对话不可或缺的兴奋剂。自《葡萄牙书简》（*Lettres Portugaises*）以还，女性的实际恋爱事件即特具其精神上的市场价值，女性的爱情文字则成为"文学"。

恋爱在历史上成为人们所刻意强调的一个领域，最晚近的一次是建立在知性主义文化的基础上。换言之，事情就发生在爱情的领域与志业人类型（Berufsmenschentum）必然带有的禁欲色彩互相冲突的症结上。在恋爱领域与理性的日常生活之间的紧张关系下，被摒除于日常事务之外（而变成非日常性）的性生活——特别是婚外的性生活，俨然就是还能将人与一切生命的自然根源联结在一起的惟一线索。至此，人类已自农民生活里那种古老又素朴的有机循环中完全解放出来。

在此情况下，人们遂大力强调一种现世内救赎——从理性化世界中获得解救——的独特情怀之价值。这种压倒理性而令人雀跃的胜利，就其最彻底的意境而言，实相对应于任何一种他世的或现世超越的救赎伦理之无可避免的、同样彻底的现世拒斥。对救赎伦理而言，精神之克服肉体的胜利，确实就在彻底的现世拒斥下达到其最高点；而在性生活这方面，如此一来则甚至能够博得其与动物性（Animalischen）之惟一且不能泯除的联结之性格。然而，就当性的领域正系统性地预备好抬高恋爱情怀的价值之际，存在于同样是跳脱出理性的现世内救赎与他世性救赎之间的紧张关系，也必然变得无比剧烈且毫无转圜的余地。因为，前者是以恋爱情怀将性关系里一切纯粹的动物性加以重新解释与净化，而后者所抱持的却是一种宗教之爱的性格，亦即同胞伦理与邻人之爱。

准此，恋爱关系似乎是提供了爱的追寻之最高实现——亦即人与人的灵魂之直接交融——的保证。这种无垠无尽的献身，与一切实事求是的、理性的、普遍合宜的事端，根本对立。这里所展现的，是一个具体的个人竟然会如此非理性地对另一个具体的个人（并且是世上惟一的一个）奉献之无可替代的意义。然而，就恋爱观点视之，这种意义及关系本身随而来的价值内容，实奠基于形成一共同体——感觉完全**一体**化、"你"消融于其中——的可能性。此共同体是如此具有压倒性的优势，以至于吾人要将它诠释为"象征性的"：就像是个神圣祭典那样。恋爱的人感受到自己已植根于用任何理性的努力都永远无法达到的真实生命之核心，也明白自身已自理性秩序之冰冷无血肉的手中、自日常性的无谓陈腐之中完全逃脱了出来。恋爱中人的这种觉醒，来自于本身的体验，这体验非但具有任何论证都无法解释其无尽内容的性质，并且简直是不可能用任何手段来加以表达的——**在这点上**，倒与神秘论的"拥有神"相似。不过，这倒不光是靠恋爱者自身体验的强度即有以致之，其实也还基于当下直接掌握住的现实感受。恋爱者自知已与"生命的根源"（das Lebendigste）合而为一，对于神秘论者之**无对象的**（在他看来是如此）体验，他视之犹如背对现世的一个褪了色的领域。

正如成熟大人平实知解的爱之相对于年青小孩的激情狂热一般，这种知性主义的恋爱之死生相与的真切，实与骑士的恋爱侍奉恰成对比。在此对比之下，知性主义的这种成熟之爱，再一次肯定了性的领域——作为一股有血有肉的创造力量——的自然本质，只不过是以一种有意识的方式。

　　然而首尾一贯的宗教同胞伦理就根本彻底地反对以上这些。从这一宗教伦理的立场看来，由成熟的爱所生出的这种现世内的属世的救赎情感，无疑是一个强劲的竞争者，而与其对超俗世上帝的献身、对伦理—理性的上帝秩序之归依、或对神秘的个体之破解的献身（就同胞伦理而言，只有这样才算是"纯正的"）相竞争，并出之以吾人所能想见的最尖锐方式。

　　宗教与性这两个领域在人们心理上的亲和关系，也尖锐化了二者间的紧张关系。最高层次的恋爱，无论在心理上或生理上，都与某些英雄式的虔敬之升华形态处于可以交互替代的关系上。由于理性、行动的禁欲视性爱之事为非理性的而加以拒斥，然而恋爱这一方又将理性、行动的禁欲视为不共戴天的仇敌而相对峙，是以上述的替代关系之成立特别是出之以一种神秘论式的与神合一的形态。伴随着此种关系而来的，是兽性的长期威胁：一种极为恐怖而顽强洗练的复仇；或者是从神的神秘王国直接滑落到一切都太人间性的世界的结果。此种心理上的亲和性，自然增强了恋爱与宗教在内在意义上的敌对性。

　　从宗教同胞伦理的观点看来，恋爱关系必定在某种洗练的程度上与粗野的性质联结在一起，并且越是升华就越是粗野。这样的关系当然无可避免地要被宗教的同胞伦理视为一种斗争关系。这种斗争并不只是（或甚至主要是）嫉妒及排除第三者的占有欲。更甚者在于此乃加诸较不粗野的那一半的灵魂上最深刻内在的一种暴行，然而却不曾为当事者双方所察觉。在假装成是人与人之间最深刻的献身之余，其实竟是自己在他人身上的一种伎俩精纯的享乐。任何完全一体化的恋爱共同体都会认为共同体本身的形成，理由无它，只因为彼此间的一种不可思议的**缘分**，换言之，是即**命运**（就此字之最高意义而言）。以此，恋爱共同体便视其本身为"被赋予正当性的"（在此完全与道德无涉）。

　　然而对救赎宗教而言，这所谓的"命运"只不过是纯粹偶然的激情燃烧。继之而起的病理性着魔状态与特异气质，以及观察能力及一切客观义理的歪曲，在救赎宗教看来，无非正是彻底地否定一切同胞之爱与对神的隶从关系。快乐恋人的幸福感本身被感觉是种"善意"，它有一种想要歌咏全世界也都充满了欢乐景象的友善心意，或者是在但愿人人也都享有幸福的天真心愿下将世界都粉饰为满溢着欢喜的一种温情的切望。然而这些却往往遭受到纯粹以宗教为基底的彻底的同胞伦理之冷嘲热讽。托尔斯泰（Tolstoi）的早期作品中处理心理方面的最透彻的部分，可作为此处的一个例证[1]。在宗教同胞伦理的眼里，最高度升华的恋爱之所以是一切以宗教为取向的同胞关系的死对头，全在于恋爱就其骨子里而言必然是排他性的，就其可能想象的最高意义而言则无非是主观性的，准此，也就注定是绝对不可能向他人传达的。

　　当然，二者的对立除了所有以上这些缘故之外，就更不用说以下这一个事实了。换言之，在宗教的同胞伦理看来，恋爱的激情性格简直就是毫无尊严可言的自我失控，是乖离了宗教方向的一种反映：要不是乖离了上帝意旨下的规范之理性明智，就是乖离了神秘的神性之"拥有"。然而就恋爱的立场而言，**真正的"激情"**本身即是**美**的典型，拒斥它就是一种冒渎。

1　特别是在《战争与和平》这部书里。救赎宗教的立场在阿斯瓦古夏（Ascvagosha）身上非常清楚地确立。尼采在其《权力意志》（*Will to Power*）中的著名分析，在本质上也恰巧完全一致，只不过——确实正因为如此——在价值上意识分明地正负倒转。——原注

恋爱的陶醉，不论是基于心理方面的理由或是基于其意义的缘故，只能跟狂迷式的、非日常性的宗教意识形态有调和的关系。然而此种形态，就某种特殊的意涵而言，是入世性的。天主教教会之承认婚姻关系的**缔结**，换言之，肉体的结合（copula carnalis）为一种"秘迹圣典"，即是对此种情感的让步。恋爱与他世性的、非日常性的神秘论，一方面是处于非常尖锐的内在紧张关系下，另一方面却由于二者在心理上的替代可能性，恋爱极易落入与后者的一种无意识的、不安定的代用关系或混融关系中，其结果是如舟顺水般地沉没于狂乱迷醉的大海。

入世、理性的禁欲（天职的禁欲）所能接受的惟有在理性规制下的婚姻关系。基于人乃是受其被造物的"情欲"所驱使而处于永无希望的堕落状况下之故，此种婚姻关系遂被视为赐予人类的神圣秩序之一而为人所接受。在此范围内，人在生活上所能够被容许做的，仅只于合乎婚姻关系的合理目的之事，亦即：生儿育女，并互相砥砺以增进彼此之德以蒙神恩宠。此种入世、理性的禁欲必将视任何由性爱转为恋爱的精纯化为最邪恶的被造物神化，而加以拒斥。由此观之，此种禁欲是即将农民那种原生的、自然的、而且是**未**被升华的性关系径而引进到人之为被造物的理性秩序里。因而所有"激情"的要素遂被视为人之堕落原罪的残滓。根据路德的说法，上帝为了防止情况更糟，因而才对人的激情"觑而视之"而加以宽贷。出世的理性禁欲（僧侣的行动性禁欲）也拒斥这种激情的要素，并指斥一切与之俱来的性关系为有害救赎的恶魔力量。关于婚姻的内在与宗教价值，贵格派的伦理（der Quäkerethik）相当成功地达到一种真正人间性的解释（可见之于威廉·潘 [William Penn] 写给他妻子的书简中 [1]）。在这方面，教友派的伦理可说超越路德对婚姻之意义较为粗疏的解释。

从纯粹入世的观点看来，惟有当婚姻关系与彼此间负有伦理责任的想法——亦即异于纯粹恋爱领域的一个范畴——相联结时，才能够使得婚姻生活中可能存在有某种至高无上性质的感觉得以成立；这可能就是爱情的转化，亦即：将责任意识贯穿到有机性生活过程的一切精微细节里，"一直到风烛残年余音袅袅为止"，也就是说，在伴随着责任意识的爱情生活流转中，彼此应许且互相担待（就歌德的观点而言）。在实际人生当中能够拥有这种宝贵真意的纯粹形态者，少之又少；而真能神领身受者，可说是命运之佳惠与恩宠——无关乎个人本身的"事功"。

八　知性的领域

无论是艺术的体验或是恋爱的体验，人类存在的体验之强烈无过于此，而对于一切无所顾忌地献身于此等体验的拒斥，也只是一种消极的态度。不过，显而易见的是，通过这样的拒斥，可能会使人类精力流向理性作为（不管是在伦理方面或在纯粹知性方面）的力量更加高扬。然而，吾人必须注意，宗教意识在面对理智认知的领域时所产生的自觉性紧张关系，是其中意义最为重

1　威廉·潘（1644—1718），贵格派政治家。贵格派是教友会（Society of Friends）信徒的别号。这是一个强烈反对制度宗教的新教教派：一方面，它憎恶教会的一切仪式、传统、权威，否认圣礼的价值；另一方面，它强调个人心中的灵性，视之为信仰的最高权威，强烈批评卡尔文教派的悲观、消极态度。1682 年，威廉·潘率领大批贵格派人士移居美国宾夕法尼亚州，并依其宗教及政治理想组织殖民地团体，实际掌握该州政权。——中注

大且最具原理性的一环。

正如见诸中国的情形，巫术领域与纯粹巫术性世界图像之间存在着一种素朴的统一关系；而宗教与纯粹的形上思维间也同样有极高程度之相互承认的可能，只是此种形上思维往往易于蹈入怀疑的论调。因此，宗教通常会认为纯粹的经验研究（包括自然科学研究）要比哲学更加与本身的利害关系相一致。这在禁欲的基督新教里尤为明显。

宗教与理智认知间的紧张关系之确立突出，在于理性、经验的认知彻底一贯地将世界解除魔咒并转化到一种机械性的因果关系之中。此时，科学所面对的是发自伦理诉求——认定现世乃神之赋予秩序因而**含带意义性**与伦理性取向的世界——的主张。在经验性的世界观及以数学为取向的世界观点下所衍生出来的一种态度，便是否定一切追究现世内事象之"意义"的认知取径。经验科学的理性主义每增进一分，宗教就更进一步从理性的领域被推向非理性的领域；而直到今天宗教**成其为**非理性或反理性的一股超人间的力量。不过，感知此种对立的意识或首尾一贯性，在程度上有极大的不同。亚坦内瑟斯（Athanasius）[1] 在与当时大多数希腊哲学家的论战里，即以其论证公式——从理性的观点看来实在毫无条理——压倒群雄；不过，如前所述，我们似乎也不难相信，不管其他理由为何，他真正想要做的是逼使他们明白地做知性上的牺牲并且明确地划下理性议论的界限。不过，紧接着不久，三位一体论本身就在理性的基础上被加以辩议与讨论。

1　亚坦内瑟斯（295—373），罗马帝国杰出的神学与教会领袖，为反对阿利乌斯教派（Arianismus，公元四世纪基督教主要教派）的主要领导人。——中注

　　由于此种显然无法调停的紧张关系，无论是先知预言的宗教还是教士的宗教，都一再地与理性的知性主义处于紧密的关系上。宗教越是不带巫术或单纯冥思性神秘论的色彩、越是采取"教义"的姿态，对于理性的护教论之需求也就越是强烈。由于巫师参与了以唤起年轻战士之英雄式忘我与英雄再生的教育与训练，他们无论在何处都是神话与英雄传说的典型守护者。继而教士——作为惟一有能力维续传统的代理人——从巫师手中接过训练年轻人的棒子，教导他们律法上（往往也包括）纯粹行政技术上的学问，以及特别是书写与计算这两方面。宗教越是变成经典宗教或教义性格，便会更加带有文书教养的色彩，在脱离教士的掌握与促进理性的俗人思维方面也就更加有效力。然而从俗人的思维里又一再地产生与教士敌对的先知预言者，以及独立于教士之外而寻求救赎的神秘论者与教团信徒。最后，还有与信仰敌对的怀疑主义者与哲学家。

　　与以上这些发展相对应的，是来自教士这方面的护教论之理性化。反宗教的怀疑论本身，以中国、埃及、印度吠陀，以及巴比伦之囚后的犹太教经典为代表，其主张在原则上至今仍无不同，几乎没有任何新的议论被添入。因此，对教士阶层而言，垄断青年的教育便成为他们权力的中心问题。

　　教士的权力随着国家行政的理性化之进行而强化。古埃及与古巴比伦，惟有教士阶层能为国家提供书记。当中世纪君侯的行政也开始文书化时，情形亦如此。见诸历史的大规模教育制度，惟有儒教与西方的古典时期知道如何排除教士的权力。前者是基于其强而有力的国家官僚体制，而后者由于官僚制行政完全付之阙如。随着教士被排除于教育之外，教士宗教在此等事上也自无插足余地。然而，除了以上二例之外，教士阶层通常是学校教育的担纲者。

教士阶层固有的利害关心并不是造成宗教与知性主义间一再重新结合的惟一因素。造成此结果的另一因素在于宗教的理性性格与知性主义本身对救赎的欲求之间所产生的内在压力。任何宗教无论在其心理的、思想的下层结构方面或其实践的归结方面，实际上，对知性主义所采取的立场多有不同，然而其间终极的内在紧张关系却绝不会消失。因为，此种紧张关系实肇端于二者在世界图像的终极形式上无可避免的根本矛盾。

从来就绝对**没有任何一个**素朴完整且充满生命力地活跃着的宗教不会被迫在**某一**点上提出：我相信它，不是因为它悖理，而是完全因为它悖理——"理智的牺牲"——这样的要求。

此处，我们似乎没有必要（也不可能）详细描述宗教与理智认知之间的紧张关系的各个阶段。救赎宗教抵挡自我完足的知性之攻击，最具原理性的当然就是声明宗教的认知与知性的认知分别是在不同的领域里进行的，宗教的认知之性质与意义根本不同于知性的成就。宗教所能提供的，并不是关于存在或妥当规范等终极的知性知识，而是以直接掌握住世界之"意义"的办法来提供面对世界的一个终极的立脚点。其解开世界之意义，并非以知性为手段，而是靠着所谓启示的卡理斯玛。被赋予这种卡理斯玛的，则惟有那些能够运用各种技术将自己从错误与欺瞒的代用品中解放出来的人。这些代用品即所谓的知识——基于感官世界的混乱印象与虚空的知性抽象作用所缔建的知识，在宗教看来，实在与救赎没有丝毫关联。能够自其中解放出来的人，无疑已将自己准备好来接待那再重要不过事，亦即，对于世界之意义与自我生存之意义的理解。一切哲学的企图：企图使世界的终极意义，以及随着掌握此种意义而来的实践立场，成为可论证的；这在宗教看来，只不过是知性之意图逃出其自身法则性的努力。同样地，即使是想要获得直观认知的哲学尝试——因其以世界之"存在"为关怀点而具某种尊严（虽然在原理上与宗教认知所具的并不相同）的尝试——宗教对它的看法也仍是如此。总之，最为紧要的，这一切在宗教看来，无非是知性主义想要借着种种努力来摆脱的理性主义本身之独特产物。

不过，从救赎宗教本身的立场来看，一旦神秘的体验之无可破解的不可传达性问题摆出来，它自己本身也同样要被课以欠缺一贯性的罪责。如果说它在义理上是一贯的，那么救赎宗教也只具有将神秘的体验当作是**事件**般导引出来的手段，然而却没有任何能适切传达或论证它们的手段。这么一来，任何影响世界的试图——一旦此种试图带有传道的性格，或任何想将世界的意义置于理性的解释下的尝试，都势必会将宗教本身诱入于危险的境地。只不过，这样的尝试却一再进行着。

九　现世拒斥的各阶段

要言之，就种种不同的观点而论，这"世界"无论如何都有跟出自宗教立场的要求发生冲突的可能，而对于宗教之拒世的方向与方式——为了救赎——而言，最为重要的也就在于这其中的观点。救赎的需求——被有意地教化为宗教意识的内容——无论何时何地都是起自于生存现实之系统性、实际性的理性化企求。这种关联的明晰程度，无可讳言，自有种种不同，然而在我们所说的这个层次上，无论哪一个宗教都会提出这样的一个要求来作为其独自的前提：世界的运转——至少在涉及人类的利害关心的事务上——总应该是**有意义的**。这一要求的出现，正如吾人所见，最初自然是起于那固有的问题：不公的苦难，因而要对现世里个人之幸福的不公平分配要求一种公正的补偿。以此为起点，这番要求即一步步地渐次逼向于贬斥现世之价值的途径。之所以如此，是因为理性的思考越是专心一意地紧捉住公正报应的补偿问题不放，则这一问题在现世之中加以彻底解决的可能性就越小，而现世之外的解决之道也就越发显得有可能、甚或更富有意义。

然而截至目前，就表面上看来，真实的世界运转却丝毫也不为这种补偿的要求所动。幸福与苦难的分配在伦理上无法加以说明的那种不公平——尽管有似乎可以设法补偿的想法——一直是不合理的，苦难之存在这个森冷的事实，又何尝不是如此。苦难无处不在这个事实，也只能够用另外一个更加非理性的问题来取代，那就是原罪的问题：根据先知与教士的训诲，这说明了苦难乃是一种罪罚或惩戒的手段。为了罪罚而被创造出来的世界，在伦理上说来似乎势必要比命定要遭受苦难的世界更加不完美。无论如何，这世界的绝对不完美就此被奠立为颠扑不破的伦理设定。世事之过往行来也只有在这不完美的基点上才似乎是有意义且正当的。然而，在这样正当化之下，这世界的价值也就更加沦丧了。因为一切的过往行来非但没什么价值可言，甚至根本就是虚妄无常。死亡与毁灭迟早终必降临到无论是最善之人与事或最恶之人与事的这项事实，使得此世之种种至高无上的价值显得一文不值——这是说人们一旦领会到时间之恒常流转、永存之神与永恒秩序的观念时的情形。如此一来，人们势必将价值——特别是被许为最最宝贵珍重的那些价值——加以理想化：它们应该是"超越时间"恒常有效的。因此，在"文化"里这些价值之实现的意义，被视为是独立于理应伴随具体实现的现象而来的暂时性格之外，从而更进一步强化了对于经验世界的伦理性拒斥。因为从这一点切入宗教领域而引发的一连串思想，要比现世之不完美与暂时性流转的价值更具有重大的意义，原因在于这些理念具备了指控那些通常被置于最高位的"文化价值"的能力。

事实上，这些文化价值背负着死罪的烙印，以及怎么也摆脱不了的独特罪愆。它们被证实与智力的及品味的卡理斯玛相联结，培育之道端在于以这样的生活样式为其前提：非但与同胞伦理的要求背道而驰，并且惟有采取自欺之法才能够适应于这一要求，此乃无可避免之事。教育与审美教养的藩篱正是所有身份性差异最为独特内在且最无法超越的屏障。以此，宗教性的罪愆便不再只是一种偶然附随的事物，而是被包含在文化全体里、文化世界中的行为全体里，以及于整个生活建构全体里的一个主要的构成要素。由此可见，这世界所提供的种种价值里，最是至高无上的那些，俨然也正背负着至深至巨的罪责。

一旦社会共同体的外在秩序转变成所谓国家，亦即文化共同体的形态，那么无论何处，此外在秩序就只能够以赤裸裸的暴力来加以维持；对于正义，只是名义上顾及或偶尔顾及，最重要的是也只能在国家理由所准许的范围内加以顾及。无可避免地，此种暴力势必在对抗内在、外在敌对者的情况下蕴生出新的暴力行为；此外，也势必为此种行为打造不诚实的借口。因此，这里头所蕴含的意义是：完全没有爱——不管是公然如此，或者是（可以说更坏的）出之以法利赛式的掩饰作风。一切皆例行化的经济世界，亦即物质财货的供给——这是所有现世内的文化所不可或缺的——之最高度理性化的经营形态，打自根底起就是一种完全没有爱附入其中的结构。在人为建构的世界里，一切类型的行为似乎都被卷进了同样的罪过里。

经过掩饰且升华了的兽性、与同胞关系相敌对的怪异气质，以及使正确的观察能力狂乱的幻觉迷妄，都必然附着在性爱上。性爱的力量越是强而有力地发挥出来，当事者就越不易察觉到它们，而它们也就更能在一种法利赛的方式下被掩饰起来。伦理性的宗教意识本身所诉诸的是理性的认知，而此种认知所遵循的乃是其本身自律性的、现世性的法则。由此所缔造出来的一个真理自在其中的秩序界，却与理性宗教伦理的系统性原理主张再也没有丝毫关联，并且也与以下的归结毫不相干：现世之作为一个秩序界就必须满足某种宗教伦理的要求或证示出某种"意义"。相反，理性的认知在原则上势必要拒绝这样的要求。以自然的因果律为依据的秩序世界与基于伦理的报应因果律之要求所缔建的秩序界，彼此处于无法互相和解的对立关系上。

创造出这种自然因果律秩序界的科学，对于它本身的终极前提假设，似乎没有办法提出确实的说明。然而，在"知的诚实性"（die intellektuelle Rechtschaffenheit）名义下，科学进而宣称自己代表理智地思量世界的惟一可能形式。知性，就像所有的文化价值一样，创造出一种独立于人类一切人格性、伦理性资质之外因而与同胞关系相违背、以据有理性的文化为其基础的贵族主义。活在"现世内"的人，珍视此种文化的拥有为至高无上之事。然而，除了伦理性罪过的重负之外，附着于此种文化价值身上的——若以其自身的尺度来评量的话——还有某种更足以断然葬送其价值的事物，亦即"无意义性"（die Sinnlosigkeit）。

　　一个文化人纯粹现世内的自我完成，因而俨然也就是认为"文化"得以被还原的终极价值，在宗教思想看来，是无意义的：因为，如此一来，死亡显然是没有意义的——特别是从宗教的入世观点看来。并且，就在"文化"的诸端条件之下，死亡的无意义性所征示的，别无其他，毋宁正是加在生命本身的无意义性上的一道决定性的印记。

　　农民，就像亚伯拉罕，可以"享尽了生命"才死去。封建领主与骑士英雄也做得到这一点。因为他们都各自完成了生命的有机循环过程，在此过程之外他们则未曾涉足。由于生活内容的性质纯朴单一，所以他们都能够达到地上的完美归结。但反观"文明"人，在一意以获得或创造"文化内容"的意识下奋力追求自我完成，是做不到以上这点的——就完成生命的循环这点而言，他可能会"对生命倦怠"，而非"享尽了生命"。因为文明人追求完美的可能性，在原理上和各种文化内容一样，永无止境地在进步。文化内容与自我完成的目标越是分化、越多样性，个人——无论是被动的接受者，或主动的共同创造者——在有限的一生中所能够捕捉掌握的吉光片羽也就越是微不足道。

　　因此，在人类被统制于内在、外在文化世界里的情况下，一个人能够容受文化的可能性——不管是整体地容受，或是仅容受文化的"本质的"部分（其实根本没有任何确定的判准）——毋宁是越来越小。所以，对个人而言，"文化"与文化的追求也似乎越来越丧失其现世内的意义。

　　个人的"文化"[内涵]，当然并不是由他所累积的文化内容的"量"所构成，而是由他在文化内容中精心的"选择"所构成。

但是这种选择是否能够就在他"难以逆料的"死亡时刻里达到对他而言是有意义的终点，则是没有任何保证的。他甚至可能会顽强地背对人生高声扬言："够了，生命已给了（或拒绝）**我**值得活过的一切。"这种高傲的态度在救赎宗教看来无疑是一种对神所命定的人生路程与命运的污蔑亵渎。没有任何救赎宗教会正面地**赞同**"自杀"——只有哲学才会加以推崇的一种死亡方式。

　　由此看来，所谓"文化"即是指人类从自然生命的有机循环中解放出来一事。正因为如此，文化每前进一步，似乎就注定要更往前蹈入更具毁灭性的无意义境地。然而，文化内容的进展似乎已变成一种不知不觉的盲动，热烈地侍奉着没有价值的、（进一步来说）自相矛盾且互相敌对的种种目标。诸文化价值的进展越是显得毫无意义，就越被当作是一种神圣的使命，一种"天职"（Beruf）。

　　文化成为不完美、不公正、苦难、罪恶与无常的渊薮，愈来愈无意义。因为它必然背负着罪责，它的开展与分化也必然因此更加无意义化。从纯粹伦理性的观点看来，现世显得支离破碎，其中无论是哪一个层面，在宗教要求——要求一个它之所以存在的神圣"意义"——的裁断下，显然一点价值也没有。现世之所以会如此丧失价值，无非是理性的要求与现实之间、理性的伦理与部分是理性、部分为非理性的诸价值之间互相冲突的结果。随着存在于现世里的各专门领域之独特性质的缔建，此种冲突也就更加激烈，更加无法排解。相对应于世界的价值丧失，"救赎"需求所采取的途径也就更加非现世，更加疏离于一切人为建构的生活形式，并且，恰恰与此比肩并进的，是将自身局限于宗教的独特内容上。随着关于世界之"意义"的思索更加系统化、现世的外在组织之更加理性化，以及对现世的非理性内容之自觉的体验更加被升华，这样的反应也就更加强烈。导致此种发展的，不只是解除世界之迷魅的理论性思考力量，并且也基于宗教伦理之实践地、伦理地理性化现世的努力。

知性主义式的独特神秘论救赎追求，面对着这种种紧张关系，终不免屈服于非同胞关系的世界支配之下。一方面，那样的卡理斯玛**不是**人人都可据而得之的。因此，神秘论的救赎追求，就其本意，原本就是最确实无疑的贵族主义：一种贵族主义式的救赎宗教意识。况且，在一个为了走向志业性劳动（Berufsarbeit）而被理性组织起来的文化里，除非是在那些经济上毫无顾虑的社会阶层中，否则几乎全无培养无差别主义的同胞关系的余地。在理性化的文化之技术的、社会的种种条件下，若想过着像佛陀、耶稣或圣方济（Franziskus）那样的生活，必注定由于纯粹外在的理由而败退下来。

十　神义论的三种理性形式

至今所见的各种拒斥现世的救赎伦理，都曾分别在这种纯粹是理性地建构起来的阶梯上，在极为不同的阶段里表现出他们对现世的拒斥。这还得视不胜枚举的具体情况而定，而这些具体情况并不是靠决疑论式的理论就解析得清楚的。除了这些具体情况之外，还有一个理性的要素也在这事上扮演了一定的角色，那就是某种独特的神义论的建构。由于意识到我们上述的那些无法化解的紧张关系，某种形而上学的需求便相应而起，而通过这样的神义论，此种形而上学的需求便得以在这些紧张关系中无论如何试着找出一个共同的意义来。

在《导论》里，我们曾经详论过惟有三种首尾一贯的神义论存在[1]，而其中的**二元论**正可以相当满足这种形而上学的需求。二元论的主张是：光明、真理、纯粹与善意的力量永远都与黑暗、虚伪、不净及邪恶的力量两相并存且互相对立。其实分析到最后，这种二元论也只不过是将巫术的多元论之区分善的（有用的）神灵与恶的（有害的）神灵加以直接的系统化罢了。而后者这种区分所代表的也不过就是神灵与恶魔之对立的原始阶段。

最彻底展现这种二元论观念的预言者的宗教意识是祆教。这种二元论自始就划定"纯净"与"不纯净"的对立，而将一切的美德与过恶都整合到这种对立中。这其中所意味的，是放弃全能惟一神的观念，并且以存在着与神相对抗的力量一事来限制住神的力量。现今的信徒（亦即拜火教徒）事实上已丢弃这样的信念，因为他们无法忍受神圣的力量有这样的限制。在祆教最为首尾一贯的末世论里，有纯净与不纯净的两个世界，带有许多缺陷的经验世界便是由二者混合产生的，而这两个世界会一再地分离为两个互不相干的王国。但是，较为晚近的末世论的期待，却让纯净与善的神这一方获胜，就像基督徒之使救世主战胜恶魔一样。这种较不具一贯性的二元论形态，也就是普及于全世界，为民众所抱持的天国与地狱的观念。据此观念，上帝压倒其被造物——恶灵——的至上威权又回复了过来，因此人们相信上帝的全能就此被挽救回来。但是这么一来，不管愿意不愿意，明里暗里都要牺牲掉一些神的爱。因为，如果神的全能一直维持不坠，但是却创

1　见本选集第二章，第二节。——中注

造出根本的恶势力，又容忍罪的存在，这一切特别是和下面这样的思考——神对于他自己所创造出来的有限的被造物与有限的罪却加以永远无尽的地狱刑罚——结合在一起时，简直就无法跟神的爱互相一致。如此一来，也只有将慈爱这一面舍弃，才能够保持住理论上的首尾一贯性。

确实且完全彻底遂行这种舍弃工作的，是**上帝预选说**的信仰。上帝的决断不是人的尺度所能够测知的，这个众所周知的教理意味着：人以一种无爱的清明，舍弃了人的理解力足以捕捉世界之意义的念头。这种舍弃将所有这一类的问题都打上了句点。除了杰出的宗教达人圈子以外，这么彻底的一种预选说信仰大抵是无法长时期被忍受的。这是因为预选说信仰——与相信所谓"命运"的非理性力量的信仰相对照——要求被诅咒者不但注定要灭亡、并且注定要成为邪恶者的这种根据神意的（providentieller）、因而多少也是合理性的命运之设定；但又要求对被诅咒者的"惩罚"，亦即一种伦理范畴的运作。

我们在第一篇论文［《新教伦理与资本主义精神》］里已讨论过有关上帝预选说信仰的意义。稍后我们将讨论祆教的二元论，不过只是简短地讨论一下，因为它的信徒人数并不多。事实上如果不是它对波斯的最后审判的观念有所影响，以及对后期犹太教有关魔鬼与天使的观念的影响，那么我们或许连提也不提。正因为有如此的影响，祆教在历史上有其相当重要的意义。

我们就要讨论的第三种神义论形态，是印度知识阶层的宗教所特有的。它之所以出类拔萃，一来是因为它在理论上的首尾一贯性，二来则因为它杰出不凡的形而上学成就。详言之，它将人根据自己的努力达到达人似的自我解脱，与救赎的普遍达到的可能性结合了起来，它也结合了最严格的现世拒斥与有机体的社会伦理，并结合了作为至高无上救赎之道的冥思与世俗内的职业伦理。

译名对照表

Condottieri　佣兵队长

Connubium　通婚

copula carnalis　肉体的结合

Cortegiano　廷臣

Cromwellsche Heer　克伦威尔圣战士

Das Lebendigste　生命的根源

Dervisch　托钵僧

Deus absconditus　隐身之神

Diesseits　现世

Djanaism　耆那教

dritten Orden　第三教团

eleusinischen Mysten　谷神祭典

Entzauberung　除魅

Erlösung　拯救

Erotik　恋爱

Erwerbsklasse　营利阶级

Ethos　精神（驱力）

Fides efficax　有效的信仰

Franziskus　圣方济

gebrochene Demut　虚心谦卑

Gemeindereligiosität　教团宗教意识

Gemeinschaft　共同体

Geschmacksurteile　鉴赏力判断

gesellschaftlichem Verkehr　社会交往

Gesinnungsethik　心志伦理

Gewaltsamkeit　行使暴力

Glaube　信仰

Glaubenskänpfer　圣战士

glückliche Borniertheit　有福的顽强

Gnade　恩宠

Gnadenuniversalismus　普遍恩宠论

Gottesdienst　对神的侍奉

Gottes Gefäss　神的容器

Gottes Werkzeug　神的工具

Gotteswang　强加于神的义务

Guru　（印度的）导师

Heilands Religiosität　救世主信仰

Heilsgüter　救赎（资）财

Heilspragmatik　救赎实践

Heilswerte　救赎价值

Heilszustand　救赎状态

Herrschaft　支配

Herrschaftsverbände　支配团体

Hinduismus　印度教

Hierarchie　教校制

Honoratiorenherrschaft　名门望族的支配

Infallibität　教皇无误论

Instrumentalmusik　器乐

Intellektualismus　知性主义

Intellektuelle Rechtschaffenheit　知的诚实性

Interessenlage　利害状况

Jenseits　彼世

Judentum　犹太教

Kalkulation　计算

索 引